임동석중국사상100

세설신어

世說新語

劉義慶 撰 / 林東錫 譯註

〈竹林七賢圖〉淸, 華嵒(그림)

"상아, 물소 뿔, 진주, 옥. 진괴한 이런 물건들은 사람의 이목은 즐겁게 하지만 쓰임에는 적절하지 않다. 그런가 하면 금석이나 초목, 실, 삼베, 오곡, 육재는 쓰임에는 적절하나 이를 사용하면 닳아지고 취하면 고갈된다. 그렇다면 사람의 이목을 즐겁게 하면서 이를 사용하기에도 적절하며, 써도 닳지 아니하고 취하여도 고갈되지 않고, 똑똑한 자나 불초한 자라도 그를 통해 얻는 바가 각기 그 자신의 재능에 따라주고, 어진 사람이나 지혜로운 사람이나 그를 통해 보는 바가 각기 그 자신의 분수에 따라주되 무엇이든지 구하여 얻지 못할 것이 없는 것은 오직 책뿐이로다!"

《소동파전집》(34) 〈이씨산방장서기〉에서 구당(丘堂) 여원구(呂元九) 선생의 글씨

책머리에

벌써 30년이 훌쩍 넘었다. 1976년, 대만 유학을 가서 아직 학기가 시작되지 않아 우선 그곳 국립 중앙도서관을 드나들면서 무심코 목록을 검색하다가 「조선수초본 세설신어」(등록번호 1908)라는 것이 보여 흥분을 감춘 채 대출을 신청했더니 대출은 불가하고 대신 그 자리에서 볼 수는 있도록 해주겠다는 것이었다. 그리하여 조심스럽게 건네받은 책은 한지에 아주 곱게 정성을 들여 베낀 《세설신어》였다. 아직 빛도 바래지 않았고 먹물도 냄새가 배어날 정도로 단아하였다. 책 내용보다 우선 가슴을 뭉클하게 하는 것은 바로 "어쩌다가 이 조선 수초본이 흘러흘러 이곳 대만 도서관에 소장되게 되었을까?"하는 것이었다. 그리하여 이를 복사할 수 없겠는가 특별 부탁을 하였지만 전혀 불가한 일이라는 것이었다. 좋은 연구로 보답하겠노라 사정을 이야기하면서 안타까워하는 모습을 보다 못한 사서 선생은 원문은 시중에 얼마든지 있으니 대신 앞 몇 페이지만 복사를 허락하겠다는 것이었다.

그리하여 우선 《세설신어》 책을 모으기 시작하였고 내친김에 한글로 번역을 해볼 참이었다. 유학 과정 중 수시로 이 책과 전국책을 번역하였고 그 원고를 가지고 유학을 마치고 돌아왔을 때는 아직 출판 사정이 여의치 않아 재미있는 일부만 추려 책을 낼 수밖에 없었다. 그것이 1984년 출간된 《세설신어》와 전국책이었다. 그러나 당시 천학비재에 그저 의욕만 앞서 오류와 오역이 한두 곳이 아니었다. 겁이 나서 그 뒤로 내 입으로 책이름도 거론하지 못하다가 아니다 싶어 다시 완역을 서둘러 원고를 완성은 하였지만 이런 저런 사정으로 결국 지금에야 비로소 교정을 보고 책으로 꾸미게 되었다.

물론 지금이라고 옛날보다 문장을 보는 실력이 는 것도 아니요 더 완벽하게 하자 없이 책을 낼 수 있다는 자신감은 없다. 다만 인간은 완벽할 수 없으나 완벽을 추구하는 과정만으로도 가치를 부여받을 수 있으리라는 핑계가 무모하게 다시 덤비게 한 것이다.

일사문학逸事文學의 백미. 과연 읽어볼수록 가슴을 흥분시킨다. 중국 남방 문화와 사상의 정화이며 인간 한계의 모든 것까지 세세히 기록된 이 책은 뒤로 나의 중국학 공부에 적잖은 영향을 주었다. 이 책은 그야말로 사람으로서 감정과 행동이 어디까지 미칠 수 있는가 하는 문제까지 다루고 있다. 사람은 얼마나 해학스러울 수 있으며 언어는 어느 한계까지 아름답게 표현할 수 있으며 나아가 사람은 얼마나 악할 수 있으며 사람은 얼마나 거칠게 행동할 수 있으며 얼마나 화를 낼 수 있고 얼마만큼 지저분할 수 있으며 얼마나 비열할 수 있으며 얼마나 인색할 수 있으며 얼마나 아무것도 아닌 일에 목숨을 걸 수 있으며 얼마나 남을 괴롭힐 수 있으며 자존심은 얼마나 엉뚱한 결과를 낳으며, 얼마나 교묘할 수 있으며, 얼마나 참을 수 있는가 등 이루 헤아릴 수 없는 인간군상의 처절한 밑바닥을 거침없이, 숨김없이, 적나라하게 기록하고 있다. 그 때문에 살아 있는 표현이며 소시민의 일상 감정과 행동이 이렇게까지 아름답게 결말을 맺을 수 있는가를 엿볼 수 있다.

물론 쇄사쇄언瑣事碎言이다. 그 때문에 일사문학이라 명명한 것이다. 여기서 '일사'란 무엇인가? 한자로는 "逸事, 佚事, 軼事" 등 여러 가지로 표기된다. 뜻 그대로 "그대로 지나치면 그만인 일들", "사라져 잃어버릴 일들", "기록을 하지 않아도 편안히 여길 수 있는 일들"이라는 뜻이다. 그러니 기록해 두지 않는다고 해서 누가 안타까워하거나 귀한 역사적 사실을 놓쳤다고 불안해할 일들이 아니다.

한 여름 수업을 하고 있는데 강의실 뒷문이 바람에 계속 열리는 것이었다. 자꾸 신경이 쓰여 뒤에 앉은 학생에게 닫도록 하였다. 그 학생이 일어나서 문을 닫고 돌아서자 다시 문이 열렸다. 학생은 다시 일어서 또 문을 닫았다. 다시 문은 바람에 열렸다. 이렇게 세 번을 반복하자 지켜보고 있던 나는 참다못해 학생에게 한마디 던졌다. "머리를 좀 써라."

그랬더니 그 학생은 아무 말도 하지 아니한 채 자신의 책상을 문 가까이로 옮겨놓고 앉더니 머리를 젖혀 그 문에 대고 열리지 않도록 버티는 것이었다. 한바탕 웃었다. "그래 머리는 그럴 때 쓰는 거야." 물론 문을 닫으면서 종이나 얇은 무엇을 접어 함께 끼워 고정시킬 수 있는 머리는 그 머리가 아니었다.

이러한 것이 일사이다. 이를 기록한다면 그것이 일사문학이 될 것이다. 이처럼 굵은 역사의 큰 줄기나 고매한 사상의 '군자연君子然', '학자연學者然' 해야 하는 그런 일이 아닌 그저 해프닝이나 일상 대화, 모임 속에 오가는 행동들 속의 누구에게나 있을 수 있는 평범한 사안들이다. 조리나 체계가 있는 것도 아니고 교훈이라고 못 박을 것도 아니며, 단편적이기도 하고 길가다 마주친 사람이 툭 던진 그저 좀 특이한 편언片言일 수도 있다.

이러한 이야기를 1,130여 가지 모아두겠다고 한 그 발상이야말로 참으로 중국 남방 문학다운 모습이며 중국을 이해하는 데 필수적인 거울이다. 이제 《세설신어》를 편한 마음으로 읽어보자. 그 속에서 내가 살고 있는 지금 일상의 소중한 보물들을 발견하게 될 것이다. 물론 부담을 갖지 않고 읽어야 한다. 그래야 일사가 내 주위에서 끊임없이 일어나고 있음을 고맙게 여기며 기록에는 영 게으른 나의 안일함에 도리어 행복감을 맛볼 수 있을 테니까 말이다.

줄포 임동석이 취벽헌에서 적음.

일러두기

1. 이 책은 여가석余嘉錫의 《세설신어전소世說新語箋疏》(수정판 1996 上海古籍 出版社)와 양용楊勇의 《세설신어교전世說新語校箋》(正文書局 1992 臺北)을 저본으로 하여 완역한 것이다.

2. 그 외 국내외 현대 역주번역본을 충분히 섭렵하였으며 특히 《신역세설 신어新譯世說新語》(劉正浩 外. 三民書局 1996, 臺北), 《세설신어전역世說新語全譯》 (柳士鎭 外, 貴州人民出版社 1996, 貴陽)과 《세설신어世說新語》(3책, 金長煥 譯註, 살림 2000, 서울)는 큰 도움이 되었다.

3. 전체 일련번호를 부여하여 검색과 인용에 편리하도록 하였다.

4. 직역을 위주로 하였으나 간혹 너무 비약된 문장일 경우 의역으로도 풀이하였다.

5. 역문과 원문을 실어 대조하기에 편리하도록 하였다.

6. 인명과 지명 등 역주 표제어는 매번 출현할 때마다 중복하여 실어 원의를 이해하는 데 편리하도록 하였다.

7. 〈참고 및 관련 자료〉난을 마련하여 본문에 관련된 여러 기록을 제시 하여 원문 이해에 도움이 되도록 하였으며 이는 주로 양용楊勇의 교전본을 근거로 하였다.

8. 부록에 《세설신어》의 내용에 해당하는 〈양한兩漢, 삼국三國, 진晉, 남조 南朝 세계표世系表〉를 실어 시대 배경을 살필 수 있도록 하였으며, 아울러 본 《세설신어》 찬자撰者 유의경劉義慶과 주자注者 유효표(劉孝標, 劉峻)의 전傳을 정사《宋書》, 《南史》, 《梁書》)에서 절록하여 실었다. 그리고 《세설신어》 관련 역대 서발序跋 등 관련 자료를 원문으로 실어 학술적인 연구에 도움이 되도록 하였다.

9. 인명 색인과 주요 인물 인칭, 대사 연표大事年表 등은 싣지 않았다. 이는
   《세설신어사전世說新語辭典》(張永言 主編, 四川人民出版社 1992. 成都)이 따로
   출간되어 이를 이용하는 편이 합리적이라 여겼기 때문이다.
10. 본 책을 역주하는 데에 참고한 기본 자료 목록은 다음과 같다.

✹ 참고문헌

1. 《世說新語箋疏》余嘉錫, 上海古籍出版社 1996, 上海
2. 《世說新語校箋》楊勇, 正文書局 1992, 臺北
3. 《世說新語校箋》楊勇, 臺灣時代書局 1975, 臺北
4. 《世說新語》四庫全書(文淵閣本) 商務印書館(印本) 臺北
5. 《新譯世說新語》劉正浩(外) 三民書局 1996, 臺北
6. 《世說新語全譯》柳士鎭(外) 貴州人民出版社 1996, 貴陽
7. 《世說新語》文白對照全書 姚寶元(外) 天津人民出版社 1997, 天津
8. 《世說新語譯注》張撝之 上海古籍出版社 1996, 上海
9. 《世說新語辭典》張永言(主編) 四川人民出版社 1992, 成都
10. 《世說新語》毛德富·段書偉(主編) 中州古籍出版社 1994, 鄭州
11. 《世說新語選譯》徐傳武 齊魯書社 1991, 濟南
12. 《世說新語》林玉馨 漢學出版社 1992, 臺北
13. 《世說新語》五福出版社(編輯部) 1978, 臺北
14. 《世說新語新釋》白惟良 大衆書局 1978, 臺南

15. 《世說新語(A New Account of Tales of the World)》Richard B. Mather. University of Minnesota. 1976, 南天書局(印本) 1978, 臺北

16. 中英對照《世說新語》Richard B. Mather 文致出版社 1979, 臺北

17. 《世說新語》簡美玲 文國書局 1992, 臺南

18. 《白話世說新語》蕭艾 岳麓書社 1996, 長沙

19. 《國語注音世說新語》金谷書局 1979, 臺北

20. 《世說新語》(朝鮮手抄本) 臺灣 國立中央圖書館 藏本

21. 《世說探幽》蕭艾 湖南出版社 1992, 長沙

22. 《白話世說新語》韓秋白(外) 北京廣播學院出版社 1993, 北京

23. 《世說新語》新編諸子集成本(제8책) 世界書局 1978, 臺北

24. 《世說新語》中國古典文學大系9 森三樹三郎 平凡社 1979, 東京

25. 《今世說》王晫(著), 沈世榮(標點) 大達圖書供應社 1936, 上海

26. 《世說新語》林東錫(譯) 教學研究社 1984, 서울

27. 《世說新語》(3책) 金長煥(譯註) 살림 2000, 서울

28. 《竹林七賢》林耀川 常春樹書坊 1975, 臺北

29. 《竹林七賢研究》何啓民 臺灣學生書局 1978, 臺北

30. 《魏晉南北朝文學史參考資料》北京大學中國文學史教研室 複寫本 臺北

31. 《中國中古文學史》劉師培 育民出版社 1975, 臺北

32. 《中國文學發展史》劉大杰 華正書局 1975, 臺北

33. 《漢魏六朝文》臧勵龢 河洛圖書出版社 1979, 臺北

34. 《漢魏六朝百三家集題辭注》張溥(著) 殷孟倫(注) 人民文學出版社 1981 北京

35. 《兩漢魏晉南北朝文學批評資料彙編》國立編譯館 成文出版社 1980, 臺北

36. 《中國通史》傅樂成 大中書局 1973, 臺北

37. 《高僧傳》梁, 慧皎 中華書局 1996, 北京

38. 《洛陽伽藍記》北魏, 楊衒之(著) 劉九洲(譯) 三民書局 1994, 臺北

39. 《歷代高僧傳》李山·過常寶(主編) 山東人民出版社 1994, 濟南

40. 《史記》鼎文書局 1996, 臺北

41. 《漢書》鼎文書局 1996, 臺北

42. 《後漢書》鼎文書局 1996, 臺北

43. 《三國志》鼎文書局 1996, 臺北

44. 《晉書》鼎文書局 1996, 臺北

45. 《宋書》鼎文書局 1996, 臺北

46. 《南齊書》鼎文書局 1996, 臺北

47. 《梁書》鼎文書局 1996, 臺北

48. 《南史》鼎文書局 1996, 臺北

49. 《郡齋讀書志校證》宋, 晁公武(著) 孫猛(校證) 上海古籍出版社 1990 上海

50. 《藝文類聚》唐, 歐陽詢(등) 文光出版社 1977 臺北

51. 《初學記》唐, 徐堅(등) 鼎文書局 1976 臺北

52. 《水經注疏》後魏, 酈道元(주) 清, 楊守敬(소) 江蘇古籍出版社 1989 江蘇

53. 《文選》梁, 蕭統(편), 唐, 李善(주) 上海古籍出版社 1992 上海

54. 《太平廣記》宋, 李昉(등) 中華書局 1994 北京

55. 《太平御覽》宋, 李昉(등) 中華書局 1995 北京

56. 《三才圖會》明, 王圻·王思義(編集) 上海古籍出版社 2005 上海

57. 기타 공구서 등은 생략함.

해제

1. 《세설신어》의 가치

《세설신어》는 남조 송宋나라 유의경劉義慶이 지은 것으로 중국 문학 중에
소설, 필기, 소품, 전기, 일사逸事 문학에 가장 영향을 크게 끼친 작품이다.
특히 유효표劉孝標의 이 책에 대한 주석은 흔히 《삼국지주三國志注》(裴松之),
《수경주水經注》(酈道元), 《문선주文選注》(李善)와 더불어 중국 주석학의 대표
적인 작업으로 널리 알려져 있다.

《세설신어》는 약 1,300여 장의 길고 짧은 문장의 단락으로 이루어져
있으며 짧은 것은 수십 자에 불과하고, 긴 것이라 해도 수백 자를 넘지
않는다. 동한東漢 말부터 삼국, 특히 위魏나라를 중심으로 서진西晉을 거쳐
동진東晉까지 약 200여 년 간 정치가, 문인, 명사, 예술가는 물론 특이한
인물과 여인들까지 모두 36부문으로 주제를 대강 나누어 기록한 것이다.
그 문자의 간결함과 이야기 전개의 우수성은 족히 논픽션이면서도 픽션의
구성에 못지않은 멋진 것들이다. 그 때문에 중국 문학에서 소설을 연구할
때는 그 양과 질로 보아 이 《세설신어》의 내용과 체재, 영향을 거론하지
아니하고는 안 될 정도의 길목을 지키고 있다.

유대걸劉大杰의 《중국문학발전사中國文學發展史》에는 위진 시대 소설을
내용상 3가지로 분류하고 있다. 그 첫째가 이 《세설신어》를 대표하는 것
으로서 이는 정시(正始: 240~248, 魏나라 齊王 曹芳의 연호) 시대 현언玄言과 죽림
칠현竹林七賢의 광달한 내용을 중심으로 그 언행을 기록한 유형이다. 그리고
종교와 사상을 기초로 한 것이 있으니 바로 왕염王琰의 《명상기冥祥記》와
안지추顔之推의 《원혼지冤魂志》이며, 세 번째 부류는 불경의 고사나 도교의

이야기를 중심으로 펼쳐나간 것으로 오균吳均의 《속제해기續齊諧記》를 들고 있다. 그리고 반중규潘重規는 《중국고대단편소설선주中國古代短篇小說選注》에서 중국의 소설 명칭과 내용에 근거하여 "장화張華의 《열이지列異志》, 유의경의 《세설신어》 등도 소설에 포함시켜야 하며, 《좌전左傳》, 《전국책戰國策》, 《사기 史記》, 《한서漢書》, 《맹자》, 《장자》, 《한비자》, 《열자》 중 가장 흡인력 있게 문학성을 가진 작품과 위진 육조시대의 소품이 〈도화원기〉, 《세설신어》 등, 또한 당송 이후의 고문, 즉 한유韓愈의 〈모영전毛穎傳〉, 귀유광歸有光의 〈선비사략先妣事略〉, 〈항척헌기項脊軒記〉 등을 거의가 소설의 조건을 구비한 뛰어난 창작품이다"라 하였다. 이로써 소설의 모태이며 그 발전과정에 길목인 셈인 이 《세설신어》의 가치를 충분히 인정하고 있는 셈이다.

이 《세설신어》는 이상의 소설 발전 단계에서의 확고한 지위를 지닌 것 외에도 사료, 목록학, 일사문학으로서의 가치 등 세 가지 중요한 특징을 가지고 있다.

즉 첫째 이 《세설신어》에 수록된 기록들은 거의가 당대唐代 정관貞觀 18년(644) 태종太宗이 방현령房玄齡, 저수량褚遂良 등에게 《진서晉書》를 중찬 하도록 하였을 때 그 자료 중에 이 책이 중요한 저본이 되었었음을 말한다.

둘째, 이 《세설신어》를 양梁나라 때 유효표가 주를 달고 본문의 착오를 정치하게 고증, 교정하였다. 그 때 동원된 인용 서적이 무려 4백 여 종이었 으나 그 많은 책은 지금 대부분 사라지고 오늘날은 거의 유효표가 이 《세설 신어》 주석에 인용한 구절을 통해 일부나마 살필 수 있어 집일輯佚학자나 목록학자에게는 보고와 같은 역할을 하고 있다는 점이다. 그 때문에 배송 지의 《삼국지주》와 역도원의 《수경주》, 이선의 《문선주》와 더불어 고증학, 문헌학, 목록학, 집일학의 귀중한 자료가 되고 있다.

셋째, 일사문학으로서 유의경의 《세설신어》 이전에 물론 진晉나라 때 배계裴啓의 《어림語林》과 곽징郭澄의 《곽자郭子》 등이 있었으나 지금은 모두 전하지 못하고 그 내용의 일부가 《태평광기太平廣記》, 《태평어람太平御覽》, 《예문유취藝文類聚》 등에 전할 뿐 실제 널리 영향을 미치지 못하였다. 그런데 이 《세설신어》가 나온 이래 그 체재, 내용, 기술방법을 본 뜬 많은 필기, 잡기, 일사류의 문학작품이 쏟아져 나왔다. 이를테면 양梁나라 심약沈約의 《속설俗說》(3권. 兩晉 宋齊 시대 명인들의 일사를 기록함), 당唐나라 때의 《속세설續世說》(10권, 《唐志》에 기록되지 않은 것으로 보아 위서라 보고 있음.) 송宋 공평중孔平仲의 《속세설續世說》(12권), 명明 하량준何良俊이 《세설신어》를 모방한 《어림語林》(30권, 兩漢부터 元代에 이르기까지 명인의 일사를 모은 2,700장의 기록), 그 외 당唐 왕방경王方慶의 《속세설신서續世說新書》, 송宋 왕당王讜의 《당어림唐語林》, 청淸 양유추梁維樞의 《옥검존문玉劍尊聞》, 오숙공吳肅公의 《명어림明語林》, 장무공章撫功의 《한세설漢世說》, 이청李淸의 《여세설女世說》, 안종교顏從喬의 《승세설僧世說》, 왕탁王晫 《금세설今世說》, 그리고 근대 역종기易宗夔의 《신세설新世說》 등 그 명칭에 의탁한 아류가 끊임없이 쏟아져 나왔다.

이상 몇 가지 외에도 빼놓을 수 없는 가치는 이 《세설신어》는 곧 위진 문학 연구의 중요한 보고라는 점이다. 즉 이 책에는 「죽림칠현」(阮籍, 嵇康, 山濤, 劉伶, 阮咸, 向秀, 王戎)과 「건안칠자建安七子」(孔融, 王粲, 劉楨, 徐幹, 陳琳, 應瑒, 阮瑀), 「삼조三曹」(曹操, 曹丕, 曹植), 「정시문인」(何晏 등), 「태강문인太康文人」(三張二陸兩潘一左, 즉 張華, 張亢, 張協, 陸機, 陸雲, 潘岳, 潘尼, 左思), 「영가문인永嘉文人」(劉琨 등), 태원왕씨太原王氏와 낭야왕씨瑯琊王氏의 대표적 인물들, 특히 서예 예술로 이름난 서성書聖 왕희지王羲之 집안과 중국 화가의 대표적인 고개지顧愷之, 그리고 석숭石崇과 사씨대족謝氏大族 등 이루 헤아릴 수 없는 인물들이 망라되어 있다. 이 《세설신어》(注 포함)에 이름이 올라 있는 인물이 무려 1,500여 명에 이른다.

이러한 문학 연구 자료로서의 가치를 넘어 또한 위진 사상의 대표라 할 수 있는 현학玄學, 즉 노장을 중심으로 한 청담 현리와 삼현학三玄學, 나아가 불학佛學 연구의 귀중한 문헌적 가치를 가지고 있으며 게다가 왕필王弼, 두예杜預, 곽박郭璞, 복건服虔 등 노장老莊과 《주역周易》 연구의 대성황을 고스란히 담고 있으며 유가의 경학도 그에 못지않게 발달했던 일면을 볼 수 있다. 게다가 당시 복잡한 정치 변화에 대한 생생한 기록은 물론, 이민족과의 결합, 그에 따른 남방 세족의 정서와 생활상 등 이루 헤아릴 수 없는 귀중한 내용을 담고 있다.

그런가 하면 우리의 언어생활에 널리 쓰이는 고사성어도 풍부히 그 근원을 일러주고 있다. 즉 '칠보성시七步成詩', '낙양지고洛陽紙高', '난형난제難兄難弟', '찬핵鑽核', '소시료료小時了了', '칠석폭서七夕曝書', '할석절교割席絶交', '유령병주劉伶病酒', '점입가경漸入佳境', '군계일학群鷄一鶴', '오석산五石散' 등 헤아릴 수 없는 많은 성어를 수록하고 있다. 그보다 대화체 위주의 문장으로 위진 백화어의 어휘와 어법 연구의 살아 있는 자료의 역할도 충분히 하고 있다.

더구나 우리나라에도 판본이 전하고 있으며 조선朝鮮 시대 수초본手抄本까지 있었던 점으로 보아 일찍부터 관심을 가지고 읽혀온 책임을 알 수 있다.

2. 명칭

《세설신어》는 원래 《세설世說》이라 불렸다. 즉 《남사南史》 유의경전劉義慶傳에 "그가 지은 저술은 《세설》 10권(所著《世說》十卷)"이라 하여 단순히 "세설" 두 글자의 서명이었다. 그런데 이 이름이 우선 《세설신서世說新書》로 바뀌었다. 이에 대해 황백사黃伯思는 《동관여론東觀餘論》에서는 "《한서》 예문지에 이미 유향劉向이 서문을 쓴 《세설》이라는 책이 있었는데 이 책이 사라지자 유의경이 같은 책을 쓰고 이와 구별하기 위하여 《세설신서》라 했다"(世說之名, 肇於劉向, 其書已亡, 故義慶所集, 名曰世說新書)라 하였다. 실제로 당대唐代 단성식段成式은 《유양잡조酉陽雜俎》에서 왕돈王敦의 조두澡豆 고사 (본 책 〈紕漏〉 제 1장)를 인용하면서 그 출전을 《세설신서》라 하여 그 때까지 서명이 《세설신서》였음을 알 수 있다. 그러나 이 책이 언제부터 《세설신어》로 바뀌었는지는 알 수 없으며 다만 오대말五代末, 송초宋初부터 바뀐 것이 아닌가 여길 뿐이다. 특히 송대 육유(陸游, 放翁)가 이 책을 중간할 때도 역시 《세설》이라는 이름이었으니 이로 보면 한 동안 《세설》, 《세설신서》, 《세설신어》 등 이름이 그대로 혼용되어 사용되다가 뒤에 완전히 《세설신어》 하나로 굳어진 것이 아닌가 한다.

3. 유의경劉義慶과 유효표(劉孝標, 劉俊)

일반적으로 이 책은 남조 송宋나라 임천왕臨川王 유의경(劉義慶: 403~444)에 의해 찬집된 것으로 인정하고 있다. 다만 노신魯迅은 《중국소설사략中國小說史略》에서 《송서宋書》의 기록을 중심으로 《세설신어》는 당시 여러 사람들의 손에 의해 이루어진 것을 유의경이 모두 모아 정리한 것이라 의견을 제시하였다.

유의경은 남조 송대(420~479) 사람으로 그의 전傳은 《송서》(51, 열전 11, 宗室, 臨川烈武王 劉道規傳)와 《남사南史》(13, 宋宗室及諸王列傳(上) 臨川烈武王道規傳)에 실려 있다.

그에 의하면 그는 팽성인彭城人이며 동진東晉 안제安帝 원흥元興 2년(403)에 장사경왕長沙景王 유도련劉道憐의 둘째 아들로 태어났으나 그의 백부 임천열무왕臨川烈武王 유도규劉道規가 후사가 없어 그의 양자로 들어갔다. 그리고 송 무제武帝 유유劉裕 영초永初 원년(420) 송나라가 들어서자 18세의 나이로 임천왕 자리를 습봉받아 왕호를 얻게 되었다. 그는 어려서부터 무제 유유의 총애를 입어 "此我家豐城"(풍성은 보검이 나는 곳)이라 칭송을 받았으며 유유를 따라 북벌에 참가하여 낙양洛陽과 장안長安을 둘러보는 기회를 얻게 되었다. 그리고 다시 문제(文帝, 劉義隆: 424~452 재위, 연호는 元嘉) 연간에는 수도행정 장관인 단양윤丹陽尹을 9년 간 역임한 뒤 평서장군平西將軍, 형주자사荊州刺史, 강주자사江州刺史, 중서령시중中書令侍中 등의 요직을 거쳐 개부의동삼사開府儀同三司에 오르게 되었다. 그는 종실의 신분에다가 성격도 청렴하여 13살 때 남군공南郡公에 봉해졌으나 거절할 정도였다. 조정에서도 끝까지 그를 신임하여 평생 큰 변화 없이 생을 마친 사람이다. 그러다가 원가元嘉 21년(444)에 겨우 42세의 젊은 나이로 생을 마감하고 말았다. 그는 성격이 간박簡樸하고 욕심이 적었으며 다만 원근의 문인 명사들을 불러들여 함께 문학을 토론하는 것으로 낙을 삼아 당시 뛰어난 문인, 원숙袁叔을 강주자사 때 위군자의衛軍諮議로 삼아 곁에 두었으며 그 외 육전陸展, 하장유何長瑜 등도 막료로 삼아 가까이 하였다. 또한 당시 포조鮑照의 「투시자천投詩自薦」에 즉시 상을 내리고 천거한 일은 유명한 가화佳話로 그의 전에 실려 있다. 그의 저작으로 《서주선현전徐州先賢傳》, 《유명록幽冥錄》, 《집림集林》 등이 있었으나 모두 전하지 아니하고 지금은 《세설신어》만이 남아 널리 알려져 있다. (부록 〈劉義慶傳〉을 볼 것.)

한편 이 책에 주를 단 인물로 《세설신어》가 나온 지 불과 50년 뒤 남조 제齊나라 때 이미 경윤敬胤이라는 사람이 있었던 것으로 기록에 나와 있으나 아깝게도 지금은 전하지 아니한다.(서발 참고란을 볼 것.)

지금 전하는 《세설신어주世說新語注》는 같은 남조 양(502~557)나라 때 유효표劉孝標의 작업이다. 그는 본명이 유준劉峻이며 유명한 《문심조룡文心雕龍》의 저자인 유협劉勰 등과 함께 이름을 날리던 인물로 송宋, 제齊, 양梁 삼대를 거치면서 풍부한 학식과 해박한 견문을 바탕으로 원문의 내용은 물론 미비한 사항을 일일이 교정 보충함으로써 《세설신어》를 명실 공히 온전한 저작물로 격상시켰다. 그의 사적은 《양서梁書》(50, 列傳 44, 文學)에 실려 있으며 무려 400여 종의 문서와 전적을 동원하여 이 책에 주를 달았다.(부록 〈劉峻傳〉을 볼 것) 그리하여 앞서 밝힌 대로 《삼국지주》, 《수경주》, 《문선주》와 함께 주석학, 목록학, 문헌학, 집일학의 귀중한 자료를 제공해 주고 있다.

4. 체재

《사고전서총목》(140) 자부(子部, 50) 소설가류(小說家類, 1)에는 《세설신어》 3권으로 되어 있고 총 38문으로 분류하였다. 그러나 《당서唐書》 예문지에는 "世說新語八卷, 劉孝標續十卷"이라 하였으며, 《숭문총목崇文總目》에는 "十卷" (유의경의 8권과 유효표의 2권을 합해 10권이라 한 것이라 함)으로, 그리고 조공무晁公武의 《군재독서지郡齋讀書志》에는 "世說新語十卷, 重編世說十卷"(袁本前志卷三下小說類 第八)이라 하고 "右宋劉義慶撰, 梁劉孝標注. 記東漢以後事, 分三十八門. 唐藝 文志云: '劉義慶世說八卷, 劉孝標續十卷.' 而崇文總目止載十卷, 當是孝標續 義慶元本八卷, 通成十卷耳. 家本有二: 一極詳, 一殊略. 略有稱改正, 未知誰氏 所定, 然其目則同, 劉知幾頗言此書非實錄, 予亦云"이라 하였다.

그러나 현존하는 것은 상중하 3권에 36문으로 되어 있다. 이를 분류하면 다음과 같다.

상권 4문(德行, 言語, 政事, 文學)

중권 9문(方正, 雅量, 識鑒, 賞譽, 品藻, 規箴, 捷悟, 夙慧, 豪爽)

하권 23문(容止, 自新, 企羨, 傷逝, 棲逸, 賢媛, 術解, 巧藝, 寵禮, 任誕, 簡傲, 排調, 輕詆, 假譎, 黜免, 儉嗇, 汰侈, 忿狷, 讒險, 尤悔. 紕漏, 惑溺, 仇隙)

그러나 황로직黃魯直 본에 의하면 〈직간直諫〉, 〈간녕奸佞〉 등 2편이 더 있어 총 38문의 제목이 보인다. 한편 조목은 모두 여가석余嘉錫 《전소전소箋疏》본에는 1,130조, 양용 《교전校箋》본에는 1,134조 등 약간의 출입이 있으며 혹 1,131조로 보기도 한다. 본인은 양용본에 의해 1,134조로 분장하여 전체를 역주하였다.

5. 판본 및 근래 연구 동향

본《세설신어》는 송 소흥紹興 8년(1138) 동분董弅이 안원헌룘元獻의 수초본手抄本을 근거로 엄주嚴州에서 판각한 것을 시작으로, 남송南宋 때 육유(陸游, 放翁)가 순희淳熙 15년(1188)에 다시 중간한 것이 있으며, 명 가정嘉靖 을미(1535) 원경袁褧이 육유의 간본을 근거로 오군吳郡에서 다시 출간하였다. 그리고 명 왕세정王世貞이 배계裴啓의《어림語林》과 이《세설신어》를 병산倂刪하여《세설신어보世說新語補》를 내었다. 근대에 이르러 다시 이《세설신어》에 대한 연구와 주소注疏가 활발히 이루어져 양용楊勇은 일본 전전씨前田氏 소장의 송본宋本《세설신어》와 당사본唐寫本《세설신어》 잔권殘卷을 저본으로 교열한《세설신어교전世說新語校箋》(1969)을 내었으며 왕숙민王叔岷의《세설신어보중世說新語補證》(1976)이 나왔으며, 여가석은 분흔각紛欣閣본과 호남사현정사湖南思賢精舍 간본을 1937년부터 일일이 대조하여 작업한《세설신어전소世說新語箋疏》(1983), 그 외 서진악徐震堮의《세설신어교전世說新語校箋》(1984) 등이 출간되어 학문적으로 큰 업적을 이룬 것으로 평가받고 있다.(이상 부록 서발 등을 참조할 것.)

그 뒤를 이어 허소조許紹早 등의《세설신어역주世說新語譯註》, 유정호劉正浩, 구섭우邱燮友, 진만명陳滿銘의《신역세설신어新譯世說新語》, 유사진柳士鎭의《세설신어전역世說新語全譯》 등 백화어 번역본, 평역본, 평석본 등은 물론 장영언張永言의《세설신어사전世說新語辭典》, 장만기張萬起의《세설신어사전世說新語詞典》, 오금화吳金華의《세설신어고석世說新語考釋》, 강람생江藍生의《위진남조소설사어회석魏晉南朝小說詞語滙釋》, 왕운로王雲路의《중고한어어사례석中古漢語語詞例釋》, 동지교董志翹의《중고허사어법례석中古虛詞語法例釋》 등 관련 저술도 수를 헤아릴 수 없을 정도로 쏟아져 나오고 있다.

한편 이 《세설신어》는 9세기 말 일본으로 흘러들어 송본宋本이 전해져 존경각尊經閣본(金澤文庫본)에 들어 있으며 이로 인해 일본은 한때 《세설신어》 연구 붐이 일기도 하였다. 그리하여 《세설신어색인世說新語索引》(高橋淸)이 이미 나왔으며 일역본으로 대촌매웅大村梅雄의 《세설신어》(平凡社, 中國古典 文學前集 32. 단 〈賞譽〉, 〈品藻〉, 〈輕詆〉 등 몇 편은 생략되어 있음)와 삼삼수삼랑森三樹 三郎의 《세설신어》(平凡社, 中國古典文學大系 9), 천승의웅川勝義雄 등 네 사람이 공역한 《세설신어》(筑摩書坊, 世系文學大系 71. 中國古小說集) 등이 나와 있다.

그런가 하면 서양에서는 이미 하버드 연경학회燕京學會에서 《세설신어 인덱스世說新語引得》(附劉注引書引得)가 나왔으며 1976년에는 미국인 Richard B. Mather(馬瑞志)에 의해 《세설신어世說新語(A New Account of Tales of the World)》(University of Minnesota. 1976)라는 이름으로 영역본이 출간되었다. 그리고 2년 뒤(1978) 이 책은 다시 대만臺灣 남천서국南天書局에서 영인 출간 되었고, 이 책을 간추린 중영대조中英對照 판 《세설신어》가 대만 문광출판사 (文治出版社, 1979)에서 출간되기도 하였다. 그리고 1974년에는 불어로도 번역 되었다.

한편 우리나라에서는 일찍이 이미 조선시대 수초본(3책)이 어쩌다가 대만 국립 중앙도서관에 소장(등기번호 1908)되어 있는 것을 본인이 발견하였 으며, 규장각奎章閣 도서 〈중국본총목록〉에 의하면 청淸 광서光緖 연간에 간행된 목판본과 조선 현종顯宗 실록자實錄字로 인쇄된 《세설신어보》가 있다. 그리고 1984년 본인이 당시 613조를 추려 우리말로 번역한 것이 최초였으며, 뒤에 김장환 교수에 의해 원문과 주까지 상세하게 역주한 《세설신어》가 출간(2000년)되어 학술적으로 큰 반향을 일으키기도 하였다. 그 외에 국내에서는 중국 문학의 획기적인 발전으로 인해 《세설신어》를 대상으로 한 전제專題 논문도 수없이 발표되는 등 상당히 널리 알려져 읽혀지고 있으며 우리에게도 생소하지 않은 중국 대표적인 고전의 읽을거리로 자리를 잡아 가고 있다.

世說新語卷上之上

宋　劉義慶　撰

梁　劉孝標　注

德行第一

陳仲舉言為士則行為世範登車攬轡有澄清天下之志為豫章太守至便問徐孺子所在欲先看之主簿白群情欲府君先入廨陳曰武王式商容之閭席不暇暖吾之禮賢有何不可

汝南先賢傳曰陳蕃字仲舉汝南平輿人有室荒蕪不埽除父友同郡薛勤來候之謂蕃曰孺子何不灑掃以待賓客蕃曰大丈夫當為國家掃天下安事一室乎勤知其有清世之志甚奇之海內先賢傳曰太守周乳署蕃功曹

謝承後漢書曰徐穉字孺子豫章南昌人清妙高時圮俗俗所不能逾也諸公辟召皆不就…家貧常自耕稼非其力不食恭儉義讓所居服其德屢辟公府不起…

周子居常云吾時月不見黃叔度則鄙吝之心已復生矣

袁宏漢紀曰黃憲字叔度汝南慎陽人時論者以為顏子復生也…叔度汝南慎陽人父為牛醫潁川荀淑至慎陽遇憲於逆旅時年十四…

郭林宗至汝南造袁奉高車不停軌鸞不輟軛詣黃叔度乃彌日信宿人問其故林宗曰叔度汪汪如萬頃之波澄之不清擾之不濁其器深廣難測量也

郭林宗別傳曰林宗字泰寧太原界休人…泰初以疾歸南先賢傳曰袁閬字奉高…

李元禮風格秀整高自標持欲以天下名教是非為己任後進之士有升其堂者皆以為登龍門

李元禮別傳曰膺字元禮潁川襄城人…膺天性簡亢無所交接唯以同郡荀淑陳寔為師友…三秦記曰龍門一名河津去長安九百里…

李元禮嘗歎荀淑鍾皓曰荀君清識難尚鍾君至德可師

先賢行狀曰荀淑字季和潁川潁陰人…鍾皓字季明潁川長社人…

縈坐好射雉至其時晨去夕反羣

臣莫不上諫此為小物聯介過人朕

所以好之　　澤濟吳紀曰住咋　迺晉太皇帝

第六子也初封很邪正夢赤龍

上天願不見毛殊姝孃少至延住五之銳意

與舊欲早覽百家之事頗好射雉羣苦晨出

暮又唯此時捨書輒益景皇帝徵列吳事

日住在政基之此有違事頗以射雉為歡

云

不

世說新語上

金澤六書

宋臨川王義慶撰

梁劉孝標注

德行第一

陳仲舉言為士則行為世範登車攬轡有澄清天下之志為豫章太守至便問徐孺子所在欲先看之

陳蕃字仲舉汝南平輿人有室之行雄大將軍竇武所害及拜太傅

荒薉不掃除曰大丈夫當為國家掃天下徐穉字孺子南昌人徐逸別傳曰穉家貧常自耕稼非其力不食恭儉義讓所居服其德屢辟公府不起時陳蕃為太守以禮請署功曹穉知不能匡世亦謝病去

陳蕃在郡不接賓客唯穉來特設一榻去則縣之

在欲先看之人猶欲先就枯死萬里赴弔所至醊酹以水漬綿以遺穉

在欲先看之人宿迷砂高時超世絕俗前後為諸公所辟雖不就其死萬里赴弔所至醊酹以水漬綿以鄰丹水漬綿

戊寅五月武陵余嘉錫
吐日本尊經閣景宋本志
每卷皆平行及涵芬樓印
沈寶硯校宋本明嘉靖年
吐諸校諸本別吐綠筆餘
十六年湘中何義門云某
又以景宋本校并嘉錫評注用朱筆
本校凡其桐本相同者其
本不同者別吐綠筆餘注
之凡而兩本記諸應仍照
錄入而注其文字曰某本
郭麐抄本以月諸本復錄
徐徐行字某吐提校諸本
而月其校諸注亦擇要錄
研用宋人校番例也嘉錫
自有所箋識亦用朱之

過錄曾燠事德銘此校用墨筆
撫景宋本校井嘉錫評注用朱筆
撫景印唐寫本第六卷校用藍筆
撫諸書別用綠筆

德行第一 宋本篇目皆低四格 按諸書所引書標注校注文亦同藍筆

宋眼 臨川王義慶 撰

梁 臨川王義慶 劉孝標 注

陳仲舉言為士則行為世範登車攬轡有澄清天下之
志。汝南先賢傳曰：陳蕃字仲舉，汝南平輿人。有室荒蕪
不掃除。曰：大丈夫當為國家掃天下。值漢桓之末，閹
豎用事，外戚豪橫。及拜太傅，與大將軍竇武謀誅宦
官，反為所害。為豫章太守。賢傳曰：徐稺字孺子，豫章南昌人。清妙高時，
超世絕俗。前後徵命，靡所不就。雖不就，及其死，萬里赴弔。
至便問徐孺子所在欲先看
之。不得留。主簿白君情欲府君先入解。陳曰武王

《世說新語》紛欣閣 간본. 余嘉錫이 手稿를 더한 것.

道壹道人好整飾音辭

從都下還東山經吳中巳而會雪下未甚寒諸道人問

正自飄颻林岫便已皓然

張天錫為涼州刺史稱制西隅既為苻堅所禽用為侍
中後於壽陽俱敗

為孝武所器再入有論無不竟和顗疎

褚長孺年逗宣武墓作詩云山崩溟海竭魚鳥將何依

《世說新語》湖南 思賢精舍 간본. 余嘉錫이 手稿를 더한 것.

世說新語　四部叢刊子部

上海涵芬樓景印明
袁氏嘉趣堂刊本原
書版匡高營造尺六
寸五分寬四寸八分

世說新語卷上之上

　德行第一

　　　　宋　臨川王義慶　撰

　　　　梁　劉孝標　注

陳仲舉言為士則行為世範登車攬轡有澄清天下
之志 荒汝南先賢傳曰陳仲舉諱蕃汝南平輿人也
桓大末軍竪用事蕃為光祿勳與竇武謀誅諸宦官
竹海貴内先賢傳曰蕃字仲舉後漢書蕃字仲舉外
與為後妙高里時赴家隨外炙雞正傅太尉為章昌
之赴超以忠正所害 為豫章太守至便問徐孺子所
在欲先看之 謝承後漢書曰徐穉字孺子豫章南昌
人清妙高跱超世絕俗前後為諸公所辟唯陳蕃處
水漬綿斗米漬 主簿白羣情欲府君先入 殷禮許叔
酒畢茅謁即去不見喪主許重設一榻去豫章 解
酒畢茅謁即去不見喪主 陳曰武王式商容之閭席不暇煖
吾之禮賢有何不可 章為稱獨設一榻去
周子居常云吾時月不見黃叔度則鄙吝之心已復
生矣 論子居別名典略云顏子略而生而族出孤黃
者陽和季咸云顏子復生黃叔度汝慎穎川荀慈明
卿國有顏子寧知之乎奉高曰卿父為牛陽潁川顏
川國有顏子寧知之平足奉高邵父為牛醫鄴戴良
郭林宗至汝南造袁奉高 續漢書曰郭泰字林宗太
原界休人也泰少孤年二十
之後所師也 不少所服從牛醫則自降薄恨然若有所失母問汝在何
之後所師也 少樂所服下見牛醫則所從來邪然若瞻之在前忽焉在

　　世說新語

《世說新語》四部叢刊 初編 子部「書同文」(北京) 電子版

德行第一

宋　臨川王義慶　撰

梁　劉孝標　注

陳仲舉言為士則，行為世範，登車攬轡，有澄清天下之志。〔陳蕃字仲舉，汝南平輿人。桓帝時為太尉。先賢行狀曰：蕃字仲舉，聰朗踈達……〕為豫章太守，至，便問徐孺子所在，欲先看之。主簿曰：「群情欲府君先入廨。」陳曰：「武王式商容之閭，席不暇暖。吾之禮賢，有何不可！」

周子居常云：「吾時月不見黃叔度，則鄙吝之心已復生矣。」〔汝南先賢傳曰：周乘字子居，安城人，為泰山太守，天下以為英彥，別見居注〕

郭林宗至汝南，造袁奉高，車不停軌，鸞不輟軛；詣黃叔度，乃彌日信宿。人問其故，林宗曰：「叔度汪汪如萬頃之陂，澄之不清，擾之不濁，其器深廣，難測量也。」黃叔度，名憲，汝南慎陽人。世貧賤，父為牛醫。潁川荀淑至慎陽，遇憲於逆旅……李和時論者咸云頤子復生也。……退見袁閬，不宿而退……泰……

우리나라 朝鮮시대 手抄本《世說新語》 대만 국립중앙도서관(등기번호 1908)에 소장되어 있다.

世說新語卷一

宋劉義慶撰

梁劉孝標注

德行第一

陳仲舉言為士則，行為世範，登車攬轡，有澄清天下之志。汝南先賢傳曰陳蕃字仲舉汝南平輿人有室荒蕪不掃除曰大丈夫當為國家掃天下值漢祖之末閹豎用事外戚豪橫及拜太傅與大將軍竇武謀誅宦官反為所害為豫章太守。海內先賢傳曰蕃以郡禮請徐穉為功曹徐穉字孺子豫章南昌人情沙高時超塵絶正仲舉貴盛不得故書稱超邪時常至，便問徐孺子所在，欲先看之。世語後漢書曰徐稺字孺子豫章南昌人情沙高時超塵居不就及其死萬里赴弔常主簿白：「群情欲府君先入廨。」陳曰：「武王式商容之閭，席不暇煖。許叔重曰商容殷之賢人主簿白群情欲府君先入廨陳曰武王式商容之閭老子師也車上軾曰式吾之禮賢，有何不可！」袁宏漢紀曰吾之禮賢有何不可

周子居常云：「吾時月不見黃叔度，則鄙吝之心已復生矣。」續漢書曰黃憲字叔度汝南慎陽人時論者咸云顏子復生而族出孤貧父為牛醫潁川荀季和執憲手足不可支也後見袁奉高曰顏子所服下見憲則自降歎然若有所失母問汝何不樂乎復從牛醫兒

郭林宗至汝南，造袁奉高，車不停軌，鸞不輟軛；謝承後漢書曰袁閬字奉高慎陽人友黃憲陳蕃不就及其死萬里赴弔常續漢書曰郭泰字林宗太原介休人泰少孤年二十行學至城臯遇屈伯彥精盧乏食衣不蓋形而處約味道不改其樂李元禮一見而奇之曰吾見士多矣無如林宗者也及卒蔡伯喈為作碑旣而謂盧植曰吾為人作碑未嘗不有慚容唯郭有道無愧色耳初以有道君子徵泰日吾觀乾象人事天之所廢不可支辭以疾投南先賢傳曰袁宏字奉高慎陽人友黃叔度詣黃叔度，乃彌日信宿。人問其故，林宗曰：「叔度汪汪如萬頃之陂，澄之不清，擾之不濁，其器深廣，難測量也。」謝別傳曰薛勤童蒙鷙陳仲舉詣家巷辟大尉掾卒

《世說新語》新編諸子集成 刊本. 小說家類 世界書局(1968) 臺灣.

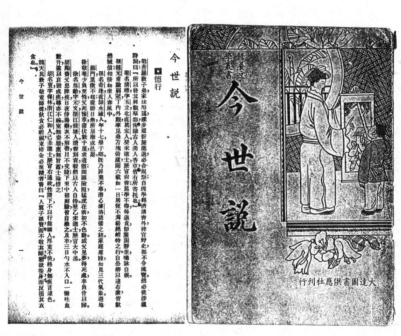

王暉이 《세설신어》를 모방하여 지은 《今世說》 표지와 본문.
1936년 上海 大達圖書에서 간행함.

南京 西善橋 六朝墓에서 출토된 「죽림칠현」 벽돌 그림.

차례

◈ 책머리에
◈ 일러두기
◈ 해제

世說新語 中

世說新語 上

世說新語 中

世說新語 下

23. 임탄任誕
총 54장 (869-922)

'임탄任誕'이란 세속에 구애되지 않고 제멋대로 방임放任과 허탄虛誕한 행동을 일삼는 것을 말한다. 주로 당시 광달파曠達派였던 '죽림칠현竹林七賢'들과 그 행동이 이들과 비슷한 이들의 일화 중에서 정화를 모아 적은 것으로 현학玄學과 사회 기풍을 알 수 있다. 양용楊勇 〈교전校箋〉에 "任誕, 縱任不拘也"라 하였다.

총 54장이다.

"雪中訪友, 造門而返"고사. 915 참조.

869(23-1)

진류陳留 출신 완적阮籍, 초국譙國 출신 혜강嵇康, 하내河內 출신 산도山濤 등
세 사람은 나이가 비슷하였고, 혜강이 조금 적었다.

당시 이들의 모임에 같이 어울렸던 자들은 패국沛國 출신 유령劉伶, 진류
출신의 완함阮咸, 하내 출신의 상수向秀, 낭야琅邪 출신의 왕융王戎 등이 있었
는데, 늘 죽림竹林에 모여 마음대로 술 마시고 놀았다.

그래서 세상에는 이들을 일컬어 '죽림칠현竹林七賢'이라 하였다.

陳留阮籍, 譙國嵇康, 河內山濤, 三人年皆相比, 康年少亞之.
預此契者: 沛國劉伶, 陳留阮咸, 河內向秀, 琅邪王戎. 七人
常集于竹林之下, 肆意酣暢, 故世謂「竹林七賢」.

【陳留】지금의 河南 開封市, 혹은 尉氏縣.
【譙國】지금의 安徽 亳縣.
【河內】지금의 河南 黃河 南北兩岸 지대.
【沛國】지금의 安徽 濉溪 서북지역.
【琅邪】지금의 山東 臨沂 북쪽(혹 諸城縣).
【阮籍】자는 嗣宗(210~263). 〈豪傑詩〉·〈詠懷詩〉·〈達莊論〉·〈大人先生傳〉 등을
    남겼으며 지금은 陳伯君의 《阮籍集校注》(1987)가 있음.《三國志》(21)·《晉書》
    (49)에 전이 있음. 步兵校尉를 지냄.
【嵇康】자는 叔夜(223~263). 어려서 고아로 자람. 詩文과 음악에 밝았음.
    中散大夫를 지냄. 뒤에 鍾會의 모함으로 司馬昭에게 죽임을 당함. 작품으로
    〈琴賦〉·〈養生論〉·〈聲無哀樂論〉·〈與山巨源絶交書〉 등이 있음.《晉書》(49)에
    전이 있음. 嵇氏는 원래 奚씨였으나 위에 銍 땅으로 옮겨 嵇山 곁에 살아
    성씨를 嵇氏로 하였다 함. 莊萬壽의 《嵇康年譜》(1990. 대북) 등 참조.

南京 西善橋 宮山墓의 〈竹林七賢圖〉

【山濤】 자는 巨源(205~283).《老莊》과 음주를 좋아하였으며 40세에 이르러 郡의 主簿를 거쳐 魏나라의 郎中·尙書吏部郎 등을 지냄. 晉에 들어서는 冀州刺史·北中郎將·侍中·吏部尙書·太子少傅·右僕射·司徒 등을 지냄. 《晉書》(43)에 傳이 있음.

【劉伶】 자는 伯倫. 용모가 못생겼다 하며 魏末 司馬氏가 정권을 휘두르자 自然으로 돌아가 老莊을 신봉하여 無爲而治를 주장하면서 음주로 세월을 보냄. 죽림칠현의 하나. 〈酒德頌〉을 남김. 〈任誕〉편 참조.《晉書》(49)에 전이 있음. 唐 이전에는 〈劉靈〉으로 표기하였음.

【阮咸】 자는 仲容(234~305). 阮籍의 從子. 音律의 이해에 뛰어났으며, 비파를 잘 탔음. 阮籍과 함께 大阮·小阮이라 불렸으며, 散騎侍郎·始平太守 등을 지냄.《晉書》(49)에 傳이 있음.

【向秀】 자는 子期(227?~272?). 竹林七賢의 하나. 처음 山濤·嵇康·呂安 등과 자연을 즐기다가 嵇康과 呂安이 司馬氏에게 죽임을 당한 후 벼슬길로 들어서 黃門侍郞, 散騎常侍를 지냄.《老·莊》에 심취하여《莊子注》를 완성하였으며, 이를 바탕으로 한 郭象의《莊子注》가 지금도 전함. 賦에도 뛰어나 〈思舊賦〉를 남김.《晉書》(49)에 傳이 있음. 向은 姓氏나 地名을 경우 '상'으로 읽음.

【王戎】 자는 濬沖(234~305). 王安豐으로도 불림. 王綏의 아버지. 禮敎에 얽매이지 않았음. 阮籍, 山濤, 向秀, 阮咸, 嵇康, 劉伶과 더불어 '竹林七賢'으로 불렸음.《晉書》(43)에 전이 있음. 阮籍과 忘年之交를 맺었으며 아버지의 작위를 이어 相國掾이 되었다가 吳亂을 평정한 공로로 安豐侯에 봉해짐. 惠帝 때에는 尙書令·司徒를 지냄. 예절을 무시하고 인색하기로 이름이 높았음.

참고 및 관련 자료

1.《晉陽秋》

于時風譽扇于海內, 至于今詠之.

2. 楊勇〈校箋〉『竹林』『竹林七賢』

『水經注:「竹林佳處, 在河南輝縣西南六十里, 晉嵇康, 阮籍, 山濤, 向秀, 劉伶, 阮咸, 王戎等遊之, 世號'竹林七賢'. 陳寅恪曰:「竹林七賢, 清談之著者也. 其名七賢, 本論語賢者避世, 作者七人之義. 乃東漢以來, 名士標榜事數之名, 如三君, 八廚, 八及之類. 後因僧徒格義之風, 始比附中西, 而成此名; 所謂'竹林', 蓋取義於內典(Lenuvena), 非其地眞有此竹林, 而七賢遊其下也. 水經注引竹林古蹟, 乃後人附會之說, 不足信」見星島文史副刊, 民國卅八年八十六日版. 勇按: 陳說有見. 文物一九六五年八月期, 有南京西善橋東晉墓磚, 刻竹林八賢圖, 則有嵇康, 阮籍, 山濤, 向秀, 劉靈, 阮咸, 榮啓期等八人. 此不唯竹林爲一假設之地, 而七賢, 八賢亦一通名耳.』

완적阮籍이 모친상을 당하고서도 마침 진晉 문왕(文王, 司馬昭)의 연회에 참석하여 술과 고기를 마구 먹고 앉아 있었다. 사예司隸 벼슬의 하증何曾이 옆에 있다가 참다못해 임금에게 이렇게 말하였다.

"각하께서는 바야흐로 효孝로써 천하를 다스리는 줄 압니다. 그런데 완적은 부모의 상喪을 당하였는데도 이런 공석에 나와 술과 고기를 질탕하게 먹고 있으니! 이런 자는 마땅히 해외로 유배시켜 풍속과 교화를 바로잡아야 합니다."

그러자 문왕을 이렇게 말하였다.

"사종(嗣宗, 阮籍)이 이렇게 수척해져 있는데 그대는 같이 근심해 주지는 못할망정 무슨 말을 그렇게 하는고? 병이 있어 음주식육飮酒食肉하는 것은 진실로 상례喪禮에 맞는 법이오!"

완적은 쉬지 않고 술을 퍼마시면서 얼굴색 하나 변하지 않았다.

阮籍遭母喪, 在晉文王坐進酒肉; 司隸何曾亦在坐, 曰: 「明公方以孝治天下, 而阮籍以重喪, 顯於公坐飮酒食肉, 宜流之海外, 以正風敎!」

文王曰:「嗣宗毁頓如此, 君不能共憂之, 何謂? 且有疾而飮酒食肉, 固喪禮也!」

籍飮啗不輟, 神色自若.

【阮籍】 자는 嗣宗(210~263). 陳留의 尉氏人. 阮瑀의 아들. 老莊에 밝았으며 거문고, 바둑, 시문 등에 능하였음. 步兵校尉를 역임하여 흔히 '阮步兵'이라 불림. '竹林七賢'중의 하나. 〈豪傑詩〉·〈詠懷詩〉·〈達莊論〉·〈大人先生傳〉 등이

있으며 《三國志》(21), 《晉書》(49)에 전이 있음. 유유자적하며 휘파람을 잘 불었음.

【晉文王】 司馬昭. 晉文帝. 晉宣帝의 둘째아들이며 이름은 昭, 자는 子上. 晉武帝 司馬炎이 진나라를 세우고 나서 文帝로 추존함. 《晉書》(2)에 紀가 있음.

【何曾】 자는 潁考. 성품이 考誠高雅하였고, 司隸校尉를 지냄.

【有疾】 위진시대에 양생을 위해 유행하였던 五石散을 먹어 중독과 환각을 일으킨 것이라 함. 따라서 술과 고기를 먹지 않으면 견딜 수 없는 상태가 되어 이른 말.

참고 및 관련 자료

1. 《晉諸公贊》

何曾字潁考, 陳國陽夏人. 父夔, 魏太僕. 曾以高雅稱, 加天性仁孝, 累遷司隸校尉. 用心甚正, 朝廷憚之. 仕晉至大宰.

2. 《晉紀》干寶

何曾嘗謂阮籍曰:「卿恣情任性, 敗俗之人也. 今忠賢執政, 綜核名實, 若卿之徒, 何可長也!」復言之於太祖. 籍飮噉不輟. 故魏晉之間, 有被髮夷傲之事, 背死忘生之人, 反謂行禮者, 籍爲之也.

3. 《魏氏春秋》

籍性至孝, 居喪, 雖不率常禮, 而毀機滅性; 然爲文俗之士何曾等深所讎疾. 大將軍司馬昭愛其通偉, 而不加害也.

871(23-3)

유령劉伶이 술 중독으로 몹시 목이 말라, 처에게 술을 구해 오라고 시켰다. 처는 술독과 잔들을 모두 두드려 깨며 술을 끊으라고 울면서 이렇게 권하였다.

"당신은 술을 너무 많이 들고 있어요. 이는 섭생攝生의 방법이 아닙니다. 마땅히 이를 끊으셔야 합니다!"

그러자 유령은 이렇게 대답하였다.

"매우 훌륭하오. 그러나 내 스스로는 금할 수 없으니, 오직 마땅히 신명에게 기도하여, 내 끊기를 서약하리다. 얼른 술과 고기를 준비해 오시오."

그러자 처는 좋아하였다.

"명령대로 하리다."

이렇게 하여 술과 고기를 신령 앞에 차려 놓고, 유령에게 제축서약祭祝誓約하도록 청하였다. 이에 유령은 무릎을 꿇고 이렇게 축원하였다.

"하늘이 이 유령을 내리실 때는 술로 그 이름을 날리라고 내리셨는 줄 압니다. 한 번에 한 곡斛은 마시고, 다시 해장으로는 다섯 말을 먹어야 해갈됩니다. 아녀자의 말을 삼가 듣지 말아 주십시오."

그리고 나서 문득 술과 고기를 먹고 마셔 잔뜩 취하고 말았다.

劉伶病酒渴甚, 從婦求酒, 婦捐酒毁器, 涕泣諫曰:「君飮太過, 非攝生之道, 必宜斷之!」

伶曰:「甚善. 我不能自禁, 唯當祝鬼神自誓斷之耳, 便可具酒肉」

婦曰:「敬聞命」

供酒肉於神前, 請伶祝誓.

伶跪而祝曰:『天生劉伶, 以酒爲名; 一飮一斛, 五斗解酲. 婦人之言, 愼不可聽』

便引酒進肉, 隗然已醉矣.

【劉伶】 자는 伯倫. 용모가 못생겼다 하며 魏末 司馬氏가 정권을 휘두르자 自然으로 돌아가 老莊을 신봉하여 無爲而治를 주장하면서 음주로 세월을 보냄. 죽림칠현의 하나. 〈酒德頌〉을 남김. 〈任誕〉편 참조. 《晉書》(49)에 전이 있음. 唐 이전에는 〈劉靈〉으로 표기하였음. 그는 죽림칠현 중 술로 크게 이름이 나 있으며, 늘 종자를 시켜 삽을 차고 다니게 하여 술 취해 쓰러져 죽는 그 자리를 파서 묻어 달라고 할 정도였다 함.

【斛】 十斗를 一斛이라 하였음.

【解酲】 술로 인한 괴로움을 덜기 위해 마시는 술. 해장술.

참고 및 관련 자료

1. 본장은 劉伶이 〈酒德頌〉을 짓게 된 고사이며 〈酒德頌〉의 원문은 다음과 같음.

『有大人先生, 以天地爲一朝; 萬期爲須臾. 日月爲扃牖 : 八荒爲庭衢. 行無轍跡, 居無室廬, 幕天席地, 縱意所如. 止則操巵執觚; 動則挈榼提壺. 唯酒是務, 焉知其餘? 有貴介公子, 搢紳處士, 聞吾風聲, 議其所以, 乃奮袂攘衿, 怒目切齒, 陳說禮法, 是非鋒起. 先生於是, 方捧罌承槽, 銜盃漱醪, 奮髥箕踞, 枕麴藉糟, 無思無慮. 其樂陶陶, 兀然而醉, 怳爾而醒, 靜聽不聞雷霆之聲; 熟視不見泰山之形. 不覺寒署之切肌, 慾之感情, 俯觀萬物擾擾焉, 如江漢之浮萍. 二豪侍側焉, 如螺之與蟧.』

872(23-4)

유공영(劉公榮, 劉昶)은 남들과 술을 마시면서 술친구가 잡다하였다. 어떤 사람이 이를 비웃자 그는 이렇게 대답하였다.

"나보다 나은 자와 술을 마시지 않을 수 없고, 나보다 못한 자와도 역시 술을 같이 마셔 주지 않을 수 없다. 또 나와 같은 자와의 술을 어찌 마다 하겠는가? 그래서 종일 함께 마시고 취하는 것이다."

劉公榮與人飮酒, 雜穢非類, 人或譏之.
答曰:「勝公榮者, 不可不與飮; 不如公榮者, 亦不可不與飮; 是公榮輩者, 又不可不與飮. 故終日共飮而醉」

【劉公榮】 劉昶. 자는 公榮. 兗州刺史를 지냄.

> 참고 및 관련 자료

1. 《劉氏譜》
昶字公榮, 沛國人.
2. 《晉陽秋》
昶爲人通達, 仕至兗州刺史.

873(23-5)

보병교위步兵校尉 자리가 결원이 생겼다. 그 주방에 수백 곡斛의 술이 저장되어 있었다. 완적阮籍은 이에 보병교위가 되겠다고 요구하였다.

步兵校尉缺, 廚中有貯酒數百斛; 阮籍乃求爲步兵校尉.

【阮籍】자는 嗣宗(210~263). 陳留의 尉氏人. 阮瑀의 아들. 老莊에 밝았으며 거문고, 바둑, 시문 등에 능하였음. 步兵校尉를 역임하여 흔히 '阮步兵'이라 불림. '竹林七賢'중의 하나. 〈豪傑詩〉·〈詠懷詩〉·〈達莊論〉·〈大人先生傳〉 등이 있으며 《三國志》(21), 《晉書》(49)에 전이 있음. 유유자적하며 휘파람을 잘 불었음.

참고 및 관련 자료

1.《文士傳》

籍放誕有傲世情, 不樂仕宦; 晉文帝親愛籍, 恆與談戲, 任其所欲, 不迫以職事. 籍常從容曰:「平生曾遊東平, 樂其土風, 願得爲東平太守」文帝說, 從其意. 籍便騎驢徑到郡; 皆壞府舍諸壁障, 使內外相望, 然後教令清寧. 十餘日, 便復騎驢去. 後聞步兵廚中有酒三百石, 忻然求爲校尉. 於是入府舍, 與劉伶酣飲.

2.《竹林七賢論》

又云:「籍與伶共飲步兵廚中, 並醉而死.」此好事者爲之言. 籍景元中卒, 而劉伶太始中猶在.

874(23-6)

유령劉伶은 항상 제멋대로 하여 술버릇도 방달放達하였으며 간혹 옷을 모두 벗은 채 알몸으로 있기도 하였다. 어떤 사람이 이를 비웃자 유령은 이렇게 말하였다.

"나는 천지를 내 집으로 여기고, 내 집을 속옷으로 삼는다. 그대들은 어찌하여 내 속옷 안으로 들어왔는고?"

劉伶常縱酒放達, 或脫衣裸形在屋中, 人見譏之.
伶曰:「我以天地爲棟宇, 屋室爲褌衣, 諸君何爲入我褌中?」

【劉伶】자는 伯倫. 용모가 못생겼다 하며 魏末 司馬氏가 정권을 휘두르자
自然으로 돌아가 老莊을 신봉하여 無爲而治를 주장하면서 음주로 세월을
보냄. 죽림칠현의 하나. 〈酒德頌〉을 남김. 〈任誕〉편 참조. 《晉書》(49)에 전이
있음. 唐 이전에는 '劉靈'으로 표기하였음.
【褌】褌과 같음. 속옷.

참고 및 관련 자료

1. 《晉紀》鄧粲
客有詣伶, 値其裸袒; 伶笑曰:「吾以天地爲宅舍, 以屋宇爲褌衣, 諸君自不當
入我褌中, 又何惡乎?」其自任若是.

875(23-7)

완적阮籍의 제수弟嫂가 친정에 잠깐 갈 때 완적은 직접 마주하여 전송
하였다. 어떤 이가 비웃자 그는 이렇게 말하였다.
"예라는 것이 어찌 우리 같은 이를 위해서 만들어졌겠느냐?"

阮籍嫂嘗還家, 籍相見與別. 或譏之.
籍曰:「禮豈爲我輩設耶?」

【阮籍】자는 嗣宗(210~263). 陳留의 尉氏人. 阮瑀의 아들. 老莊에 밝았으며 거문고, 바둑, 시문 등에 능하였음. 步兵校尉를 역임하여 흔히 '阮步兵'이라 불림. '竹林七賢'중의 하나. 〈詠懷詩〉·〈達莊論〉·〈大人先生傳〉 등이 있으며 《三國志》(21), 《晉書》(49)에 전이 있음. 유유자적하며 휘파람을 잘 불었음.
【禮】《禮記》 曲禮의 내용을 가리킴.

参고 및 관련 자료

1. 비웃은 이유는 《禮記》 曲禮에 "嫂叔不通問"의 예법 때문임.

876(23-8)

완공(阮公, 阮籍)의 이웃에 예쁜 부인이 술집에서 술을 팔고 있었다. 완적과 왕안풍(王安豐, 王戎)은 항상 이 여자를 쫓아 술을 마셨으며, 완적은 크게 취하면 꼭 그 여자 곁에 쓰러져 잤다.
그 여자의 남편이 심히 의심스러워 몰래 그의 태도를 엿보았으나 끝내 다른 뜻을 나타내는 것을 보지 못하였다.

阮公鄰家婦有美色, 當壚酤酒. 阮與王安豐常從婦飲酒,
阮醉, 便眠其婦側. 夫始殊疑之, 伺察終無他意.

【阮籍】자는 嗣宗(210~263). 陳留의 尉氏人. 阮瑀의 아들. 老莊에 밝았으며 거문고, 바둑, 시문 등에 능하였음. 步兵校尉를 역임하여 흔히 '阮步兵'이라

불림. '竹林七賢'중의 하나. 〈豪傑詩〉·〈詠懷詩〉·〈達莊論〉·〈大人先生傳〉 등이 있으며 《三國志》(21), 《晉書》(49)에 전이 있음. 유유자적하며 휘파람을 잘 불었음.

【王安豐】王戎. 자는 濬沖(234~305). 王安豐으로도 불림. 王綏의 아버지이며 安豐縣侯를 역임함. 성격이 인색하였으며 禮敎에 얽매이지 않았음. 阮籍, 山濤, 向秀, 阮咸, 嵆康, 劉伶과 더불어 '竹林七賢'으로 불렸음. 《晉書》(43)에 전이 있음.

> ### 참고 및 관련 자료

1. 《晉書》王隱

籍鄰家處子有才色, 未嫁而卒. 籍與無親, 生不相識, 往哭, 盡哀而去. 其達而無檢, 皆此類也.

877(23-9)

완적阮籍이 모친상을 당하여 돼지 한 마리를 잡고 술 두 말을 마신 후 영결에 임하였다. 그리고는 곧바로 "끝났도다!"라고 한마디 내뱉고 피를 토하며 쓰러져 오랫동안 폐돈廢頓하였다.

阮籍當葬母, 蒸一肥豚, 飲酒二斗, 然後臨訣, 直言:「窮矣!」都得一號, 因吐血, 廢頓良久.

【阮籍】자는 嗣宗(210~263). 陳留의 尉氏人. 阮瑀의 아들. 老莊에 밝았으며 거문고, 바둑, 시문 등에 능하였음. 步兵校尉를 역임하여 흔히 '阮步兵'이라 불림. '竹林七賢'중의 하나. 〈豪傑詩〉·〈詠懷詩〉·〈達莊論〉·〈大人先生傳〉 등이 있으며 《三國志》(21), 《晉書》(49)에 전이 있음. 유유자적하며 휘파람을 잘 불었음.

【窮矣】당시 洛陽 부근의 풍속으로 부모의 장례에 아들이 울부짖을 때 하는 말이라 함.

【廢頓】廢하여 頓絶함. 정신을 잃고 까무러침.

■ 참고 및 관련 자료 ■

1. 楊勇 〈校箋〉
『類聚引笑林:「有人弔喪, 因齎大豆一斛相與. 孝子哭, 喚'奈何!'以爲問豆, 答曰: '可作飯.' 孝子哭, 復喚'窮已!' 曰:'適得便窮, 自當更送一斛.」唐長孺曰:「孝子 喚奈何·喚窮, 疑爲洛陽及其附近風俗; 蓋父母之喪, 孝子循例要喚'窮'也」見魏 晉南北朝史論叢. 喚奈何, 並見本篇42.』

2. 《晉紀》鄧粲
籍母將死, 與人圍棊如故, 對者求止, 籍不肯, 留與決賭. 旣而飮酒三斗, 擧聲 一號, 嘔血數升, 廢頓久之.

878(23-10)

완중용(阮仲容, 阮咸)과 보병(步兵, 阮籍)은 길의 남쪽에 살았고, 그 외의 완씨 阮氏들은 길 북쪽에 살았는데, 북쪽에 사는 완씨들은 모두 부유하였으나 남쪽은 모두 가난하였다. 칠월 칠일 옷 말리는 풍속이 있어 북쪽 완씨들이 옷을 널었는데, 모두가 훌륭한 비단 옷들이었다. 남쪽의 완함은 긴 장대로 거친 포로 만든 독비곤犢鼻褌을 뜰에 걸어 놓았다. 어떤 이가 이를 이상히 여기자 완함은 이렇게 설명하였다.

"풍속을 안 지킬 수가 없어서 이렇게 하였을 뿐이오!"

阮仲容·步兵居道南, 諸阮居道北; 北阮皆富, 南阮貧.

七月七日, 北阮盛曬衣, 皆紗羅錦綺; 仲容以竿挂大布犢鼻褌於中庭. 人或怪之.

答曰:「未能免俗, 聊復爾耳!」

【阮仲容】阮咸. 자는 仲容(234~305). 阮籍의 從子. 音律의 이해에 뛰어났으며, 비파를 잘 탔음. 阮籍과 함께 大阮·小阮이라 불렸으며, 散騎侍郞·始平太守 등을 지냄. 《晉書》(49)에 傳이 있음.

【步兵】阮籍. 자는 嗣宗(210~263). 陳留의 尉氏人. 阮瑀의 아들. 老莊에 밝았으며 거문고, 바둑, 시문 등에 능하였음. 步兵校尉를 역임하여 흔히 '阮步兵'이라 불림. '竹林七賢'중의 하나. 〈豪傑詩〉·〈詠懷詩〉·〈達莊論〉, 〈大人先生傳〉 등이 있으며 《三國志》(21), 《晉書》(49)에 전이 있음. 유유자적하며 휘파람을 잘 불었음.

【犢鼻褌】송아지 등 가리개 정도 크기의 낡은 바지. 그 모습이 송아지 콧구멍 같다 하여 붙여진 이름이라고도 함. '犢鼻褌'으로도 표기함.

> 참고 및 관련 자료

1. 楊勇 〈校箋〉

『漢書司馬相如傳:「相如身著犢鼻褌」, 顔注:「卽今之裩也; 形似犢鼻, 故名.」 勇按方言:「裩, 陳, 楚, 江, 淮之間謂之裩」裩僅蔽膝以上者, 傭保之服也; 在膝 上二寸爲犢鼻穴, 言裩之長才至此也. 舊俗: 七月七日曬衣. 相傳是日暴經書及 衣裳, 不蠹.』

2. 《竹林七賢論》

諸阮前世皆儒學, 善居室, 唯咸一家尙道棄事, 好酒而貧. 舊俗: 七月七日, 法當曬衣. 諸阮庭中, 爛然錦綺; 咸時總角, 乃豎長竿, 掛犢鼻褌也.

879(23-11)

완보병(阮步兵, 阮籍)이 어머니의 상을 당하여 배령공(裴令公, 裴楷)이 조문을 갔다. 이때 완적은 술이 취해서 머리를 풀어헤치고 상牀에 앉아 다리를 쭉 편 채 곡哭도 하지 않는 것이었다. 배령공은 도착한 후 자리를 깔고 울면서 조문을 마쳤다. 그러고는 곧 떠났다.

어떤 사람이 배령공에게 물었다.

"무릇 조문의 예는 주인이 곡할 때에야 문상객이 비로소 예를 행하는 것인데, 그대는 완적이 울지도 않는데 어찌 곡을 하였습니까?"

그러자 배령공은 이렇게 대답하였다.

"완보병은 세속을 벗어난 사람, 따라서 예제禮制를 중시하지 않는다. 우리들은 세속의 인물, 따라서 예의에 따라 스스로 행하는 것이다."

이에 사람들은 그가 두 가지 모두 중도를 얻었다고 찬탄하였다.

阮步兵喪母, 裴令公往弔之. 阮方醉, 散髮坐牀, 箕踞不哭. 裴至, 下席於地, 哭弔唁畢, 便去.

或問裴:「凡弔, 主人哭, 客乃爲禮; 阮旣不哭, 君何爲哭?」

裴曰:「阮方外之人, 故不崇禮制; 我輩俗中人, 故以儀軌自居」

時人歎爲兩得其中.

【阮步兵】阮籍. 자는 嗣宗(210~263). 陳留의 尉氏人. 阮瑀의 아들. 老莊에
밝았으며 거문고, 바둑, 시문 등에 능하였음. 步兵校尉를 역임하여 흔히
'阮步兵'이라 불림. '竹林七賢'중의 하나. 〈豪傑詩〉·〈詠懷詩〉·〈達莊論〉, 〈大人
先生傳〉 등이 있으며 《三國志》(21), 《晉書》(49)에 전이 있음. 유유자적하며
휘파람을 잘 불었음.
【裴令公】裴楷.(237~291). 자는 叔則. 河東 聞喜人. 裴徽의 셋째아들이며
司空 裴秀의 從弟. 용모가 준수하고 깨끗하여 '玉人'이라 불렸음. 河南尹과
中書令을 지냄. 시호는 元. 《晉書》(35)에 전이 있음.
【箕踞】쌍성연면어. 다리를 쭉 펴고 편히 앉는 자세. 예를 차리지 않은
자세를 뜻함.

참고 및 관련 자료

1. 《太平御覽》651(《裴楷別傳》)
陳留阮籍遭母喪, 楷弱冠往弔, 籍乃離喪位 神志晏然, 至乃縱情嘯詠, 傍若無人.
楷不爲改容, 行止自若, 遂便率情獨哭, 哭畢而退, 威容擧動無異.
2. 《名士傳》
阮籍喪親, 不率常禮, 裴楷往弔之, 遇籍方醉, 散髮箕踞, 旁若無人. 楷哭泣盡哀
而退. 了無異色. 其安同異如此.
3. 劉孝標 注
『戴逵論之曰:「若裴公之致弔, 欲冥外以護內; 有達意也, 有弘防也.」』

880(23-12)

완씨阮氏 성을 가진 여러 인물들은 모두 술을 좋아하였다. 완중용(阮仲容, 阮咸)이 종족 무리들이 술자리에 함께 모일 때면 평상시 쓰던 술잔으로 술을 따라 마시지 않고, 큰 옹기에다가 술을 담아 둘러앉아 서로 마주하여 크게 마셨다. 이때 여러 돼지들이 마시려 달려들자 완함도 직접 옹기 위로 올라가 돼지와 함께 마셨다.

諸阮皆能飮酒, 仲容至宗人間共集, 不復用常梧斟酌, 以大甕盛酒, 圍坐, 相向大酌. 時有群豬來飮, 直接去上, 便共飮之.

【阮仲容】阮咸. 자는 仲容(234~305). 阮籍의 從子. 音律의 이해에 뛰어났으며 비파를 잘 탔음. 阮籍과 함께 大阮·小阮이라 불렸으며 散騎侍郎·始平太守 등을 지냄. 《晉書》(49)에 傳이 있음.

881(23-13)

완혼阮渾 장성長成은 그 풍기風氣와 운도韻度가 아버지 완적阮籍과 아주 흡사하였으며, 역시 아버지처럼 광달曠達한 행동을 일삼으려 하였다. 그러자 아버지 보병(步兵, 阮籍)은 이렇게 말렸다.

"우리 집안에 중용(仲容, 阮咸) 하나가 더 광달한 행동에 참여하고 있는 것으로 충분하다. 너는 더 이상 그렇게 하지 말아라!"

阮渾長成, 風氣韻度似父, 亦欲作達.
步兵曰:「仲容已預之, 卿不得復爾!」

【阮渾】阮籍의 아들. 자는 長成. 武帝 太康때 太子中度子를 지냈으며, 일찍 죽음.

【長成】阮渾(210~263)의 자.

【阮籍】자는 嗣宗(210~263). 陳留의 尉氏人. 阮瑀의 아들. 老莊에 밝았으며 거문고, 바둑, 시문 등에 능하였음. 步兵校尉를 역임하여 흔히 '阮步兵'이라 불림. '竹林七賢'중의 하나. 〈豪傑詩〉, 〈詠懷詩〉, 〈達莊論〉, 〈大人先生傳〉 등이 있으며 《三國志》(21), 《晉書》(49)에 전이 있음. 유유자적하며 휘파람을 잘 불었음.

【仲容】阮咸(234~305). 자는 仲容(234~305). 阮籍의 從子. 音律의 이해에 뛰어 났으며, 비파를 잘 탔음. 阮籍과 함께 大阮·小阮이라 불렸으며, 散騎侍郎·始平太守 등을 지냄. 《晉書》(49)에 傳이 있음.

참고 및 관련 자료

1. 《竹林七賢論》

籍之抑渾, 蓋以渾未識己之所以爲達也. 後咸兄子簡, 亦以曠達自居; 父喪, 行遇 大雪, 寒凍, 遂詣浚儀令, 令爲他賓設黍臛, 簡食之, 以致淸議, 廢頓幾三十年. 是時竹林諸賢之風雖高, 而禮敎尙峻, 迨元康中, 遂至放蕩越禮.

2. 劉孝標 注

『樂廣譏之曰:「名敎中自有樂地, 何至於此?」樂令之言有旨哉! 謂彼非玄心, 徒利 其縱恣而已.』

882(23-14)

배성공(裴成公, 裴頠)의 처는 왕융王戎의 딸이었다. 왕융이 어느 새벽 딸네
집에 갔는데, 차례를 밟지 않고 곧바로 방으로 들어갔더니 사위 배성공은
침대 남쪽에서 내려오고 딸은 침상 북쪽에서 내려오며 곧 손과 객의 예를
갖추어 상대하니 조금도 어색한 표정이 없었다.

裴成公婦, 王戎女. 王戎晨往裴許, 不通徑前. 裴從牀南下,
女從北下, 相對作賓主, 了無異色.

【裴成公】裴頠(267~300). 字는 逸民. 裴秀의 막내아들. 老莊과 醫術에 밝았으며
〈崇有論〉을 지어 儒家의 인의도덕을 중시할 것을 주장하였음. 尙書左僕射,
侍中 등을 지냈으며 賈后의 난에 인척임에도 정도를 지켰음. 趙王(司馬倫)이
가후에게 빌붙자 이를 탄핵하다가 결국 34세에 司馬倫에게 주살당함. 惠帝가
反正하여 그를 복권시켰으며 시호를 成이라 함. 《晉書》(35)에 전이 있음.
【王戎】자는 濬沖(234~305). 王安豊으로도 불림. 王綏의 아버지이며 安豊縣侯
를 역임함. 성격이 인색하였으며 禮敎에 얽매이지 않았음. 阮籍, 山濤, 向秀,
阮咸, 嵇康, 劉伶과 더불어 '竹林七賢'으로 불렸음. 《晉書》(43)에 전이 있음.

참고 및 관련 자료

1.《裴氏家傳》
頠敢戎長女.

883(23-15)

완중용(阮仲容, 阮咸)이 고모집에 있는 선비鮮卑 출신 여종을 사랑하였다.

그 후 완함이 모친상을 당하였을 때 고모는 멀리 이사를 가게 되었는데 처음에는 그 여종을 두고 간다더니 이사를 떠날 때 데리고 가버리는 것이었다.

완함은 얼른 손님의 나귀를 빌려 타고 어머니의 상복을 입은 채로 뒤쫓아가서 함께 태워 돌아오면서 이렇게 말하였다.

"내 종자를 잃을 수 없다!"

그녀가 바로 요집(遙集, 阮孚)의 어머니이다.

阮仲容先幸姑家鮮卑婢, 及居母喪, 姑當遠移, 初云當留婢; 旣發, 定將去.

仲容借客驢箸重服自追之, 累騎而返; 曰:「人種不可失!」

卽遙集之母也.

【阮仲容】阮咸. 자는 仲容(234~305). 阮籍의 從子. 音律의 이해에 뛰어났으며, 비파를 잘 탔음. 阮籍과 함께 大阮·小阮이라 불렸으며, 散騎侍郞·始平太守 등을 지냄.《晉書》(49)에 傳이 있음.

【鮮卑】중국 북방의 한 종족.

【遙集】阮孚. 자는 遙集(297~327). 阮咸의 둘째아들이며 阮咸이 고모집 여종이었던 鮮卑族 여자를 좋아하여 그 사이에 태어남. 元帝 때 安東參軍을 거쳐 侍中, 吏部尙書, 丹陽尹을 역임함. 成帝 때 서울에 난이 일어날 것을 예상하고 廣州刺史를 요구하여 떠나지 못한 채 죽음.《晉書》(49)에 전이 있음.

1.《竹林七賢論》

咸旣追婢, 於是世議紛然; 自魏末沈淪閭巷, 逮晉咸寧中始登王途.

2.《阮孚別傳》

咸與姑書曰:「胡婢遂生胡兒.」姑答書曰:「魯靈光殿賦曰:‘胡人遙集於上楹.’ 可字曰遙集也.」故孚字遙集.

民族	國　　　　家
匈奴	前趙, 北凉, 夏
鮮卑	前燕, 後燕, 西秦, 南凉, 南燕
羯	後趙
氐	成, 前秦, 後凉
羌	後秦
漢	前凉, 西凉, 北燕

〈五胡가 세운 나라들〉

884(23-16)

임개任愷가 권세를 잃자 다시는 자신을 돌보지 않고 행동이 엉망이었다. 어떤 이가 화교和嶠에게 물었다.

"그대는 어찌 원부(元裒, 任愷)의 방탕함을 앉아서 보기만 하며 구하지 않고 있소?"

화교는 이렇게 말하였다.

"임개의 방탕함은 마치 북하문北夏門이 잡아당겨도 저절로 무너지려 할 때와 같아 나무 하나의 기둥으로는 떠받친다고 될 일이 아니다."

任愷旣失權勢, 不復自檢括.

或謂和嶠曰:「卿何以坐視元裒敗, 而不救?」

和曰:「元裒如北夏門, 拉攞自欲壞, 非一木所能支」

【任愷】자는 元裒. 元襃로도 표기함. 魏 明帝의 사위. 賈充과의 불화로 면직 당함.

【和嶠】자는 長輿. 太子少傅, 中書令, 散騎常侍, 光祿大夫 등을 지냄. 성품이 인색하고 돈에 대하여 집착을 가졌다 함. 《晉書》(45)에 전이 있음. 中書令을 지냈으며 任愷의 친구.

【北夏門】洛陽에 있던 문 이름.

【拉攞】'잡아당기다'의 雙聲連綿語.

참고 및 관련 자료

1. 楊勇〈校箋〉

『伽藍記序』:「北面有二門, 西門曰大夏門, 漢曰夏門, 魏曰大夏門.」元河南志二:「一作夏城門. 李尤銘曰: '夏門值孟, 位月在亥.' 劉箋:「按北夏門, 卽大夏門. 晉書地理志: 河南郡洛陽下注: 北有大夏, 廣莫二門.』

2.《晉諸公贊》

愷字元襃, 樂安博昌人. 有雅識國幹, 萬機大小多綜之. 與賈充不平, 充乃啓愷掌吏部, 又使有司奏愷用御食器, 坐免官, 世祖情遂薄焉.

885(23-17)

유도진(劉道眞, 劉寶)은 소년 시절에 초택草澤에서 고기를 잡았고 또 노래와 휘파람을 잘 불어 이를 들은 사람은 발길을 멈추지 않는 자가 없었다. 어느 한 노파가 그는 보통의 평범한 사람이 아니라 여기고, 그의 노래와 휘파람을 대단히 좋아하여 돼지를 잡아 그에게 대접하였다.

유도진은 그 돼지고기를 다 얻어먹고, 조금도 감사하다는 표현을 하지 않았다. 노파는 배가 덜 차서 그런가 보다 하고, 또 한 마리를 잡아 주었더니 이번에는 반만 먹고 반은 남겨서 노파에게 되돌려 주었다. 그 뒤 유도진이 이부랑吏部郞이 되었을 때, 노파의 아들은 소령사小令史였다. 유도진이 노파의 아들을 승진시키자, 아들은 무슨 원인인지 알 수가 없어 어머니에게 물었다.

어머니는 그 사실을 알려 준 후, 쇠고기와 좋은 술을 갖추어 도진을 찾아갔다. 도진은 이렇게 사양하였다.

"가지고 가시오. 가지고 가시오! 다시 내게 보답할 필요가 없소!"

劉道眞少時, 常漁草澤, 善歌嘯, 聞者莫不留連. 有一老嫗識其非常人, 甚樂其歌嘯, 乃殺豚進之. 道眞食豚盡, 了不謝. 嫗見不飽, 又進一豚, 食半餘半, 迺還之. 後爲吏部郞, 嫗兒爲小令史, 道眞超用之. 不知所由? 問母; 母告之.

於是齎牛酒詣道眞; 道眞曰:「去, 去! 無可復用相報!」

【劉道眞】劉寶. 자는 道眞. 高平人. 어려서 가난했으며 노래와 휘파람을 잘 불었다 함. 扶風王 司馬駿이 布 5백 필로 대속금을 물고 풀어주고 從事 中郞을 삼았음.
【小令史】吏部의 말단 관리.

886(23-18)

완선자(阮宣子, 阮脩)는 항상 걸어다녔고, 1백 냥 정도의 돈을 지팡이에 꿰어 달아매고 주점에 이르러는 홀로 취하도록 마시는 버릇이 있었다. 비록 당세의 귀한 인물일지라도 그는 예방禮訪하려 하지 않았다.

阮宣子常步行, 以百錢挂杖頭, 至酒店, 便獨酣暢; 雖當世貴盛, 不肯詣也.

【阮宣子】阮脩(270?~312?). 자는 宣子. 陳留人으로 鴻臚丞과 太子洗馬를 지냄. 《周易》에 통달하여 〈無鬼論〉을 지었으며 中原 대란을 피하여 남으로 내려오다가 해를 입어 죽음. 《晉書》(49)에 전이 있음.

참고 및 관련 자료

1.《名士傳》
脩性簡任.

887(23-19)

산계륜(山季倫, 山簡)이 형주荊州자사가 되어 자주 밖에 나가 실컷 술을 마시는 것이었다. 어떤 이가 이를 두고 이런 노래를 불렀다.

"산공은 한 번 취하면,　　　　　　　山公時一醉,
　곧바로 고양지에서 놀 듯하지.　　　徑造高陽池.
　해가 져서야 수레를 거꾸로 타고 실려 오고,　日莫倒載歸,
　크게 취하면 아무것도 몰라보네.　　茗艼無所知.
　때로는 다시 준마를 타고,　　　　　時復乘駿馬,
　흰 모자 거꾸로 쓰고 떠나서,　　　　倒箸白接䍦,
　손을 들어 갈강葛彊에게 묻네.　　　舉手問葛彊,
　병주幷州 젊은이와 비교하면 어떤가고.　何如幷州兒."

　고양지高陽池는 양양襄陽에 있으며, 갈강葛彊은 그가 아끼는 장수로서 병주
출신이었다.

山季倫爲荊州, 時出酣暢.
　人爲之歌曰:『山公時一醉, 徑造高陽池; 日莫倒載歸, 茗艼
無所知. 時復乘駿馬, 倒箸白接䍦. 舉手問葛彊, 何如幷州兒?』
　高陽池在襄陽; 彊是其愛將, 幷州人也.

【山季倫】 山簡(253~312). 자는 季倫. 山濤의 아들. 太子舍人, 太子庶人, 侍中,
　吏部尙書, 靑州·荊州·雍州 등의 刺史를 지냈으며, 천하에 대란이 일어나자
　술에 빠져 정사를 돌보지 않다가 劉聰, 嚴嶷에게 패배를 당함. 죽은 뒤
　征南大將軍, 儀同三司에 추증됨. 《晉書》(43)에 전이 있음.
【高陽池】 못 이름. 漢나라 때 習郁이 판 연못으로 원래 이름은 '習郁池'.
　山簡이 이곳에서 벼슬할 때 늘 이곳에서 취하면 "이곳은 나의 高陽池"라
　하여 이름이 바뀌었다 함. 西漢 때 역이기(酈食其)가 高陽人으로 스스로
　'高陽酒徒'라 한 것을 본뜬 것임.
【茗艼】 크게 취함. '酩酊'의 疊韻連綿語로 표기가 다를 뿐임.
【葛彊】 荊州 출신으로 山簡이 아끼던 장수.

【白接羅】흰 接羅. 接羅는 白鷺 깃털로 장식한 모자.
【幷州】주 이름. 지금의 山西省 太原 汾水 중류 일대.
【襄陽】지금의 湖北省 襄樊市.

참고 및 관련 자료

1.《晉書》山簡傳
山公出何許, 往至高陽池.
2.《太平御覽》556(《襄陽耆舊傳》)
峴山南有習家魚池者, 習郁之所作也. 郁將亡, 勅其兒煥曰:「我葬必近魚池.」
煥爲起冢於池之北, 去地四十步.
3.《水經注》沔水 注
沔水又東, 入侍中襄陽侯習郁魚池, 池中起釣臺, 又作石洑, 逗引大池水, 於宅
北作小魚池. 池長七十步, 廣二十步.
4.《襄陽記》
漢侍中習郁於峴山南, 依范蠡養魚法作魚池, 池邊有高隄, 種竹及長楸, 芙蓉
菱茨覆水, 是遊燕名處也. 山簡每臨此池, 未嘗不大醉而還, 曰:「此是我高陽
池也!」襄陽小兒歌之.

888(23-20)

장계응(張季鷹, 張翰)은 멋대로 하여 어디에 얽매이기를 싫어하였다. 당시 사람들은 그를 강동江東의 보병(步兵, 阮籍)이라 불렀다.

어떤 이가 그에게 물었다.

"그대는 이렇게 한 세상을 방탕하게 사시는데, 죽은 후에 명성에 대해서는 생각해 보지 않았소?"

그러자 장한은 이렇게 대답하였다.

"죽은 후의 명성이라고 하는 것은 살아서의 술 한 잔만도 못한걸!"

張季鷹縱任不拘, 時人號爲「江東步兵」.
或謂之曰:「卿乃可縱適一時, 獨不爲身後名邪?」
答曰:「使我有身後名, 不如卽時一桮酒!」

【張翰】자는 季鷹. 吳郡人. 재주가 있고 문장에 능하였으며 당시 '江東步兵'
이라 불렀음. 齊王(사마경)의 大司馬東曹掾을 지내다가 장차 큰 변고가 있을
것을 예견하고 고향으로 돌아가기를 결심하여 '吳江鱸魚'의 고사를 낳은
인물.《晉書》(92)에 전이 있음.〈식감편〉 참조.
【江東步兵】步兵은 阮步兵(阮籍), 즉 江東에 사는 阮籍과 같은 인물이라는 뜻.

참고 및 관련 자료

1.《文士傳》
翰任性自適, 無求當世, 時人貴其曠達.

889(23-21)

필무세(畢茂世, 畢卓)는 이렇게 말하였다.

"한 손에는 게발蟹螯을 잡고 한 손에는 술잔을 잡고 술못酒池에서 첨벙
거리며 살았으면, 곧 일생을 마치더라도 족하리로다."

畢茂世云:「一手持蟹螯, 一手持酒杯; 拍浮酒池中, 便足了一生」

【畢茂世】畢卓. 자는 茂世. 胡母輔之에게 알려져 吏部郞에 발탁되었으나 항상 술로 인해 관직에서 쫓겨나곤 하였다 함. 뒤에 溫嶠를 따라 平南長史를 지냄.《晉書》(49)에 전이 있음.

참고 및 관련 자료

1.《晉書》畢卓傳
卓嘗謂人曰:「得酒滿百斛船, 四時甘味置兩頭, 右手指酒杯, 左手持蟹螯, 拍浮酒船中, 便足了一生矣.」

2.《晉中興書》
畢卓字茂世, 新蔡人. 少傲達, 爲胡母輔之所知. 太興末, 爲吏部郞, 嘗飮酒廢職. 比舍郞釀酒熟, 卓因醉, 夜至其甕間取飮之. 主者謂是盜, 執而縛之; 知爲吏部也, 釋之. 卓遂引主人讌甕側, 取醉而去. 溫嶠素知愛卓, 請爲平南長史, 卒.

890(23-22)

하사공(賀司空, 賀循)이 낙양洛陽으로 태손사인太孫舍人 벼슬에 부임하러 가면서 오현吳縣 창문閶門을 지날 때였다. 그는 배에서 거문고를 타고 있었는데, 당시 장계응(張季鷹, 張翰)은 원래 그를 아는 사이가 아니었다.

그러나 장한은 일찍이 금창정金閶亭에서 그의 거문고 소리가 청아한 것을 들은 적이 있었으므로 배로 내려가서 하사공을 찾았다. 그리고 이야기를 나누어본 후 서로 즐거워 친구가 되었다. 장한이 하사공에게 물었다.

"지금 어디로 가는 길이오?"

하사공이 이렇게 대답하였다.

"낙양에 부임하는 길로 지금 가는 도중이오."

장한도 역시 이렇게 말하였다.

"나 역시 마침 북경(北京, 洛陽)으로 가는 길이오."

그리고는 함께 하사공의 배에 짐을 싣고 그와 함께 출발하였다. 장한은 애초 집사람들에게 이 일을 알리지 않아 집사람들이 소문을 뒤좇고서야 알게 되었다.

賀司空入洛赴命, 爲太孫舍人, 經吳昌門, 在船中彈琴. 張季鷹本不相識, 先在金昌亭, 聞弦甚淸, 下船就賀, 因共話, 便大相知說.

問賀:「卿欲何之?」

賀曰:「入洛赴命, 正爾進路」

張曰:「吾亦有事北京」

因路寄載, 便與賀同發; 初不告家, 家追問乃知.

【賀司空】賀循(260~319). 자는 彦失. 賀邵의 아들이며, 《三禮》에 밝았음. 趙王 司馬倫이 簒位하자 낙향하였다가 元帝가 즉위하자 太子太傅를 지냄. 죽은 후 司空을 추증받아 賀司空이라고도 부름. 《晉書》(68)에 전이 있음.

【太孫舍人】太子舍人과 같은 벼슬이름.

【閶門】吳縣 姑蘇城의 門이름.

【張季鷹】張翰. 자는 季鷹. 吳郡人. 재주가 있고 문장에 능하였으며 당시 '江東步兵'이라 불렸음. 齊王(司馬冏)의 大司馬東曹掾을 지내다가 장차 큰 변고가 있을 것을 예견하고 고향으로 돌아가기를 결심하여 '吳江鱸魚'의

고사를 낳은 인물. 《晉書》(92)에 전이 있음.

【金閶亭】『金昌亭』이라고도 하며, 원래 이름은 『金傷亭』. 한나라 때 朱買臣이 회계내사로 있을 때 이 근처에서 손님을 맞았다가 자리다툼이 일자 매신이 인수를 꺼내 보이며 신분을 밝히자 여러 사람이 부끄러워 어쩔 줄 몰랐다. 이곳에 정자를 세우고 『金傷亭』이라 하였다. 뒤에 劉宋 때 徐羨之가 宋 廢帝를 이곳에서 시살하였다.

【北京】洛陽을 가리킴. 당시 江南 사람들은 洛陽을 北京이라 불렀음.

891(23-23)

조거기(祖車騎, 祖狄)는 강江을 건너 남천한 후 공사간公私間에 검소하여 좋은 옷이나 수식물 하나 없었다. 어느 날 왕도王導와 유량庾亮 등 여럿이 함께 그를 방문하였더니 갑자기 좋은 털외투가 겹겹이 쌓여 있었고 진귀한 수식들이 가득한 것이었다. 모두가 이상히 여겨 물었다. 그랬더니 조거기는 이렇게 대답하는 것이었다.

"어젯밤에 다시 한 번 남당南塘에 출격해서 빼앗아왔지."

조거기는 당시 항상 건장한 아이들을 시켜 북쪽에 가서 재물과 돈을 겁취 해 오도록 하였다. 이에 조정에서도 용납하고 더 이상 묻지 않았다.

祖車騎過江時, 公私儉薄, 無好服玩. 王·庾諸公共就祖, 忽見裘袍重疊, 珍飾盈列, 諸公怪而問之.

祖曰:「昨夜復南塘一出」

祖于時恆自使健兒鼓行劫鈔, 在事之人, 亦容而不問.

【祖車騎】祖逖(266~321). 자는 士稺. 中原 수복에 의지를 보였던 인물. 車騎
將軍을 추증받음. 《晉書》(62)에 전이 있음.

【過江】晉이 강을 건너 東晉(建康에 도읍)이 됨.

【王導】王丞相. 자는 茂弘(276~339). 어릴 때 자는 阿龍. 王敦의 從弟. 서진이
망하자 王敦과 함께 司馬睿를 황제로 추대하여 東晉을 세움. 그 공으로
丞相이 되었으며 號를 '仲父'라 하였음. 천하의 권세를 잡아 당시 "王與馬,
共天下"라 하였음. 元帝와 明帝, 成帝를 차례로 즉위시켰음. 아울러 남방
세족의 도움으로 강남에서의 동진 정권을 안정시킴. 《晉書》(65)에 전이 있음.

【庾亮】자는 元規(289~340). 蘇峻, 祖約의 난을 평정하였으며 명제 때 王導를
이어 中書監이 됨. 征西大將軍, 荊州刺史 등을 지냄. 청담을 좋아하였으며
老莊에 밝았음. 죽은 후 太尉에 추증되었고 시호는 文康. 《晉書》(73)에 전이
있음.

【南塘】秦淮 남안으로 북쪽과 가까워 조정의 힘이 미치지 않은 호족들이
사는 곳.

참고 및 관련 자료

1. 《晉陽秋》

逖性通濟, 不拘小節; 又賓從多是桀黠勇士, 逖待之皆如子弟. 永嘉中, 流民以
萬數, 揚土大饑, 賓客攻剽, 逖輒擁護全衛, 談者以此少之, 故久不得調.

892(23-24)

홍려경鴻臚卿 벼슬의 공군孔群은 대단히 술을 좋아하였다.
왕승상(王丞相, 王導)이 물었다.

"그대는 어찌 그리 심하게 술을 마시는고? 술집에 술독을 덮는 헝겊을 못 보았소. 날로 달로 술기운에 썩는 것을."

그러자 공군은 이렇게 대답하였다.

"그렇지 않습니다. 승상께서는 술지게미에 저린 고기가 썩지 않고 더 오래 가는 것을 못 보았소?"

공군은 일찍이 친구에게 이렇게 편지를 보냈다.

"금년 농사에 밀기울을 칠백 곡이나 수확하였는데, 바빠서 모두 다 누룩으로 만들지 못할까 걱정이라오."

鴻臚卿孔群好飮酒.

王丞相語云:「卿恆飮酒, 不見酒家覆瓿布, 日月久糜爛邪?」

群曰:「公不見糟中肉, 乃更堪久」

群嘗與親舊書云:『今年田得七百斛秫米, 不了麴糱事』

【鴻臚卿】지금의 외무부 같은 기관으로 외국사신 접대, 조회의식 등을 담당하는 기관.

【孔群】자는 敬林. 御史中丞, 鴻臚卿 등을 지냄. 蘇峻의 난 때 匡術에게 곤액을 당하였음. 《晉書》(78)에 전이 있음.

【秫米】밀기울을 가리킴. 기장·고량의 일종. 술 만드는 원료가 됨.

893(23-25)

어떤 사람이 주복야(周僕射, 周顗)를 비웃었다.

"친구들과 말장난이나 하며, 언행이 더럽고 잡박한 데도 검속 절제함이 없다."

그러자 주복야는 이렇게 말하였다.

"나는 만리장강萬里長江과 같은 인물이다. 어찌 능히 1천 리에 한 번쯤 굽어보지 않으랴?"

有人譏周僕射:「與親友言戲, 穢雜無檢節」
周曰:「吾若萬里長江, 何能不千里一曲?」

【周僕射】周顗(269~322). 자는 伯仁. 周俊의 장자로 吏部尙書郞, 荊州刺史를 지냄. 僕射로 임명되자 술에 취해 사흘 만에 깨어나 "三日僕射"란 별명을 들음. 王敦에게 피살되어 "我雖不殺伯仁, 伯仁由我而死"의 고사를 낳음. 《晉書》(69)에 전이 있음.

참고 및 관련 자료

1. 《晉紀》鄧粲
王導與周顗及朝士, 詣尙書紀瞻觀伎; 瞻有愛妾, 能爲新聲; 顗於衆中欲通其妾, 露其醜穢, 顔無怍色. 有司奏免顗官, 詔特原之.

2. 《晉書》周顗傳
尙書紀瞻置酒請顗及王導等, 顗荒醉失儀, 復爲有司所奏. 詔曰:「顗屢以酒過, 爲有司所繩, 吾亮其極懂之情, 然亦是濡首之誡也.」

온태진(溫太眞, 溫嶠)이 직위가 아직 높지 않을 때였다. 그는 여러 차례 양주
揚州·회중淮中의 장사꾼들과 저포樗蒲라는 도박을 벌였는데, 그때마다 져서
돈을 잃고 말았다.

그러던 중, 한 번은 큰 판에 걸려들어 크게 잃고 굴복하여 집으로 돌아
갈 수도 없게 되었다. 그는 유량庾亮과는 아주 친한 사이였다. 이에 배 안
에서 유량을 불러 크게 소리쳤다.

"그대 날 좀 대속해 주시게!"

이 말에 유량은 즉시 돈을 보내 주었고 그제야 그는 풀려날 수 있었다.
이런 일이 여러 번이었다.

溫太眞位未高時, 屢與揚州·淮中估客樗蒲, 與輒不競.
嘗一過, 大輸物, 戲屈, 無因得反.

與庾亮善, 於舫中大喚亮曰:「卿可贖我!」

庾卽送直, 然後得還. 經此數四.

【溫太眞】溫嶠(288~329). 자는 太眞. 太原 사람. 永嘉之亂 때 유곤의 심부름
　　으로 남으로 내려가 원제(司馬睿)의 추대에 힘씀. 시호는 忠武.《晉書》(67)에
　　전이 있음.
【揚州】州名.
【淮中】淮水 지역 일대.
【樗蒲】도박의 일종. 본편 및 〈忿狷篇〉 참조.
【庾亮】자는 元規(289~340). 蘇峻, 祖約의 난을 평정하였으며 명제 때 王導에
　　이어 中書監이 됨. 征西大將軍, 荊州刺史 등을 지냄. 청담을 좋아하였으며

老莊에 밝았음. 죽은 후 太尉에 추증되었고 시호는 文康.《晉書》(73)에 전이
있음.

【數四】 서너 번, 여러 번의 뜻.

┌─ 참고 및 관련 자료 ─┐

1. 楊勇 〈校箋〉

『樗蒱, 亦作〈樗蒱〉, 古博戲也. 御覽七二六引博物志:「老子入西戎, 造樗蒱.」
唐國史補:「樗蒱法三分, 其子三百六十, 限以二關, 人執六馬, 其骰五枚, 分上
黑下白, 黑者刻二爲犢, 白者刻二爲雉, 擲之全黑者爲盧, 其采十六: 二雉三黑
爲雉, 其采十四: 二雉三黑爲雉, 其采十四: 全白爲白, 其采八: 四者, 貴采也,
六者, 雜采也」山堂肆考:「古博戲以五木爲子, 有盧·雉·犢·塞. 爲勝負之采:
博頭有刻梟形者爲最勝, 盧次之, 雉·犢又次之, 塞爲最下.』

2.《中興書》

嶠有儁朗之目, 而不拘細行.

895(23-27)

온공(溫公, 溫嶠)은 함부로 하는 말을 입에 담고 살았다. 반대로 변령(卞令,
卞壺)은 예법대로만 하는 인물이었다.

어느 날 유공(庾公, 庾亮)의 집을 예방하였다가 서로 언쟁이 벌어져 공격이
대단하였다. 온공이 참다못해 입에 담지 못할 욕을 퍼붓자 유공이 천천히
이렇게 비꼬았다.

"태진(太眞, 溫嶠)은 하루가 다 가도록 더러운 말은 안 하는군!"

溫公喜慢語, 卞令禮法自居; 至庾公許, 大相剖擊.
溫發口鄙穢, 庾公徐曰:「太眞終日無鄙言!」

【溫公】溫嶠. 자는 太眞(288~329). 太原 사람. 永嘉之亂 때 유곤의 심부름
   으로 남으로 내려가 원제(司馬睿)의 추대에 힘씀. 시호는 忠武.《晉書》(67)에
   전이 있음.
【卞令】卞壺(281~328). 자는 望之. 蘇峻의 난에 항거하다가 죽음.《晉書》(70)에
   전이 있음.
【庾公】庾亮(289~340). 자는 元規. 蘇峻, 祖約의 난을 평정하였으며 명제 때
   王導에 이어 中書監이 됨. 征西大將軍, 荊州刺史 등을 지냄. 청담을 좋아하였
   으며 老莊에 밝았음. 죽은 후 太尉에 추증되었고 시호는 文康.《晉書》(73)에
   전이 있음.
【太眞終日無鄙言】온교의 방달함을 거꾸로 말한 것.

> 참고 및 관련 자료

1.《卞壺別傳》
壺正色立朝, 百寮嚴憚, 貴遊子弟, 莫不祇肅.

896(23-28)

　주백인周伯仁, 周顗, 周僕射은 풍격과 덕행이 훌륭하였고 나라의 위란危亂에
대해 명철한 판단력을 가지고 있었다.

그러던 그가 강을 건너 남천한 후 몇 년이 되도록 항상 술만 마시고 다니는 것이었다.

한 번은 술에 취해 사흘을 일어나지 못하자, 당시 사람들은 그를 '삼일복야三日僕射'라 불렀다.

周伯仁風德雅重, 深達危亂; 過江積年, 恆大飮酒, 嘗經
三日不醒; 時人謂之「三日僕射」.

【周伯仁】周顗(269~322). 자는 伯仁. 周俊의 장자로 吏部尙書郎, 荊州刺史를
　지냄. 僕射로 임명되자 술에 취해 사흘 만에 깨어나 "三日僕射"란 별명을
　들음. 王敦에게 피살되어 "我雖不殺伯仁, 伯仁由我而死"의 고사를 낳음.
　《晉書》(69)에 전이 있음.
【過江】西晉이 망하고 長江을 건너 建康(지금의 南京)으로 천도하여 東晉
　시대가 됨.

참고 및 관련 자료

1.《晉陽秋》
初, 顗以雅望, 獲海內盛名, 後屢以酒失. 庚亮曰:「周侯末年, 可謂鳳德之
衰也!」
2.《語林》
伯仁止有婦喪三日醒, 姑喪三日醒, 大損資望. 每醉, 諸公常共屯守.

897(23-29)

위군장(衛君長, 衛永)이 온교溫嶠 밑에서 장사長史를 하게 되자, 온교는 그를 아주 잘 대해 주었다.

그래서 온교는 매번 거침없이 술과 안주를 들고 위군장을 찾아갔고, 그때마다 그들은 가장 편한 기거箕踞의 자세로 서로 해가 지도록 술을 마셨다.

위군장이 온교를 찾아가도 역시 그와 같았다.

衛君長爲溫公長史, 溫公甚善之, 每率爾提酒脯就衛, 箕踞相對彌日. 衛往溫許, 亦爾.

【衛君長】衛永. 자는 君長. 溫嶠의 長史를 지냈으며 孫統의 처남. 謝安이 그를 理義中人이라 여겨 殷洪遠에 비유하였음.

【溫嶠】자는 太眞(288~329). 太原 사람. 永嘉之亂 때 유곤의 심부름으로 남으로 내려가 원제(司馬睿)의 추대에 힘씀. 시호는 忠武. 《晉書》(67)에 전이 있음.

【酒脯】脯는 말린 고기.

【箕踞】자리를 쭉 뻗고 편안히 앉는 자세. 예의나 격식을 차리지 않음을 뜻함. 雙聲連綿語.

> 참고 및 관련 자료

1.《周禮》天官 膳夫 疏

『不加薑桂, 以鹽乾之者謂之脯.』

898(23-30)

소준蘇峻이 난을 일으키자 여러 유씨庾氏들은 모두 도망을 갔다. 유빙庾冰은 당시 오군내사吳郡內史로 있었는데 홀로 피난을 하게 되었다. 백성과 관리들은 모두 떠나고 오직 한 군졸郡卒이 조그마한 배 한 척에 유빙을 싣고 전당강錢塘江 입구를 피난하여 대나무 거적을 덮고 자는 형편이었다.

당시 소준은 유빙에게 현상금을 걸고 찾고 있었으며, 소속 부하들도 그를 찾기에 수색과 검색이 다급하였다. 그때 그 군졸은 배를 떠나 강가의 시장에 나갔다가 술에 취해 돌아와서는 삿대를 두드리고 춤을 추면서 배를 가리켜 이렇게 소리쳤다.

"유오군(庾吳郡, 庾冰)을 어디가 찾으리오? 이 배 안에 숨어 있네."

유빙은 크게 놀랐으나 그렇다고 어떻게 행동을 취할 수도 없었다. 감사監司가 이 소리를 듣고 배가 너무 작고 장비도 협착한 것을 보고 이 군졸이 술이 취해 헛소리를 한다고 여기고 더는 의심치 않았다.

유빙은 그후 제강淛江을 지나 산음山陰으로 들어가 위씨魏氏의 집에 숨어 화를 면하게 되었다. 뒤에 난이 평정되자 유빙은 그 군졸에게 보답하여 그 원하는 바를 갖추어 주려 하였다. 이에 군졸은 이렇게 거절하였다.

"저는 원래 마구간 아래 미천한 출신으로 현달한 관직은 바라지 않습니다. 어려서 채찍을 잡고 말을 모느라 고생할 때 항상 술을 실컷 먹어 보았으면 하는 것이 소원이었습니다. 나에게 풍족한 술로 여생을 마치게 해 주신다면 여년餘年의 준비는 끝난 것입니다."

유빙은 이에 큰 집을 하나 지어 주고 노비까지 사주었으며, 또 사람을 시켜 늘 그 집에 1백 곡斛의 술을 준비시켜 주기를 죽을 때까지 해 주었다. 당시 사람들은 이 군졸이 지혜가 있을 뿐만 아니라 또한 통달한 삶을 살았다고 일컬었다.

蘇峻亂, 諸錢塘口, 籧篨覆之. 時峻賞募覓冰, 屬所在搜

檢甚急; 卒捨船市渚, 因飮酒醉還, 舞棹向船曰:「何處覓
庾吳郡? 此中便是」

冰大惶怖, 然不敢動. 監司見船小裝狹, 謂卒狂醉, 都不
復疑. 自送過淛江, 寄山陰魏家, 得免. 後事平, 冰欲報卒,
適其所願.

卒曰:「出自廝下, 不願名品. 少苦執鞭, 恆患不得快飮酒;
使其酒足餘年畢矣, 無所復須」

冰爲起大舍, 市奴婢, 使門內有百斛酒, 終其身. 時謂此卒
非唯有智, 且亦達生.

【蘇峻】자는 子高(?~328). 永嘉의 난 때 고향을 지키며 세력을 키워 元帝
  (司馬睿)에게 발탁됨. 뒤에 王敦의 모반을 평정하여 공이 있었음. 明帝(司馬紹)
  가 죽고 庾亮과 王導가 成帝(司馬衍)를 보좌하여 정권을 잡자 자신을 제거
  하려 한다고 의심을 품고 咸和 2년(327)에 난을 일으켜 建康을 함락, 성제를
  石頭城에서 제거하고 자신이 驃騎令軍將軍과 尙書가 될 것을 요구하며 협박
  하다가 이듬해 陶侃과 溫嶠에 의해 토벌됨.《晉書》(100)에 전이 있음.
【庾冰】자는 季堅(296~344). 庾亮의 아우. 蘇峻의 난을 평정한 공으로 新吳
  縣侯에 봉해졌으나 고사함. 뒤에 中書監, 揚州刺史, 征虜將軍 등을 역임하였
  으며 賢相으로 이름이 났었음. 康帝(司馬岳. 343~344년 재위)가 즉위하여
  車騎將軍으로 승진시켰음. 侍中, 司空을 역임하였으며 아주 검소하게 살았다
  함.《晉書》(73)에 전이 있음.
【淛江】浙江과 같음.
【山陰】浙江의 會稽 북쪽.

참고 및 관련 자료

1.《中興書》
冰爲吳郡, 蘇峻作逆, 遣軍伐冰, 冰棄郡奔會稽.

899(23-31)

은홍교(殷洪喬, 殷羨)가 예장군수豫章郡守로 부임하여 막 떠나려는 차에 그곳 사람들이 1백여 통이나 되는 편지를 가는 길에 전해 달라고 부탁하였다. 그가 석두石頭에 이르자 그는 그 편지를 모두 물에 집어던지며 이렇게 빌었다.

"잠길 놈은 잠기고, 뜰 놈은 떠올라라. 나 은홍교는 편지 전달꾼은 될 수 없다!"

　殷洪喬作豫章郡, 臨去, 郡人因附百許函書.
　旣至石頭, 悉擲水中, 因祝曰:「沈者自沈, 浮者自浮; 殷洪喬不能作致書郵!」

【殷洪喬】殷羨. 자는 洪喬. 殷浩의 아버지. 殷融(洪遠)의 형. 陳郡 출신으로 豫章太守, 長沙太守 등을 지냈으며 貪嗇하기로 이름이 났었음.
【石頭】南昌 章江 근처의 地名. 지금의 江西省 新建縣 서북.

> **참고 및 관련 자료**

1.《殷氏譜》
羨字洪喬, 陳郡人. 父識, 鎭東司馬. 羨仕至豫章太守.
2.《讀史方輿紀要》84
石頭驛在南昌章江門外十里, 有石頭渚, 亦曰投書渚, 卽殷羨投書處.
3.《水經注》
贛水經豫章郡北, 水之兩岸有盤石, 謂之石頭津渡之處.

900(23-32)

    왕장사(王長史, 王濛)·사인조(謝仁祖, 謝尙)는 둘 모두 왕공(王公, 王導)의 연속(掾)이었다. 왕장사가 이렇게 말하였다.

    "사연(謝掾, 謝尙)은 특이한 춤을 잘 춥니다."

    그러자 사인조가 문득 일어나 춤을 추는데, 신의神意가 심히 여유로웠다. 왕공이 한참 자세를 보더니 이렇게 말하였다.

    "왕안풍(王安豐, 王戎)을 생각나게 하는군!"

王長史·謝仁祖同爲王公掾. 長史云:「謝掾能作異舞」

謝便起舞, 神意甚暇.

王公熟視, 謂客曰:「使人思安豐!」

【王長史】 王濛(309?~347?). 자는 仲祖. 太原 王氏. 王脩, 王蘊, 哀帝王后의 아버지. 司徒左長史를 지냄. 《晉書》(93)에 전이 있음.

【謝仁祖】 謝尙(308~357). 자는 仁祖. 謝鯤의 아들이며 王導가 '小安豐'이라 불렀음. 給事黃門侍郎을 거쳐 建武將軍, 鎭西將軍, 歷陽太守, 豫州刺史, 江夏, 義陽 등 都督을 지냄. 穆帝 때 尙書僕射를 지냄. 음악과 기예에 밝았으며 太樂을 처음으로 정리하였던 인물. 《晉書》(79)에 전이 있음.

【王公】 王丞相. 王導(276~339). 자는 茂弘. 어릴 때 자는 阿龍. 王敦의 從弟. 서진이 망하자 王敦과 함께 司馬睿를 황제로 추대하여 東晉을 세움. 그 공으로 丞相이 되었으며 號를 '仲父'라 하였음. 천하의 권세를 잡아 당시 "王與馬, 共天下"라 하였음. 元帝와 明帝, 成帝를 차례로 즉위시켰음. 아울러 남방 세족의 도움으로 강남에서의 동진 정권을 안정시킴. 《晉書》(65)에 전이 있음.

【掾】 말단 관리.

【王安豐】 王戎. 자는 濬沖(234~305). 王綏의 아버지이며 安豐縣侯를 역임함. 성격이 인색하였으며 禮敎에 얽매이지 않았음. 阮籍, 山濤, 向秀, 阮咸, 嵇康, 劉伶과 더불어 '竹林七賢'으로 불렸음. 《晉書》(43)에 전이 있음.

1. 《王濛別傳》

丞相王導辟名士時賢, 協贊中興, 旌命所加, 必延俊乂, 辟濛爲掾.

2. 《晉陽秋》

尙性通任, 善音樂.

3. 《語林》

謝鎭西酒後, 於槃案間, 爲洛市肆上鴝鵒舞, 甚佳.

4. 《晉書》 謝尙傳

博綜衆藝, 司徒王導深器之; 比之王戎, 常呼爲小安豐, 辟爲掾, 始到州, 通謁, 導以其有勝會, 謂曰:「聞君能作鴝鵒舞, 一坐傾想, 寧有此理不?」 尙曰:「佳.」 便著衣幘而舞. 導令坐者撫掌擊節; 尙俯仰在中, 傍若無人, 其率詣如此.

5. 劉孝標 注

『戎性通任, 尙類之.』

901(23-33)

왕몽王濛과 유담劉惔이 항남杭南에 살 때였다. 그들이 마침 환자야(桓子野, 桓伊)의 집에 술판을 벌여 놓고 있었다.

그때 마침 사진서(謝鎭西, 謝尙)는 자신의 숙부 상서(尙書, 謝袞)의 묘지에서 돌아와 장례 후 사흘째의 반곡反哭을 하는 날이었다. 사람들이 그를 초청하고 싶어 우선 편지 한 통을 보냈다. 그도 허락은 미처 못한 채 수레를 멈추고 있었다.

다시 요청이 떨어지기 무섭게 수레를 되돌렸다. 여러 사람들이 문 밖에서 그를 영접하여 그의 팔을 잡아 수레에서 끌어내리자 그는 겨우 상책

喪幘만 벗고 상모喪帽는 그대로 쓴 채 술을 취하도록 마셨다. 반쯤 시간이 흐르자 그제야 그는 아직 최의喪衣도 벗지 않은 것을 알아차렸다.

王·劉共在杭南, 酣宴於桓子野家. 謝鎭西往尙書墓還, 葬後三日反哭, 諸人欲要之; 初遣一信, 猶未許, 然已停車; 重要, 便回駕. 諸人門外迎之, 把臂便下; 裁得脫幘, 箸帽酣宴半坐, 乃覺未脫衰.

【王濛】자는 仲祖(309?~347?). 太原 王氏. 王脩, 王蘊, 哀帝王后의 아버지. 司徒左長史를 지냄.《晉書》(93)에 전이 있음.

【劉惔】劉尹. 字는 眞長. 劉宏의 손자로 沛國 相 땅 출신. 明帝(323~326 재위)의 廬陵長公主에게 장가들어 駙馬가 됨. 司從左長史, 侍中, 丹陽尹 등을 지냄. 36세에 죽어 孫綽이 "居官無官官之事, 處事無事事之心"이라 誄文을 지어 명언이라 하였음.《晉書》(75)에 전이 있음. 高遠超逸하였던 인물.

【杭南】大桁의 남쪽. 大桁은 당시 建康의 거리 이름. 烏衣巷을 가리킨다고도 함.

【桓子野】桓伊. 자는 叔夏. 어릴 때의 자는 子野, 혹은 野王이라 함. 武備에 힘쓸 것을 주장하였으며 征西將軍, 右軍將軍, 護軍將軍, 西中郎將, 豫州刺史 등을 지냄. 前秦의 苻堅이 남침하자 謝玄, 謝琰과 함께 그들을 대패시키고 그 공으로 永修侯의 봉을 받음. 피리를 잘 불었으며 蔡邕의 柯亭笛을 소장하여 江左第一 연주자라 하였다 함.《晉書》(81)에 전이 있음.

【謝鎭西】謝尙(308~357). 자는 仁祖. 謝鯤의 아들이며 王導가 '小安豐'이라 불렀음. 給事黃門侍郎을 거쳐 建武將軍, 鎭西將軍, 歷陽太守, 豫州刺史, 江夏, 義陽 등 都督을 지냄. 穆帝 때 尙書僕射를 지냄. 음악과 기예에 밝았으며 太樂을 처음으로 정리하였던 인물.《晉書》(79)에 전이 있음.

【謝尙書】謝裒. 자는 幼儒. 謝衡의 아들이며 謝安의 아버지. 侍中·吏部尙書·吳國內史 등을 지냄. 그 아들이 제갈회의 딸을 아내로 맞음.

【反哭】장례를 모신 후 신주를 사당에 안치하고 하는 哭.《禮記》檀弓(下)에 "反哭升堂, 反諸其所作也"라 함.

【幘】고대 두건의 하나. 楊勇 〈校箋〉에 "幘, 韜髮之巾, 所以整亂髮也. 在冠下, 或單著之"라 함.

【衰】상복의 상의. 楊勇 〈校箋〉에 "衰, 音崔, 與縗同. 喪服上曰衰, 下曰裳, 以粗生麻布爲之, 衣旁及下際, 皆不縫緝"이라 함.

참고 및 관련 자료

1. 楊勇 〈校箋〉

『劉箋:「按杭, 桁皆航之俗字, 杭南卽南桁.」勇按: 杭南卽大桁南, 指烏衣巷也.』

2.《文章志》宋 明帝

尙性輕率, 不拘細行, 兄葬後, 往墓還, 王濛·劉惔共遊新亭, 濛欲招尙, 先己, 問惔曰:「計仁祖正當不爲異同耳.」惔曰:「仁祖韻中自應來.」乃遣要之. 尙初辭, 不往, 然已無歸意: 及再請, 卽迴軒焉. 其率如此.

902(23-34)

환선무(桓宣武, 桓溫)는 젊을 때 무척 가난하였다. 그가 한 번은 도박에 뛰어들었다가 크게 지자, 돈을 꾸어 준 자가 그에게 빚을 갚을 것을 박절하게 재촉하였다.

그는 스스로 해결방법을 찾아보았지만, 어찌할 방법이 없었다. 그런데 진군陳郡의 원탐(袁耽, 原彦道)은 기개가 준매俊邁하고 재주가 많았다. 환선무는 그에게 가서 도움을 요청할 참이었다.

그러나 원탐은 마침 상중喪中이어서 말을 잘못 꺼내어 의심을 받으면 어쩌나 하면서 겨우 시험삼아 운을 띄워 보았다. 그랬더니 원탐은 그 자리에서 허락을 하며 조금도 꺼려하거나 인색함이 없었다.

그리하여 원탐은 드디어 옷을 갈아입고 평소 쓰던 베 모자는 몸에 감춘 채 환온을 따라 나서서 그 도박 빚쟁이와 대신 한 판을 벌이게 되었다. 원탐은 평소부터 놀음의 대가로 널리 이름이 나 있었다.

빚쟁이가 이를 모른 채 놀음이 시작되자, 이렇게 물었다.

"그대는 원언도(袁彦道, 袁耽)만큼 잘하지는 않겠지?"

그리고 드디어 도박이 시작되자 10만 금을 한 번에 걸어 곧바로 1백만 금 단위까지 올라갔으며, 말을 던지면서 소리를 지르는 모습이 마치 곁에 사람이 없는 듯하였다. 그러고는 품에 지녔던 베 모자를 꺼내어 상대에게 던지며 이렇게 말하였다.

"그대는 끝내 원언도가 누군지 아는가, 모르는가?"

桓宣武少家貧, 戲大輸, 債主敦求甚切, 思自振之方, 莫知所出. 陳郡袁耽, 俊邁多能; 宣武欲求救於耽, 耽時居艱, 恐致疑, 試以告焉; 應聲便許, 略無嫌悋. 遂變服懷布帽隨溫去, 與債主戲.

耽素有藝名, 債主就局曰:「汝故當不辨作袁彦道邪?」

遂共戲. 十萬一擲, 直上數百萬; 投馬絶叫, 傍若無人.

探布帽擲對人曰:「汝竟識袁彦道不?」

【桓宣武】桓公. 桓溫(312~373). 자는 元子. 明帝의 사위. 荊州刺史를 지냈으며, 蜀을 정벌하고 前秦을 쳐부숨. 簡文帝를 세우고 자신이 다시 왕위를 빼앗고자 하였음. 시호는 武侯. 그의 아들 桓玄이 드디어 제위를 찬탈하여 楚나라를 세운 다음 아버지 환온을 宣武皇帝로 추존함. 《晉書》(99)에 전이 있음.

【陳郡】地名. 지금의 河南省 淮陽縣.

【袁耽】자는 彦道. 建威將軍·歷陽太守를 지냈으며 25세에 죽음. 《晉書》(83)에 傳이 있음.

【馬】도발에 쓰이는 패. 참고란을 볼 것.

1. 《袁氏家傳》

耽字彦道, 陳郡陽夏人, 魏中郎令渙曾孫也. 魁梧爽朗, 高風振邁. 少倜儻不羈, 有異才, 士人多歸之. 仕至司徒從事中郎.

2. 《郭子》

桓公樗蒲, 失數百斛米, 求救於袁耽; 耽在艱中, 便云:「大快. 我必作采, 卿但大喚.」卽脫其衰, 共出門去, 覺頭上有布帽, 擲去, 箸小帽. 旣戱, 袁形歲呼祖, 擲必盧雉, 二人齊叫, 敵家頃刻失數百萬也.

3. 楊勇〈校箋〉

『馬, 禮投壺:「爲勝者立馬.」注:「馬, 勝算也.」後世博藝之骰子曰馬子, 卽沿此而來. 晉書周顗傳:「有一參軍樗蒲, 馬於博頭被殺.」此亦馬子也. 沈校作「有異才, 少倜儻不羈.」』

903(23-35)

왕광록(王光祿, 王蘊)이 이렇게 말하였다.

"술이란 정말 사람들로 하여금 스스로를 원대하게 하는 물건이야!"

王光祿云:「酒, 正使人人自遠!」

【王光祿】王蘊(330~348). 자는 叔人. 어릴 때 이름은 阿興. 王濛의 아들이며, 王恭의 아버지. 그 딸이 孝武帝의 아내가 됨.《晉書》93에 傳이 있음.

1. 내용이 913(23-48)과 흡사하다.

2. 《續晉陽秋》

蘊素嗜酒, 末年尤甚. 及在會稽, 略少醒日.

904(23-36)

유윤(劉尹, 劉惔)이 이렇게 말하였다.

"손승공(孫承公, 孫統)은 광사狂士로다. 매번 경치 좋은 곳에 이르면 며칠을 감상하고 있지. 어떤 때는 반쯤 되돌아오다가 다시 수레를 돌려 찾아가곤 하지."

劉尹云:「孫承公狂士, 每至一處, 賞翫累日, 或廻至半路却返」

【劉尹】劉惔. 字는 眞長. 劉宏의 손자로 沛國 相 땅 출신. 明帝(323~326 재위)의 廬陵長公主에게 장가들어 駙馬가 됨. 司從左長史, 侍中, 丹陽尹 등을 지냄. 36세에 죽어 孫綽이 "居官無官官之事, 處事無事事之心"이라 誄文을 지어 명언이라 하였음. 《晉書》(75)에 전이 있음.

【孫承公】孫統. 자는 承公. 孫綽의 형이며 孫楚(子荊)의 손자. 山水를 즐겼으며 吳寧令, 餘姚令 등을 지냄. 《晉書》(56)에 전이 있음.

1.《中興書》

承公少誕任不羈, 家於會稽, 性好山水. 及求鄞縣, 遺心細務, 縱意游肆; 名阜勝川, 靡不歷覽.

905(23-37)

원언도(袁彥道, 袁耽)에게는 두 여동생이 있었다. 하나는 은연원(殷淵源, 殷浩)의 처가 되었고 하나는 사인조(謝仁祖, 謝尙)의 처가 되었다.

원언도가 환선무(桓宣武, 桓溫)에게 이렇게 말하였다.

"한스러운 것은 여동생이 하나 더 있었더라면 당신에게 배필로 드릴 텐데!"

袁彥道有二妹: 一適殷淵源, 一適謝仁祖.

語桓宣武云:「恨不更有一人配卿!」

【袁彥道】袁耽. 자는 彥道. 袁準의 손자. 王導의 參軍을 지냈음. 建威將軍·歷陽太守를 지냈으며 25세에 죽음.《晉書》(83)에 傳이 있음.

【殷淵源】殷中軍. 殷浩(?~356). 자는 淵源. 殷羨(洪喬)의 아들이며 弱冠에 이미 이름이 났으며 玄言에 뛰어나 당시 풍류 재자의 숭앙을 받음. 정사에도 뛰어나 사람들은 그를 管仲이나 諸葛孔明에 비유할 정도였음. 建武將軍, 揚州刺史, 記室參軍·安西將軍·中軍將軍 등을 역임하였으며, 北征에 나섰다가 姚襄에게 패배하여 서인으로 강등되기도 하였음. '咄咄怪事'의 고사를 남김.《晉書》(77)에 전이 있음.

【謝仁祖】謝尙(308~357). 자는 仁祖. 謝鯤의 아들이며 王導가 '小安豐'이라 불렀음. 給事黃門侍郎을 거쳐 建武將軍, 鎭西將軍, 歷陽太守, 豫州刺史, 江夏, 義陽 등 都督을 지냄. 穆帝 때 尙書僕射를 지냄. 음악과 기예에 밝았으며 太樂을 처음으로 정리하였던 인물.《晉書》(79)에 전이 있음.

【桓宣武】桓公. 桓溫(312~373). 자는 元子. 明帝의 사위. 荊州刺史를 지냈으며, 蜀을 정벌하고 前秦을 쳐부숨. 簡文帝를 세우고 자신이 다시 왕위를 빼앗고자 하였음. 시호는 武侯. 그의 아들 桓玄이 드디어 제위를 찬탈하여 楚나라를 세운 다음 아버지 환온을 宣武皇帝로 추존함.《晉書》(99)에 전이 있음.

┌─────────────────────┐
│ 참고 및 관련 자료 │
└─────────────────────┘

1.《袁氏譜》
耽大妹名女皇, 適殷浩; 小妹名女正, 適謝尙.

906(23-38)

환거기(桓車騎, 桓沖)가 형주荊州자사로 있을 때 장현張玄은 그의 시중侍中이었다. 한 번은 장현이 심부름으로 강릉江陵에 가게 되어 양기촌陽岐村이라는 곳에 이르렀을 때였다. 잠시 후 어떤 사람이 바구니에 싱싱한 물고기를 반쯤 담아 장현의 배로 다가오면서 이렇게 말하는 것이었다.

"이 고기로 회를 뜨고자 부탁드립니다."

장현은 배를 매어놓고 안으로 맞이하여 이름을 물었더니 유유민(劉遺民, 劉麟之)이라는 것이었다. 장현은 평소에 그의 명성을 들어 익히 알고 있던 터라 대단히 즐거워하며 그를 모셨다. 유유민은 이미 장현이 환거기의 심부름으로 가는 길인 줄 알고 나서 물었다.

"사안謝安과 왕문도(王文度, 王坦之)가 다 잘 있겠지요?"

장현은 말을 나누고 싶었지만 유유민은 전혀 머물 뜻이 없었다. 그리하여 회를 모두 만들자 이렇게 말하였다.

"방금 이 고기를 잡았을 때, 그대 배 안에 회를 뜰 수 있는 도구가 있으리라 여겨 그래서 찾아왔을 뿐이오."

그러고는 훌쩍 떠나 버렸다.

그래서 장현은 유유민을 뒤쫓아 집까지 따라갔다. 유유민은 술상을 차렸는데 모두 별 맛이 없었다. 장현은 그래도 그의 높은 명성 때문에 참고 억지로 마셨다. 그리고 바야흐로 마주앉아 대작할 때에 유유민이 먼저 일어서며 이렇게 말하는 것이었다.

"지금은 마침 갈대를 베어야 합니다. 오랫동안 시간을 허비할 수 없습니다."

장현도 역시 더 이상 머물게 할 수가 없었다.

桓車騎在荊州, 張玄爲侍中, 使至江陵, 路經陽岐村, 俄見一人, 持半小籠生魚, 徑來造船, 云:「有魚, 欲寄作膾.」

張乃維舟而納之. 問其姓字, 稱是劉遺民. 張素聞其名, 大相忻待.

劉旣知張銜命, 問:「謝安·王文度並佳不?」

張甚欲話言, 劉了無停意.

旣進膾, 便去, 云:「向得此魚, 觀君船上當有膾具, 是故來耳.」

於是便去. 張乃追之劉家, 爲設酒, 殊不淸旨; 張高其人, 不得已而飮之. 方共對飮, 劉便先起, 云:「今正伐荻, 不宜久廢.」

張亦無以留之.

【桓車騎】桓沖(329~384). 자는 幼子. 車騎將軍을 지냈으며 桓溫의 아우. 384년 謝安이 먼저 苻堅을 대패시켰다는 소식을 듣고 화병으로 죽음.《晉書》(74)에 전이 있음.

【張玄】자는 祖希. 顧和의 外孫 吏部尚書, 冠軍將軍, 吳興太守, 會稽內史 등을 지냈으며 謝玄과 병칭되어 "南北二玄"이라 함. 張玄之로도 부름.

【陽岐村】湖北 石首의 고지명.

【劉遺民】劉麟之를 가리킴. 자는 子冀.〈棲逸篇〉참조.

【謝安】字는 安石(320~385). 謝裒의 아들이며 謝琰(望蔡)의 아버지. 謝奕의 동생. 덕망이 있고 기개가 높아 桓彝, 王濛의 사랑을 받음. 처음에는 벼슬에 뜻을 버리고 王羲之, 支遁 등과 산수를 즐기며 조정의 부름에 응하지 않았으나 40이 넘어 桓溫의 司馬를 거쳐 吳興太守, 侍中, 吏部尚書, 太保 錄尚書事 등의 관직을 지냄. 뒤에 다시 太傅에 추증되었으며 시호는 文靖.《晉書》(79)에 전이 있음.

【王文度】王中郎. 王坦之(330~375). 자는 文度. 태원 왕씨 王術의 아들이며, 王忱·王愷·王愉의 아버지. '江東獨步'라 하였으며 中書令, 北中郎將을 지냄.〈廢莊論〉을 써서 당시의 방탕을 비난함.《晉書》(75)에 전이 있음.

참고 및 관련 자료

1. 劉孝標 注

『村臨江, 去荊州二百里.』

2. 楊勇〈校箋〉

『陽岐, 宋本作「陽歧」. 今依沈校, 晉書隱逸劉驎之傳. 東晉疆域志:「石首有陽岐」 水經江水注:「江水又右, 經陽岐山北.」注云:「考陽岐卽今石首縣西山, 在江 之南岸.」地當今湖北石首西百步. 陽岐山, 一名東岳山.』

3.《中興書》

劉驎之, 一字遺民.

907(23-39)

왕자유(王子猷, 王徽之)가 치옹주(郗雍州, 郗恢) 집에 놀러 갔다가 치옹주가 안에서 아직 나오지 않을 때에 자유는 좋은 털방석이 있는 것을 보고 이렇게 물었다.

"아니, 아걸(阿乞, 郗恢) 이 친구, 어디서 이 좋은 것을 구하였지?"

그러고는 자기의 수행원에게 자기 집에 갖다 놓으라고 일렀다. 조금 후 치옹주가 나와서 방금 털방석이 어디 갔느냐고 찾았다. 왕자유가 이렇게 말하였다.

"방금 어떤 힘센 자가 짊어지고 가던데."

그러자 치옹주는 얼굴에 조금도 아까운 기색을 나타내지 않았다.

王子猷詣郗雍州, 雍州在內, 見有氍毹, 云:「阿乞那得此物?」
令左右送還家. 郗出覓之, 王曰:「向有大力者負之而趨.」
郗無忤色.

【王子猷】王徽之(?~388). 자는 子猷. 낭야왕씨. 王羲之의 다섯째아들이며 王凝之의 아우. 王獻之의 형. 桓溫의 參軍과 黃門侍郎을 지냈음. 대나무를 좋아하였으며 한 때 관직을 버리고 山陰에 은거하기도 하였음.《晉書》(80)에 전이 있음.

【郗雍州】郗恢. 어릴 때 자가 阿乞이었음. 雍州刺史를 지냄.

> 참고 및 관련 자료

1.《中興書》

郗恢字道胤, 高平人. 父曇, 北中郎將. 恢長八尺, 美鬚髥, 風神魁梧, 烈宗器之, 以爲蕃伯之望. 自太子左率, 擢爲雍州刺史.

2.《莊子》
夫藏舟於壑, 藏山於澤, 謂之固矣: 然有大力者負之而走, 昧者不知也.

908(23-40)

사안謝安이 처음 서쪽으로 놀이를 갔다가 소달구지를 잃고는 지팡이를 짚고 걷고 있었다.

그런데 마침 길에서 유윤(劉尹, 劉惔)을 만나자 유윤이 물었다.

"그대 안석(安石, 謝安), 어디 다친 데는 없소?"

사안은 이에 그의 수레를 함께 타고 되돌아왔다.

謝安始出西戲, 失車牛, 便杖策步歸.
道逢劉尹, 語曰: 「安石將無傷?」
謝乃同載而歸.

【謝安】 字는 安石(320~385). 謝裒의 아들이며 謝琰(望蔡)의 아버지. 謝奕의 동생. 덕망이 있고 기개가 높아 桓彝, 王濛의 사랑을 받음. 처음에는 벼슬에 뜻을 버리고 王羲之, 支遁 등과 산수를 즐기며 조정의 부름에 응하지 않았으나 40이 넘어 桓溫의 司馬를 거쳐 吳興太守, 侍中, 吏部尚書, 太保錄尚書事 등의 관직을 지냄. 뒤에 다시 太傅에 추증되었으며 시호는 文靖. 《晉書》(79)에 전이 있음.

【劉尹】 劉惔. 字는 眞長. 劉宏의 손자로 沛國 相 땅 출신. 明帝(323~326 재위)의 廬陵長公主에게 장가들어 駙馬가 됨. 司從左長史, 侍中, 丹陽尹 등을

지냄. 36세에 죽어 孫綽이 "居官無官官之事, 處事無事事之心"이라 誄文을 지어 명언이라 하였음.《晉書》(75)에 전이 있음.

909(23-41)

양양襄陽의 나우羅友는 큰 운치가 있었으나 젊을 때에는 바보라 불렀다.

한 번은 남의 집 제사를 살피다가 그 음식을 얻어먹을 요량으로 아주 이른 새벽에 찾아갔으나 아직 문도 열지 않았다.

주인이 신주神主를 맞아오려고 나섰다가 그를 발견하고 아직 때가 아닌데 어찌 벌써 와서 기다리는가 묻자 그는 이렇게 대답하였다.

"그대 집에 제사가 있다는 소리를 듣고 밥 한 끼나 얻어먹을까 해서 와 있을 따름입니다."

그러고는 드디어 문 뒤에 몸을 숨겨 날이 밝자 밥을 얻어먹고 곧 떠나면서 조금도 부끄러워하는 기색이 없었다.

그는 기억력이 아주 뛰어난 자였다. 환선무(桓宣武, 桓溫)를 따라 촉蜀을 평정하러 갔을 때 그는 돌아다니며 촉 지방의 성궐과 건물들, 내외 도로의 너비, 심어져 있는 식물, 대나무의 숫자 등을 모두 살펴 이를 기억해 두었다. 그 뒤 환선무가 율주溧州에서 간문제(簡文帝, 司馬昱)와 회합을 할 때 나우도 역시 그곳에 참여하게 되었다.

함께 촉 땅의 사정을 얘기하면서 환선무가 빠뜨려 잊은 것이 있으면 나우는 모두를 기억해 열거해 내어 하나도 빠뜨림이 없는 것이었다. 환선무가 촉성蜀城의 궁궐 장부를 맞추어 보자 모두가 그의 말과 같아 앉은 자들이 모두 감탄해 마지않았다.

사공(謝公, 謝安)은 그를 두고 이렇게 찬탄하였다.

"나우가 어찌 위양원(魏陽元, 魏舒)에게 뒤지리오!"

뒤에 나우는 광주자사廣州刺史가 되어 그곳에 부임하러 가자 선임 자사였던 환활桓豁이 사람을 시켜 나우를 자신의 집에 와서 자도록 말을 전하게 하였다.

그러자 나우는 이렇게 말하였다.

"나는 이미 다른 사람과 선약이 있소. 그 집 주인이 가난한 처지임에도 혹 없는 돈을 억지로 마련하여 술상을 마련한 것 같소. 심히 오래된 친구를 만나게 되오니 청컨대 다른 날 그대의 명을 받들겠소."

이에 정서(征西, 桓豁)는 몰래 사람을 보내어 살펴보게 하였다. 저녁이 되자 그는 형주荊州의 문하서좌文下書佐 집으로 가서 신나는 표정으로 함께 하되 승달勝達한 집에 초대받은 것과 다를 것이 없었다.

나우는 뒤에 익주자사益州刺史로 있을 때 자신의 아들에게 이렇게 일렀다.

"우리 집에 5백 명이 먹을 그릇이 있다."

식구들이 크게 놀랐다. 그는 이제껏 청빈하였는데, 돌연 그런 물건이 있다고 하였으니 이는 바로 2백 50쌍의 오류烏欀를 두고 한 말이었다.

襄陽羅友有大韻, 少時多謂之癡. 嘗伺人祠, 欲乞食; 往太蚤, 門未開. 主人迎神出見, 問以非時, 何得在此?

答曰:「聞卿祠, 欲乞一頓食耳」

遂隱門側; 至曉, 得食便退, 了無怍容. 爲人有記功: 從桓宣武平蜀, 按行蜀城闕觀宇, 內外道陌廣狹, 植種果竹多少, 皆默記之.

後宣武溧洲與簡文集, 友亦預焉; 共道蜀中事, 亦有所遺忘, 友皆名列, 曾無錯漏; 宣武驗以蜀城闕簿, 皆如其言. 坐者歎服.

謝公云:「羅友詎減魏陽元!」

後爲廣州刺史, 當之鎭, 刺史桓豁語令莫來宿.

答曰:「民已有前期; 主人貧, 或有酒饌之費, 見與甚有舊, 請別日奉命」

征西密遣人察之: 至夕, 乃往荊州門下書佐家; 處之怡然, 不異勝達.

在益州語兒云:「我有五百人食器」

家中大驚. 其由來淸, 而忽有此物; 定是二百五十沓烏樏.

【襄陽】地名. 지금의 湖北省 襄樊市.
【羅友】자는 宅仁. 술을 좋아하여 남의 제사를 엿보다가 남은 음식을 거두어 먹으면서도 부끄러움을 몰랐다 함. 桓溫이 그의 재능을 인정하여 襄陽太守로 삼았으며 뒤이어 交州·益州의 刺史를 지냈음.
【桓宣武】桓公. 桓溫(312~373). 자는 元子. 明帝의 사위. 荊州刺史를 지냈으며, 蜀을 정벌하고 前秦을 쳐부숨. 簡文帝를 세우고 자신이 다시 왕위를 빼앗고자 하였음. 시호는 武侯. 그의 아들 桓玄이 드디어 제위를 찬탈하여 楚나라를 세운 다음 아버지 환온을 宣武皇帝로 추존함.《晉書》(99)에 전이 있음.
【蜀】지금의 四川省 일대. 成都 일대.
【溧州】주 이름. 지금의 江蘇省에 있음. 洌州라고도 기록됨.
【簡文帝】東晉의 제8대 황제 司馬昱. 字는 道萬. 中宗의 少子. 元帝 계실 鄭后 소생이며 司馬紹의 배다른 동생. 穆帝가 어려서 撫軍으로 보필, 뒤에 桓溫이 海西公을 폐하고 이를 세워 皇帝에 오름. 재위 2년(371~372).《世說新語》에서는 흔히 '晉簡文', '簡文', '簡文帝', '簡文皇帝', '相王', '撫軍', '會稽王'등 으로 칭함.《晉書》(9)에 紀가 있음.
【謝公】謝安. 字는 安石(320~385). 謝裒의 아들이며 謝琰(望蔡)의 아버지. 謝奕의 동생. 덕망이 있고 기개가 높아 桓彝, 王濛의 사랑을 받음. 처음에는 벼슬에 뜻을 버리고 王羲之, 支遁 등과 산수를 즐기며 조정의 부름에 응하지 않았으나 40이 넘어 桓溫의 司馬를 거쳐 吳興太守, 侍中, 吏部尙書, 太保錄尙書事 등의 관직을 지냄. 뒤에 다시 太傅에 추증되었으며 시호는 文靖.《晉書》(79)에 전이 있음.

【魏陽元】魏舒(209~290). 어릴 때 총명하기로 이름났던 人物로 左僕射·司徒을
　지냄.《晉書》(41)에 전이 있음.
【廣州】郡이름. 지금의 廣東 廣州市.
【桓豁】자는 郎子. 桓溫의 아우. 征西將軍을 지냄.《晉書》(74)에 傳이 있음.
【益州】주 이름. 지금의 成都가 治所였음.
【烏樏】옻칠한 검은 색의 그릇. 찬합. 가난한 자들이 각종 음식을 담기 위해
　쓰는 그릇으로 格子의 두 부분이 1인용이라 함. 그것을 억지로 2인용으로
　하였을 때 5백 명 분이라는 뜻. 그 앞의 沓은 그릇을 세는 단위. 양사.

참고 및 관련 자료

1.《晉書》桓溫傳

簡文帝時輔政, 會溫於洌州, 議政討事.

2. 楊勇〈校箋〉

『劉箋:「按沓, 猶今之套也. 太平御覽七五九引東宮舊事曰:〈有漆十五子方樏
二沓, 蓋二枚.〉又引陶侃表:〈鹽塞荒儉, 唯作方九子樏, 趨以供事, 謹上五十葉.〉
又引曹毗杜蘭香傳:〈蘭香隆張碩賚方九子樏, 七子樏〉勇按: 廣韻:「樏, 盤中
有隔者也.」玉篇:「沓, 重疊也.」劉引七十樏, 九子樏, 或三十五子樏者, 卽七
格樏, 三十五格樏也. 烏樏, 卽漆樏, 量詞曰:「樏是一種食器, 如同現代的盌:
若論語源, 也就是蠡的聲轉. 一沓, 可能是兩個.」』

3.《晉陽秋》

友字宅仁, 襄陽人. 少好學, 不持節檢. 性嗜酒, 當其所遇, 不擇士庶. 又好伺人祠,
往乞餘食, 雖復營署墟肆, 不以爲羞. 桓過營, 責之云:「君太不逮! 須食, 何不
就身求? 乃至於此!」友傲然不屑, 答曰:「就公乞食, 今乃何得, 明日已復無.」
溫大笑之. 始仕荊州, 後在溫府: 以家貧乞祿, 溫雖以文學遇之 而謂其誕肆,
非治民才, 許而不用. 後同府人有得君者, 溫爲席赴別, 友至尤晚: 問之, 友答
曰:「民性」飮酒嗜味, 昨奉教旨, 乃是首旦出門. 於中路逢一鬼, 大見揶揄, 云:
「我只見汝送人作郡, 何以不見人送汝作郡?」民始怪終慚, 回還以解, 不覺成
淹緩之罪. 溫雖笑其滑稽, 而心頗愧焉. 後以爲襄陽太守, 累遷廣, 益二州刺史.
在藩擧其宏綱, 不存小察, 甚爲吏民所安說, 薨於益州.

910(23-42)

환자야(桓子野, 桓伊)는 매번 다른 사람의 맑은 노랫소리를 들을 때마다 "어쩌면!"하고 추임새를 넣었다.

사공(謝公, 謝安)이 이를 듣고 이렇게 말하였다.

"환자야는 가히 깊은 정을 가진 사람이라 할 수 있지!"

桓子野每聞清歌, 輒喚「奈何!」
謝公聞之曰:「子野可謂一往有深情!」

【桓子野】桓伊. 자는 叔夏. 어릴 때의 자는 子野, 혹은 野王이라 함. 武備에 힘쓸 것을 주장하였으며 征西將軍, 右軍將軍, 護軍將軍, 西中郎將, 豫州刺史 등을 지냄. 前秦의 苻堅이 남침하자 謝玄, 謝琰과 함께 그들을 대패시키고 그 공으로 永修侯의 봉을 받음. 피리를 잘 불었으며 蔡邕의 柯亭笛을 소장하여 江左第一 연주자라 하였다 함. 《晉書》(81)에 전이 있음.
【奈何】악곡의 여음. 본편 9 참조.
【謝公】謝安. 字는 安石(320~385). 謝裒의 아들이며 謝琰(望蔡)의 아버지. 謝奕의 동생. 덕망이 있고 기개가 높아 桓彝, 王濛의 사랑을 받음. 처음에는 벼슬에 뜻을 버리고 王羲之, 支遁 등과 산수를 즐기며 조정의 부름에 응하지 않으나 40이 넘어 桓溫의 司馬를 거쳐 吳興太守, 侍中, 吏部尚書, 太保錄尚書事 등의 관직을 지냄. 뒤에 다시 太傅에 추증되었으며 시호는 文靖. 《晉書》(79)에 전이 있음.

┌─────────────────────┐
│ 참고 및 관련 자료 │
└─────────────────────┘

1.《古今樂錄》
奈何, 曲調之遺音也.

장잠張湛은 집 앞에 소나무와 잣나무를 심기 좋아하였다. 그런가 하면 원산송袁山松이 때때로 이곳에 나가 놀 때에 매번 좌우를 시켜 만가挽歌를 부르게 하기를 즐겨하였다.

사람들은 이렇게 말하였다.

"장잠은 집 아래에서 시체를 벌여놓고 원산송은 그 길 위에서 빈구殯柩를 운반한다."

張湛好於齋前種松柏, 時袁山松出遊, 每好令左右作挽歌.
時人謂:「張屋下陳屍, 袁道上行殯」

【張湛】 자는 處度. 어릴 때의 자는 驎. 養生에 관심이 깊어 《養生要集》·《延年秘錄》·《莊子注》·《列子注》·《文子注》를 썼으나 《列子注》만 전함.
【袁山松】 문장에 뛰어났으며 《後漢書》백 篇을 지음. 秘書監과 吳國內史를 지냈으며 吳郡太守였을 때 孫恩의 난을 만나 滬瀆을 수비하다가 죽음을 당함. 《晉書》(83)에 전이 있음.

> 참고 및 관련 자료

1. 《張氏譜》
湛祖嶷, 正員郎. 父曠, 鎭軍司馬, 湛仕至中書郎.
2. 《晉東宮官名》
湛字處度, 高平人.
3. 《續晉陽秋》
袁山松善音樂, 北人舊歌有行路難曲, 辭頗疎質, 山松好之, 乃爲文其章句, 婉其節制, 每因酒酣, 從而歌之. 聽者莫不流涕. 初, 羊曇善唱樂, 桓伊能挽歌, 及山松以行路難繼之, 時人謂之三絶.

4. 劉孝標 注

『今云挽歌, 未詳.』

5. 옛사람들은 송백으로 관을 만들었고 袁山松은 당시 挽歌를 제일 잘 불렀기에 이른 말.

6. 《語林》裴啓

張湛好於齊前種松, 養鴝鵒: 袁山松出遊, 好令左右作挽歌, 時人云云.

912(23-44)

나우羅友가 형주자사(荊州刺史, 桓溫)의 종사從事 벼슬을 지내고 있을 때였다. 어느 날 환선무(桓宣武, 桓溫)가 사람들을 불러 왕거기(王車騎, 王洽)를 위하여 전송연을 베풀었다. 나우는 이 자리에 참석해 한참 앉았다가 물러나겠다고 말하였다. 선무가 물었다.

"그대는 금방 내게 물어볼 말이 있다더니 어찌 말없이 물러나는고?"

그는 이렇게 대답하였다.

"제가 듣기로 백양白羊 고기가 맛이 뛰어나다고 하더이다. 평생 살아도 한 번 먹어 볼 수 없을 것 같아 실례를 무릅쓰고 찾아와 앉았던 것입니다. 실로 드릴 말씀이 있어서는 아니었습니다. 이제 실컷 먹었으니 더 이상 머물러 있을 필요가 없게 되었습니다."

그리고는 얼굴에 조금도 부끄러워하는 기색이 없었다.

羅友作荊州從事, 桓宣武爲王車騎集別, 友進坐良久, 辭出.
宣武曰:「卿向欲咨事, 何以便去?」
答曰:「友聞白羊肉美, 一生未曾得喫, 故冒求前耳. 無事可咨;
今已飽, 不復須駐」
了無慙色.

【羅友】 자는 宅仁. 술을 좋아하여 남의 제사를 엿보다가 남은 음식을 거두어
먹으면서도 부끄러움을 몰랐다 함. 桓溫이 그의 재능을 인정하여 襄陽太守로
삼았으며 뒤이어 交州·益州의 刺史를 지냈음.
【荊州】 荊州刺史 桓溫을 가리킴.
【桓宣武】 桓公. 桓溫(312~373). 자는 元子. 明帝의 사위. 荊州刺史를 지냈으며,
蜀을 정벌하고 前秦을 쳐부숨. 簡文帝를 세우고 자신이 다시 왕위를 빼앗고자
하였음. 시호는 武侯. 그의 아들 桓玄이 드디어 제위를 찬탈하여 楚나라를
세운 다음 아버지 환온을 宣武皇帝로 추존함. 《晉書》(99)에 전이 있음.
【王車騎】 王洽. 자는 敬和. 王導의 셋째아들로 吳郡內史를 지냈으며 王敬和,
王車騎, 王領軍 등으로 불림. 일찍 죽음.

913(23-45)

장린(張驎, 張湛)은 술이 취해 만가挽歌를 부를 때면 그 소리가 심히 처량
하였다. 환거기(桓車騎, 桓玄)는 이를 두고 이렇게 말하였다.

"그대는 전횡田橫의 문객이 아닐 터인데 어쩌면 노래가 이토록 처량할
수 있는가?"

張驎酒後挽歌甚悽苦. 桓車騎曰:「卿非田橫門人, 何乃
頓爾至致?」

【張驎】張湛. 자는 處度. 어릴 때의 자는 驎. 養生에 관심이 깊어《養生要集》·
《延年秘錄》·《莊子注》·《列子注》·《文子注》를 썼으나《列子注》만 전함.

【桓車騎】桓玄. 자는 敬道(369~404). 大司馬 桓溫의 막내아들. 南郡公에
봉해졌음. 劉裕의 기병에 맞섰다가 建康에서 참수당함.《晉書》(99)에 전이
있음. 譙國 龍亢人. 대사마 桓溫의 少子이며 아버지를 이어 남군공이 됨.

【田橫】秦漢 사이의 인물. 田廣이 齊王이 되자 田橫은 그의 相國이 되었으나
韓信이 齊나라를 격파하자 田橫은 5백 명을 거느리고 섬으로 도망하였음.
뒤에 劉邦이 皇帝가 되어 田橫을 부르자 그는 尸鄕亭에 이르러 漢나라
신하가 되는 것을 수치로 여겨 자결하고 말았다. 이에 그를 따르던 자들이
洛陽 궁궐로 들어서며 감히 곡을 하지 못하고 대신 노래를 지어 불러 애도
하였다고 함. 이것이 挽歌의 근원이 되었음.《史記》田儋傳 참조.

참고 및 관련 자료

1. 劉孝標 注
『按: 莊子曰:「紼謳所生, 必於斥苦.」 司馬彪注曰:「紼, 引柩索也: 斥, 疏緩也:
苦, 用力也. 引紼所以有謳歌者, 爲人有用力不齊, 故促急之也.」春秋左氏傳曰:
「魯哀公會吳伐齊, 其將公孫夏命歌虞殯.」杜預曰:「虞殯, 送葬歌: 示必死也.」
史記絳侯世家曰:「周勃以吹簫樂喪.」然則挽歌之來久矣. 非始起於田橫也.
然譙氏引禮之文, 頗有明據, 非固陋者所能誰聞. 疑以傳疑.」

2.《法訓》譙子
有喪而歌者. 或曰:「彼爲樂喪也, 有不可乎?」譙子曰:「書云:〈四海遏密八音.〉
何樂喪之有?」曰:「今喪有挽歌者, 何以哉?」譙子曰:「周聞之, 蓋高帝召齊田
橫至于尸鄕亭, 自刎奉首, 從者挽歌至於宮, 不敢哭, 而不勝哀, 故爲歌以寄哀音,
彼則一時之爲也. 鄰有喪, 春不相引, 挽人銜枚, 孰樂喪者邪?」

914(23-46)

왕자유(王子猷, 王徽之)가 일찍이 남의 빈 집에 잠시 기거하게 된 적이 있었
는데, 그는 그 집 앞에 대나무를 심게 하였다. 어떤 이가 물었다.

"잠시 기거할 뿐인데 뭘 그리 번거롭게 합니까?"

그러자 왕자유는 휘파람을 불며 한참 있다가 대나무를 가리키며 이렇게
말하였다.

"어찌 하루라도 이러한 군君 없이 살 수 있으리오?"

王子猷嘗暫寄人空宅住, 便令種竹.

或問:「暫住何煩爾?」

王嘯詠良久, 直指竹曰:「何可一日無此君?」

【王子猷】王徽之(?~388). 자는 子猷. 낭야왕씨. 王羲之의 다섯째아들이며
王凝之의 아우. 王獻之의 형. 桓溫의 參軍과 黃門侍郎을 지냈음. 대나무를
좋아하였으며, 한때 관직을 버리고 山陰에 은거하기도 하였음.《晉書》(80)에
전이 있음.
【君】대나무를 높여 부른 것.

참고 및 관련 자료

1.《中興書》
徽之卓犖不羈, 欲爲傲達, 放肆聲色頗過度; 時人欽其才, 穢其行也.

915(23-47)

왕자유(王子猷, 王徽之)가 산음山陰에 살 때 밤에 큰 눈이 내렸다. 눈 때문에 잠에서 깬 왕자유는 곧 방을 모두 열고 술상을 차리게 하였다. 사방이 눈으로 환하였다. 일어나 이리저리 방황하며, 좌사左思의 〈초은시招隱詩〉를 읊다가 문득 친구 대안도(戴安道, 戴逵)가 생각났다.

당시 대안도는 섬현剡縣에 살고 있었다. 왕자유는 밤인데도 즉시 작은 배를 타고 그곳으로 향하여 그 밤을 꼬박 새워 그곳에 비로소 다다를 수가 있었다. 그러나 그는 대안도의 집 문 앞에 이르자 들어가지도 않은 채 되돌아서 버렸다. 어떤 이가 그 까닭을 묻자 그는 이렇게 대답하였다.

"내가 올 때는 흥에 겨워서였는데, 그곳에 도착하자 흥이 다 사라져 버렸지. 그래서 되돌아올 수밖에. 꼭 대안도를 만나볼 이유가 어디 있소!"

王子猷居山陰, 夜大雪, 眠覺, 開室, 命酌酒. 四望皎然. 因起仿偟, 詠左思〈招隱詩〉, 忽憶戴安道. 時戴在剡, 卽便夜乘小船就之.

經宿方至, 造門不前而返.

人問其故, 王曰:「吾本乘興而行, 興盡而返, 何必見戴!」

【王子猷】王徽之(?~388). 자는 子猷. 낭야왕씨. 王羲之의 다섯째아들이며 王凝之의 아우. 王獻之의 형. 桓溫의 參軍과 黃門侍郎을 지냈음. 대나무를 좋아하였음. 《晉書》(80)에 전이 있음. 당시 그는 관직을 버리고 山陰에 은거 하고 있었음.
【山陰】浙江 紹興. 회계산의 북쪽 지역.
【左思】자는 太沖. 齊國人. 祕書를 지냄. 곧 '洛陽紙貴'의 고사를 낳은 인물.

바로 이 고사의 〈三都賦〉를 사람들이 서로 베끼려고 낙양의 종이가 바닥이나 종이 값이 급등하였다 함. 그 외에 〈詠史詩〉 8수가 유명함. 그의 문집은 사라졌으나 뒤에 《左太沖集》이 집일되어 있음. 《晉書》(92)에 전이 있음.

【招隱詩】《文選》卷22에 실려 있음. "杖策招隱士, 荒塗橫古今, 巖穴無結搆, 又名雪溪"라 함.

【戴安道】戴逵(326~396). 자는 安道. 거문고 연주에 뛰어났으며, 회화에도 뛰어나 佛畫와 불상 조각을 많이 남김. 불교를 신봉했으나 인과설을 의심하여 〈釋疑論〉을 지었음. 영리를 추구하지 않고 기절을 중시하여 國子博士에 초빙되었으나 나가지 않음. 《晉書》(94)에 전이 있음.

【剡縣】剡溪를 말함.

참고 및 관련 자료

1. 《中興書》
徽之任性放達, 棄官東歸, 居山陰也.

2. 《輿地紀勝》10
剡溪, 在嵊縣南一百五十步, 今人稱爲戴溪, 又名雪溪.

916(23-48)

왕위군(王衛軍, 王薈)이 이렇게 말하였다.
"술이란 능히 사람을 아주 경치 좋은 곳으로 끌고 들어가는 것과 같다."

王衛軍云:「酒, 正自引人箸勝地」

【王衛軍】王薈를 가리킴. 王導의 막내아들. 자는 敬文. 어릴 때 이름이 小奴.
吏部郞, 侍中, 建威將軍, 吳國內史, 尙書, 會稽內史 등을 역임하였으며 흉년을
만나자 사사로이 곡식을 풀어 백성을 구제하였음. 죽은 뒤 衛將軍을 추증
받음. 《晉書》(65)에 전이 있음.
【勝地】훌륭한 경지. 경승지.

(참고 및 관련 자료)

1. 본편 35와 내용이 비슷함.

917(23-49)

왕자유(王子猷, 王徽之)가 도성으로 가는 길에 아직 강가에 배를 대고
있었다. 그는 일찍이 그곳의 환자야(桓子野, 桓伊)가 피리를 잘 분다고 들었으나
서로 면식은 없었다. 그때 마침 환자야가 그 강가를 지나가고 있었다.
자유는 배 안에 있었는데 객 중에 그를 알아보는 자가 있었다.

"저 분이 바로 환자야입니다."

왕자유는 문득 사람을 시켜 달려가 이렇게 부탁해 보도록 하였다.

"듣건대 그대는 피리를 잘 분다고 하던데 나를 위해 한 곡조 들려 주셨
으면 합니다."

당시 환자야는 이미 고귀하게 현달해 있었으나 그도 평소 왕자유의
명성을 들어 아는 터라, 문득 수레를 돌려 배에 내려와서 호상胡床에 앉아
세 곡조나 들려 준 후 홀연히 수레에 올라 떠나버렸다. 객과 주인이
말 한 마디 나누지 않았다.

王子猷出都, 尚在渚下, 舊聞桓子野吹笛, 而不相識. 遇桓
於岸上過, 王在船中, 客有識之者云:「是桓子野」

王便令人與相問, 云:「聞君善吹笛, 試爲我一奏」

桓時已貴顯, 素聞王名, 卽便廻下車, 踞胡牀, 爲作三調;
弄畢, 便上車去. 客主不交一言.

【王子猷】王徽之(?~388). 자는 子猷. 낭야왕씨. 王羲之의 다섯째아들이며
王凝之의 아우. 王獻之의 형. 桓溫의 參軍과 黃門侍郎을 지냈음. 대나무를
좋아하였으며, 한때 관직을 버리고 山陰에 은거하기도 하였음.《晉書》(80)에
전이 있음.

【渚下】靑溪渚라고도 부름.

【桓子野】桓伊. 자는 叔夏. 어릴 때의 자는 子野, 혹은 野王이라 함. 武備에
힘쓸 것을 주장하였으며 征西將軍, 右軍將軍, 西中郎將, 豫州刺史 등을 지냄.
前秦의 苻堅이 남침하자 謝玄, 謝琰과 함께 그들을 대패시키고 그 공으로
永修侯의 봉을 받음. 피리를 잘 불었으며 蔡邕의 柯亭笛을 소장하여 江左
第一 연주자라 하였다 함.《晉書》(81)에 전이 있음.

참고 및 관련 자료

1. 楊勇〈校箋〉

『渚, 卽靑溪渚也. 在今江蘇江寧縣東北. 晉都僧施嘗泛於此, 每溪一曲, 作詩一篇.』

2.《晉書》桓伊傳

王徽之赴召京師, 泊舟靑溪側.

3.《續晉陽秋》

左將軍桓伊善音樂, 孝武飮燕, 謝安侍坐, 帝命伊吹笛: 伊神色無忤, 旣吹一弄,
乃放笛云:「臣於箏乃不如笛, 然自足以韻合歌管. 臣有一奴, 善吹笛, 且相便串,
請進之.」帝賞其放率, 聽召奴: 奴旣至, 吹笛, 伊撫箏而歌怨詩, 因以爲諫也.

환남군(桓南郡, 桓玄)이 태자세마太子洗馬로 발탁되어 가는 길에 적저荻渚에 배를 대게 되었다.

그때, 그곳의 왕대(王大, 王忱)가 오석산五石散을 복용하여 약간의 환각 상태가 된 채 환남군을 보러 나타났다. 환남군은 그를 위해 술자리를 마련하였는데, 왕대는 약 기운 때문에 찬 술을 먹지 못해 자꾸 좌우 사람에게 이렇게 말하는 것이었다.

"온주溫酒를 가져오라고 명하라!"

그러자 환남군이 눈물을 흘리며 소리 내어 우는 것이었다. 왕대는 그만 일어서서 자리를 뜨겠다고 하였다. 환남군은 수건으로 눈물을 닦으며 왕대에게 이렇게 말하였다.

"우리 아버님의 휘諱인 온溫자를 들먹이시기에 우는 것일 뿐 그대와 무슨 상관이 있겠습니까?"

그러자 왕대는 이렇게 탄식하였다.

"영보(靈寶, 桓玄) 자네는 정말 스스로 탁 트인 인물이로다!"

桓南郡被召作太子洗馬, 船泊荻渚; 王大服散後已小醉, 往看桓.

桓爲設酒, 不能冷飮, 頻語左右:「令溫酒來!」

桓乃流涕嗚咽. 王便欲去.

桓以手巾掩淚, 因謂王曰:「犯我家諱, 何預卿事?」

王歎曰:「靈寶故自達!」

【桓南郡】桓玄. 자는 敬道(369~404). 大司馬 桓溫의 막내아들. 南郡公에 봉해졌음. 劉裕의 기병에 맞섰다가 建康에서 참수당함.《晉書》(99)에 전이 있음. 譙國 龍亢人. 대사마 桓溫의 少子이며 아버지를 이어 남군공이 됨.

【荻渚】太淮河 근처의 나루터. 모래톱.

【王大】王忱. 字는 元達(?~392). 어릴 때 字가 佛大였음. 王坦之의 넷째 아들이며 王恭과는 族親 관계. 放達嗜酒하여 옷을 벗고 다니거나 며칠을 계속 술을 마시는 등 禮敎를 벗어나 살았음. 荊州刺史, 建武將軍 등을 지냄. 《晉書》(75)에 전이 있음.

【五石散】당시 사람들이 즐겨 복용하던 환각제의 일종. 丹藥. 紫石英·白石英· 赤石脂·鐘亂石·硫黃 등 다섯 가지 돌을 煉丹하여 만듦.《抱朴子》內篇. 金丹 참조.

【靈寶】桓玄의 어릴 때 자.

참고 및 관련 자료

1.《桓玄別傳》
玄初拜太子洗馬, 時朝延以溫有不臣之迹, 故抑玄爲素官.

2.《異苑》에
『玄生而有光照室, 善占者云:「此兒生有奇耀, 宜字〈爲天人.〉」 宣武嫌其三文, 復言爲〈神靈寶〉, 猶復用三. 旣難重前卻, 減〈神〉一字, 名曰 靈寶』라 함.

3.《語林》
玄不立忌日, 止立忌時: 其達而不拘, 皆此類.

4.《晉安帝紀》
玄哀樂過人, 每歡戚之發, 未嘗不至嗚咽.

919(23-51)

왕효백(王孝伯, 王恭)이 왕대(王大, 王忱)에게 물었다.

"완적阮籍을 사마상여司馬相如에게 비교한다면 어떻습니까?"

왕대는 이렇게 대답하였다.

"완적은 가슴 속이 흙덩이가 쌓여 있으니, 모름지기 술로 물을 줘야 씻겨 내려가지."

王孝伯問王大:「阮籍何如司馬相如?」

王大曰:「阮籍胸中壘塊, 故須酒澆之」

【王孝伯】王恭. 자는 孝伯(?~398). 王蘊의 아들이며 王爽의 형. 王濛의 손자. 安帝의 처남. 太原 王氏. 著作郞·祕書丞·吏部郞 등을 지냄. 뒤에 난을 일으켰다가 피살됨.《晉書》(84)에 전이 있음.

【王大】王忱. 字는 元達(?~392). 어릴 때 字가 佛大였음. 王坦之의 넷째 아들이며 王恭과는 族親 관계. 放達嗜酒하여 옷을 벗고 다니거나 며칠을 계속 술을 마시는 등 禮敎를 벗어나 살았음. 荊州刺史, 建武將軍 등을 지냄. 《晉書》(75)에 전이 있음.

【阮籍】자는 嗣宗(210~263). 陳留의 尉氏人. 阮瑀의 아들. 老莊에 밝았으며 거문고, 바둑, 시문 등에 능하였음. 步兵校尉를 역임하여 흔히 '阮步兵'이라 불림. '竹林七賢'중의 하나. 〈豪傑詩〉·〈詠懷詩〉·〈達莊論〉·〈大人先生傳〉 등이 있으며《三國志》(21),《晉書》(49)에 전이 있음. 유유자적하며 휘파람을 잘 불었음.

【司馬相如】자는 長卿(B.C.179~B.C.118). 한대 제일의 부가(賦家). 탁문군(卓文君)과의 사랑 고사로 유명함. 한 무제에게 발탁되어 궁중 시인으로 〈上林賦〉·〈子虛賦〉·〈大人賦〉 등을 남겼음.《史記》(117) 및《漢書》(57) 司馬相如列傳 참조.

【壘塊】흙이 쌓인 것 같은 응어리 진 상태. 마음이 불편함을 나타내는 疊韻連綿語.

참고 및 관련 자료

1.《晉書》阮籍傳
籍本有濟世志, 屬魏晉之際, 天下多故, 名士少有全者: 籍由是不與世事, 遂酣
飮爲常.
2. 劉孝標 注
『言阮皆同相如, 而飮酒異耳.』
3. 楊勇〈校箋〉
『壘塊, 猶碑磊, 喩胸次不平也.』

920(23-52)

왕불대(王佛大, 王忱)가 탄식하며 말하였다.
"사흘만 술을 마시지 않으면 육체와 정신이 서로 따로 노는 것 같아."

王佛大歎言:「三日不飮酒, 覺形神不復相親」

【王佛大】王忱. 字는 元達(?~392). 어릴 때 字가 佛大였음. 王坦之의 넷째
아들이며 王恭과는 族親 관계. 放達嗜酒하여 옷을 벗고 다니거나 며칠을

계속 술을 마시는 등 禮敎를 벗어나 살았음. 荊州刺史, 建武將軍 등을 지냄.
《晉書》(75)에 전이 있음.

───

참고 및 관련 자료

1. 《晉安帝紀》
忱少慕達, 好酒, 在荊州轉甚, 一飮或至連日不醒, 遂以此死.
2. 《文章志》宋·明帝
忱嗜酒, 醉輒經日, 自號上頓, 世唛以大飮爲「上頓」, 起自忱也.

921(23-53)

왕효백(王孝伯, 王恭)이 이렇게 말하였다.

"명사名士란 반드시 기재奇才를 갖추란 법은 없다. 그저 늘 무사無事하고 맘껏 술 마시고 〈이소離騷〉를 숙독하고, 그러면 곧 명사라 부를 수 있지."

王孝伯言:「名士不必須奇才, 但使常得無事, 痛飮酒, 熟讀 〈離騷〉, 便可稱名士」

【王孝伯】王恭. 자는 孝伯(?~398). 王蘊의 아들이며 王爽의 형. 王濛의 손자.
安帝의 처남. 太原 王氏. 著作郎·祕書丞·吏部郎 등을 지냄. 뒤에 난을 일으
켰다가 피살됨. 《晉書》(84)에 전이 있음.
【離騷】戰國 때 楚나라 屈原의 글. 楚辭의 대표적인 작품.

1. 楊勇.〈校箋〉

『孝伯此言, 雖存譏刺, 然亦見當時士流之一斑.』

922(23-54)

왕장사(王長史, 王廞)가 모산茅山에 올라 크게 통곡하면서 이렇게 말하였다.
"낭야琅邪 사람 나 백여(伯興, 王廞)는 끝내 정情 때문에 죽는구나!"

王長史登茅山, 大慟哭曰:「琅邪王伯興, 終當爲情死!」

【王長史】王廞. 자는 伯興. 낭야왕씨로서 司徒左長史를 지냈음. 王薈의 아들.
【茅山】지금의 江蘇省 句容縣에 있는 산. 원래 句曲山이나 漢나라 때 茅盈과
  茅衷·茅固 형제가 이곳에서 득도하여 茅山이라 불리며 道敎 靈山의 하나.
  《道藏》洞眞部 記傳類《茅山志》참조.
【琅邪】지금의 山東省 諸城縣 일대. 원래 秦나라 때 郡名. 위진시대 琅邪
  王氏가 번성하였던 곳.
【琅邪王伯興, 終當爲情死】王恭의 反旗에 동조하여 죽게 됨을 뜻함. 참고란의
  《隆安記》참조.

> 참고 및 관련 자료

1. 《王氏譜》

廞字伯興, 琅邪人. 父薈, 衛將軍. 廞歷司徒左長史.

2. 《晉書》王薈傳

廞歷太子中庶子, 司徒左長史.

3. 《隆安記》周祗

初, 王恭將唱義, 使喩三吳, 廞居喪, 拔以爲吳國内史. 國寶旣死, 恭罷兵, 令廞反喪服. 廞大怒, 卽日據吳都以叛, 恭使司馬劉牢之討廞: 不知所在.

24. 간오簡傲
총 17장 (923-939)

'간오簡傲'란 행동이 섬세하지 못하고, 거칠고 오만하여 광간거오
狂簡倨傲하게 구는 것을 말한다. 본 편은 이들의 이야기를 모아 적은
것이다. 양용楊勇〈교전校箋〉에 "簡傲, 謂疏略傲慢也"라 하였다.

총 17장이다.

"옷을 벗고 까치를 잡고자" 928 참조.

923(24-1)

진晉 문왕(文王, 司馬昭)은 공덕이 성대하고 좌석 앞의 모습도 엄경嚴敬하여 마치 왕과 같았다. 다만 완적阮籍만은 그와 앉을 때 기거箕踞의 모습에 휘파람과 노래를 마음대로 부르며 술을 마음대로 먹으면서도 자약自若하였다.

晉文王德盛功大, 坐席嚴敬, 擬於王者. 唯阮籍在坐, 箕踞
嘯歌, 酣飮自若.

【晉文王】司馬昭. 晉文帝. 晉宣帝의 둘째아들이며 이름은 昭, 자는 子上. 晉
　武帝 司馬炎이 진나라를 세우고 나서 文帝로 추존함.《晉書》(2)에 紀가 있음.
【阮籍】자는 嗣宗(210~263). 陳留의 尉氏人. 阮瑀의 아들. 老莊에 밝았으며
　거문고, 바둑, 시문 등에 능하였음. 步兵校尉를 역임하여 흔히 '阮步兵'이라
　불림. '竹林七賢'중의 하나. 〈豪傑詩〉·〈詠懷詩〉·〈達莊論〉·〈大人先生傳〉 등이
　있으며《三國志》(21),《晉書》(49)에 전이 있음. 유유자적하며 휘파람을 잘
　불었음.
【箕踞】예의나 격식을 차리지 않고 발을 펴고 앉는 자세. 雙聲連綿語.

■ 참고 및 관련 자료

1.《漢晉春秋》
文王進爵爲王, 司徒何曾與朝臣皆盡禮, 唯王祥長揖不拜.

왕융王戎이 약관弱冠의 나이에 완적阮籍을 찾아갔는데 마침 그 자리에 유공영(劉公榮, 劉昶)도 있었다. 이에 완적은 왕융에게 이렇게 말하였다.

"마침 좋은 술 두 말이 있는데 의당 그대와 마셔야겠네. 저 유공영이란 자는 끼워줄 수 없네."

그리고 두 사람은 서로 주고받아 마시면서 공영에게는 끝내 한 잔도 주지 않았다. 그런데도 세 사람은 여전히 웃으면서 즐겁게 얘기를 나누었다. 어떤 사람이 이를 묻자 완적은 이렇게 말하였다.

"유공영보다 나은 사람과는 부득불 술을 마셔야 하고 유공영만 못한 자와도 술을 마셔주지 않을 수 없다. 다만 유공영과는 더불어 술을 마시지 않을 수도 있다!"

王戎弱冠詣阮籍, 時劉公榮在坐; 阮謂王曰:「偶有二斗美酒, 當與君共飲; 彼公榮者無預焉」

二人交觴酬酢, 公榮遂不得一桮; 而言語談戲, 三人無異.

或有問之者. 阮答曰:「勝公榮者, 不得不與飲酒; 不如公榮者, 不可不與飲酒; 唯公榮, 可不與飲酒!」

【王戎】자는 濬沖(234~305). 王安豐으로도 불림. 王綏의 아버지이며 安豐縣侯를 역임함. 성격이 인색하였으며 禮敎에 얽매이지 않았음. 阮籍, 山濤, 向秀, 阮咸, 嵇康, 劉伶과 더불어 '竹林七賢'으로 불렸음.《晉書》(43)에 전이 있음.

【弱冠】《禮記》曲禮에 二十세 전후의 나이. 그러나 《晉陽秋》에 의하면 王戎의 열다섯 살 때 이야기라 함.

【阮籍】자는 嗣宗(210~263). 陳留의 尉氏人. 阮瑀의 아들. 老莊에 밝았으며 거문고, 바둑, 시문 등에 능하였음. 步兵校尉를 역임하여 흔히 '阮步兵'이라 불림. '竹林七賢'중의 하나. 〈豪傑詩〉·〈詠懷詩〉·〈達莊論〉·〈大人先生傳〉 등이 있으며 《三國志》(21), 《晉書》(49)에 전이 있음. 유유자적하며 휘파람을 잘 불었음.

【劉公榮】劉昶. 자는 公榮. 克州刺史를 지냄. 《晉書》王戎傳 참조.

참고 및 관련 자료

1. 이야기는 劉公榮의 말이 약간 변형된 듯하다.(〈任誕篇〉 4 참조.) 한편 《晉書》王戎傳에는 『戎嘗與阮籍飲, 時克州史劉昶字公榮在坐, 籍以酒少, 酌不及昶, 昶無恨色, 戎異之. 他曰, 問籍曰:「彼何如人?」答曰:「勝公榮不可不與飲, 若減公榮則不敢不共飲, 惟公榮可不與飲』이라 하였음.

2.《晉陽秋》
戎年十五, 隨父渾在郎舍, 阮籍見而說焉. 每適渾俄頃, 輒在戎室久之. 乃謂渾: 「濬沖淸尙, 非卿倫也!」戎嘗詣籍共飲, 而劉昶在坐不與焉; 昶無恨色. 旣而, 戎問籍曰:「彼爲誰也?」曰:「劉公榮也.」濬沖曰:「勝公榮故與酒, 不如公榮不可與酒, 唯公榮者, 可不與酒」

3.《竹林七賢論》
初, 籍與戎父渾俱爲尙書郎, 每造渾, 坐未安, 輒曰:「與卿語, 不如與阿戎語.」就戎, 必日夕而返. 籍長戎二十歲, 相得如時輩, 劉公榮通士, 性尤好酒; 籍與戎酬酢終日, 而公榮不蒙一栖, 三人各自得也. 戎爲物論所先, 皆此類.

925(24-3)

종사계(鍾士季, 鍾會)는 재능과 사리에 뛰어났다. 처음에 혜강嵇康과 면식이 없었다. 종사계는 당시의 현준賢俊한 명사들과 함께하여 혜강을 찾아갔다.

그때 혜강은 큰 나무 아래에서 철을 단련하고 있었고, 상자기(向子期, 向秀)가 조수로 풀무질을 하고 있었다. 혜강은 철을 두드리는 망치질을 끊이지 않고 열중해서 곁에 사람이 없는 듯하여 한참이 되도록 말 한마디 건네 볼 수가 없었다. 종사계가 일어나 가려 하자 혜강은 이렇게 물었다.

"그대는 어디서 무슨 소리를 들었기에 왔는가? 또 무엇을 보았기에 가는가?"

그러자 종사계는 이렇게 대답하였다.

"들은 것은 들은 바가 있어서 찾아온 것이요, 볼 것은 다 봤기 때문에 가는 것입니다."

鍾士季精有才理, 先不識嵇康; 鍾要于時賢雋之士, 俱往尋康; 康方大樹下鍛, 向子期爲佐鼓排. 康揚槌不輟, 傍若無人, 移時不發一言.

鍾起去, 康曰:「何所聞而來? 何所見而去?」

鍾曰:「聞所聞而來, 見所見而去」

【鍾士季】鍾會(225~264). 자는 士季. 鍾繇의 아들이며 鍾毓의 아우. 蜀을 평정한 후 그곳 장수 姜維와 蜀地를 갖기로 모의하다가 그 부하에게 죽음. 《三國志》(28)에 전이 있음.

【嵇康】자는 叔夜(223~262). 어릴 때 고아였으며 奇才가 있었음. 老莊에 심취하였으며 시문에 능하였고 '竹林七賢'의 하나임. 뒤에 鍾會의 모함을

입어 司馬昭에게 죽임을 당함. 本姓은 奚氏였으나 뒤에 銍縣 嵇山 곁에 옮겨 살아 성을 嵇氏로 바꾸었다 함. 〈廣陵散曲〉·〈琴賦〉·〈養生論〉, 〈聲無哀樂論〉· 〈與山巨源絶交書〉 등이 유명함.《晉書》(49)에 전이 있음.

【向子期】向秀(227?~272?). 자는 子期. 竹林七賢의 하나. 처음 山濤·嵇康· 呂安 등과 자연을 즐기다가 嵇康과 呂安이 司馬氏에게 죽임을 당한 후 벼슬길로 들어서 黃門侍郎, 散騎常侍를 지냄.《老·莊》에 심취하여《莊子注》 를 완성하였으며, 이를 바탕으로 한 郭象의《莊子注》가 지금도 전함. 賦에도 뛰어나 〈思舊賦〉를 남김.《晉書》(49)에 傳이 있음. 向은 姓氏나 地名을 경우 '상'으로 읽음.

참고 및 관련 자료

1.《元和郡縣志》16
天門山, 今謂之百家巖, 在修武縣西北三十七里; 以巖下可容百家, 因名上有精舍, 又有鍛竈處, 此嵇康所居也.

2.《文士傳》
康性絶巧, 能鍛鐵. 家有盛柳樹, 乃激水以圜之, 夏天甚淸涼, 恆居其下傲戲, 乃身自鍛. 家雖貧, 有人就鍛者, 康不受直. 唯親舊以雞酒往與共飮啖, 淸言而己.

3.《魏氏春秋》
鍾會爲大將軍兄弟所暱, 聞康名而造焉. 會名公子, 以才能貴幸, 乘肥衣輕, 賓從如雲. 康方箕踞而鍛; 會至不爲之禮, 會深銜之. 後因呂安事, 而遂譖康焉.

926(24-4)

혜강嵇康과 여안呂安은 아주 친한 사이였다. 서로 보고 싶은 생각만 나면 천리라도 수레를 달려 찾아가는 사이였다.

뒤에 어느 날 여안이 혜강을 찾아갔더니 마침 그는 집에 없었다. 그때 혜강의 형 혜희嵇喜가 문에 나와 그를 맞았으나 여안은 들어가려 하지 않고, 한참 있다가 다만 대문에다가 '봉鳳'자 한 자를 써 놓고 떠나 버렸다. 혜희는 이 뜻을 알 수가 없었으나, 다만 봉은 상서로운 새이니 기쁜 일일 것이라 여겼다.

여안은 이를 고의로 쓴 것이니 그것은 '봉'자를 분리하면 평범한 새(凡鳥)가 되기 때문이다.

嵇康與呂安善, 每一相思, 千里命駕. 安後來, 値康不在, 喜出戶延之; 不入, 題門上作「鳳」字而去. 喜不覺, 猶以爲欣, 故作「鳳」字, 凡鳥也.

【嵇康】 자는 叔夜(223~262). 어릴 때 고아였으며 奇才가 있었음. 老莊에 심취하였으며 시문에 능하였고 '竹林七賢'의 하나임. 뒤에 鍾會의 모함을 입어 司馬昭에게 죽임을 당함. 本姓은 奚氏였으나 뒤에 銍縣 嵇山 곁에 옮겨 살아 성을 嵇氏로 바꾸었다 함. 〈廣陵散曲〉·〈琴賦〉·〈養生論〉, 〈聲無哀樂論〉· 〈與山巨源絶交書〉 등이 유명함. 《晉書》(49)에 전이 있음.
【呂安】 자는 仲悌. 東平人. 冀州刺史. 呂昭의 둘째아들.
【嵇喜】 자는 公穆. 揚州刺史를 지냈음. 嵇康의 형.
【凡鳥】 '鳳'자를 파자한 것. 嵇喜를 가리킨 말. 뒤에 평범한 인물을 지칭하는 말로 쓰임. 許愼의 《說文解字》에 "鳳, 神鳥也; 從鳥, 凡聲"이라 함.

┌─────────────────┐
│ 참고 및 관련 자료 │
└─────────────────┘

1.《晉陽秋》
安字仲悌, 東平人, 冀州刺史昭之第二子, 志量開曠, 有拔俗風氣.
2.《晉紀》干寶
初, 安之交康也, 其相思則率爾命駕.

3.《晉百官名》

嵇喜字公穆, 歷揚州刺史, 康兄也. 阮籍遭喪, 往弔之. 籍能爲靑白眼, 見凡俗之士, 以白眼對之. 及喜往, 籍不哭, 見其白眼, 喜不懌而退. 康聞之, 乃齎酒挾琴而造之, 遂相與善.

4.《晉紀》干寶

安嘗從康, 或遇其行, 康兄喜拭席而待之, 弗顧, 獨坐車中. 康母就說酒食, 求康兒共語戲, 良久則去. 其輕貴如此.

927(24-5)

육사형(陸士衡, 陸機)이 처음 낙양洛陽에 오면서 장공(張公, 張華)에게 마땅히 찾아뵈어야 할 인사들이 누군가하고 자문하였다.

유도진(劉道眞, 劉寶)은 바로 예방해야 할 인물 중의 하나였다. 육사형이 그를 찾아가자, 유도진은 아직도 부모상이 끝나지 않은 상태였다. 그런데 유도진은 무척이나 술을 좋아하는 성품이었다.

상견례가 끝나자 유도진은 애초부터 다른 말은 묻지도 않은 채 오직 이런 질문을 던지는 것이었다.

"그대의 고향 동오東吳에는 목이 긴 호로박이 유명하다던데 그대는 그 씨를 가지고 왔소?"

육사형 형제는 이 질문에 크게 실망하고, 그를 찾아간 것을 후회하였다.

陸士衡初入洛, 咨張公所宜詣: 劉道眞是其一. 陸旣往, 劉尙在哀制中, 性嗜酒; 禮畢, 初無它言, 唯問:「東吳有長柄壺盧, 卿得種來不?」

　陸兄弟殊失望, 乃悔往.

【陸士衡】陸機. 자는 土衡(261~303). 吳郡人. 조부 陸遜과 아버지 陸抗은 모두 吳나라 將相을 지냈으며 西晉이 吳나라를 멸하자 10년 동안 문을 잠그고 공부하여 동생 陸雲과 함께 洛陽으로 들어가 고관과 사귀어 '二十四友'에 그 이름이 오름. 太子洗馬를 거쳐 著作郎, 平原內史를 지냈으며 八王의 난에 成都王(司馬穎)이 長沙王(司馬乂)를 토벌하는 일에 참여함. 뒤에 河北大都督을 지냈으나 전투에 패하여 孟玖, 盧志 등의 참훼를 입어 동생과 함께 피살됨. 당시 대문장가로 〈文賦〉는 중국문학비평사에 유명한 글로 평가받음. 《晉書》 (54)에 전이 있음.

【洛陽】西晉時代의 수도.

【張公】張華. 자는 茂先(232~300). 詩, 書, 文章 등에 고루 능하였던 晉나라 때의 문호이며 학자. 司空을 지냈으며 趙王 司馬倫에게 해를 입음. 후인이 집일한 《張茂先集》이 있으며 저서로는 유명한 《博物志》가 전함. 《晉書》 (36)에 전이 있음.

【劉道眞】劉寶. 어려서 가난했으며 노래와 휘파람을 잘 불었다 함. 부풍왕 사마준이 布 5백 필로 대속금을 물고 풀어주었음.

【東吳】三國時代의 吳나라 지역. 지금의 江南 지역. 蘇州 지역.

【壺盧】葫蘆로도 쓰며, 物名의 疊韻連綿語. 박의 일종으로 목이 잘록하여 술병으로 차고 다니기에 편리함. 호로박.

【種】'심다'(三民本)와 '씨를 가져오다'(貴州本) 두 가지로 풀이하였으나 후자를 따름.

【兄弟】陸機와 陸雲.

928(24-6)

　왕평자(王平子, 王澄)가 형주荊州자사가 되어 떠날 때 왕태위(王太尉, 王衍) 및 당시 현사들이 그를 전송하느라 길이 막힐 정도였다.

　이 때 그의 뜰에 큰 나무 하나가 있었는데 그 위에 까치집이 있었다. 왕평자는 옷과 모자를 벗고 곧바로 나무 위의 까치 새끼를 잡으려고 올라갔다.

　그런데 그만 내의가 나뭇가지에 걸려 더 오를 수 없게 되자 다시 그것까지 벗고 올라가 끝내 까치 새끼를 잡아 내려와서는 가지고 놀며 얼굴색이 자약하여 곁에 사람이 없는 듯이 하였다.

　王平子出爲荊州, 王太尉及時賢送者傾路. 時庭中有大樹, 上有鵲巢, 平子脫衣巾, 徑上樹取鵲子; 涼衣拘閡樹枝, 便復脫去. 得鵲子還, 下弄, 神色自若, 傍若無人.

【王平子】王澄(269~312). 자는 平子. 王衍의 아우. 荊州刺史를 지냄. 뒤에 王敦에게 죽임을 당함.《晉書》(43)에 전이 있음.

【王太尉】王衍(256~311). 자는 夷甫. 王乂의 아들이며 王玄의 父. 죽림칠현의 하나인 王戎의 從弟. 太尉를 지냄.《晉書》(43)에 전이 있음.

참고 및 관련 자료

1.《晉陽秋》

惠帝時, 太尉王夷甫言於選者, 以弟澄荊州刺史, 從弟敦爲靑州刺史. 澄·敦俱詣太尉辭. 太尉謂曰:「今王室將卑, 故使第等居齊·楚之地, 外可以建霸業, 內足以匡帝室, 所望於二弟也!」

2.《晉紀》鄧粲

澄放蕩不拘, 時謂之達.

929(24-7)

　　고좌도인(高坐道人, 帛尸黎密多羅)이 왕승상(王丞相, 王導)과 서로 함께 있을 때 항상 왕승상 옆에 누워 있었지만 변령(卞令, 卞範之)을 보면 숙연히 자신의 용모를 고치는 것이었다.
　　그러고는 이렇게 말하였다.
　　"저 사람은 예법을 지키는 사람이다."

高坐道人於丞相坐, 恆偃臥其側; 見卞令, 肅然改容云: 「彼是禮法人」

【高坐道人】晉나라 高僧. 帛尸黎密多羅(Srimitra). 원래 서역 龜玆國(庫車) 출신. 漢語로 筆談을 나눔. 慧皎의《高僧傳》(1) 참조.
【王丞相】王導(276~339). 자는 茂弘. 어릴 때 자는 阿龍. 王敦의 從弟. 서진이 망하자 王敦과 함께 司馬睿를 황제로 추대하여 東晉을 세움. 그 공으로 丞相이 되었으며 號를 '仲父'라 하였음. 천하의 권세를 잡아 당시 "王與馬, 共天下"라 하였음. 元帝와 明帝, 成帝를 차례로 즉위시켰음. 아울러 남방 세족의 도움으로 강남에서의 동진 정권을 안정시킴.《晉書》(65)에 전이 있음.
【卞令】卞範之(?~405). 자는 敬祖. 원 이름은 卞鞠. 혹 어릴 때 이름이 鞠.《晉書》(99)에 전이 있음.〈寵禮篇〉을 볼 것.

1.《高僧傳》高坐傳

王公曾詣和上, 和上解帶偃伏, 悟言神解. 見尚書令卞望之, 便斂衿飾容. 時歎皆得其所.

930(24-8)

환선무(桓宣武, 桓溫)가 서주徐州자사였을 때 사혁謝奕은 진릉晉陵태수였다. 원래 환선무는 사혁 앞에서 대강 겸허한 생각만 가졌을 뿐 더 이상 특별한 우정은 없었다. 그러다가 환선무가 형주荊州자사가 되어 장차 서쪽의 그 임지로 부임하면서 선무는 뜻과 정을 심히 돈독히 하였고 사혁 역시 아무런 의심 없이 이를 수용하였다.

그런데 사혁의 동생 사호자(謝虎子, 謝據)의 부인 왕씨王氏만이 환선무의 의도를 알아차리고 매번 이렇게 주의를 주었다.

"환형주(桓荊州, 桓宣武)의 의도가 수상합니다. 틀림없이 진릉태수이신 사혁 어른을 함께 데리고 서쪽의 형주로 가려는 것입니다!"

그리고 잠시 후, 과연 환형주는 사혁을 끌어들여 그를 형주사마荊州司馬로 삼았다. 이렇게 사혁의 신분이 상승하였으나 그래도 두 사람은 포의지교布衣之交처럼 서로 받들었다. 사혁은 스스럼없이 환선무桓溫의 의자에도 앉고, 두건을 치켜 이마를 내보인 채 휘파람 불고 노래 부를 정도로 자유로워 예전 평시와 다를 것이 없었다.

이에 선무는 매번 이렇게 말하였다.

"사혁은 바로 나의 세속 밖의 사마로다."

이렇게 술을 마실 때나 아침저녁의 예禮조차 벗어 버렸다.

환선무가 연회를 마치고 안방으로 들어갈 때에도 사혁은 마음놓고 따라 들어갈 정도였다. 뒤에 사혁이 술에 취해 너무 심하게 굴자, 환선무는 할 수 없이 남강공주南康公主에게로 가서 피신을 부탁하였다.

그러자 공주는 이렇게 말하였다.

"그대에게 미친 사마狂司馬가 없었다면 내 어찌 그대를 이렇게 만나볼 수 있겠습니까?"

桓宣武作徐州, 時謝奕爲晉陵, 先粗經虛懷, 而乃無異常; 及桓遷荊州, 將西之間, 意氣甚篤, 奕弗之疑; 唯謝虎子婦王悟其旨, 每曰:「桓荊州用意殊異, 必與晉陵俱西矣!」

俄而引奕爲司馬. 奕旣上, 猶推布衣交; 在溫坐, 岸幘嘯詠, 無異常日.

宣武每曰:「我方外司馬」

遂因酒, 轉無朝夕禮. 桓舍入內, 奕輒復隨去; 後至奕醉, 溫往主許避之.

主曰:「君無狂司馬, 我何由得相見?」

【桓宣武】桓溫(312~373). 桓荊州. 자는 元子. 晉 明帝의 사위. 뒤에 簡文帝를 옹립하였다가 나중에 自立하려 하였으나, 실패하고 그 아들 桓玄이 찬위하여 桓溫을 宣武皇帝로 추존함. 《晉書》(99)에 전이 있음.

【徐州】지금의 江蘇省 徐州市.

【謝奕】자는 無奕(?~358). 謝安의 형이며, 謝玄의 父. 桓溫과의 우정으로 荊州司馬가 됨.

【晉陵】郡名. 지금의 江蘇省 常州.

【謝虎子】謝據. 어릴 때의 자는 虎子. 자는 玄道. 謝裒의 아들이며 六兄弟

(奕·據·安·萬·石·鐵) 중의 둘째임. 그 아내는 王氏임. 謝朗의 아버지. 33세에 일찍 죽음.

【南康公主】晉 明帝 司馬紹의 딸이며 桓溫의 처.

참고 및 관련 자료

1.《中興書》
奕自吏部郞, 出爲晉陵太守.
2. 劉孝標 注
『虎子, 謝據小字, 奕弟也; 其妻王氏.』
3.《晉書》謝奕傳
嘗逼溫飮, 溫走入南康主間避之. 主曰:「君若無狂司馬, 我何由得相見?」奕遂攜酒就聽事引溫一兵帥共飮, 曰:「失一老兵, 得一老兵.」溫不之責.

931(24-9)

사만謝萬이 자기 형謝安 앞에서 일어서면서 변기便器를 찾는 것이었다. 이때 완사광(阮思曠, 阮裕)이 곁에 앉았다가 이렇게 말하였다.

"새로이 명문 귀족이 되어 진솔하기만 할 뿐 예는 모르는군"

謝萬在兄前, 欲起索便器; 于時阮思曠在坐曰:「新出門戶, 篤而無禮」

【謝萬】謝中郎. 자는 萬石(320?~361?). 謝安의 아우로 일찍 이름이 났으며 簡文帝가 재상으로 삼았음. 撫軍從事中郎을 거쳐 豫州刺史, 淮南太守 등을 역임함. 升平 연간에 北征하여 慕容儁을 토벌하러 나섰으나 壽春에서 패하여 서인으로 강등됨. 언론에도 뛰어났으며 문장을 잘 지었음. 漁父, 屈原, 司馬季主, 賈誼, 楚老, 龔勝, 孫登, 嵇康 등 여덟 명을 四隱과 四顯으로 나누어 우열을 가린 〈八賢論〉이 유명함. 《晉書》(79)에 전이 있음.

【兄】謝安. 높은 관직을 거쳐 太傅를 추증받음. 시호는 文靖. 《晉書》(79)에 전이 있음.

【阮思曠】阮裕(300?~360?). 자는 思曠. 처음 王敦의 主簿였으나 왕돈이 찬위의 뜻을 품고 있음을 알고 술과 광달한 행동을 보여 이를 면함. 臨海太守와 東陽太守를 지냈으나 벼슬의 뜻을 버리고 剡山으로 은거하였음. 뒤에 다시 吏部郎, 秘書監, 侍中, 散騎常侍, 金紫光祿大夫 등의 직책으로 부름을 받았으나 나가지 않음. 《晉書》(49)에 전이 있음. 宋 武帝(劉裕)의 이름을 피휘하여 阮光祿, 阮主簿, 阮公, 阮思曠이라 부름.

【新出門戶】陳郡謝氏는 원래 명문귀족이 아니었으며, 謝萬의 조부 謝衡이 西晉 때 겨우 국자좨주(國子祭主)였음. 그 뒤 東晉 초기에 謝衡의 아들 謝鯤과 다시 그 아들 謝尙에 이르러 문벌을 형성, 東晉 第一의 명문귀족으로 급속히 성장하였음. 이에 비하여 陳留阮氏는 東漢 이래 계속 명문대족이었음. 이 때문에 阮思曠이 비꼰 것임.

932(24-10)

사중랑(謝中郎, 謝萬)은 왕람전(王藍田, 王述)의 사위였다. 한 번은 백륜건白綸巾을 쓰고 견여肩輿를 탄 채 곧바로 양주揚州자사의 관저로 달려가 장인을 찾았다. 그리고는 곧바로 이렇게 소리쳤다.

"사람들이 군후君侯를 바보라 합니다. 군후께서는 정말 어리석군요!"

그러자 남전은 이렇게 말하였다.

"그런 세론世論이 없는 것은 아니야. 그러나 만년晩年에는 훌륭한 이름이 났다네."

謝中郎是王藍田女壻, 嘗箸白綸巾, 肩輿徑至揚州聽事見王,
直言曰:「人言君侯癡, 君侯信自癡!」

藍田曰:「非無此論, 但晚令耳」

【謝中郎】 謝萬. 자는 萬石(320?~361?). 謝安의 아우로 일찍 이름이 났으며 簡文帝가 재상으로 삼았음. 撫軍從事中郎을 거쳐 豫州刺史, 淮南太守 등을 역임함. 升平 연간에 北征하여 慕容儁을 토벌하러 나섰으나 壽春에서 패하여 서인으로 강등됨. 언론에도 뛰어났으며 문장을 잘 지었음. 漁父, 屈原, 司馬季主, 賈誼, 楚老, 龔勝, 孫登, 稽康 등 여덟 명을 四隱과 四顯으로 나누어 우열을 가린 〈八賢論〉이 유명함. 《晉書》(79)에 전이 있음.
【王藍田】 王述. 자는 懷祖(303~368). 王承의 아들이며 王坦之의 아버지. 고아가 되어 어머니를 극진히 모심. 아버지를 이어 藍田侯에 봉해졌으며 宛陵令, 臨海太守, 建威將軍, 會稽內史, 揚州刺史, 征虜將軍 등을 역임함. 청렴하기로 이름이 널리 알려졌음. 《晉書》(75)에 전이 있음.
【白綸巾】 흰 두건의 일종. 諸葛亮이 즐겨 썼다 하여 '諸葛巾'이라고도 함.
【肩輿】 어깨로 메고 가는 가마.
【君侯】 당시 자사나 군수를 높여 부르던 칭호.
【晚令】 '만년에 들어 그러한 소리를 듣게 되었다'는 뜻으로도 풀이함(三民本). 즉 젊어서는 뛰어났음을 말한 것으로 봄. 그러나 '만년에는 그래도 훌륭한 이름을 얻게 되었다'(貴州本)의 풀이를 따름. 특히 王述은 30세 이전에는 그를 바보라 여겼고 뒤에 才名을 얻었음.

1.《謝氏譜》

萬取太原王述女, 名荃.

2.《王述別傳》

述少眞獨退靜, 人未嘗知, 故有晚令之言.

933(24-11)

왕자유(王子猷, 王徽之)가 환거기(桓車騎, 桓沖)의 기병참군騎兵參軍이었다. 환거기가 물었다.

"그대는 어느 부서에 있는가?"

왕자유가 대답하였다.

"어느 부서인지는 잘 모릅니다. 다만 사람들이 자주 말을 끌고서 내게 오는 걸 보면 아마 마조馬曹 소속인 듯합니다."

환거기가 또 물었다.

"그 관서에는 말이 몇 마리나 있는가?"

왕자유는 이렇게 대답하였다.

"'불문마不問馬'라 하였으니 어찌 그 말의 숫자를 알리요?"

또 다시 물었다.

"근자에 말이 얼마나 죽었는가?"

그는 이렇게 대답하였다.

"'미지생未知生'인데, '언지사焉知死'리요?"

王子猷作桓車騎騎兵參軍.

桓問曰:「卿何署?」

答曰:「不知何署; 時見牽馬來, 似是馬曹」

桓又問:「官有幾馬?」

答曰:「『不問馬』, 何由知其數?」

又問:「馬比死多少?」

答曰:「『未知生, 焉知死?』」

【王子猷】王徽之(?~388). 자는 子猷. 낭야왕씨. 王羲之의 다섯째아들이며
王凝之의 아우. 王獻之의 형. 桓溫의 參軍과 黃門侍郎을 지냈음. 대나무를
좋아하였으며, 한때 관직을 버리고 山陰에 은거하기도 하였음.《晉書》(80)에
전이 있음.

【桓車騎】桓沖(329~384). 자는 幼子. 車騎將軍을 지냈으며 桓溫의 아우.
384년 謝安이 먼저 苻堅을 대패시켰다는 소식을 듣고 화병으로 죽음.《晉書》
(74)에 전이 있음.

【馬曹】말을 관리하는 관서.

【不問馬】《論語》鄕黨篇에 마구간에 화재가 난 일에 대해 공자가 말에 대하
여는 묻지 않고 사람이 다치지는 않았는지를 물은 내용을 들어 비유한 것.

【未知生, 焉知死】《論語》先進篇에 자로가 죽음의 문제를 묻자 공자가 대답
한 구절을 들어 재치 있게 응수한 것임.

참고 및 관련 자료

1.《中興書》

桓沖引徽之爲參軍, 蓬首散帶, 不綜知其府事.

2.《晉書》王徽之傳

爲大司馬桓溫參軍, 蓬首散帶, 不綜府事. 又爲車騎桓沖騎兵參軍. 沖問:「卿署何曹?」對曰:「似是馬曹」

3.《論語》鄕黨篇

廏焚. 孔子退朝曰:「傷人乎?」不問馬.(注:『貴人賤畜, 故不問也.』)

4.《論語》先進篇

子路問死. 孔子曰:「未知生, 焉知死?」(馬融 注:『死事難明, 語之無益, 故不答.』)

934(24-12)

사공(謝公, 謝安)이 일찍이 동생 사만謝萬과 함께 회계會稽를 떠나 서쪽 (建康)으로 가는 길에 오군吳郡을 지나게 되었다.

그런데 아만(阿萬, 謝萬)은 형과 함께 훌륭한 왕씨 집안의 왕념王恬을 예방해 보고 싶어하였다. 그러자 태부(太傅, 謝安)가 이렇게 말하였다.

"아마 그는 너를 상대해 주지 않을 것이다. 너는 만족을 얻지 못할 것이다!"

사만이 고청苦請을 하자 태부는 더 이상 만류하지 못하고 사만 혼자 가게 두었다. 사만이 왕념의 집을 예방하자 왕념은 잠시 앉아 있는 듯하더니 이내 집 안으로 들어가 버리는 것이었다. 사만은 자신에게 특별히 대접하려는 줄 알고 아주 즐거운 마음으로 기다렸다.

그러자 한참이 지나서야 왕념은 머리를 감고 산발한 채 나와 서서는 자리에 앉지도 않고, 호상胡牀을 꺼내어 뜰에 놓고는 앉아 햇볕에 머리를 말리는 것이었다.

그 표정 또한 오만하기 그지없었다. 게다가 사만과는 서로 상대할 뜻 조차 없는 태도였다.

사만은 이에 발길을 돌릴 수밖에 없었다. 그가 형과 함께 타고 온 배가 있는 곳으로 가면서 태부를 부르자 형 사안은 이렇게 말하였다.

"아리(阿螭, 王恬)가 너를 상대도 하려 하지 않았겠지!"

謝公嘗與謝萬共出西, 過吳郡, 阿萬欲相與共萃王恬許.
太傅云:「恐伊不必酬, 汝意不足爾!」

萬猶苦要, 太傅堅不回, 萬乃獨往; 坐少時, 王便入閣內,
謝殊有欣色, 以爲厚待己. 良久, 乃沐頭散髮而出, 亦不坐,
仍據胡牀, 在中庭曬頭; 神氣傲邁, 了無相酬對意. 謝於是
乃還. 未至船, 逆呼太傅.

安曰:「阿螭不作爾!」

【謝公】謝安. 字는 安石(320~385). 謝裒의 아들이며 謝琰(望蔡)의 아버지.
　謝奕의 동생. 덕망이 있고 기개가 높아 桓彝, 王濛의 사랑을 받음. 처음에는
　벼슬에 뜻을 버리고 王羲之, 支遁 등과 산수를 즐기며 조정의 부름에
　응하지 않았으나 40이 넘어 桓溫의 司馬를 거쳐 吳興太守, 侍中, 吏部尙書,
　太保錄尙書事 등의 관직을 지냄. 뒤에 다시 太傅에 추증되었으며 시호는
　文靖.《晉書》(79)에 전이 있음.
【謝萬】謝中郎. 자는 萬石(320?~361?). 謝安의 아우로 일찍 이름이 났으며
　簡文帝가 재상으로 삼았음. 撫軍從事中郎을 거쳐 豫州刺史, 淮南太守 등을
　역임함. 升平 연간에 北征하여 慕容儁을 토벌하러 나섰으나 壽春에서
　패하여 서인으로 강등됨. 언론에도 뛰어났으며 문장을 잘 지었음. 漁父,
　屈原, 司馬季主, 賈誼, 楚老, 龔勝, 孫登, 嵇康 등 여덟 명을 四隱과 四顯
　으로 나누어 우열을 가림.〈八賢論〉이 유명함.《晉書》(79)에 전이 있음.
【王恬】王導의 둘째아들. 어릴 때 이름이 阿螭, 혹은 阿虎였음. 당시 그는
　吳郡太守였음.
【胡牀】평상. 앉거나 누울 수 있는 의자 겸 침대.

935(24-13)

왕자유(王子猷, 王徽之)가 환거기(桓車騎, 桓沖)의 참군參軍이 되어 있었다. 환거기가 왕휘지에게 이렇게 말하였다.

"그대는 나의 부府에서 일한 지 오래 되었지. 때맞추어 그대를 장차 높은 직위로 올려줄 생각이네."

왕휘지는 아무런 대답도 아니 한 채 높은 하늘을 곧바로 쳐다보는 한편, 수판手版으로 뺨을 받치며 이렇게 내뱉었다.

"서산西山의 아침이 오네, 상쾌한 기운을 보내주도다!"

王子猷作桓車騎參軍.

桓謂王曰:「卿在府日久, 比當相料理」

初不答, 直高視; 以手版拄頰云:「西山朝來, 致有爽氣!」

【王子猷】王徽之(?~388). 자는 子猷. 낭야왕씨. 王義之의 다섯째아들이며 王凝之의 아우. 王獻之의 형. 桓溫의 參軍과 黃門侍郎을 지냈음. 대나무를 좋아하였으며, 한때 관직을 버리고 山陰에 은거하기도 하였음.《晉書》(80)에 전이 있음.

【桓車騎】桓沖(329~384). 자는 幼子. 車騎將軍을 지냈으며 桓溫의 아우. 384년 謝安이 먼저 苻堅을 대패시켰다는 소식을 듣고 화병으로 죽음. 《晉書》(74)에 전이 있음.

【手版】메모용 판자. 직위 고하에 따라 그 재질과 모양이 달랐음.

【西山】伯夷·叔齊를 가리킴. 참고란을 볼 것. 떠나면 그만이지 구태여 기대 하지 않는다는 뜻.

1. 西山은 首陽山. "여차하면 伯夷·叔齊처럼 떠나면 그만"이라는 뜻.

2. 《史記》伯夷列傳

伯夷·叔齊, 隱於首陽山, 作歌曰:「登彼西山兮, 采其薇矣.」

936(24-14)

사만謝萬이 북쪽으로 전진前秦을 정벌하러 가면서 항상 휘파람을 불고 읊조리며 스스로 고고한 척하였다. 그러면서 많은 인솔 군대에 대해서는 어떤 위로를 베푼 적이 없었다. 형 사공(謝公, 謝安)은 자신의 동생 사만을 아주 심히 아꼈다. 그러나 그 하는 행동을 보고 틀림없이 패하리라 여겨 이에 함께 가기로 하였다. 그리고 조용히 동생 사만에게 이렇게 일러주었다.

"너는 이 군대의 원수元帥이다. 마땅히 자주 여러 장군들을 불러 연회를 베풀면서 병사들의 마음을 즐겁게 해주어야 한다."

이 제의에 사만도 옳다고 여겨 여러 장수들을 불러모았다. 그러나 도대체 아무 말도 못하고 곧바로 여의如意로 사방 자리를 가리키며 이렇게 말하였다.

"여러분들은 모두가 훌륭한 졸병卒兵들입니다!"

여러 장수들은 아주 불쾌하고 분하게 여겼다. 이에 사공사안은 은혜와 믿음을 깊이 심기 위해, 스스로 그 부대의 장수將帥 이하 그 누구 하나 직접 만나 후하게 상대하며 겸손히 대하지 않은 자가 없었다.

결국 사만이 패하자 군중에서는 그 기회에 사만을 제거해 버리려 하다가 다시 이렇게 말하였다.

"은사隱士의 체면을 보아 살려줍시다."

그리하여 다행히 면할 수 있었다.

謝萬北征, 常以嘯詠自高, 未嘗撫慰衆士. 謝公甚器愛萬, 而審其必敗, 乃俱行.

從容謂萬曰:「汝爲元帥, 宜數喚諸將宴會, 以悅衆心」

萬從之. 因召集諸將, 都無所說, 直以如意指四坐云:「諸君皆是勁卒!」

諸將甚忿恨之. 謝公欲深箸恩信, 自隊主將帥以下, 無不身造, 厚相遜謝. 及萬事敗, 軍中因欲除之; 復云:「當爲隱士」 故幸而得免.

【謝萬】謝中郎. 자는 萬石(320?~361?). 謝安의 아우로 일찍 이름이 났으며 簡文帝가 재상으로 삼았음. 撫軍從事中郎을 거쳐 豫州刺史, 淮南太守 등을 역임함. 升平 연간에 北征하여 慕容儁을 토벌하러 나섰으나 壽春에서 패하여 서인으로 강등됨. 언론에도 뛰어났으며 문장을 잘 지었음. 漁父, 屈原, 司馬季主, 賈誼, 楚老, 龔勝, 孫登, 嵇康 등 여덟 명을 四隱과 四顯으로 나누어 우열을 가린 〈八賢論〉이 유명함. 《晉書》(79)에 전이 있음.

【前秦】五胡十六國 중 氐族의 苻洪이 세웠으며 苻堅 때에 강세를 누렸던 나라 (350~394). 황하지역을 점거하고 있었으며 鮮卑族 西秦의 乞伏國仁에게 망함.

【謝公】謝安. 字는 安石(320~385). 謝裒의 아들이며 謝琰(望蔡)의 아버지. 謝奕의 동생. 덕망이 있고 기개가 높아 桓彝, 王濛의 사랑을 받음. 처음에는 벼슬에 뜻을 버리고 王羲之, 支遁 등과 산수를 즐기며 조정의 부름에 응하지 않았으나 40이 넘어 桓溫의 司馬를 거쳐 吳興太守, 侍中, 吏部尚書, 太保錄尚書事 등의 관직을 지냄. 뒤에 다시 太傅에 추증되었으며 시호는 文靖. 《晉書》(79)에 전이 있음.

【卒兵】謝萬이 장군들을 졸병이라 지칭하여 믿음과 능력을 잃음.

【隱士】사안을 가리킴. 사안의 체면과 덕행을 보아 사만을 살려주자고 다시 제의한 것. 당시 사안은 동산에 은거하여 벼슬을 하지 않고 있어 이에 이렇게 칭한 것. 그러나 '사만을 은사로 만들어 군사에 참여시키지 않을 것이니 살려달라고 사안이 제의한 것'으로 풀이하기도 함.(三民本).

1. 劉孝標 箋

『按通鑑晉紀胡注曰:「凡奮身行伍者, 以兵與卒爲諱; 旣爲將矣. 而謂之卒, 所以益恨也.」』

2. 謝萬이 前秦에게 敗한 사건은 〈品藻篇〉 49참조.

937(24-15)

왕자경(王子敬, 王獻之) 형제가 함께 치공(郗公, 郗愔)에게 찾아갈 때면 가죽신을 신고 안부를 묻는 등 외조카로서의 예를 다하였다. 그런데 치공의 아들 가빈(嘉賓, 郗超)이 죽자 높은 신을 신고 그 태도와 모습이 거만하였으며 앉아서 말 좀 나누자고 하면 이렇게 말하는 것이었다.

"일이 있어 앉을 겨를이 없소."

그리고는 훌쩍 떠나버리곤 하는 것이었다.

치공은 탄식하며 이렇게 말하였다.

"만약 가빈이 죽지 않았다면 너 쥐새끼 같은 놈들이 감히 이렇게 하랴!"

王子敬兄弟見郗公, 蹋履問訊, 甚脩外生禮. 及嘉賓死, 皆箸高屐, 儀容輕慢; 命坐, 皆云:「有事, 不暇坐.」

旣去, 郗公慨然曰:「使嘉賓不死, 鼠輩敢爾!」

【王子敬】王獻之(344~388). 자는 子敬. 王羲之의 아들이며 安帝皇后의 아버지.
첫 부인 郗曇의 딸을 버리고 다시 簡文帝의 딸 新安公主를 아내로 맞음.
아버지 왕희지와 함께 글씨에 뛰어나 '二王'이라 불림. 지금 전하는 그의
작품은 〈洛神賦十三行〉(眞書)·〈鴨頭丸帖〉(行書)·〈十二月帖〉(草書) 등이 있음.
《晉書》(80)에 전이 있음.
【郗公】郗愔. 자는 方回(313~384). 太宰 郗鑒의 아들이며 郗超의 아버지.
黃門侍郎과 臨海太守 등을 지냈으며 王羲之, 許詢과 이름을 함께 날렸음.
한때 병으로 은거하여 글씨에 정진, 隷書에 능하였으며 道經 백 권을 베낌.
뒤에 다시 출사하여 會稽內史를 지냈으며 司空에 초빙되었으나 사양함.
侍中과 司空에 추증됨.《晉書》(67)에 전이 있음. 그의 누이는 王徽之의 처.
王獻之에게는 외삼촌이 됨.
【躡履】가죽신. 여기서는 복장과 차림이 단정하여 예를 갖춤을 뜻함.
【嘉賓】郗超. 자는 景興(336~377). 또는 嘉賓으로도 부름. 郗愔의 아들.
《晉書》(67)에 전이 있음. 桓溫에게 총애를 받아 권세를 누렸음.
【高屐】굽이 높은 나막신. 상대에게 예를 차리지 않음을 뜻함.

참고 및 관련 자료

1. 劉孝標 注
『愔子超, 有盛名; 且獲寵於桓溫, 故爲超敬愔.』

938(24-16)

왕자유(王子猷, 王徽之)가 일찍이 오중吳中을 지나게 되었는데, 한 사대부
집 정원에 좋은 대나무가 자라고 있는 것을 보았다.

주인은 이 이름난 왕자유가 자기 집으로 들어올 것에 대비하여 물을 뿌리고 마당을 쓸어 집을 깨끗이 치워놓고, 대청마루에서 그를 기다리고 앉아 있었다. 그런데 왕자유는 견여肩輿를 탄 채 대문을 들어서더니 곧바로 대나무 쪽으로 가는 것이었다.

그곳에서 한참 읊조리고 휘파람만 불고 있었다. 주인은 실망하였으나 구경이 끝나면 내게 말을 걸어오겠지 하고 기대할 수밖에 없었다. 그러나 왕자유는 곧바로 대문을 향해 나가는 것이었다. 이에 주인은 더 이상 참지 못하고 좌우를 시켜 대문으로 쫓아가 잠가 버려 나가지 못하게 하도록 일렀다.

왕자유는 할 수 없이 다시 주인의 고집에 감탄하며 마주 앉아 싫도록 서로 환담을 나눈 후 떠났다.

王子猷嘗行過吳中, 見一士大夫家, 極有好竹; 主已知子猷當往, 乃灑掃施設, 在聽事坐相待. 王肩輿徑造竹下, 諷嘯良久, 主已失望, 猶冀還當通, 遂直欲出門. 主人大不堪, 便令左右閉門不聽出. 王更以此賞主人, 乃留坐, 盡歡而去.

【王子猷】王徽之(?~388). 자는 子猷. 낭야왕씨. 王羲之의 다섯째아들이며 王凝之의 아우. 王獻之의 형. 桓溫의 參軍과 黃門侍郎을 지냈음. 대나무를 좋아하였으며, 한때 관직을 버리고 山陰에 은거하기도 하였음. 《晉書》(80)에 전이 있음.
【吳中】지금의 江蘇지역.

939(24-17)

왕자경(王子敬, 王獻之)이 회계會稽로부터 오군吳郡을 지나면서 고벽강顧辟彊이 멋진 화원을 가지고 있다는 소문을 듣게 되었다.

고벽강과는 안면이 없었으나, 그는 구경을 하겠다고 들어갔다. 마침 고벽강은 여러 손들을 모아 잔치를 벌이고 있었는데, 왕자경은 화원 구경을 마친 후 손으로 이곳저곳을 가리키며 정원의 잘잘못을 지적하되 건방 지기가 곁에 사람이 없는 듯 굴었다.

고벽강은 발연히 화를 내며 이렇게 호통을 쳤다.

"주인에게 오만하게 구는 것은 예가 아니요, 귀한 신분으로 남에게 교만 하게 구니 이것은 도리가 아니다. 이 두 가지를 잃은 자와는 상대할 수 없는 저속한 인물이다!"

그러고는 문득 그 왕자경의 좌우들을 문 밖으로 내쫓아 버렸다.

왕자경은 홀로 수레에 올라 두리번거리며 둘러보았지만 그의 좌우들이 한참 지났는데도 나타나지 않는 것이었다. 그런 뒤에 고벽강이 사람을 시켜 왕자경을 문 밖까지 전송토록 하였다. 그래도 왕자경은 자약自若하여 조금도 불쾌한 표정이 없었다.

王子敬自會稽經吳, 聞顧辟彊有名園, 先不識主人, 徑往 其家; 値顧方集賓友酣燕園中, 而王遊歷旣畢, 指麾好惡, 傍若無人.

顧勃然不堪曰:「傲主人, 非禮也; 以貴驕人, 非道也. 失此 二者, 不足齒之傖耳!」

便驅其左右出門. 王獨在輿上展轉顧望, 左右移時不至, 然後令送箸門外, 怡然不屑.

【王子敬】 王獻之(344~388). 자는 子敬. 王羲之의 아들이며 安帝皇后의 아버지. 첫 부인 郗曇의 딸을 버리고 다시 簡文帝의 딸 新安公主를 아내로 맞음. 아버지 왕희지와 함께 글씨에 뛰어나 '二王'이라 불림. 지금 전하는 그의 작품은 〈洛神賦十三行〉(眞書)·〈鴨頭丸帖〉(行書)·〈十二月帖〉(草書) 등이 있음. 《晉書》(80)에 전이 있음.

【顧辟彊】 吳郡人으로 郡의 功曹와 平北參軍을 지냄.

【傖】 吳 지방 사람들이 中原 사람을 멸시하여 부르던 칭호.

참고 및 관련 자료

1. 《顧氏譜》

辟彊, 吳郡人. 歷郡功曹, 平北參軍.

25. 배조排調

총 65장 (940-1004)

'배조排調'란 제멋대로 배척하고 조롱하며 희학戱謔하는 행동을 말한다. 본 편은 이들의 이야기를 모아 적은 것이다. 양용楊勇 〈교전校箋〉에 "排調, 卽嘲戱也"라 하였다.

총 65장이다.

"盲人騎瞎馬, 夜半臨深池" 1000 참조.

제갈근諸葛瑾이 예주자사豫州刺史로 있을 때 별가別駕를 상서성尙書省으로 심부름 보내면서 이렇게 일렀다.

"내 아들이 그곳에 있을 텐데 남과 얘기하기를 좋아한다. 가거든 더불어 이야기를 나누어 보아라."

별가가 몇 번 그 아들인 제갈격諸葛恪을 찾아갔으나 그는 더불어 말을 나누려 하지 않는 것이었다. 그러던 차에 한 번은 장보오(張輔吳, 張昭)의 집 모임에서 서로 만나게 되었다. 이에 별가는 제갈격을 보고 이렇게 칭찬하였다.

"대단한 낭군郞君님."

그러자 제갈격은 오히려 이를 조소嘲笑하면서 이렇게 비꼬았다.

"예주豫州가 어지러운데 무슨 대단함이 있다고?"

이에 별가가 이렇게 대꾸하였다.

"윗사람이 어질고 신하가 어진데 그곳이 어지러워졌다는 소리는 들어 보지 못하였습니다."

제갈격은 다시 이렇게 말하였다.

"옛날 당요唐堯 같은 성현 아래에도 네 녀석의 흉악한 놈이 있었소."

별가는 참을 수 없어 이렇게 쏘아 주었다.

"그래요. 어찌 넷뿐이오. 요의 아들 단주丹朱 같은 녀석도 있었는데!"

이에 일좌一坐가 모두 웃었다.

諸葛瑾爲豫州, 遣別駕到臺, 語云:「小兒知談, 卿可與語」

連往詣恪, 恪不與相見.

後於張輔吳坐中相遇, 別駕喚恪「咄咄郞君」.

恪因嘲之曰:「豫州亂矣, 何咄咄之有?」

答曰:「君明臣賢, 未聞其亂」

恪曰:「昔唐堯在上, 四凶在下」

答曰:「非唯四凶, 亦有丹朱!」

於是一坐大笑.

【諸葛瑾】 자는 子瑜(174~241). 山東 琅邪人으로 後漢末 亂을 피해 강남으로 왔다가 吳나라 孫權을 도와 大將軍, 左都護와 豫州牧을 지냄.《三國志》 (52)에 전이 있음.

【別駕】 직관 別賀從事史의 略稱으로 州刺史의 속관 중 최고 직위.

【恪】 諸葛恪(203~254). 자는 元遜. 諸葛瑾의 長子이며 吳의 太子太傅를 지냄.

【張輔吳】 張昭(156~236). 자는 子布. 吳의 輔吳將軍을 지냄.

【咄咄郎君】 咄咄은 혀를 차는 소리.《後漢書》嚴光傳에 "咄咄子陵, 不可相 助爲理邪?"라 함.

【唐堯四凶】 堯임금 같은 성인 아래에도 못된 신하가 넷이나 있었음. 즉 別駕 는 우리 아버지 諸葛瑾을 잘 보살피지 못한다고 비꼰 것.

【丹朱】 여기서는 別駕가 아들 諸葛恪을 비꼰 말. 丹朱는 堯의 장자로 이름은 朱. 丹淵에 봉해져 丹朱라 불림. 게으르고 불초해서 堯임금은 세습시키지 못하고 舜에게 禪讓함.

참고 및 관련 자료

1.《江表傳》

恪字元遜, 瑾長子也. 少有才名, 發藻岐嶷, 辯論應機, 莫與爲對, 孫權見而奇之, 謂瑾曰:「藍田生玉, 眞不虛也!」仕吳至太傅, 爲孫峻所害.

2.《吳紀》環濟

張昭字子布. 忠正有才義. 仕吳, 爲輔吳將軍.

3.《尙書》堯典

流共工於幽州, 放驩兜于崇山. 竄三苗於三危, 殛鯀於羽山.

941(25-2)

진晉 문제(文帝, 司馬昭)와 이진(二陳: 陳騫, 陳泰)이 함께 수레를 타고 종회 鍾會의 집을 지나면서 그를 불러내어 함께 수레를 타고 가기로 하였다. 그러나 그들은 조금 기다리다가 종회를 놔둔 채 그냥 떠나 버렸다.

종회가 나와 보니 수레는 이미 멀리 가고 있었다. 종회가 뒤쫓아 달려 오자 진 문제는 이렇게 조소하였다.

"같이 가기로 약속해놓고 왜 그리 느려 터져? 요요遙遙히 기다려도 나와야 말이지!"

그러자 종회는 이렇게 말하였다.

"뛰어나고矯, 빼어나고懿, 진실한實 사람이 어찌 무리群를 지어 함께 하리오?"

그러자 문제가 종회에게 다시 물었다.

"고요皋繇는 어떤 인물이라 보오?"

종회는 이렇게 대답하였다.

"위로는 요순堯舜에게 미치지 못하고, 아래로는 주공周公과 공자孔子에 미치지 못하나 역시 한 시대 의懿의 선비쯤은 되지요!"

晉文帝與二陳共車, 過喚鍾會同載, 卽駛車委去; 比出, 已遠.

旣至, 因嘲之曰:「與人期行, 何以遲遲? 望卿『遙遙』不至!」

會答曰:「『矯』然『懿』『實』, 何必同『群』?」

帝復問會:「皋繇何如人?」

答曰:「上不及堯舜, 下不逮周孔, 亦一時之『懿』士!」

【晉文帝】晉文王. 司馬昭. 晉宣帝의 둘째아들이며 이름은 昭, 자는 子上. 晉
武帝 司馬炎이 진나라를 세우고 나서 文帝로 추존함.《晉書》(2)에 紀가 있음.
【二陳】陳騫과 陳泰. 陳騫(212~292)은 자가 休淵이며 陳本의 아우. 陳泰
(?~260)의 자는 玄伯이며 陳群의 아들. 司馬師, 司馬昭와 친하게 지냈으며
尙書左僕射를 지냄.
【鍾會】자는 士季(225~264). 鍾繇의 아들이며 鍾毓의 아우. 蜀을 평정한 후
그곳 장수 姜維와 蜀地를 갖기로 모의하다가 그 부하에게 죽음.《三國志》(28)
에 전이 있음.
【矯然懿實, 何必同群】矯(陳騫의 아버지 이름), 懿(文帝 司馬昭의 아버지), 實
(陳泰의 아버지). 그리고 群은 하찮은 무리들, 즉, 부친들의 공적이 모두 별것
아님을 일러 조소한 것.
【皐繇】皐陶를 가리키며 鍾會의 아버지가 鍾繇임을 빌려 너의 아버지는 어느
정도냐고 물은 것. 皐陶는 舜 때 刑獄을 맡은 신하.
【懿】懿는 宣帝 司馬懿(179~251). 자는 仲達. 溫縣人. 司馬師와 司馬昭의
아버지이며 司馬炎(西晉의 첫 황제 晉武帝. 265~290 재위)의 할아버지. 曹操가
승상이 되자 그의 掾이 되었다가 능력을 인정받아 尙書를 거쳐 撫軍에 올라
蜀漢을 막음. 뒤에 大將軍 曹爽과 함께 漢나라 정권을 휘둘렀으며 諡號는
文으로 하였다가 다시 宣文이라 하였고 魏 元帝(陳留王) 때 宣王으로 부름.
司馬炎이 魏나라를 이어받아 황제가 되어 宣帝라 추존하였음.《晉書》(1)에
紀가 있음. 본 장의 뜻은 "이로써 우리 아버지는 그대(文帝)의 아버지 정도는
된다"는 의미임.

참고 및 관련 자료

1. 劉孝標 注
『二陳: 騫與泰也. 會父名繇, 故以「遙遙」戲之; 騫父矯, 宣帝諱懿, 泰父群,
祖父寔, 故以此酬之.』

942(25-3)

종육鍾毓은 황문시랑黃門侍郎으로 대단한 기지가 있었다.

어느 날 경왕(景王, 司馬師)과 함께 연회석에 참가하였는데, 이때 진군陳群의 아들 현백(玄伯, 陳泰), 무주武周의 아들 원하(元夏, 武陔)도 자리를 같이 하게 되었다. 그들은 모두 종육을 모멸하였고 끝내 경왕은 이렇게 물었다.

"고요皐繇는 어떤 인물이냐?"

화가 난 종육은 이렇게 대답하였다.

"옛날의 의懿로운 선비지요."

그러면서 현백과 원하를 돌아보며 이렇게 말을 던졌다.

"군자는 두루하여 치우침이 없고 무리를 짓되 당파를 짓지는 않는다."

鍾毓爲黃門郎, 有機警; 在景王坐燕飮, 時陳群子玄伯·武周子元夏同在坐, 共嘲毓.

景王曰:「皐繇何如人?」

對曰:「古之『懿』士」

顧謂玄伯·元夏曰:「君子『周』而不比,『群』而不黨」

【鍾毓】 자는 稚叔(?~263). 鍾繇의 장자. 동생은 鍾會.

【景王】 晉나라 景帝. 司馬師(207~255). 字는 子元. 司馬懿의 장자. 젊어서 夏侯玄, 何晏 등과 이름을 날렸으며, 司馬懿가 趙爽을 폐할 때 참여함. 사마의가 죽자 撫軍大將軍이 되어 嘉平 원년(254)에 魏帝 趙芳을 폐하여 齊王으로 삼고 高貴鄕公 趙髦를 세움. 이어 이듬해 正元 원년(255) 毌丘儉을 토벌하는 길에 죽음. 晉나라 건국 후 景王으로 추존되었다가 司馬炎이 魏나라를 대신하자 드디어 景帝로 추존됨. 《晉書》(2)에 紀가 있음.

【玄伯】陳泰(?~260). 자는 玄伯. 陳群의 아들. 征西將軍, 尙書左僕射, 侍中 光祿大夫 등을 역임함. 高貴鄕公이 피살되자 피를 토하며 슬피 여기다가 죽음.《三國志》(22)에 전이 있음.

【武周】자는 伯南. 光祿大夫를 지냄.

【元夏】武陔. 武周의 아들.

【皐繇】鍾毓의 아버지가 鍾繇임을 빗대어 한 말.

【懿】景王의 아버지 宣帝의 徽(司馬懿)를 빗댄 것.

【君子周而不比】《論語》爲政篇의 구절. 여기서 주는 元夏의 아버지 周武의 성을 들먹인 것.

【群而不黨】《論語》衛靈公의 구절. 여기서는 모두 아버지와 조부의 이름 (陳群)을 대어 조소한 것임.

참고 및 관련 자료

1.《魏志》
武周字伯南, 沛國竹邑人. 仕至光祿大夫.

2.《論語》爲政篇 孔安國《論語注》
忠信爲周, 阿黨爲比. 黨, 助也; 君子雖衆, 不相私助.

943(25-4)

혜강秘康·완적阮籍·산도山濤·유령劉伶이 죽림竹林에 모여 신나게 술을 마시고 있었는데 왕융王戎이 늦게 나타났다. 보병완적이 이렇게 빈정댔다.
"속물이 끝내 나타나 남의 흥 다 깨네!"

그러자 왕융은 이렇게 말하였다.

"그대들의 '흥'이라는 것도 역시 가히 깨질 때가 있소?"

嵇·阮·山·劉在竹林酣飮, 王戎後往; 步兵曰:「俗物已復
來敗人意!」

王笑曰:「卿輩『意』, 亦復可敗邪?」

【嵇康·阮籍·山濤·劉伶·王戎】 모두 竹林七賢의 人物들. 〈任誕篇〉 참조.
【意】 의취, 흥취. 여기서는 '흥'으로 풀이하였음.

[참고 및 관련 자료]

1.《魏氏春秋》
時謂王戎未能超俗也.

944(25-5)

진晉 무제(武帝, 司馬炎)가 손호孫晧에게 물었다.

"듣자 하니 그대 남방 사람들은 이여가爾汝歌를 잘 짓는다는데 한 번
해볼 수 있겠소?"

손호는 술을 들다 말고 잔을 높이 들어 무제에게 권하면서 이렇게
노래를 불렀다.

"옛날에 너와 이웃이었지,
　지금은 내 너의 신하되었지.
　너에게 술 한 잔 올리노니,
　너로 하여금 만수무강 누리도록!

무제는 괜히 물었다 싶었다.

昔與汝爲鄰,
今爲汝作臣.
上汝一柸酒,
令汝壽萬春!"

晉武帝問孫晧:「聞南人好作〈爾汝歌〉, 頗能爲不?」
　晧正飮酒, 因擧觴勸帝而言 曰:『昔與汝爲鄰, 今爲汝作臣;
上汝一柸酒, 令汝壽萬春!』
　帝悔之.

【晉武帝】司馬炎. 晉나라 첫 황제. 武帝. 재위 26년(265~290). 司馬昭의 長子.
자는 安世. 咸熙 2年(265)에 魏나라로부터 禪讓의 형식으로 나라를 이어받아
洛陽에 晉나라를 세움. 묘호는 世祖.《晉書》(3)에 紀가 있음.
【孫晧】孫皓로도 표기함. 자는 元宗(243~284). 혹은 이름을 彭祖, 자를 皓宗
이라고도 함. 吳의 마지막 임금. 孫權의 孫子이며 孫和의 아들. 처음 烏程侯
에 봉해졌다가 孫休(景帝)가 죽자 제위에 오름. 황음무도하여 민심을 잃고
晉 武帝 咸寧 6년(280)에 나라가 망하여 歸命侯에 封해짐.《三國志》(48)에
전이 있음. 한편 宋本에는 孫晧의 '晧'가 '皓'로 되어 있으나《吳志》에 따라
'晧'가 맞는 것으로 보고 있음.
【爾汝歌】당시 남방에 유행하던 유행가. 뜻은 '너, 나'라 터놓고 평칭으로
부르는 것. 楊勇〈校箋〉을 볼 것.
【爾汝】平語로 '너.'존댓말이 아님.

1. 《吳錄》

晧字元宗, 一名彭祖, 大皇帝孫也. 景帝崩, 晧嗣位, 爲晉所滅, 封歸命侯.

2. 楊勇〈校箋〉

『爾汝歌, 魏晉間狎昵嘲弄之民歌也. 孟子盡心:「人能充無受爾汝之實, 無所往
而不爲義也.」焦循正義:「爾汝爲尊於卑, 上於下之通稱. 卑下者自安而受之,
所謂實也; 無德行者爲有德者所輕賤, 亦自安而受之, 亦所謂實者. 蓋假借爾
汝爲輕賤, 受爾汝之實, 卽受輕賤之實.」胡適有爾汝篇, 見胡適文存.』

945(25-6)

손자형(孫子荊, 孫楚)은 젊어서부터 은둔할 생각을 늘 품고 있었다. 한 번은
왕무자(王武子, 王濟)에게 "당침석수류(當枕石漱流: 돌을 베고 누워 흐르는 물에 이를
닦음. 즉 은거 생활)"라 해야 할 것을 "수석침류(漱石枕流: 돌에 이를 닦고 물을 베고
눕는다)"라 잘못 말하였다. 왕무자가 이를 듣고 이렇게 비꼬았다.

"물을 베고 누울 수 있고, 돌로 이를 닦을 수 있는가?"

그러자 손자형은 이렇게 대꾸하였다.

"물에 눕는다는 것은 귀를 닦기 위함이요, 돌에 이를 닦는다 함은 이를
갈고 싶어서이다!"

孫子荊年少時欲隱, 語王武子曰:「當枕石漱流」, 誤曰:
「漱石枕流」.

王曰:「流非可枕, 石非可漱」

孫曰:「所以枕流, 欲洗其耳; 所以漱石, 欲礪其齒!」

【孫子荊】孫楚(?~294). 자는 子荊. 晉初의
인물. 40이 지나 벼슬길에 올라 著作郎, 馮翊
太守 등을 역임함.《晉書》(56)에 전이 있음.
【王武子】王濟(240?~285?). 자는 武子. 王渾의
아들.《易》과《老莊》에 밝아 裴楷와 이름을
날렸으며 武帝의 딸 常山公主의 남편. 侍中을
역임함. 말에 대해서 잘 알았다고 함. 王愷와
사치와 호기를 다툰 일로도 유명함. 中書郎,
驍騎將軍, 侍中 등을 역임함.《晉書》(42)에
전이 있음.

참고 및 관련 자료

1. 옛날 허유(許由) 소부(巢父)의 고사를 들춰
낸 것.
2.《逸士傳》
許由爲堯所讓, 其友巢父責之, 由乃過淸冷水洗
耳拭目, 曰:「向聞貪言, 負吾之友」

「漱石枕流」如初 金膺顯 글씨

946(25-7)

두책頭責 진자우秦子羽가 이렇게 말하였다.

"그대는 태원太原의 온옹溫顒, 영천潁川의 순우荀寓, 범양范陽의 장화張華, 사경士卿 유후劉訏, 의양義陽의 추담鄒湛, 하남河南의 정후鄭詡만 못하다. 이 몇 사람들은 어떤 이는 반벙어리로 궁상宮商의 발음도 제대로 못 내고, 또 어떤 이는 약하고 누추해 말도 못하고, 또 어떤 이는 엄이淹伊하여 겨우 모습을 갖추고, 또 어떤 이는 말은 강하게 하나 재주가 부족한 이도 있으며, 또 어떤 이는 입에 사탕을 문 것처럼 말을 더듬고, 또 어떤 이는 마치 돌절구를 뒤집어 쓴 것처럼 못났다.

그렇지만 오히려 그들의 문장은 가히 볼 만한 것이 있고, 그 뜻이 자세하고 논리에 맞았기 때문에 용을 잡고 봉을 타듯이 천부天府에 함께 올라갔을 뿐이다."

頭責秦子羽云:「子曾不如太原溫顒, 潁川荀寓, 范陽張華, 士卿劉訏, 義陽鄒湛, 河南鄭詡. 此數子者: 或謇吃無宮商, 或厒陋希言語, 或淹伊多姿態, 或謹譁少智諝, 或口如含膠飴, 或頭如巾齏杵; 而猶以文采可觀, 意思詳序, 攀龍附鳳, 並登天府」

【頭責】의미를 알 수 없음. 어떤 집단의 우두머리가 아닌가 함. 《張敏集》에 '頭責子羽文'이 있어 子羽라는 인물을 가공으로 내세워 그의 어떤 일을 책난한 것이 아닌가 함.
【秦子羽】人名. 虛構의 人物이 아닌가 함.
【溫顒】인명. 확실치는 않으나, 《晉書》向秀傳의 勞格〈校勘記〉에 "溫顒與

向秀同侣"라 함. 劉氏 注에는 "溫顯已見"이라 하여 《世說新語》 내에서 이미 注를 단 것으로 되어 있으나 原本 《世說》에 있었을 것으로 봄.

【荀寓】 자는 景伯.

【張華】 자는 茂先(232~300). 詩, 書, 文章 등에 고루 능하였던 晉나라 때의 문호이며 학자. 司空을 지냈으며 趙王 司馬倫에게 해를 입음. 후인이 집일한 《張茂先集》이 있으며 저서로는 유명한 《博物志》가 전함. 《晉書》(36)에 전이 있음.

【劉訏】 자는 文生. 訏는 '우'로도 읽음.

【鄒湛】 자는 潤甫.

【鄭詡】 자는 思淵. 《晉諸公贊》 앞의 鄒湛 부분 참조.

【攀龍附鳳】 권문세가에 빌붙고 아부하여 그들의 힘을 빌려 명성을 얻는 것을 말함.

【天府】 천자의 궁궐. 조정을 뜻함.

참고 및 관련 자료

1. 楊勇 〈校箋〉

『子羽疑爲虛設之詞. 「頭責秦子羽」者, 殆卽頭責人之羽也.』

2. 《荀氏譜》

寓字景伯. 祖彧, 太尉. 父侯, 中丞.

3. 《世語》

寓少與裴楷, 王戎, 杜黙俱有名, 仕晉, 至尙書.

4. 《晉百官名》

劉訏字文生, 涿鹿郡人. 父放, 魏驃騎將軍. 訏, 惠帝時爲宗正卿.

5. 劉孝標 注

『按: 訏與張華同范陽人, 故曰士卿: 互其辭也. 宗正卿, 或曰士卿.』

6. 《晉諸公贊》

湛字潤甫, 新野人. 以文義達, 仕至侍中. 詡字思淵, 滎陽開封人. 爲衛尉卿. 祖泰, 揚州刺史. 父袤, 司空.

7. 劉孝標 注

『張敏集載頭責子羽文曰: 「余友有秦生者, 雖有姊夫之尊, 少而狎焉. 同時好暱,有太原溫長仁顒, 潁川荀景伯寓, 范陽張茂先華, 士卿劉文生訏, 南陽鄒潤甫湛, 河南鄭思淵詡. 數年之中, 繼踵登朝. 而此賢身處陋巷, 屢沽而無善價, 亢志自若, 終不衰墮, 爲之慨然. 又怪諸賢旣已在位, 曾無伐木嚶鳴之聲, 甚遠王·貢彈冠之義. 故因秦生容貌之盛, 爲頭責之文以戱之; 幷以嘲六子焉. 雖似諧謔, 實有興也. 其文曰:「維泰始元年, 頭責子羽曰:'吾託子爲頭, 萬有餘日矣. 大塊稟我以精, 造我以形; 我爲子植髮膚·置鼻耳·安眉順·挿牙齒·眸子擿光, 雙顴隆起. 每至出入之間, 遨遊市里, 行者辟易, 座者竦跽; 或稱君侯, 或言將軍, 捧手傾側, 佇立崎嶇. 如此者: 故我形之足偉也! 子冠冕不戴, 金銀不佩, 釵以當笄, 帢以代幗, 旨味弗嘗, 食粟茹菜, 隈擢園間, 糞壤汙黑, 歲莫年過, 曾不自悔, 子厭我於形容, 我賤子乎意態; 若此者乎, 必子行己之累也! 子遇我如讎, 我視子如仇, 居常不樂, 兩者俱憂, 何其鄙哉! 子欲爲人寶也? 則當如皐陶·后稷·巫咸·伊陟, 保乂王家, 永見封殖. 子欲爲名高也? 則當如許由·子臧·卞隨·務光, 洗耳逃祿, 千歲流芳. 子欲爲遊說也? 則當如陳軫·蒯通·陸生, 鄧公, 轉禍爲福, 令辭從容. 子欲爲進趣也? 則當如賈生之求試, 終軍之請使, 砥礪鋒穎. 以幹王事. 子欲爲恬談也? 則當如老聃之守一, 莊周之自逸, 廓然離欲, 志陵雲日. 子欲爲隱遁也? 則當如榮期之帶索, 漁父之瀺灂, 棲遲神丘, 垂餌巨鼇. 此一介之所以顯身成名者也. 今子上不希道德, 中不交儒墨, 塊然窮賤. 守此愚惑, 察子之情, 觀子之志, 退不爲於處士, 進無望於三事, 而徒翫日勞形, 習爲常人之所喜, 不亦過乎?' 於是子羽愀然深念而對曰: '凡所敎敕, 謹聞命矣. 以受性拘係, 不閑禮義, 設以天幸, 爲子所寄. 今欲使吾爲忠也? 卽當如伍胥·屈平; 欲使吾爲信也? 則當殺身以成名; 欲使吾爲介節邪? 則當起水火以全貞. 此四者: 人之所忌, 故吾不敢造意.'頭曰: '子所謂天形地網, 剛德之尤. 不登山抱木, 則褰裳赴流. 吾欲告爾以養性, 誨爾以優遊, 而與蟣蝨同情, 不聽我謀, 悲哉! 俱寓人體, 而獨爲子頭! 且擬人其倫, 喩子儕偶: 子曾不如太原溫顒, 潁川荀寓, 范陽張華, 士卿劉訏, 南陽鄒湛, 河南鄭詡. 此數子者: 或謇吃無宮商, 或尫陋希言語, 或淹伊多姿態, 或讙譁少智諝, 或口如含膠飴, 或頭如巾齏杵; 而猶以文采可觀, 意思詳序, 攀龍附鳳, 並登天府. 夫舐痔得車, 沈淵得珠. 豈若夫子徒令脣舌腐爛, 手足沾濡哉? 居有事之世, 而恥爲權圖, 譬猶鑿地抱甕, 難以求富. 嗟乎子羽! 何異檻中之熊, 深穽之虎, 石間饑蟹, 竇中之鼠? 事力雖勤, 見功甚苦. 宜其拳局煎蹙, 至老無所希也. 支離其形, 猶能不困, 非命也夫, 豈與夫子同處也.'」』

왕혼王渾이 부인 종씨鍾氏와 같이 앉아 있다가 무자(武子, 王濟)가 뜰 앞을 지나는 모습을 보고 부러운 듯이 부인에게 말하였다.

"낳은 아들이 이와 같으니 족히 사람 마음을 편안히 위로하는군!"

그러자 부인은 이렇게 말하였다.

"내가 만약 왕참군(王參軍, 王淪)과 결혼하였다면 어찌 저 정도에 그치겠소?"

王渾與婦鍾氏共坐, 見武子從庭過, 渾欣然謂婦曰: 「生兒如此, 足慰人意!」

婦笑曰: 「若使新婦得配參軍, 生兒故可不啻如此?」

【王渾】 자는 長原, 혹은 玄沖(223~297). 王昶의 아들이며 王戎의 아버지. 武帝 때 豫州刺史를 지냈으며 王濬과 함께 吳를 멸한 공으로 大將軍에 발탁됨. 司徒와 侍中 등 높은 관직에 올랐음. 《晉書》(42)에 전이 있음.

【鍾氏】 위의 太傅 鍾繇의 증손.

【王武子】 王濟(240?~285?). 자는 武子. 王渾의 아들. 《易》과 《老莊》에 밝아 裴楷와 이름을 날렸으며 武帝의 딸 常山公主의 남편. 侍中을 역임함. 말에 대해서 잘 알았다고 함. 王愷와 사치와 호기를 다툰 일로도 유명함. 中書郞, 驍騎將軍, 侍中 등을 역임함. 《晉書》(42)에 전이 있음.

【王參軍】 王淪. 자는 太沖. 王渾의 동생. 老莊에 밝아 《老子例略》·《周紀》 등을 짓고 25세에 죽음. 일찍이 大將軍參軍을 지냄.

참고 및 관련 자료

1. 《王氏家譜》

淪字太沖, 司空穆侯中子, 司徒渾弟也. 醇粹簡遠, 貴老莊之學, 用心談如也.

爲老子例略·周紀. 年二十餘擧孝廉, 不行. 歷大將軍參軍. 二十五卒, 大將軍爲
之流涕.」

948(25-9)

　순명학(荀鳴鶴, 荀隱)과 육사룡(陸士龍, 陸雲) 두 사람은 서로 모르는 사이였
으나 어떤 기회에 장무선(張茂先, 張華)의 집에서 만나게 되었다. 장무선은
두 사람에게 서로 이야기를 나누어 보도록 하면서 두 사람의 재주를
익히 알고 있는 터라 평범한 소재를 피하라고 일렀다. 이에 육사룡이
먼저 손을 들고 입을 떼었다.

　"나는 구름 사이 같은 육사룡이라."

　그러자 순명학이 이었다.

　"나는 태양 아래 순명학이오."

　육사룡이 다시 말을 이었다.

　"능히 청운이 열려 흰 꿩이 보이는데 어찌 활을 당겨 화살을 쏘지
않고 있소?"

　이에 순명학은 이렇게 말하였다.

　"원래 운룡雲龍이 건재하고 있는 줄 알았는데 산속에 시시한 사슴 따위가
있군요. 짐승은 미천한데 활은 강하여 그 때문에 쏘기를 망설이고 있소."

　장무선이 손뼉을 치며 웃었다.

荀鳴鶴·陸士龍二人未相識, 俱會張茂先坐; 張令共語,
以其並有大才, 可勿作常語.

陸擧手曰:「雲間陸士龍」

苟答曰:「日下苟鳴鶴」

陸曰:「旣開靑龍覩白雉, 何不張爾弓·布爾矢?」

苟答曰:「本謂雲龍騤騤, 乃是山鹿野麋; 獸微弩彊, 是以發遲」

張乃撫掌大笑.

【苟鳴鶴】苟隱. 安樂太守를 지냄.

【陸士龍】陸雲. 자는 士龍. 陸機(자는 士衡)의 아우.

【張茂先】張華. 자는 茂先(232~300). 詩, 書, 文章 등에 고루 능하였던 晉
나라 때의 문호이며 학자. 司空을 지냈으며 趙王 司馬倫에게 해를 입음.
후인이 집일한 《張茂先集》이 있으며 저서로는 유명한 《博物志》가 전함.
《晉書》(36)에 전이 있음.

【雲間】陸士龍의 이름이 雲이며 《易》乾卦 文言傳에 "雲從龍"이라 함. 아울러
그는 본래 雲間(지금의 江蘇 松滋縣) 사람이어서 重義法을 쓴 것.

【日下】苟 자에 日자가 들어 있으며 그의 출신지가 洛陽이어서 도읍을 해로
비유하여 표현한 것임.

【靑龍·白雉】옛사람들은 鶴은 귀한 것으로 꿩은 천한 것으로 보아 苟鳴鶴을
꿩에 비유하여 폄하한 것.

【雲龍·鹿麋】陸士龍을 용이 아닌 사슴으로 폄하한 것.

참고 및 관련 자료

1. 《晉百官名》

苟隱字鳴鶴, 潁川人.

2. 《苟氏家傳》

隱祖昕, 樂安太守. 父岳, 中書郎. 隱與陸雲在張華坐語, 互相反覆, 陸連受屈,
隱辭皆美麗. 張公稱善, 云:「世有此書, 尋之未得」歷太子舍人·廷尉平, 早卒.

3. 楊勇 〈校箋〉

『劉箋: 「按日・雉聲近, 故士龍得取鳴鶴所云之日, 諧音作雉, 復加白字以與
青雲對文, 用作嬉笑. 不然, 開青雲・覩白雉, 雲己故有, 雉果何指? 非雅謔矣.
又彼時士女習於以諧聲作劇談: 如安陵女子嘲鍾毓兄弟中央高, 謂兩頭 瞻也:
瞻又以諧音代羶. 晉文帝嘲鍾會遲遲望卿, 遙遙不至; 遙以諧聲代䚫. 皆以例證.
於日・雉相代爲謔, 又何疑焉!』

949(25-10)

육태위(陸太尉, 陸玩)가 왕승상(王丞相, 王導)을 방문하였더니, 승상이 그에게
유락품乳酪品을 대접하였다. 육태위는 집에 돌아와 병이 났다. 그래서 이튿날
왕승상에게 이렇게 쪽지를 써서 보냈다.

"어제 얻어먹은 낙품酪品에 약간 불편하오. 밤새도록 앓았소. 나는 오吳
나라 사람이나 하마터면 타향의 귀신이 될 뻔하였소."

陸太尉詣王丞相, 王公食以酪, 陸還遂病; 明日, 與王牋
云: 『昨食酪小過, 通夜委頓; 民雖吳人, 幾爲傖鬼.』

【陸太尉】晉의 陸玩. 자는 士瑤, 吳郡人으로 陸曄의 아우. 侍中, 尙書左僕射,
尙書令太尉 벼슬을 지냄. 시호는 康.《晉書》(77)에 전이 있음.
【王丞相】王導(276~339). 자는 茂弘. 어릴 때 자는 阿龍. 王敦의 從弟. 서진이
망하자 王敦과 함께 司馬睿를 황제로 추대하여 東晉을 세움. 그 공으로
丞相이 되었으며 號를 '仲父'라 하였음. 천하의 권세를 잡아 당시 "王與馬,

共天下"라 하였음. 元帝와 明帝, 成帝를 차례로 즉위시켰음. 아울러 남방
세족의 도움으로 강남에서의 동진 정권을 안정시킴.《晉書》(65)에 전이 있음.
【酪】乳酪品. 양젖 등으로 만든 북쪽 지방의 식품으로 남쪽 사람에게는 맞지 않음.
【傖鬼】북쪽 촌 귀신. 북쪽 사람을 비하하여 부르던 칭호. 〈雅量篇〉 참조.

950(25-11)

원제(元帝, 司馬睿)의 황태자가 태어나자 자축하는 뜻으로 신하들에게 하사품
을 주었다. 이에 은홍교(殷洪喬, 殷羨)가 감사하다고 하면서 이렇게 축하하였다.
"황태자께서 탄생하셔서 천하가 다 경축하옵니다. 신은 아무런 공훈도
없사온데 외람되이 이런 하사품까지 내리시다니요."
그러자 원제는 이렇게 말하였다.
"이 일을 어찌 그대로 하여금 공훈이 있게 할 수 있겠는가?"

元帝皇子生, 普賜群臣.

殷洪喬謝曰:「皇子誕育, 普天同慶; 臣無勳焉, 而猥頒厚賚」

中宗笑曰:「此事豈可使卿有勳邪?」

【元帝】東晉의 첫 임금 元帝. 司馬睿. 317~323 재위. 字는 景文. 西晉이
   망하자 建康(지금의 남경)에 동진을 세운 황제로 묘호는 中宗.《晉書》(6)에
   기가 있음.
【殷洪喬】殷羨. 자는 洪喬. 殷浩의 아버지. 殷融(洪遠)의 형. 陳郡 출신으로
   豫章太守, 長沙太守 등을 지냈으며 貪嗇하기로 이름이 났음.

951(25-12)

제갈령(諸葛令, 諸葛恢)과 왕승상(王丞相, 王導)이 서로 부를 때 성씨의 선후 先後를 두고 자랑하고 있었다. 왕승상이 이렇게 비꼬았다.

"어찌 갈왕葛王이라 하지 않고 왕갈王葛이라 하는가?"

그러자 제갈령은 이렇게 되받았다.

"여마驢馬를 마려馬驢라 하지 않는다고 해서 여(노새)가 말보다 낫다는 뜻은 아니겠지?"

諸葛令·王丞相共爭姓族先後.

王曰:「何不言葛王, 而云王葛?」

令曰:「譬言驢馬, 不言馬驢, 驢寧勝馬邪?」

【諸葛令】諸葛恢. 자는 道明. 諸葛誕의 손자이며 諸葛靚의 아들. 王導와 庾亮에 버금가는 명성을 누림. 元帝가 安東大將軍일 때 主簿가 되었으며 다시 江寧令을 지냄. 博陵亭侯에 봉해졌으며 愍帝 때 會稽太守를 거쳐 侍中, 金紫光祿大夫가 됨. 《晉書》(77)에 전이 있음. 諸葛씨는 원래 葛氏로서 琅琊郡 諸縣(지금의 山東 諸城市)에 살다가 뒤에 陽都로 옮겼으나, 그곳에 이미 葛氏가 있어 드디어 諸縣에서 온 葛氏라는 뜻의 諸葛氏로 구분하여 불렀다 함.

【王丞相】王導(276~339). 자는 茂弘. 어릴 때 자는 阿龍. 王敦의 從弟. 서진이 망하자 王敦과 함께 司馬睿를 황제로 추대하여 東晉을 세움. 그 공으로 丞相이 되었으며 號를 '仲父'라 하였음. 천하의 권세를 잡아 당시 "王與馬, 共天下"라 하였음. 元帝와 明帝, 成帝를 차례로 즉위시켰음. 아울러 남방 세족의 도움으로 강남에서의 동진 정권을 안정시킴. 《晉書》(65)에 전이 있음.

【先後】두 개의 성씨를 比稱, 對稱하여 부를 때 어느 성씨를 앞에 붙여 부르는가 하는 문제를 두고 자랑한 것임.

유진장(劉眞長, 劉惔)이 처음 왕승상(王丞相, 王導)을 만났을 때 마침 아주 더운 여름날이었다. 승상이 자신의 배를 차가운 탄기彈棊판에 갖다대어 더위를 식히며 물었다.

"어찌 이리도 굉泂하지?"

유진장이 밖으로 나오자 어떤 이가 물었다.

"왕공을 만나 뵈오니 어떻던가요?"

이에 유진장은 이렇게 대답하였다.

"별다른 것은 보지 못하였소. 다만 오어吳語를 말할 뿐이었소!"

劉眞長始見王丞相, 時盛暑之月, 丞相以腹熨彈棊局, 曰:
「何如乃泂?」

劉旣出, 人問:「見王公如何?」

劉曰:「未見他異, 唯作吳語耳!」

【劉眞長】劉惔. 字는 眞長. 劉宏의 손자로 沛國 相 땅 출신. 明帝(323~326 재위)의 廬陵長公主에게 장가들어 駙馬가 됨. 司從左長史, 侍中, 丹陽尹 등을 지냄. 36세에 죽어 孫綽이 "居官無官官之事, 處事無事事之心"이라 誄文을 지어 명언이라 하였음. 《晉書》(75)에 전이 있음.

【王丞相】王導(276~339). 자는 茂弘. 어릴 때 자는 阿龍. 王敦의 從弟. 서진이 망하자 王敦과 함께 司馬睿를 황제로 추대하여 東晉을 세움. 그 공으로 丞相이 되었으며 號를 '仲父'라 하였음. 천하의 권세를 잡아 당시 "王與馬, 共天下"라 하였음. 元帝와 明帝, 成帝를 차례로 즉위시켰음. 아울러 남방 세족의 도움으로 강남에서의 동진 정권을 안정시킴. 《晉書》(65)에 전이 있음.

【泂】본음은 "楚敬反(청)". 《集韻》에 "泂, 楚慶切; 請去聲, 與瀞同, 冷也. 吳人

謂之凘"라 함. 吳나라 말로 '차갑다'는 뜻. 劉氏 注에 "吳人以冷爲凘"이라 함.
楊勇 〈校箋〉을 볼 것.

참고 및 관련 자료

1. 탄기판이 玉·石으로 되어 있어 차가움을 말함. 楊勇 〈校箋〉에「彈棋局用
玉石製之, 中隆起, 平滑」이라 함.

2. 楊勇 〈校箋〉
『御覽二一引世說作「吳人以冷爲凘也, 音楚敬反.」又三七一引世說作「吳人以
冷爲訽, 或作凘, 音與鄭相近.」又七五五引世說作「吳人以冷爲瀳, 音楚敬反.」
又三四引語林作「硳」. 注:「吳人以冷爲凘. 凘, 音楚敬反.」勇按: 凘, 瀳皆楚
敬反, 古音相近. 今人以冰鎭物, 正呼楚敬音.』

3.《語林》
眞長云:「丞相何奇, 止能作吳語及細唾也.」

953(25-14)

왕공(王公, 王導)이 조정의 관리들과 함께 술을 마실 때였다. 그가 유리
琉璃로 된 공기碗를 들고 백인(伯仁, 周顗)에게 물었다.

"이 술잔은 속이 비어 있는데도 보기寶器라 하니 무슨 까닭이오?"

그러자 백인은 이렇게 풀이하였다.

"이 공기는 빛이 화려하여 진실로 깨끗하고 투명합니다. 그 때문에
보물로 여길 따름이지요."

王公與朝士共飮酒, 擧瑠璃盌謂伯仁曰:「此盌腹殊空, 謂之寶器, 何邪?」

答曰:「此盌英英, 誠爲淸徹, 所以爲寶耳」

【王公】 王丞相. 王導(276~339). 자는 茂弘. 어릴 때 자는 阿龍. 王敦의 從弟. 서진이 망하자 王敦과 함께 司馬睿를 황제로 추대하여 東晉을 세움. 그 공으로 丞相이 되었으며 號를 '仲父'라 하였음. 천하의 권세를 잡아 당시 "王與馬, 共天下"라 하였음. 元帝와 明帝, 成帝를 차례로 즉위시켰음. 아울러 남방 세족의 도움으로 강남에서 동진 정권을 안정시킴. 《晉書》(65)에 전이 있음.

【盌】 碗·椀과 같으며, 잔보다 큰 술잔. 공기.

【周伯仁】 周顗(269~322). 자는 伯仁. 周俊의 장자로 吏部尙書郎, 荊州刺史를 지냄. 僕射로 임명되자 술에 취해 사흘 만에 깨어나 "三日僕射"란 별명을 들음. 王敦에게 피살되어 "我雖不殺伯仁, 伯仁由我而死"의 고사를 낳음. 《晉書》(69)에 전이 있음.

【英英】 《詩經》 小雅 白樺 "英英白雲"의 毛傳에 "英英, 白雲貌"라 함. 이 대답은 周伯仁의 질문을 戲謔한 것임.

(참고 및 관련 자료)

1. 劉孝標 注
『以戲周之無能.』

954(25-15)

사유여(謝幼輿, 謝鯤)가 주후(周侯, 周顗)에게 이렇게 말하였다.

"경卿은 마치 사당 앞의 나무와 같아 멀리서 보면 높고 높아 푸른 하늘은 흔들고 있으나 가까이 가서 살펴보면 그 뿌리는 여우들이 의탁하고 있는 굴이요, 그 아래에는 온갖 더러운 것들이 모여 있습니다."

그러자 주후는 이렇게 대꾸하였다.

"가지나 줄기가 하늘을 휘젓고 있다고 해서 높다고 여기지 않소. 또 여우들이 그 아래를 어지럽힌다고 해서 더럽다 여기지도 않고 있소. 더러운 찌꺼기가 모여 있는 것은 바로 그대 같은 이들이 보유하고 있는 것들인데 어찌 스스로 그렇게 드러낼 수 있겠소이까?"

謝幼輿謂周侯曰:「卿類社樹: 遠望之, 峨峨拂靑天; 就而視之, 其根則群狐所託, 下聚溷而已」

答曰:「枝條拂靑天, 不以爲高; 群狐亂其下, 不以爲濁; 聚溷之穢, 卿之所保, 何足自稱?」

【謝幼輿】謝鯤(280~322). 자는 幼輿. 謝衡의 아들이며 謝尙의 아버지. 老莊과 《易》에 밝았으며 豫章太守를 지냄. 東海王(司馬越)에게 발탁되어 掾을 거쳐 參軍을 지냄. 뒤에 다시 王敦에게 발탁되었으며, 왕돈이 난을 일으키자 이를 극구 간언하였음. 《晉書》(49)에 전이 있음.

【周侯】周顗(269~322). 자는 伯仁. 周俊의 장자로 吏部尙書郎, 荊州刺史를 지냄. 僕射로 임명되자 술에 취해 사흘 만에 깨어나 "三日僕射"란 별명을 들음. 王敦에게 피살되어 "我雖不殺伯仁, 伯仁由我而死"의 고사를 낳음. 《晉書》(69)에 전이 있음.

【社】토지신을 모신 사당.

【自稱】자신의 더러움을 자신이 드러냄.

1. 劉孝標 注

『謂顗好媒瀆故.』

955(25-16)

　왕장예(王長豫, 王悅)는 어려서부터 성격이 온화하고 총명하였다. 그 아버지 승상(丞相, 王導)은 그가 멋대로 굴어도 아주 심히 사랑하였다. 매번 그와 함께 바둑도 두었는데, 승상이 둘 차례가 되면 장예는 그의 손가락을 눌러 놓아주지를 않는 것이었다. 그때면 승상은 웃으면서 이렇게 말하곤 하였다.

　"어찌 이렇게까지 하느냐? 서로 사이가 마치 과갈瓜葛 같구나!"

　王長豫幼便和令, 丞相愛恣甚篤; 每共圍棊, 丞相欲擧行, 長豫按指不聽.

　丞相笑曰:「詎得爾? 相與似有瓜葛!」

【王長豫】王悅. 일찍 죽어 후손이 없자, 아우인 王恬의 아들 混을 양자로 삼음.《晉書》65에 전이 있음.

【丞相】王丞相. 王導(276~339). 자는 茂弘. 어릴 때 자는 阿龍. 王敦의 從弟. 서진이 망하자 王敦과 함께 司馬睿를 황제로 추대하여 東晉을 세움. 그 공으로 丞相이 되었으며 號를 '仲父'라 하였음. 천하의 권세를 잡아 당시

"王與馬, 共天下"라 하였음. 元帝와 明帝, 成帝를 차례로 즉위시켰음. 아울러 남방 세족의 도움으로 강남에서 동진 정권을 안정시킴. 《晉書》(65)에 전이 있음.
【瓜葛】둘 모두 넝쿨이 있어 서로 얽히는 식물. 여기서는 친척관계를 뜻함.
劉孝標 注를 볼 것.

참고 및 관련 자료

1. 劉孝標 注
『蔡邕曰:「瓜葛, 疎親也.」
2. 楊勇 〈校箋〉
「晉書王悅傳作「相與有瓜葛, 那得爾邪?」瓜葛, 魏明帝種瓜篇:「與君新爲昏, 瓜葛相結連.」今於棊當殺之時, 易介於情誼, 又不能殺之以盡, 故按指不動. 猶瓜葛之情難以切斷也.」

956(25-17)

명제(明帝, 司馬紹)가 주백인(周伯仁, 周顗)에게 물었다.

"유진장(劉眞長, 劉惔)은 어떤 인물이오?"

주백인은 이렇게 대답하였다.

"그는 무게가 천근이나 나가는 거세한 힘센 수소입니다."

왕공(王公, 王導)이 이 말을 듣고 웃었다. 이에 주백인은 다시 이렇게 설명하였다.

"늙어 뿔이 굽은 어미 소처럼 사람의 뜻을 알아차려 부려먹기에 좋은 것만 못하지요."

明帝問周伯仁:「眞長何如人?」

答曰:「故是千斤犗特」

王公笑其言.

伯仁曰:「不如捲角牸, 有盤辟之好」

【明帝】司馬紹. 元帝(司馬睿)의 맏아들이며 東晉의 제 2대 황제. 자는 道畿.
재위 3年(323~326). 묘호는 肅宗.《晉書》(6)에 기가 있음.

【周伯仁】周顗(269~322). 자는 伯仁. 周俊의 장자로 吏部尙書郎, 荊州刺史를
지냄. 僕射로 임명되자 술에 취해 사흘 만에 깨어나 "三日僕射"란 별명을
들음. 王敦에게 피살되어 "我雖不殺伯仁, 伯仁由我而死"의 고사를 낳음.
《晉書》(69)에 전이 있음.

【劉眞長】劉尹. 劉惔. 字는 眞長. 劉宏의 손자로 沛國 相 땅 출신. 明帝
(323~326 재위)의 廬陵長公主에게 장가들어 駙馬가 됨. 司從左長史, 侍中,
丹陽尹 등을 지냄. 36세에 죽어 孫綽이 "居官無官官之事, 處事無事事之心"
이라 誄文을 지어 명언이라 하였음.《晉書》(75)에 전이 있음.

【犗】거세하여 힘을 쓰게 한 소. 음은 '할'.

【王公】王丞相. 王導(276~339). 자는 茂弘. 어릴 때 자는 阿龍. 王敦의 從弟.
서진이 망하자 王敦과 함께 司馬睿를 황제로 추대하여 東晉을 세움. 그
공으로 丞相이 되었으며 號를 '仲父'라 하였음. 천하의 권세를 잡아 당시
"王與馬, 共天下"라 하였음. 元帝와 明帝, 成帝를 차례로 즉위시켰음. 아울러
남방 세족의 도움으로 강남에서의 동진 정권을 안정시킴.《晉書》(65)에 전이
있음.

【牸】어미 소. 음은 '자'.

【盤辟】천천히 周旋進退함. 雙聲連綿語. 어미소는 늙어 힘은 없으나 유순하여
부리기에 쉬움. 그러나 周伯仁이 '수소가 아니라 늙은 어미소에 비유하여
말을 바꾸어 상대의 기분을 풀어준 것'(三民本)이라 보기도 하며, 이는 王導가
늙어 일을 결단력 있게 처리하지 못함을 희롱한 것으로 본 것이라 함.

1. 楊勇 〈校箋〉

『犐, 去勢之牛; 犍牛也. 特, 牡牛; 父牛也. 馬之牡者亦稱特. 言其任重致遠, 國之良材也.』

2. 楊勇 〈校箋〉

『牸, 牝牛; 母牛也. 馬之牝者亦稱牸.』

3. 楊勇 〈校箋〉

『盤辟, 卽槃辟, 盤旋也. 漢書何武進傳: 「槃辟雅拜.」又儒林傳注引蘇林曰: 「不知經, 但能盤辟爲禮容.」』

4. 劉孝標 注

『以戲王也.』

957(25-18)

왕승상(王丞相, 王導)이 주백인(周伯仁, 周顗)의 무릎을 베고 누워 승상의 배를 가리키며 물었다.

"그대의 이 뱃속에는 무엇이 들어 있소?"

주백인은 이에 이렇게 대답하였다.

"이 속은 텅텅 비어 아무것도 없지만, 그대 같은 무리 수백 명은 담을 수 있소."

王丞相枕周伯仁膝, 指其腹曰: 「卿此中何所有?」

答曰: 「此中空洞無物, 然足容卿輩數百人.」

【王丞相】王導(276~339). 자는 茂弘. 어릴 때 자는 阿龍. 王敦의 從弟. 서진이
망하자 王敦과 함께 司馬睿를 황제로 추대하여 東晉을 세움. 그 공으로
丞相이 되었으며 號를 '仲父'라 하였음. 천하의 권세를 잡아 당시 "王與馬,
共天下"라 하였음. 元帝와 明帝, 成帝를 차례로 즉위시켰음. 아울러 남방
세족의 도움으로 강남에서의 동진 정권을 안정시킴.《晉書》(65)에 전이 있음.
【周伯仁】周顗(269~322). 자는 伯仁. 周俊의 장자로 吏部尙書郎, 荊州刺史를
지냄. 僕射로 임명되자 술에 취해 사흘 만에 깨어나 "三日僕射"란 별명을
들음. 王敦에게 피살되어 "我雖不殺伯仁, 伯仁由我而死"의 고사를 낳음.
《晉書》(69)에 전이 있음.

958(25-19)

간보干寶가 유진장(劉眞長, 劉惔)에게 자기가 쓴 《수신기搜神記》를 설명
하였다. 이에 유진장은 이렇게 비유하였다.
"그대는 가히 귀신 세계의 동호董狐라 할 수 있겠군!"

干寶向劉眞長敍其《搜神記》.
劉曰:「卿可謂鬼之董狐!」

【干寶】자는 令升(?~336). 元帝 때에 著作郎을
거쳐 元帝 때 領修國史가 되어 《晉紀》 20권을
저술하였으며 散騎常侍를 지냄. 陰陽 術數와
鬼神 靈異의 變化에 대한 逸事, 逸話를 모은
《搜神記》 30권(지금은 20권이 남음)과 《春秋左氏

干寶《搜神記》四庫全書本

義外傳》등이 전함.《晉書》(82)에 전이 있음.

【劉眞長】劉尹. 劉惔. 字는 眞長. 劉宏의 손자로 沛國 相 땅 출신. 明帝 (323~326 재위)의 盧陵長公主에게 장가들어 駙馬가 됨. 司從左長史, 侍中, 丹陽尹 등을 지냄. 36세에 죽어 孫綽이 "居官無官官之事, 處事無事事之心" 이라 誄文을 지어 명언이라 하였음.《晉書》(75)에 전이 있음.

【搜神記】干寶(?~336)가 陰陽 術數와 鬼神 靈異의 變化에 대한 逸事, 逸話를 모은 것으로 원래 30권이었으나 지금은 20권이 전함.

【董狐】춘추시대 晉나라 사관.《左傳》宣公 2년에 晉 靈公이 무도하여 趙盾이 여러 차례 간언을 하자 그를 죽이려 하였다. 이에 趙盾은 도망하고 그의 族弟 趙穿이 영공을 죽였다. 趙盾이 귀국하자 동호는 "趙盾弑其君" 이라 기록하여 결국 趙盾 때문에 영공이 시살 당하였음을 밝혔다. 孔子가 이를 두고 "古之良史"라 칭찬하였다. 그러나 여기서는 사람의 역사를 쓰지 않고 귀신의 역사 따위나 쓴다고 비꼰 것임.

참고 및 관련 자료

1.《中興書》

寶字令升, 新蔡人. 祖統, 吳奮武將軍. 父瑩, 丹陽丞. 寶少貳博學才器箸稱, 歷散騎常侍.

2.《孔氏志怪》

寶父有嬖人, 寶母至妬, 葬寶父時, 因推箸藏中. 經十年而母喪, 開墓, 其婢伏棺上, 就視猶暖, 漸有氣息. 輿還家, 終日而蘇. 說寶父常玫飲食, 與之接寢, 恩情如生. 家中吉凶, 輒語之, 校之悉驗. 平復數年後方卒. 寶因作《搜神記》, 中云有所感起是也.

3.《春秋傳》

趙穿攻晉靈公於桃園, 趙宣子未出境而復. 太史書:「趙盾弑其君.」宣子曰: 「不然.」對曰:「子爲正卿, 亡不越境, 反不討賊, 非子而誰?」孔子曰:「董狐, 古之良史也! 書法不隱. 趙盾, 古之賢大夫也! 爲法受惡.」

959(25-20)

    허사문(許思文, 許璪)이 고화顧和를 찾아갔더니, 고화는 이미 침대에 장막을 가리고 잠을 자고 있었다. 허사문은 도착하자 곧바로 그의 침대 귀퉁이를 차지하여 베개를 베고 함께 말을 나누었다. 그리고 다시 고화를 깨워 함께 외출하게 되었다. 고화는 이에 좌우 신하에게 명하여 궤짝 위의 새옷을 갖다 달라고 하였다. 그리고는 입고 있던 옷을 벗어 바꾸어 입었다. 이를 보고 있던 허사문이 웃으며 이렇게 말하였다.

    "그대에게도 외출복이라는 것이 있소?"

    許思文往顧和許, 顧先在帳中眠, 許至, 便徑就牀角枕共語. 旣而喚顧共行; 顧乃命左右取几上新衣, 易己體上所箸.
    許笑曰:「卿乃復有行來衣乎?」

【許思文】許璪. 〈宋本〉에는 許琛으로 되어 있으며 許思文이라 하였으나 모두 오기임. 〈雅量篇〉 참조.

【顧和】자는 君孝(285~351). 吳郡 사람으로 尚書令과 侍中을 지냈으며 죽은 뒤 司空에 추증됨. 《晉書》(83)에 전에 있음.

【牀角枕】'침상의 모서리에 가서 침(枕, 동사)하다'로 보는 풀이(三民本)와 '角枕'을 뿔 모양을 장식한 베개(貴州本)로 보는 등 견해가 다름.

> 참고 및 관련 자료

1. 《晉百官名》
許璪字思文, 義興陽羨人.

960(25-21)

강승연康僧淵은 눈이 깊고 코가 오똑하여 왕승상(王丞相, 王導)이 매번 이를 놀렸다. 이에 승연은 이렇게 대꾸하였다.

"코란 얼굴에 있어서의 산이요, 눈이란 얼굴에 있어서 못과 같은 것. 산이 높지 않으면 영기靈氣가 없고 못이 깊지 않으면 맑을 수가 없는 법이지요."

康僧淵目深而鼻高, 王丞相每調之.

僧淵曰:「鼻者面之山, 目者面之淵; 山不高則不靈, 淵不深則不清」

【康僧淵】 진나라 때의 高僧. 西域人. 成帝 때에 康法暢·支敏度 등과 함께 渡江하여 東晉에 옴. 뒤에 豫章山에 절을 세우고 불경을 강론함. 慧皎의 《高僧傳》(4)에 전이 있음.

【王丞相】 王導(276~339). 자는 茂弘. 어릴 때 자는 阿龍. 王敦의 從弟. 서진이 망하자 王敦과 함께 司馬睿를 황제로 추대하여 東晉을 세움. 그 공으로 丞相이 되었으며 號를 '仲父'라 하였음. 천하의 권세를 잡아 당시 "王與馬, 共天下"라 하였음. 元帝와 明帝, 成帝를 차례로 즉위시켰음. 아울러 남방 세족의 도움으로 강남에서의 동진 정권을 안정시킴. 《晉書》(65)에 전이 있음.

참고 및 관련 자료

1.《管輅別傳》
鼻者, 天中之山.
2.《相書》
鼻之所在爲天中, 鼻有山象, 故曰山.

하차도(何次道, 何充)가 와관사瓦官寺에 가서 심히 부지런히 예불을 드렸다.
이를 두고 완사광(阮思曠, 阮裕)이 이렇게 운을 떼었다.
"그대의 뜻은 우주宇宙보다 큽니다. 용기는 고금 이래 누구보다 높소!"
그러자 하충이 물었다.
"그대는 오늘 무슨 이유로 갑자기 남을 그렇게 추켜세우십니까?"
완사광은 이렇게 비꼬았다.
"나는 천호千戶 정도의 군수郡守 자리 하나 얻게 해달라고 여러 차례
빌었지만, 아직도 이를 얻지 못하고 있소. 그런데 그대는 부처가 되겠다고
소원을 빌고 있으니, 역시 큰 것이 아니겠소?"

何次道往瓦官寺禮拜甚勤.

阮思曠語之曰:「卿志大宇宙, 勇邁終古!」

何曰:「卿今日何故忽見推?」

阮曰:「我圖數千戶郡, 尚不能得; 卿迺圖作佛, 不亦大乎?」

【何次道】何充(292~340). 자는 次道. 王敦의 主簿를 거쳐 驃騎將軍이 됨.
會稽內史, 侍中, 驃騎將軍, 揚州刺史를 거쳐 司空을 추증받음. 佛寺 증수에
많은 돈을 썼다 함. 《晉書》(77)에 전이 있음.
【瓦官寺】東晉 때 유명한 사찰. 364년 惠力이 창건. 지금의 南京市에 있음.
【阮思曠】阮裕(300?~360?). 자는 思曠. 처음 王敦의 主簿였으나 왕돈이 찬위의
뜻을 품고 있음을 알고 술과 광달한 행동을 보임으로써 이를 면함. 臨海
太守와 東陽太守를 지낸 다음 벼슬에 뜻을 버리고 剡山으로 은거하였음.
뒤에 다시 吏部郎, 秘書監, 侍中, 散騎常侍, 金紫光祿大夫 등의 직책으로
부름을 받았으나 나가지 않음. 《晉書》(49)에 전이 있음. 宋 武帝(劉裕)의

이름을 피휘하여 阮光祿, 阮主簿, 阮公, 阮思曠이라 부름.
【宇宙】《尸子》에 "天地四方曰宇, 往古來今曰宙"라 함.

1. 劉孝標 注
『充崇釋氏, 甚加敬也.』

962(25-23)

유정서(庾征西, 庾翼)가 크게 군사를 인솔하여 호胡를 치러 나섰다. 이미 출발해서 양양襄陽까지만 가서 멈추고 말았다. 은예장(殷豫章, 殷羨)이 이를 비난하여 그에게 편지를 보내면서 동시에 부러진 여의如意도 함께 보내어 조롱하였다. 유정서는 이렇게 답을 보냈다.

"그대가 보내 주신 것은 비록 깨어진 것이지만, 다시 수리해서 쓸 만하오."

庾征西大擧征胡, 旣成行, 止鎭襄陽; 殷豫章與書, 送一折角如意以調之. 庾答書曰:『得所致, 雖是敗物, 猶欲理而用之.』

【庾征西】庾翼(303~345). 字는 稚恭. 太傅 庾亮의 동생. 征西將軍과 荊州刺史를 지냄. 庾征西로도 불림.《晉書》(73)에 전이 있음.
【襄陽】湖北. 襄陽縣.

【殷豫章】殷羨. 殷洪喬. 자는 洪喬. 殷浩의 아버지. 殷融(洪遠)의 형. 陳郡 출신
    으로 豫章太守, 長沙太守 등을 지냈으며 貪嗇하기로 이름이 났음.
【如意】긁개(撥杖). 〈雅量篇〉 참조. 부러진 如意를 보낸 것은 중간에 멈추어
    如意치 않음을 조롱한 것.

1. 《晉陽秋》
翼率衆入沔, 將謀伐狄, 旣至襄陽, 狄尙彊, 未可決戰. 會康帝崩, 兄冰薨, 留長
子方之守襄陽, 自馳還夏口.
2. 楊勇 〈校箋〉
『此則諧音照原子讀. 折角如意者, 不全如其意也. 戲言庾之征胡, 未必能如意成
事也.』

963(25-24)

환대사마(桓大司馬, 桓溫)가 큰 눈이 내리는 날을 틈타 사냥을 떠나려
하였다. 먼저 왕(王, 王濛)·유(劉, 劉惔)의 집을 들렀다. 그런데 진장(眞長, 劉惔)은
대사마가 행장을 너무 죄어 맨 것을 보고 이렇게 물었다.
"영감탱이가 그렇게 차려입고 뭘 하겠다는 것입니까?"
이에 대사마는 이렇게 대답하였다.
"내가 만약 이렇게 하지 않으면 너희들이 어찌 편히 앉아 청담淸談을
나눌 수 있겠는가?"

桓大司馬乘雪欲獵, 先過王·劉諸人許, 眞長見其裝束單急,
問:「老賊欲持此何作?」

桓曰:「我若不爲此, 卿輩亦那得坐談?」

【桓大司馬】桓宣武. 桓公. 桓溫(312~373). 자는 元子. 明帝의 사위. 荊州刺史를
지냈으며, 蜀을 정벌하고 前秦을 쳐부숨. 簡文帝를 세우고 자신이 다시
왕위를 빼앗고자 하였음. 시호는 武侯. 그의 아들 桓玄이 드디어 제위를
찬탈하여 楚나라를 세운 다음 아버지 환온을 宣武皇帝로 추존함.《晉書》
(99)에 전이 있음.

【王·劉】王濛과 劉惔.

【眞長】劉惔. 丹陽尹을 지내어 劉尹으로도 부름. 字는 眞長. 劉宏의 손자로
沛國 相 땅 출신. 明帝(323~326 재위)의 廬陵長公主에게 장가들어 駙馬가
됨. 司從左長史, 侍中, 丹陽尹 등을 지냄. 36세에 죽어 孫綽이 "居官無官官
之事, 處事無事事之心"이라 誄文을 지어 명언이라 하였음.《晉書》(75)에 전이
있음.

【我若不爲此, 卿輩亦那得坐談】이는 大司馬가 복장을 단단히 죄어 매고 사냥
등을 통해 武術을 연마, 國防에 힘쓰고 있음을 자랑한 것임.

참고 및 관련 자료

1.《語林》

宣武征還, 劉尹數十里迎之, 桓都不語, 直云:「垂長衣, 談淸言. 竟是誰功?」
劉答曰:「晉德靈長, 功豈在爾?」二說小異, 故詳載之.

964(25-25)

저계야(褚季野, 褚裒)가 손성孫盛에게 물었다.

"그대가 쓰고 있다는 역사책은 완성되었소?"

이에 손성은 이렇게 대답하였다.

"일찍이 마쳤어야 하나 공무에 바빠 오늘까지 미루고 있었소."

그러자 저계야는 이렇게 말하였다.

"옛날에 술이부작述而不作이라 하였는데 그대는 어찌 반드시 잠실蠶室에 갇혀 있어야 해낼 수 있다고 여기십니까?"

褚季野問孫盛:「卿國史何當成?」

孫云:「久應竟; 在公無暇, 故至今日」

褚曰:「古人『述而不作』, 何必在蠶室中?」

【褚太傅】褚裒(303~349). 자는 季野. 東晉 康帝(343~344 재위)의 장인이며 後趙를 토벌하러 나섰으나 병을 얻어 귀환 중에 죽음. 뒤에 都亭侯에 봉해 졌으며 侍中太傅에 추증됨.《晉書》(93)에 전이 있음.

【孫盛】자는 安國(302?~373). 어릴 때 渡江하여 殷浩와 이름을 같이함. 차례로 陶侃·庾亮·桓溫의 막부에서 일하였고 著作郞, 秘書監을 거쳐 侍中에 오름. 학문에 뛰어나《魏氏春秋》,《晉陽秋》,《易象妙於見形論》등을 지음.《晉書》 (82)에 전이 있음.

【述而不作】《論語》述而篇에 "子述而不作, 信而好古"의 구절. 기술은 하되 창작은 하지 않는다는 뜻. 여기서는 '지으려 애쓰지 말고 그저 전술(傳述) 하면 될 것을 뭐 그리 잘난 척하는가'라고 비꼰 것임.

【蠶室】司馬遷이《史記》를 쓸 때 밀실에 갇혀 썼음. 이를 蠶室에 비유한 것. 흔히 역사서나 저술에 힘을 쏟느라 갇혀 있음을 말함.

1.《漢書》

李陵降匈奴, 武帝甚怒, 太史令司馬遷盛明陵之忠; 帝以遷爲陵遊說, 下遷腐刑.
乃述唐虞以來, 至于獲麟, 爲史記. 遷與任安書曰:「李陵旣生降, 僕又茸之以
蠶室.」(蘇林 注:『腐刑者, 作密室蓄火, 時如蠶室; 舊時平陰有蠶室獄.』)

965(25-26)

　　사공(謝公, 謝安)은 동산東山에 은거하면서 조정에서 수없이 하달되는 벼슬
하라는 요구에도 움직이지 않다가 뒤에 환선무(桓宣武, 桓溫)의 사마司馬로
벼슬길에 나설 것을 허락하였다. 이에 신정新亭을 출발할 때 많은 인물들이
나와 그를 쳐다보며 송행送行하였다. 고령(高靈, 高崧)은 당시 중승中丞 벼슬에
있었는데, 역시 이 자리에 있었다. 그는 먼저 술을 마신 상태였다. 이에 마치
취한 것처럼 해서 이렇게 조롱하였다.

　　"그대가 여러 번 조정의 요구를 어기면서 동산에 은거할 때 백성들은
서로 이르기를 '사안이 벼슬길로 나서 주지 않으면 누가 이 백성들을 구해
주리오?'라 하였습니다. 지금 그대가 나왔으니 이제 백성들은 어떻게
당신을 대해야 할까요?"

　　사안은 웃으면서 아무 대답을 하지 못하였다.

謝公在東山, 朝命屢降而不動; 後出爲桓宣武司馬, 將發
新亭, 朝士咸出瞻送. 高靈時爲中丞, 亦往相祖; 先時, 多少飮酒

因倚如醉, 戲曰:「卿屢違朝旨, 高臥東山, 諸人每相與言,
『安石不肯出, 將如蒼生何?』今亦蒼生將如卿何?」
　　謝笑而不答.

【謝公】謝安. 字는 安石(320~385). 謝裒의 아들이며 謝琰(望蔡)의 아버지.
謝奕의 동생. 덕망이 있고 기개가 높아 桓彝, 王濛의 사랑을 받음. 처음에는
벼슬에 뜻을 버리고 王羲之, 支遁 등과 산수를 즐기며 조정의 부름에
응하지 않았으나 40이 넘어 桓溫의 司馬를 거쳐 吳興太守, 侍中, 吏部尚書,
太保錄尚書事 등의 관직을 지냄. 뒤에 다시 太傅에 추증되었으며 시호는
文靖.《晉書》(79)에 전이 있음.
【東山】會稽山 근처. 지금의 浙江省 上虞縣 서남 45리 있음. 隱居의 뜻으로
쓰임.
【桓宣武】桓公. 桓溫(312~373). 자는 元子. 明帝의 사위. 荊州刺史를 지냈으며,
蜀을 정벌하고 前秦을 쳐부숨. 簡文帝를 세우고 자신이 다시 왕위를 빼앗고자
하였음. 시호는 武侯. 그의 아들 桓玄이 드디어 제위를 찬탈하여 楚나라를
세운 다음 아버지 환온을 宣武皇帝로 추존함.《晉書》(99)에 전이 있음.
【新亭】晉의 수도. 建康 남쪽.〈言語篇〉참조.
【高靈】高崧. 어릴 때의 자는 阿靈(阿𨿽). 高侍中. 자는 茂琰. 史學에 밝았으며
吏部郎, 侍中을 지냄.

　　　참고 및 관련 자료

1. 劉孝標 注
『婦人集載桓玄問王凝之妻謝氏曰:「太傅東山二十餘年, 遂復不終, 其理云何?」
　謝答曰:「亡叔太傅先正, 以無用爲心, 顯隱爲優劣, 始末正當動靜之異耳.』

966(25-27)

처음 사안謝安이 동산東山에 포의布衣로 살고 있을 때 그의 형제들 중에는 이미 부귀한 자가 많아, 집안 식구들이 모일 때면 모두 그들에게 기울곤 하였다. 이를 보다 못한 그의 아내 유부인劉夫人이 남편 사안에게 이런 농담으로 심기를 털어놓았다.

"대장부라면 마땅히 그 정도는 되어야 하는 것 아닙니까?"

이 말에 사안은 코를 매만지며 이렇게 응수하였다.

"나는 다만 그런 부귀영화로부터 벗어나지 못할까 걱정인데!"

初, 謝安在東山居, 布衣; 時兄弟已有富貴者, 翕集家門, 傾動人物.

劉夫人戲謂安曰:「大丈夫不當如此乎?」

謝乃捉鼻曰:「但恐不免耳!」

【謝安】字는 安石(320~385). 謝裒의 아들이며 謝琰(望蔡)의 아버지. 謝奕의 동생. 덕망이 있고 기개가 높아 桓彝, 王濛의 사랑을 받음. 처음에는 벼슬에 뜻을 버리고 王羲之, 支遁 등과 산수를 즐기며 조정의 부름에 응하지 않았으나 40이 넘어 桓溫의 司馬를 거쳐 吳興太守, 侍中, 吏部尙書, 太保錄尙書事 등의 관직을 지냄. 뒤에 다시 太傅에 추증되었으며 시호는 文靖. 《晉書》(79)에 전이 있음.

【東山】會稽山 근처의 산으로 隱居의 땅으로 널리 알려짐.

【劉夫人】謝安의 처로서 劉耽의 딸이며, 劉惔의 누이. 《晉書》謝安傳 참조.

967(25-28)

지도림(支道林, 支遁)이 사람에게 부탁하여 심공深公에게 앙산岬山을 사겠다는 뜻은 전하도록 하였다.

심공은 이렇게 대답하였다.

"아직껏 소부巢父와 허유許由가 산을 사서 은거하였다는 소리를 듣지 못하였소이다!"

支道林因人就深公買岫山.

深公答曰:「未聞巢·由買山而隱!」

【支道林】林公. 支公. 支遁. 晉나라 때의 道僧. 河內 林廬人으로 속성은 關氏. 25세 때 출가하여 53세 때 洛陽에서 入滅함. 支硏山에 은거하여 支遁. 支道林, 林公 등으로 불림. 梁 慧皎《高僧傳》(4)에 支遁傳이 있음.

【深公】竺法深(286~374). 진나라 때의 고승. 이름은 潛. 일명 道潛. 18세에 출가하여 中州 劉元眞을 사사하였으며, 元嘉 초에 난을 피하여 강남으로 내려옴. 元帝와 明帝 때에 승상 王導와 태위 庾亮이 그를 매우 우대하였음. 만년에 剡山으로 은거하여 원근 제자들이 모여들었음. 佛法과 老莊에 밝아 황제의 부름으로 자주 궁중법회를 열기도 하였음. 慧皎《高僧傳》(4)에 전이 있음.

【岫山】浙江 剡縣에 있는 산.

【巢父·許由】고대의 은자. 堯임금에게 천하를 물려주려 하자 箕山으로 숨어 귀를 씻었다 함.

참고 및 관련 자료

1.《逸士傳》

巢父者, 堯時隱人. 山居, 不營世利, 年老以樹爲巢, 而寢其上, 故號巢父.

2.《沙門傳》高逸

遁得深公之言, 惄惄而已.

968(25-29)

　왕몽王濛과 유담劉惔은 채공(蔡公, 蔡謨)을 존중하지 않았다. 한 번은 두
사람이 채공을 찾아가 한참 말을 나누다가 채공에게 이렇게 물었다.

　"그대를 왕이보(王夷甫, 王衍)와 비교한다면 어떻소?"

　이에 채공은 간단히 둘러댔다.

　"왕이보만 못하지요."

　그러자 왕몽과 유염은 서로 눈짓하며 웃고는 이렇게 물었다.

　"그대는 어느 점이 그만 못하다 여기오?"

　채공은 이렇게 대답하였다.

　"왕이보에게는 너희 같은 무뢰객이 없는 것에 비한다면!"

　王·劉每不重蔡公, 二人嘗詣蔡, 語良久, 乃問蔡曰:「公自
言何如夷甫?」

　答曰:「身不如夷甫.」

　王·劉相目而笑曰:「公何處不如?」

　答曰:「夷甫無君輩客!」

【王·劉】 王濛과 劉惔.
【蔡公】 蔡謨(281~356). 자는 道明. 蔡克의 아들. 侍中을 거쳐 康帝 때 侍中司
　徒에 오름. 시호는 文穆. 《晉書》(77)에 전이 있음. 濟陽男에 봉해짐.
【王夷甫】 王衍(256~311). 자는 夷甫. 王乂의 아들이며 王玄의 父. 죽림칠현의
　하나인 王戎의 從弟. 太尉를 지냄. 《晉書》(43)에 전이 있음.

969(25-30)

　장오흥(張吳興, 張玄之)은 나이 여덟이 되어 이가 빠졌다. 그보다 나이 많은
이들은 그가 평범하지 않음을 알고 그를 놀려 이렇게 물었다.
　"그대 입 안에 어찌 개구멍을 만들어 놓았어?"
　그러자 장오흥은 즉시 이렇게 응수하였다.
　"그대들 같은 무리들이 이 속으로 들락날락하게 하려 함이다!"

　張吳興年八歲虧齒, 先達知其不常, 故戲之曰:「君口中
何爲開狗竇?」
　張應聲答曰:「正使君輩從此中出入!」

【張吳興】 張玄. 자는 祖希. 顧和의 外孫. 吏部尚書, 冠軍將軍, 吳興太守, 會稽
　內史 등을 지냈으며 謝玄과 병칭되어 "南北二玄"이라 함. 張玄之로도 부름.

970(25-31)

　학륭郝隆이 7월 7일 밖에 나가 배를 내밀고 누워 햇볕을 쬐고 있었다.
어떤 이가 그 까닭을 묻자 이렇게 대답하였다.
　"책을 말린다!"

郝隆七月七日, 出日中仰臥. 人問其故?
答曰:「我曬書!」

【郝隆】 자는 左治. 征西參軍을 지냄.

　　　　참고 및 관련 자료

　1.《征西寮屬名》
隆字佐治, 汲郡人. 仕至征西參軍.
　2. 중국에는 7월 7일에 옷을 말리는 풍습이 있는데 郝隆은 자신의 배를
내놓고 쬐면서 자기의 지식과 학문을 자랑한 것.
　3.《蒙求》上
人皆曬衣書, 惟隆於庭向日仰臥. 人問之, 答曰:「我曬腹中書耳.」
　4.《藝文類聚》4·《事類賦》5·《太平御覽》31 (모두《世說》을 인용)

사태부(謝太傅, 謝安)는 처음에 동산東山에 은거할 뜻이 있었으나, 뒤에 엄명嚴命이 계속 날아들어 할 수 없이 환공(桓公, 桓溫)의 사마司馬 벼슬로 나가게 되었다.

이때 어떤 사람이 환공에게 약초를 보내주었는데, 그 중에 원지遠志라는 약이 있었다. 환공이 이를 집어들고 사안에게 물었다.

"이것은 이름이 소초小草라고도 하는데 어찌 같은 물건에 이름이 둘이나 되오?"

사안은 대답을 하지 못하였다. 이때 학륭郝隆이 곁에 앉아 있다가 말이 떨어지기 무섭게 이렇게 대답하였다.

"아주 쉽게 풀이할 수 있지요. 그대로 처處하고 있으면 원지라 하고, 출出하면 소초라 불리는 것이지요."

사태부는 이 말을 듣자 몹시 부끄러웠다. 이를 눈치챈 환온桓溫이 사태부에게 눈짓하면서 이렇게 말하였다.

"학참군郝參軍의 이번 대답은 악담은 아니야. 역시 극히 맞아떨어지기도 하고."

太傅始有東山之志, 後嚴命屢臻, 勢不獲已, 始就桓公司馬. 于時人有餉桓公藥草, 中有「遠志」, 公取以問謝:「此藥又名『小草』, 何以一物而有二稱?」

謝未卽答. 時郝隆在坐, 應聲答曰:「此甚易解: 處則爲遠志, 出則爲小草.」

謝甚有愧色.

桓公目謝而笑曰:「郝參軍此通乃不惡, 亦極有會.」

【太傅】謝安. 字는 安石(320~385). 謝裒의 아들이며 謝琰(望蔡)의 아버지. 謝奕의 동생. 덕망이 있고 기개가 높아 桓彝, 王濛의 사랑을 받음. 처음에는 벼슬에 뜻을 버리고 王羲之, 支遁 등과 산수를 즐기며 조정의 부름에 응하지 않았으나 40이 넘어 桓溫의 司馬를 거쳐 吳興太守, 侍中, 吏部尙書, 太保錄尙書事 등의 관직을 지냄. 뒤에 다시 太傅에 추증되었으며 시호는 文靖.《晉書》(79)에 전이 있음.

【東山】會稽山 근처의 은거지.

【嚴命】나와서 벼슬하라는 재촉을 뜻함.

【桓公】桓宣武. 桓溫(312~373). 자는 元子. 明帝의 사위. 荊州刺史를 지냈으며, 蜀을 정벌하고 前秦을 쳐부숨. 簡文帝를 세우고 자신이 다시 왕위를 빼앗고자 하였음. 시호는 武侯. 그의 아들 桓玄이 드디어 제위를 찬탈하여 楚나라를 세운 다음 아버지 환온을 宣武皇帝로 추존함.《晉書》(99)에 전이 있음.

【郝隆】자는 佐治. 晉나라 汲郡 출신으로 征西參軍을 지냄.

【遠志】약초 이름. 땅 속에 그대로 있어 캐지 않았을 때는 遠志라 하고 캐어 약재로 만들었을 때는 小草라 함.

【出處】出은 벼슬하러 나가는 것. 處는 초야야 묻혀 은둔하는 것. 학륭이 이에 빗대어 원대한 뜻(遠志)의 處가 결국 조그만 풀(小草)의 出이 되었다고 비꼰 것임.

참고 및 관련 자료

1.《本草綱目》
遠志, 一名棘宛; 其葉名小草.

　유원객(庾園客, 庾爰之)이 비서감 손성孫盛의 집을 찾아갔더니 마침 손성은 외출하고 없었다. 그런데 손성의 아들 제장(齊莊, 孫放)이 밖에서 놀고 있었는데 아직 어린 나이였지만 매우 똑똑해 보였다.

　이에 유원객이 시험 삼아 물어보았다.

　"손안국(孫安國, 孫盛)이 어디 있느냐?"

　그러자 그는 즉시 이렇게 대답하는 것이었다.

　"유치공(庾稚恭, 庾翼)의 집에 있지요!"

　유원객은 크게 웃으면서 이렇게 비꼬았다.

　"여러 '손孫'씨들이 크게 '성盛'하였다 하더니 이런 아이가 있었던가?"

　그러자 이 아이는 다시 이렇게 받았다.

　"여러 '유庾'씨들이 '익익翼翼'한 것만 못하지요."

　손제장은 돌아와 다른 사람에게 이렇게 자랑하였다.

　"내가 이겼지. 그 놈의 아버지 이름을 두 번이나 불렀으니!"

庾園客詣孫監, 值行, 見齊莊在外, 尙幼而有神意.

庾試之曰:「孫安國何在?」

卽答曰:「庾稚恭家」

庾大笑曰:「諸孫大『盛』, 有兒如此?」

又答曰:「未若諸庾之『翼翼』」

還, 語人曰:「我故勝, 得重喚奴父名!」

【庾園客】〈宋本〉에는 庾爰客으로 되어 있으나 오기임. 庾爰之. 자는 仲眞. 庾翼의 둘째아들.

【孫盛】 자는 安國(302?~373). 어릴 때 渡江하여 殷浩와 이름을 같이함. 차례로
　陶侃·庾亮·桓溫의 막부에서 일하였고 著作郞, 秘書監을 거쳐 侍中에 오름.
　학문에 뛰어나 《魏氏春秋》, 《晉陽秋》, 《易象妙於見形論》 등을 지음. 《晉書》
　(82)에 전이 있음.
【齊莊】 孫放. 자는 齊莊. 孫盛의 둘째아들. 孫盛의 첫째아들은 齊由. 둘 모두
　《晉書》(82)에 傳이 있음.
【諸孫大盛】 孫盛의 이름을 불러 戲謔한 것.
【諸庾之翼翼】 庾翼의 이름 중에 '翼'을 두 번 불러 더욱 戲謔하였음을 뜻함.

┌─────────────────┐
│ 참고 및 관련 자료 │
└─────────────────┘

1. 《晉書》 庾翼傳
表第二子爰之行輔國將軍.

2. 《孫放別傳》
放兄弟並秀異. 與庾翼子園客同爲學生. 園客少有佳稱, 因談笑嘲放曰:「諸孫
於今爲盛」盛, 監君諱也. 放卽答曰:「未若諸庾之翼翼」放應機制勝, 時人仰焉.
司馬景王, 陳, 鍾諸賢相酬, 無以踰也.

3. 孫盛과 庾翼의 이름을 들어 상대를 戲謔한 것임.

973(25-34)

　범현평(范玄平, 范汪)이 간문제(簡文帝, 司馬昱)와 같이 이야기 꽃을 피우고
있었다. 그러다가 왕장사(王長史, 王濛)가 오자 그를 끌면서 이렇게 부탁하였다.
"그대 나 좀 도와주게."
　왕장사는 이에 이렇게 거부하였다.
"이는 산을 뽑을 힘이 있다 해도 도와드릴 수 없는 일이군요!"

范玄平在簡文坐, 談欲屈, 引王長史曰:「卿助我!」
王曰:「此非拔山力所能助!」

【范玄平】范汪. 庾亮의 平西參軍이 되어 郭黙을 토벌하여 中書侍郎, 安北將軍, 徐州, 兗州 등의 刺史를 지냈으나 桓溫의 북벌 때 실기하여 끝내 庶人으로 강등됨. 《晉書》(75)에 傳이 있음.

【簡文帝】東晉의 제8대 황제 司馬昱. 字는 道萬. 中宗의 少子. 元帝 계실 鄭后 소생이며 司馬紹의 배다른 동생. 穆帝가 어려서 撫軍으로 보필, 뒤에 桓溫이 海西公을 폐하고 이를 세워 皇帝에 오름. 재위 2년(371~372). 《世說新語》에서는 흔히 '晉簡文', '簡文', '簡文帝', '簡文皇帝', '相王', '撫軍', '會稽王'등으로 칭함. 《晉書》(9)에 紀가 있음.

【王長史】王濛(309?~347?). 자는 仲祖. 太原 王氏. 王脩, 王蘊, 哀帝王后의 아버지. 司徒左長史를 지냄. 《晉書》(93)에 전이 있음.

참고 및 관련 자료

1. 《范汪別傳》

汪字玄平, 潁陽人. 左將軍晷之孫. 少有不常之志, 通敏多識, 博涉經籍, 致譽於時. 歷吏部尙書, 徐・兗二州刺史.

2. 《史記》項羽本紀

項羽爲漢兵所圍, 夜起歌曰:「力拔山兮氣蓋世, 時不利兮騅不逝.」

974(25-35)

    학륭郝隆이 환공(桓公, 桓溫)의 남만참군南蠻參軍이 되어 있었다. 3월 3일의 모임에서 시들을 짓게 되었는데 못 짓는 자는 벌주 석 되를 마시게 되었다.

    학륭은 시를 못 지어 이에 걸려들고 말았다. 다 마시자 문득 그는 붓을 들고 한 구절을 지었다.

    "추우가 맑은 못에 뛰노네娵隅躍淸池."

    환공이 이를 보고 물었다.

    "추우라는 게 어떤 물건이오?"

    "남만南蠻 말로 물고기를 추우라 합니다."

    그러자 환공이 다시 물었다.

    "시를 짓는데 어찌 만어蠻語를 쓰는가?"

    이에 학륭은 이렇게 말하였다.

    "천리 먼 곳에 그대의 공무를 수행키 위해 제가 남만참군이 되었는데 어찌 남만의 말을 쓰지 못한단 말입니까!"

郝隆爲桓公南蠻參軍, 三月三日會, 作詩, 不能者罰酒三斗.
隆初以不能受罰, 旣飮, 攬筆便作一句云:『娵隅躍淸池.』
桓問:「娵隅是何物?」
答曰:「蠻名魚爲娵隅.」
桓公曰:「何爲作蠻語?」
隆曰:「千里投公, 始得一蠻府參軍; 那得不作蠻語也!」

【郝隆】 자는 佐治. 晉나라 汲郡 출신으로 征西參軍을 지냄.
【桓公】 桓宣武. 桓溫(312~373). 자는 元子. 明帝의 사위. 荊州刺史를 지냈으며,

蜀을 정벌하고 前秦을 쳐부숨. 簡文帝를 세우고 자신이 다시 왕위를 빼앗고자 하였음. 시호는 武侯. 그의 아들 桓玄이 드디어 제위를 찬탈하여 楚나라를 세운 다음 아버지 환온을 宣武皇帝로 추존함. 《晉書》(99)에 전이 있음.

975(25-36)

원양(袁羊, 袁喬)이 일찍이 유희劉恢의 집을 찾아갔더니 유희는 안에서 잠을 자고 있었다. 원양은 이를 시로써 조롱하였다.

> "뿔로 만든 베개는 무늬 있는 깔개를 씌우고,   角枕粲文茵,
> 비단 이불은 긴 돗자리에서 빛나네.   錦衾爛長筵."

유희의 아내는 진晉 명제(明帝, 司馬紹)의 딸이었다. 공주는 이 시를 보자 이렇게 분풀이를 하였다.
"원양이란 자, 옛날 미친놈의 후손이로군!"

袁羊嘗詣劉恢, 恢在內眠未起, 袁因作詩調之曰: 『角枕
粲文茵, 錦衾爛長筵.』
劉尙晉明帝女; 主見詩, 不平曰: 「袁羊, 古之遺狂!」

【袁羊】袁喬. 자는 彦升. 어릴 때 자가 羊이었음. 陳郡人으로 尚書郞, 江夏相, 益州刺史를 역임함. 湘西伯에 봉해짐.
【劉恢】자는 道生. 일설에는 劉惔이 곧 劉恢라고도 함.

【詩】 이는 《詩經》 唐風의 구절로 전쟁에 짝을 잃어 홀로 외롭게 잠을 뜻함. 이에 공주가 화를 낸 것임.

【明帝】 司馬紹. 元帝(司馬睿)의 맏아들이며 東晉의 제 2대 황제. 자는 道畿. 재위 3年(323~326). 묘호는 肅宗. 《晉書》(6)에 기가 있음.

| 참고 및 관련 자료 |

1. 劉孝標 注
『唐詩序曰:「晉獻公好攻戰, 國人多喪, 其詩曰:〈角枕粲兮, 錦衾爛兮; 予美亡此, 誰與獨旦?〉」袁故嘲之.』

2. 《晉陽秋》
恢尙盧陵長公主, 名南弟.

976(25-37)

은홍원(殷洪遠, 殷融)이 손흥공(孫興公, 孫綽)에게 이런 답시答詩를 보냈다.

"애오라지 다시금 한 곡조 '방放'하시기를.   聊復放一曲."

유진장(劉眞長, 劉惔)이 이를 보고 시어가 너무 졸렬하다고 비웃으며 은홍원에게 물었다.
"그대가 하고 싶은 '방'이란 어떤 소리인가?"
그러자 은홍원은 이렇게 답하였다.
"탑랍橖臘소리도 역시 '방'이오. 하필이면 창령鎗鈴 소리만 두고 말한 것이겠습니까?"

殷洪遠答孫興公詩云:『聊復放一曲』

劉眞長笑其語拙, 問曰:「君欲云那放?」

殷曰:「榻臘亦放, 何必其鎗鈴邪?」

【殷洪遠】殷融. 殷洪喬의 아우이며 殷顗의 조부.《老子》와《周易》에 밝았으며,
《象不盡意》·《大賢須易》등의 글을 남김.〈文學篇〉참조.

【放】큰 소리로 노래를 부르거나 악기를 연주함을 뜻함.

【孫興公】孫綽. 자는 興公(314~371). 孫楚의 손자로 형 孫統과 남으로 내려와
벼슬에 뜻을 버리고〈遂初賦〉를 씀. 그 외에〈遊天台山賦〉가 유명하며 뒤에
庾亮·殷浩·王羲之의 막료를 거쳐 永嘉太守·散騎常侍를 지냄. 桓溫이 수도를
洛陽으로 옮기려 하자 상소하여 반대함. 廷尉卿에 이르렀으며 長樂侯를
습봉받음.《晉書》(56)에 전이 있음.

【榻臘】'榻臘'으로도 쓰며 북소리를 나타내는 擬聲語. 疊韻連綿語. 범어의
'새벽소리'를 음사한 것이라고도 함. 그러나 이는 西域의 거친 북을 이르는
말로 그러한 북으로도 연주할 수 있다는 뜻.

【鎗鈴】'쟁령'으로 읽으며 역시 連綿語. 종과 방울. 여기서는 고아한 악기를
뜻함. '탑랍'의 거친 악기에 상대하여 거론한 것임.

> 참고 및 관련 자료

1. 楊勇〈校箋〉

『饒固庵師曰:「榻臘, 卽梵語之灑臘也. 唐僧金剛智以金剛語言爲讚云: 其讚
詠法, 晨朝當以灑臘音韻, 午時以中音, 黃昏以破音, 中夜以第五音韻讚之.」(金剛
頂瑜伽中略出念誦經卷四) 灑臘, 爲梵語(Sadava)之漢譯, 乃古典梵樂七調
(Raga)之第五. 殷融言以榻臘(音韻)放曲, 意謂效梵音之詠放歌, 亦無不可,
何必鎗鎗鈴鈴, 如朝廷美士之爲乎? (荀子大略:「朝廷之美, 濟濟鎗鎗.」詩小
雅楚茨作「濟濟蹌蹌」, 傳云:「蹌蹌, 士之容也.」鈴鈴, 廣雅釋訓云:「聲也.」
文選孫綽遊天台山賦:「振金策之鈴鈴」鎗鈴, 殆謂朝士之動有玉佩之聲, 以喩
雅音, 與梵響之爲胡音正反.) 榻臘之爲灑臘者, 以音論之, 榻字從翕, 古翕通吸,

(如呼吸, 晉書陸機傳作〈呼翕〉, 吳書樓玄傳作〈呼翕〉) 從及聲之字亦復讀爲颯,
(如〈颯沓〉之作〈駆遟〉〈拉圾〉之爲〈拉颯〉)檜讀如颯, 則與梵語首音正符合. 唐大
曲之歇拍, 亦稱爲颭(《夢溪筆談》); 以其爲殺聲. 集韻:「悉合切, 音趿.」故知檜
宜讀如颭臘, 灑臘幷爲(Sadava)之譯語, 可無疑義. 自南齊以來, 竟陵王蕭子良
輩造經唄新聲, 梵唱遂流行于時, 故殷融以爲戲謔. 金剛智云:「中夜以第五音
韻讚.」第五音, 應爲梵樂七音之(Pancama), 漢譯謂之船涉者.』

977(25-38)

환공(桓公, 桓溫)이 사마혁司馬奕을 해서공海西公으로 폐위시키고 간문제
(簡文帝, 司馬昱)를 세웠다. 그런데 시중侍中 사공(謝公, 謝安)이 환공을 찾아와
배례를 하였다. 환공은 놀라 웃으면서 이렇게 물었다.

"안석(安石, 謝安)! 경卿은 어찌 이렇게까지 하십니까?"

사안은 이렇게 비꼬았다.

"나는 이제껏 본 적이 없습니다. 군주가 앞에서 배례를 하는데 신하가
뒤에서 뻣뻣이 서 있는 모습을!"

桓公旣廢海西, 立簡文, 侍中謝公見桓公拜; 桓驚笑曰:
「安石, 卿何事至爾?」

謝曰:「未見君拜於前, 臣立於後!」

【桓公】桓宣武. 桓溫(312~373). 자는 元子. 明帝의 사위. 荊州刺史를 지냈으며,
蜀을 정벌하고 前秦을 처부숨. 簡文帝를 세우고 자신이 다시 왕위를 빼앗고자

하였음. 시호는 武侯. 그의 아들 桓玄이 드디어 제위를 찬탈하여 楚나라를
세운 다음 아버지 환온을 宣武皇帝로 추존함.《晉書》(99)에 전이 있음.

【司馬奕】成帝의 아들. 大司馬 桓溫에 의해 폐위됨.

【簡文帝】東晉의 제8대 황제 司馬昱. 字는 道萬. 中宗의 少子. 元帝 계실
鄭后 소생이며 司馬紹의 배다른 동생. 穆帝가 어려서 撫軍으로 보필, 뒤에
桓溫이 海西公을 폐하고 이를 세워 皇帝에 오름. 재위 2년(371~372).《世說
新語》에서는 흔히 '晉簡文', '簡文', '簡文帝', '簡文皇帝', '相王', '撫軍', '會稽王'
등으로 칭함.《晉書》(9)에 紀가 있음.

【謝公】謝安. 字는 安石(320~385). 謝裒의 아들이며 謝琰(望蔡)의 아버지.
謝奕의 동생. 덕망이 있고 기개가 높아 桓彝, 王濛의 사랑을 받음. 처음에는
벼슬에 뜻을 버리고 王羲之, 支遁 등과 산수를 즐기며 조정의 부름에
응하지 않았으나 40이 넘어 桓溫의 司馬를 거쳐 吳興太守, 侍中, 吏部尙書,
太保錄尙書事 등의 관직을 지냄. 뒤에 다시 太傅에 추증되었으며 시호는
文靖.《晉書》(79)에 전이 있음.

【君主】桓溫이 君主가 되고 싶어함을 풍자한 것임.

참고 및 관련 자료

1.《晉陽秋》

海西公諱奕, 字廷齡, 成帝子也. 興寧中卽位. 少同閹人之疾, 使宮人與左右淫
通生子. 大司馬溫自廣陵還姑孰, 過京都, 以皇太后令, 廢帝爲海西公.

978(25-39)

치중희(郗重熙, 郗曇)가 사공(謝公, 謝安)에게 편지를 보내어 왕경인(王敬仁,
王脩)을 두고 이렇게 말하였다.

"듣자하니 한 젊은이가 문정問鼎의 야심을 가지고 있다 하더이다. 이는 환공(齊 桓公)의 덕이 쇠해서인지 아니면 다시 후생가외後生可畏 때문인지 모르겠습니다?"

郗重淵與謝公書, 道:「王敬仁聞一年少懷問鼎; 不知 桓公德衰, 爲復後生可畏?」

【郗重熙】 郗曇(320~361). 자는 重熙. 郗鑒의 아들이며 郗恢의 아버지. 簡文帝가 발탁하여 撫軍과 司馬를 지냈으며 뒤를 이어 尙書吏部郎, 御史中丞 北中 郞將, 丹陽尹, 徐州·兗州刺史 등을 지냄. 《晉書》(67)에 전이 있음. 〈賢媛篇〉 참조.

【謝公】 謝安. 字는 安石(320~385). 謝裒의 아들이며 謝琰(望蔡)의 아버지. 謝奕의 동생. 덕망이 있고 기개가 높아 桓彝, 王濛의 사랑을 받음. 처음에는 벼슬에 뜻을 버리고 王羲之, 支遁 등과 산수를 즐기며 조정의 부름에 응하지 않았으나 40이 넘어 桓溫의 司馬를 거쳐 吳興太守, 侍中, 吏部尙書, 太保錄尙書事 등의 관직을 지냄. 뒤에 다시 太傅에 추증되었으며 시호는 文靖.《晉書》(79)에 전이 있음.

【王敬仁】 王脩(335?~358?). 字는 敬仁. 어릴 때 字는 苟子. 太原王氏. 王濛의 아들이며 隸書에 뛰어났음. 玄談과 淸言에도 특장을 보였음. 著作郎, 文學, 中軍司馬 등을 지냄.《晉書》(93)에 전이 있음.

【問鼎】 나라를 빼앗음을 뜻함. 楚 莊王이 周나라에 이르러 九鼎의 무게를 물은 고사로 나라의 정통을 빼앗겠다는 뜻.《史記》및《戰國策》등 참조.

【桓公】 春秋五霸의 首長인 齊 桓公. 여기서는 齊 桓公의 위세가 강할 때는 楚나라가 감히 발호하지 못하였다는 뜻.《春秋傳》에 "齊桓公伐楚, 責苞芽 之不貢"이라 함.

【後生可畏】 뒤에 공부하며 따라오는 젊은이가 두렵다는 뜻.《論語》의 구절.

1.《史記》

楚莊王觀兵於周郊, 周定王使王孫滿迎勞楚王, 王問鼎大小輕重? 對曰:「在德不在鼎」莊王曰:「子無阻九鼎, 楚國折鉤之喙, 足以爲九鼎也.」

2.《論語》

後生可畏, 焉知來者之不如今?(孔安國 注:『後生, 少年.』)

979(25-40)

장창오(張蒼梧, 張鎭)는 장빙張憑의 할아버지였는데, 일찍이 장빙의 아버지 (즉 자기 아들)에게 이렇게 핀잔하였다.

"나는 너만 못하다."

장빙의 아버지는 이 뜻을 알아듣지 못하였다. 이에 창오는 이렇게 덧붙였다.

"너는 훌륭한 아들을 두었으니."

장빙은 당시 몇 살밖에 되지 않았는데, 손을 모으고 공손히 이렇게 말하였다.

"할아버지, 어찌 아들을 가지고 아버지를 희롱하십니까?"

張蒼梧是張憑之祖, 嘗語憑父曰:「我不如汝」

憑父未解所以. 蒼梧曰:「汝有佳兒」

憑時年數歲, 斂手曰:「阿翁, 詎宜以子戱父?」

【張蒼梧】張鎭. 자는 義遠. 蒼梧太守를 지냈으며 興道縣侯에 봉해짐.
【張憑】자는 長宗. 太常博士, 吏部郞, 御史中丞 등을 지냄.《晉書》(75)에 전이
있음.

> 참고 및 관련 자료

1.《張蒼梧碑》

君諱鎭, 字義遠, 吳國吳人. 忠恕寬明, 簡正貞粹. 太安中, 除蒼梧太守. 討王含
有功, 封興道縣侯.

980(25-41)

습착치習鑿齒와 손흥공(孫興公, 孫綽)은 서로 알지 못하는 사이였는데,
환공(桓公, 桓溫)과 자리를 같이하게 되었다.
환공이 손흥공에게 이렇게 말하였다.
"습참군習參軍과 이야기 좀 나누어 보실 수 있겠지요?"
손흥공은 이렇게 거부하였다.
"꿈틀거리는 남방 촌뜨기가 어찌 감히 대방大邦의 상대가 되겠습니까?"
습착치는 이 말을 받아 이렇게 대꾸하였다.
"박벌험윤薄伐玁狁이라 하였으니 태원太原까지 삼키리라."

習鑿齒·孫興公未相識, 同在桓公坐; 桓語孫:「可與習
參軍共語?」

孫云:「『蠢爾蠻荊』, 敢與『大邦爲讎』?」

習云:「『薄伐玁狁』, 至于太原.」

【習鑿齒】 자는 彦威(?~384). 襄陽人. 桓溫의 戶曹參軍을 지냈으며 뒤에
榮陽太守에 오름.《漢晉春秋》54권을 써서 蜀을 정통으로 보고 魏나라를
簒逆한 것으로 여겨 桓溫이 晉室을 엿보는 것을 비난함. 苻堅이 襄陽을
함락한 후 그를 長安까지 불러 대접함.《晉書》(82)에 전이 있음.

【孫興公】 孫綽. 자는 興公(314~371). 孫楚의 손자로 형 孫統과 남으로 내려와
벼슬에 뜻을 버리고 〈遂初賦〉를 씀. 그 외에 〈遊天台山賦〉가 유명하며 뒤에
庾亮·殷浩·王羲之의 막료를 거쳐 永嘉太守·散騎常侍를 지냄. 桓溫이 수도를
洛陽으로 옮기려 하자 상소하여 반대함. 廷尉卿에 이르렀으며 長樂侯를
습봉받음.《晉書》(56)에 전이 있음.

【桓公】 桓宣武. 桓溫(312~373). 자는 元子. 明帝의 사위. 荊州刺史를 지냈으며,
蜀을 정벌하고 前秦을 쳐부숨. 簡文帝를 세우고 자신이 다시 왕위를 빼앗고자
하였음. 시호는 武侯. 그의 아들 桓玄이 드디어 제위를 찬탈하여 楚나라를
세운 다음 아버지 환온을 宣武皇帝로 추존함.《晉書》(99)에 전이 있음.

【蠢爾~爲讎】《詩經》小雅 采芑에 "蠢爾蠻荊, 大邦爲讎"라 함. 이 시의 인용은
남방 출신임을 들어 조롱한 것.

【薄伐~太原】《詩經》小雅 六月에 "薄伐玁狁, 以奏膚公"이라 하였으며, 薄은
발어사. 玁狁은 玁狁으로도 쓰며, 漢나라 때의 匈奴라 부르던 고대 북방민족.
Hun族. 여기서는 남쪽이라 얕보지만 여차하면 북쪽 태원까지 치고 올라
갈 수 있다고 호언하여 맞받아 친 것임.

參고 및 관련 자료

1. 劉孝標 注

『小雅詩也. 毛詩注曰:「蠢, 動也, 荊蠻, 荊之蠻也. 玁狁, 北夷也.」 習鑿齒, 襄陽人;
孫興公, 太原人; 故因詩以相戲也.』

981(25-42)

환표노(桓豹奴, 桓嗣)는 왕단양(王丹陽, 王混)의 외조카였는데 그 모습이 외삼촌을 빼닮았다.

환표노는 이를 심히 꺼리고 있었다.

이에 선무(宣武, 桓溫)가 이렇게 말하였다.

"항상 똑같은 것은 아니고 어떤 때에는 비슷할 뿐이지. 또 언제나 똑같은 것은 그 겉모습인데 때때로 닮은 것은 그 신정神情이란 말이야!"

환표노는 더욱 불쾌히 여겼다.

桓豹奴是王丹陽外生, 形似其舅, 桓甚諱之.

宣武云:「不恆相似, 時似耳! 恆似是形, 時似是神!」

桓逾不說.

【桓豹奴】桓嗣. 桓沖의 長子. 《晉書》(74)에 傳이 있음.

【王丹陽】王混을 가리킴. 王恬의 아들이며 일찍이 丹陽尹을 역임함.

【宣武】桓宣武. 桓公. 桓溫(312~373). 자는 元子. 明帝의 사위. 荊州刺史를 지냈으며, 蜀을 정벌하고 前秦을 쳐부숨. 簡文帝를 세우고 자신이 다시 왕위를 빼앗고자 하였음. 시호는 武侯. 그의 아들 桓玄이 드디어 제위를 찬탈하여 楚나라를 세운 다음 아버지 환온을 宣武皇帝로 추존함. 《晉書》(99)에 전이 있음.

참고 및 관련 자료

1. 《中興書》

嗣字恭祖, 車騎將軍沖子也. 少有淸譽. 仕至江州刺史.

2.《王氏譜》

混字奉正, 中軍將軍恬子. 仕至丹陽尹.

982(25-43)

왕자유(王子猷, 王徽之)가 사만(謝萬, 謝萬石)을 찾아갔더니 임공(林公, 支遁)이 먼저 그 자리에 와 있었다. 임공은 눈빛이 대단히 빛나는 인물이었다. 왕자유가 이를 보고 이렇게 말하였다.

"만약 임공께서 수염과 머리를 온전히 기른다면 신정神情이 이보다 더 훌륭할 텐데. 그렇지 않습니까?"

그러자 곁에 있던 사만석이 이렇게 말을 돌렸다.

"입술과 이는 서로 필요한 것이오. 그 어느 하나도 없을 수가 없는 것. 그러나 수염과 머리카락이 신명神明과 무슨 관계가 있단 말이오?"

임공은 자신을 두고 벌어지는 이런 화제가 심히 불쾌하여 이렇게 내뱉었다.

"이 칠척지구七尺之軀를 오늘은 그대 두 어진 분에게 맡기겠소이다!"

王子猷詣謝萬, 林公先在坐, 瞻矚甚高.

王曰:「若林公鬚髮並全, 神情當復勝此不?」

謝曰:「脣齒相須, 不可以偏亡; 鬚髮何關於神明?」

林公意色甚惡, 曰:「七尺之軀, 今日委君二賢!」

【王子猷】王徽之(?~388). 자는 子猷. 낭야왕씨. 王羲之의 다섯째아들이며 王凝之의 아우. 王獻之의 형. 桓溫의 參軍과 黃門侍郎을 지냈음. 대나무를 좋아하였으며, 한때 관직을 버리고 山陰에 은거하기도 하였음. 《晉書》(80)에 전이 있음.

【謝萬】謝中郎. 자는 萬石(320?~361?). 謝安의 아우로 일찍 이름이 났으며 簡文帝가 재상으로 삼았음. 撫軍從事中郎을 거쳐 豫州刺史, 淮南太守 등을 역임함. 升平 연간에 北征하여 慕容儁을 토벌하러 나섰으나 壽春에서 패하여 서인으로 강등됨. 언론에도 뛰어났으며 문장을 잘 지었음. 漁父, 屈原, 司馬季主, 賈誼, 楚老, 龔勝, 孫登, 嵇康 등 여덟 명을 四隱과 四顯으로 나누어 우열을 가려 〈八賢論〉이 유명함. 《晉書》(79)에 전이 있음.

【林公】支道林. 支公. 支遁. 晉나라 때의 道僧. 河內 林慮人으로 속성은 關氏. 25세 때 출가하여 53세 때 洛陽에서 入滅함. 支硏山에 은거하여 支遁, 支道林, 林公 등으로 불림. 梁 慧皎 《高僧傳》(4)에 支遁傳이 있음.

【鬚髮並全】支遁이 僧이어서 머리와 수염을 모두 깎아 이를 조롱한 것임.

【脣亡齒寒】입술이 없어지면 이가 시리게 됨. 서로 상보적인 관계를 뜻함. 《春秋左傳》의 虞나라와 虢나라의 관계에서 나온 말.

983(25-44)

치사공(郗司空, 郗愔)이 북부北府에 부임하여 가려 할 때 왕황문(王黃門, 王徽之)이 치사공을 찾아가 배례하며 이렇게 물었다.

"임기응변으로 전략을 세우는 것은 그의 장점이 아니다."

이렇게 여러 번 중얼거리기를 끊이지를 않는 것이었다. 이를 본 치사공의 차자 치창(郗倉, 郗融)이 형 가빈(嘉賓, 郗超)에게 이렇게 분을 표시하였다.

"아버지께서 오늘 부임하려 하는데, 왕자유(王子猷, 王徽之)의 언어가 불손하니 결코 용서할 수 없습니다!"

이에 그의 형은 이렇게 말하였다.

"그 말은 진수陳壽가 《삼국지三國志》를 쓰며 제갈량諸葛亮을 평한 말이다. 사람들이 너의 부친을 무후(武侯, 諸葛亮)에 비유해 주는데 다시 무슨 말을 하겠는가?"

郗司空拜北府, 王黃門詣郗門拜, 云:「應變將略, 非其所長」
驟詠之不已.
郗倉謂嘉賓云:「公今日拜, 子猷言語殊不遜, 深不可容!」
嘉賓曰:「此是陳壽作諸葛評; 人以汝家比武侯, 復何所言?」

【郗司空】郗愔. 자는 方回(313~384). 太宰 郗鑒의 아들이며 郗超의 아버지. 黃門侍郎과 臨海太守 등을 지냈으며 王羲之, 許詢과 이름을 함께 날렸음. 한때 병으로 은거하였으며 글씨에 정진, 隸書에 능하여 道經 백 권을 베낌. 뒤에 다시 출사하여 會稽內史를 지냈으며 司空에 초빙되었으나 사양함. 侍中과 司空에 추증됨.《晉書》(67)에 전이 있음.

【北府】徐州刺史를 말함.

【王黃門】王徽之(?~388). 자는 子猷. 낭야왕씨. 王羲之의 다섯째아들이며 王凝之의 아우. 王獻之의 형. 桓溫의 參軍과 黃門侍郎을 지냈음. 대나무를 좋아하였으며, 한때 관직을 버리고 山陰에 은거하기도 하였음.《晉書》(80)에 전이 있음.

【郗倉】郗融. 字는 景山. 어릴 때 자가 倉. 어려서 일찍 죽음.

【嘉賓】郗超. 자는 景興(336~377). 또는 嘉賓으로도 부름. 郗愔의 아들.《晉書》(67)에 전이 있음.

【陳壽】자는 承祚(233~297). 譙周를 섬겨 蜀의 令史가 되었으며, 晉나라에 들어서서 著作郎, 御史治書 등을 지냄.《三國志》와 《益部耆舊傳》 등을 지었으며 뛰어난 역사가로 평가를 받음.《晉書》(82)에 전이 있음.

【諸葛亮】자는 孔明(191~234). 한말 陽都人. 은거하여 스스로 밭을 갈며 자신을 管仲과 樂毅에 비교하여 사람들이 그를 臥龍先生이라 불렀음. 뒤에 蜀漢 劉備의 三顧草廬로 불려가 天下三分之策을 정하고 유비를 도와 荊州와 益州를 차지하여 吳, 蜀, 魏 삼국 정립을 이루었음. 유비의 유촉에 의해 그 아들 劉禪을 도와 〈出師表〉를 쓰고 북벌을 시도했으나 五丈原에서 생을 마침. 죽은 뒤 武鄕侯에 봉해졌으며 시호는 忠武.《三國志》(35)에 전이 있음.

참고 및 관련 자료

1.《南徐州記》
舊徐州都督以東爲稱, 晉氏南遷, 徐州刺史王舒加北中郎將; 北府之號, 自此 起也.

2.《郗氏譜》
融字景山, 愔第二子, 辟琅邪王文學, 不拜而蚤終.

3.《三國志》蜀志 諸葛亮傳
亮連年動衆, 而無成功, 蓋應變將略非其所長也.

4.《晉書》王隱
壽字承祚, 巴西安漢人. 好學善箸述. 仕至中庶子. 初, 壽父爲馬謖參軍, 諸葛 亮誅謖, 髡其父頭. 亮子瞻又輕壽. 故壽撰蜀志, 以愛憎爲評也.

984(25-45)

왕자유(王子猷, 王徽之)가 사공(謝公, 謝安)을 찾아갔더니 사안이 이렇게 묻는 것이었다.
"칠언시七言詩라는 것이 뭐요?"

왕자유는 이 질문을 받고 이렇게 대답하였다.

"앙앙昂昂하기가 마치 천리를 내닫는 망아지 같고, 둥둥 뜨기가 마치 물 가운데의 오리 같은 것이지요."

王子猷詣謝公, 謝曰: 「云何七言詩?」
子猷承問, 答曰: 「昂昂若千里之駒, 汎汎若水中之鳬」

【王子猷】王徽之(?~388). 자는 子猷. 낭야왕씨. 王羲之의 다섯째아들이며 王凝之의 아우. 王獻之의 형. 桓溫의 參軍과 黃門侍郎을 지냈음. 대나무를 좋아하였으며, 한때 관직을 버리고 山陰에 은거하기도 하였음. 《晉書》(80)에 전이 있음.

【謝公】謝安. 字는 安石(320~385). 謝裒의 아들이며 謝琰(望蔡)의 아버지. 謝奕의 동생. 덕망이 있고 기개가 높아 桓彝, 王濛의 사랑을 받음. 처음에는 벼슬에 뜻을 버리고 王羲之, 支遁 등과 산수를 즐기며 조정의 부름에 응하지 않았으나 40이 넘어 桓溫의 司馬를 거쳐 吳興太守, 侍中, 吏部尙書, 太保錄尙書事 등의 관직을 지냄. 뒤에 다시 太傅에 추증되었으며 시호는 文靖. 《晉書》(79)에 전이 있음.

【七言詩】《東方朔傳》에 "漢武帝在柏梁臺上, 使羣臣作七言詩"라 하여 이때부터 七言詩가 비롯되었다고 劉孝標 注에 밝힘.

【昂昂~之鳬】《楚辭》卜居의 글로 원래는 疑問文으로 되어 있음. 특히 이 두 구절이 7언으로 되어 있어 '이런 구절이 바로 七言詩라는 거요'라는 풀이와 동시에 謝安의 出處를 "千里駒"와 "水中鳬"로 비꼰 重義法을 쓰고 있음.

┌──────────────────┐
│ 참고 및 관련 자료 │
└──────────────────┘

1. 楊勇 〈校箋〉

『劉箋: 「按七言詩原始, 古來說者甚衆, 而家各不同. 玆臚列衆說, 而予以折衷. 摯虞文章流別論: 「古詩有三言, 四言, 五言, 六言, 九言, 七言者. 交交黃鳥止于桑之屬是也; 於俳諧倡樂亦用之.」劉勰文心雕龍章句篇: 「六言, 七言者, 雜出詩·騷, 而體之篇成于兩漢」任昉文章原始云:「七言詩, 漢武帝柏梁殿連句」
孔穎達毛詩正義關雎疏:「七字者, 如彼建室於道謀, 尙之以瓊華乎而之類也」
顧炎武日知錄卷二十一, 七言之始條:「七言之興, 自漢以前固多有之, 如靈樞
經刺如眞邪篇:'凡刺小邪日以大, 補其不足乃無害, 視其所在迎之界.'宋玉神女賦:
'羅紈綺繢盛文章, 極眼妙采照萬方.'此皆七言之祖」盼遂考諸家之說, 皆有所失;
詩經句度, 四言爲宗, 偶有嘽緩, 不足爲據. 柏梁連句, 出三秦記; 靈樞經出於
南宋; 諸論者謂爲王冰所造, 皆難爲證. 漢世七言, 若凡將·飛龍·滂熹·急就等,
外有東方朔之七言, 戴良之尋父零丁, 形骸雖似, 而意味全非, 不得逕斥爲七言
詩也. 七言詩蓋萌蘗于後漢, 而焚儷于梁·陳, 典午之世, 闃然未之預也. 不然,
以謝公博贍, 豈不知七言爲何物, 必待問而後明哉? 且子猷擧楚辭爲對, 亦意
存詼詭, 非卽以定詩體也. 使文而蔮去首尾爲詩, 則凡百典籍, 靡不爲七言詩矣.
此招魂·大招去其些只, 便是七言之說, 所由不可通也. 後人更有以皇娥·白帝子·
擊壤·箕山·大道·狄水·獲麟·南山·采葛·婦成人·易水諸辭爲七言不毀之廟,
抑幾于兒戲矣.』

985(25-46)

왕문도(王文度, 王坦之)와 범영기(范榮期, 范啓)가 함께 간문제(簡文帝, 司馬昱)의
초청을 받았다. 범영기는 나이가 많았으나 지위는 낮았고 왕문도는 나이는
어리나 지위가 높았다.

그들이 함께 문제 앞에 나타나 서로가 앞에 나가라고 양보하여 한참
이나 시간이 흘렀다. 그래서 드디어 왕문도가 범영기 뒤에 서게 되었다.

이에 왕문도가 비꼬았다

"키질을 하여 까불렀더니 겨 쭉정이가 앞으로 날리네."

그러자 범영기는 이렇게 받았다.

"물로 일어 조리질을 했더니 모래자갈이 뒤로 남네."

王文度·范榮期俱爲簡文所要; 范年大而位小, 王年小而
位大; 將前, 更相推在前; 旣移久, 王遂在范後.
王因謂曰: 「簸之揚之, 糠秕在前」
范曰: 「洮之汰之, 沙礫在後」

【王文度】王坦之(330~375). 자는 文度. 태원 왕씨 王述의 아들이며, 王忱·
王愷·王愉의 아버지. '江東獨步'라 하였으며 中書令, 北中郞將을 지냄. 〈廢
莊論〉을 써서 당시의 방탕을 비난함.《晉書》(75)에 전이 있음.
【范榮期】范啓. 자는 榮期. 愼陽人. 秘書郞, 黃門侍郞을 지냈으며 당시 淸談家
庾龢, 韓伯, 袁宏과 등과 사귀었음.
【簡文帝】東晉의 제8대 황제 司馬昱. 字는 道萬. 中宗의 少子. 元帝 계실 鄭后
소생이며 司馬紹의 배다른 동생. 穆帝가 어려서 撫軍으로 보필, 뒤에 桓溫이
海西公을 폐하고 이를 세워 皇帝에 오름. 재위 2년(371~372).《世說新語》에
서는 흔히 '晉簡文', '簡文', '簡文帝', '簡文皇帝', '相王', '撫軍', '會稽王'등
으로 칭함.《晉書》(9)에 紀가 있음.

참고 및 관련 자료

1. 이 이야기는 一說에 孫綽과 習鑿齒 사이의 일이라고도 함. 劉氏 注에 『一說
是孫綽, 習鑿齒言』이라 함.

986(25-47)

　　유준조(劉遵祖, 劉爰之)는 젊을 때 이미 은중군(殷中軍, 殷浩)에게 알려져, 곧 유공(庾公, 庾亮)에게 칭찬과 함께 추천을 하게 되었다. 유공은 대단히 즐거워하며 곧 그를 불러 자기 보좌관을 삼고자 하는 생각으로 일단 만나보기로 하였다.

　　유공은 그를 독탑獨榻에 앉히고 더불어 말을 나누어 보았는데, 유준조는 그날 담화에서 훌륭하다고 인정을 받지 못하였다. 유공은 조금씩 실망하기 시작하였고 끝내는 그를 '양공학羊公鶴'이라 별명을 지어주고 말았다.

　　양공학이란 옛날에 양숙자(羊叔子, 羊祜)라는 사람이 기르던 학이 춤을 잘 추어 사람들에게 많은 자랑을 하였다. 객들이 모여들자 그들 앞에서 보여 주려고 학을 몰아왔으나 학은 털을 비꼬면서 끝내 춤을 추지 않았던 것이다. 그래서 유준조를 빗대어 이렇게 부른 것이다.

　　劉遵祖少爲殷中軍所知, 稱之於庾公, 庾公甚忻, 便取爲佐. 引見, 坐獨榻上與語; 劉爾日殊不稱, 庾小失望, 遂名之爲「羊公鶴」.

　　昔羊叔子有鶴能舞, 嘗向客稱之; 客至, 試使驅來, 毨毨而不能舞. 故稱比之.

【劉遵祖】劉爰之. 자는 遵祖. 沛國人. 中書郞과 宣城太守를 지냄.
【殷中軍】殷浩(?~356). 자는 淵源. 殷羨(洪喬)의 아들임. 弱冠에 이미 이름이 났으며 玄言에 뛰어나 당시 풍류 재자의 숭앙을 받음. 정사에도 뛰어나 사람들은 그를 管仲이나 諸葛孔明에 비유할 정도였음. 建武將軍, 揚州刺史, 記室參軍·安西將軍·中軍將軍 등을 역임하였으며, 北征에 나섰다가 姚襄

에게 패배하여 서인으로 강등되기도 하였음. '咄咄怪事'의 고사를 남김.
《晉書》(77)에 전이 있음.

【庾公】庾亮(289~340). 자는 元規. 蘇峻, 祖約의 난을 평정하였으며, 명제 때
王導에 이어 中書監이 됨. 征西大將軍, 荊州刺史 등을 지냄. 청담을 좋아하
였으며 老莊에 밝았음. 죽은 후 太尉에 추증되었고 시호는 文康. 《晉書》
(73)에 전이 있음.

【羊叔子】羊祜(221~278). 자는 叔子. 羊續의 손자이며 司馬師 羊皇后의 아우.
司馬昭가 권력을 독점하자 이에 좇아 中書侍郎, 給事中, 黃門郎, 秘書監 등의
직책을 담당하면서 荀勖과 더불어 국가 기밀을 관장함. 晉나라가 되면서
中軍將軍, 散騎常侍 등을 거쳐 尙書左僕射, 衛將軍 등을 역임함. 荊州를
지키면서 吳나라 백성에게 잘해 주어 오나라 사람들이 그들 羊公이라
불렀음. 선정을 베풀고 그가 죽자 백성들이 罷市를 할 정도였다 함. 그의
碑廟는 杜預가 짓고 〈墮淚碑〉라 불렀음. 《老子傳》이 있으며 《晉書》(34)에
전이 있음.

참고 및 관련 자료

1. 《晉紀》徐廣

劉爰之字遵祖, 沛郡人. 少有才學, 能言理. 歷中書郎·宣城太守.

987(25-48)

위장제(魏長齊, 魏顗)는 아량이 있고 훌륭한 인물로 평을 받았으나, 그의
재주와 학문은 그리 뛰어난 것이 못 되었다. 그가 처음 벼슬길에 나서자
우존虞存이 이렇게 비꼬았다.

"그대의 '약법삼장約法三章'에 의하면 청담淸談을 일삼는 자는 사형에 처해야 하고, 문필에 종사하는 자도 형을 받아야 하며, 남을 품평하는 자도 죄에 걸려들겠군요."

그러자 위장제는 즐거운 표정으로 웃기만 하며 마음에 걸리는 바가 전혀 없는 듯한 얼굴 표정이었다.

魏長齊雅有體量, 而才學非所經; 初宦當出, 虞存嘲之曰:
「與卿約法三章: 談者死, 文筆者刑, 商略抵罪」
魏怡然而笑, 無忤於色.

【魏長齊】魏顗. 何充이 會稽內史가 되자 이를 左史로 삼아 山陰令에 이름.
【虞存】자는 道長, 혹 道眞. 衛軍長史·尙書史部郎 등을 지냄.
【約法三章】劉邦이 咸陽에 입성해서 내린 간단한 법령. 민생 안정과 개혁의 뜻을 말함.《史記》高祖紀 및《漢書》참조. 여기서는 魏 章帝가 이 세 가지에는 하나도 능한 것이 없으면서 도리어 이러한 재주를 가진 자는 미워하고 있음을 비꼰 것임.

참고 및 관련 자료

1.《魏氏譜》
顗字長齊, 會稽人. 祖胤, 處士. 父說, 大鴻臚卿. 顗仕至山陰令.

2.《漢書》
沛公入陽, 召諸父老曰:「天下苦秦苛法久矣, 今與父老約, 法三章耳; 殺人者死, 傷人及盜抵罪.」(應劭 注:『抵, 至也; 但至於罪.』)

988(25-49)

치가빈(郗嘉賓, 郗超)이 원호(袁虎, 袁宏)에게 편지를 보내어 대안도(戴安道, 戴逵)와 사거사(謝居士, 謝敷)를 두고 이렇게 평하였다.

"떳떳하게 책임지는 풍토를 마땅히 널리 진작시켜야 할 것입니다."

이는 원호가 떳떳하게 행동하지 않으므로, 이로써 그를 격려하기 위한 것이었다.

郗嘉賓書與袁虎·道戴安道·謝居士云:「恆任之風, 當有所弘耳」

以袁無恆, 故以此激之.

【郗嘉賓】郗超(363~377). 자는 景興, 혹은 嘉賓. 郗愔의 아들. 《晉書》(67)에 전이 있음.

【袁虎】袁宏(328~376). 자는 彦伯. 어릴 때는 虎라 불렸으며, 어려서 고아가 됨. 문장이 뛰어나 謝尚의 발탁으로 大司馬 桓溫의 記室이 됨. 著述에 힘써 《後漢記》·《竹林名士傳》·《北征賦》·《三國名臣頌》을 지었으며 《三國名臣頌》은 《晉書》에 수록되어 있음. 《晉書》(92)에 전이 있음.

【戴安道】戴逵(326~396). 자는 安道. 거문고 연주에 뛰어났으며, 회화에도 뛰어나 佛畫와 불상 조각을 많이 남김. 불교를 신봉했으나 인과설을 의심하여 〈釋疑論〉을 지었음. 영리를 추구하지 않고 기절을 중시하여 國子博士에 초빙되었으나 나가지 않음. 《晉書》(94)에 전이 있음.

【謝居士】謝敷(자는 慶緒)를 가리킴. 《晉書》(94)에 傳이 있음. 〈棲逸篇〉 참조.

989(25-50)

범계(范啓, 范榮期)가 치가빈(郗嘉賓, 郗超)에게 이런 편지를 보냈다.

"자경(子敬, 王獻之)은 온몸을 다 들어보아도 풍요한 맛이 없을뿐더러 비록 그 껍질을 다 벗겨낸다 해도 더 이상 윤택이 날 곳이 없습니다."

치가빈은 이렇게 답을 보냈다.

"온몸을 다 들어도 윤택이 날 것이 없는 것과, 온몸을 다 들어보아도 진실이 없는 것, 어느 것이 낫겠소?"

이는 범계의 본성이 거짓 꾸미기와 번거롭게 하기를 즐기므로 이에 조롱한 것이다.

范啓與郗嘉賓書曰:「子敬擧體無饒縱, 掇皮無餘潤」

郗答曰:「擧體無餘潤, 何如擧體非眞者?」

范性衿假多煩, 故嘲之.

【范啓】范榮期. 자는 榮期. 愼陽人. 秘書郞, 黃門侍郞을 지냈으며 당시 淸談家 庾龢, 韓伯, 袁宏 등과 사귀었음.

【郗嘉賓】郗超(336~377). 자는 景興(336~377). 또는 嘉賓으로도 부름. 郗愔의 아들. 《晉書》(67)에 전이 있음.

【子敬】王子敬. 王獻之(344~388). 자는 子敬. 王羲之의 아들이며 安帝皇后의 아버지. 첫 부인 郗曇의 딸을 버리고 다시 簡文帝의 딸 新安公主를 아내로 맞음. 아버지 왕희지와 함께 글씨에 뛰어나 '二王'이라 불림. 지금 전하는 그의 작품은 〈洛神賦十三行〉(眞書)·〈鴨頭丸帖〉(行書)·〈十二月帖〉(草書) 등이 있음. 《晉書》(80)에 전이 있음.

【衿】'矜'의 오기로 여김.

990(25-51)

두 치씨(郗氏, 郗愔)·郗曇는 도교를 신봉하였고, 두 하씨(何氏, 何充)·何準는
불교를 믿었는데, 모두가 그 때문에 많은 재물을 썼다.

이에 사중랑(謝中郎, 謝萬)이 이렇게 비꼬았다.

"두 치씨는 도교에 아첨을 하고 두 하씨는 불교에 잘 보이려는 짓을
하고 있다."

二郗奉道, 二何奉佛, 皆以財賄.

謝中郎云:「二郗諂於道, 二何佞於佛.」

【二郗】郗愔과 郗曇.

【二何】何充과 何準.

【謝中郎】謝萬. 자는 萬石(320?~361?). 謝安의 아우로 일찍 이름이 났으며
簡文帝가 재상으로 삼았음. 撫軍從事中郎을 거쳐 豫州刺史, 淮南太守 등을
역임함. 升平 연간에 北征하여 慕容儁을 토벌하러 나섰으나 壽春에서
패하여 서인으로 강등됨. 언론에도 뛰어났으며 문장을 잘 지었음. 漁父, 屈原,
司馬季主, 賈誼, 楚老, 龔勝, 孫登, 嵇康 등 여덟 명을 四隱과 四顯으로
나누어 우열을 가려 〈八賢論〉이 유명함. 《晉書》(79)에 전이 있음.

> ### 참고 및 관련 자료

1.《中興書》

郗愔及弟曇, 奉天師道.

2.《晉陽秋》

何充性好佛道, 崇脩佛寺, 供給沙門以百數. 久在揚州, 徵役吏民, 功賞萬計,
是以爲遐邇所譏. 充弟準, 亦精勤, 唯讀佛經, 榮治寺廟而已.

왕문도(王文度, 王坦之)가 서주西州에 있을 때 임법사(林法師, 支遁)의 설법에 참여하였다. 그때 한강백(韓康伯, 韓伯)·손흥공(孫興公, 孫綽) 등도 함께 있었다. 임법사가 매번 조금씩 막혀 쩔쩔매자 손흥공은 이렇게 말하였다.

"법사께서는 오늘 마치 다 떨어진 솜옷을 입고 가시덩굴을 지나가는 것처럼 가는 곳마다 가시에 걸려 찢어지는군."

王文度在西州, 與林法師講, 韓·孫諸人並在坐.

林公理每欲小屈, 孫興公曰:「法師今日如箸弊絮在荊棘中, 觸地挂閡」

【王文度】 王中郎. 王坦之(330~375). 자는 文度. 태원 왕씨 王述의 아들이며, 王忱·王愷·王愉의 아버지. '江東獨步'라 하였으며 中書令, 北中郎將을 지냄. 〈廢莊論〉을 써서 당시의 방탕을 비난함. 《晉書》(75)에 전이 있음.

【西州】 揚州의 서쪽에 있음.

【林法師】 林公. 支道林. 支公. 支遁. 晉나라 때의 道僧. 河內 林慮人으로 속성은 關氏. 25세 때 출가하여 53세 때 洛陽에서 入滅함. 支硏山에 은거하여 支遁. 支道林. 林公 등으로 불림. 梁 慧皎《高僧傳》(4)에 支遁傳이 있음.

【韓康伯】 韓伯. 자는 康伯. 穎川人. 秀才로 천거되어 著作郎에 부름을 받았으나 응하지 않음. 뒤에 侍中, 丹陽尹, 吏部尙書, 令軍將軍, 豫章太守 등의 벼슬을 지냄. 죽은 후 太常에 추증됨. 韓太常, 韓豫章으로도 불림.《晉書》(75)에 전이 있음.

【孫興公】 孫綽. 자는 興公(314~371). 孫楚의 손자로 형 孫統과 남으로 내려와 벼슬에 뜻을 버리고 〈遂初賦〉를 씀. 그 외에 〈遊天台山賦〉가 유명하며 뒤에 庾亮·殷浩·王羲之의 막료를 거쳐 永嘉太守·散騎常侍를 지냄. 桓溫이 수도를 洛陽으로 옮기려 하자 상소하여 반대함. 廷尉卿에 이르렀으며

長樂侯를 습봉받음.《晉書》(56)에 전이 있음.

【小屈】'屈'은 순통하지 못하여 막힘을 뜻함.

992(25-53)

범영기(范榮期, 范啓)는 치초郗超가 세속 정에 얽혀 담담함을 지켜내지 못한다고 여겨 이렇게 비꼬았다.

"백이伯夷·숙제叔齊·소부巢父·허유許由는 한결같이 이름을 남기고 있습니다. 그런데 하필이면 정신과 육체를 노고롭게 하여 지팡이에 의지하거나 오동나무에 기댈 정도로 지치도록 해야 한다는 것입니까?"

치초가 이에 미쳐 대답을 하지 못하고 있을 때 한강백(韓康伯, 韓伯)이 이렇게 말하였다.

"어찌 마구 노는 칼날을 허공이라도 치게 하지 않을 수 있겠는가?"

范榮期見郗超俗情不淡, 戲之曰:「夷·齊·巢·許, 一詣垂名; 必勞神苦形, 支策據梧邪?」

郗未答. 韓康伯曰:「何不使遊刃皆虛?」

【范榮期】范啓. 자는 榮期. 愼陽人. 祕書郎, 黃門侍郎을 지냈으며 당시 淸談家 庾龢, 韓伯, 袁宏 등과 사귀었음.

【郗超】자는 景興(336~377). 또는 嘉賓으로도 부름. 郗愔의 아들.《晉書》(67)에 전이 있음.

【伯夷·叔齊】孤竹國의 두 왕자.《史記》伯夷列傳 참조.

【巢父·許由】상고시대의 隱士·高士.

【支策據梧】《莊子》齊物篇에 師廣이 解音을 위해 자신의 지혜와 육신을 모두 바친 끝에 지쳐 지팡이에 의지하였고, 惠施 역시 자신의 지혜와 육신을 지치게 하여 결국 오동나무(혹, 책상이라고도 함)에 기대어 있음을 비판한 내용을 인용한 것임.

【韓康伯】韓伯. 자는 康伯. 潁川人. 秀才로 천거되어 著作郎에 부름을 받았으나 응하지 않음. 뒤에 侍中, 丹陽尹, 吏部尙書, 令軍將軍, 豫章太守 등의 벼슬을 지냄. 죽은 후 太常에 추증됨. 韓太常, 韓豫章으로도 불림. 《晉書》(75)에 전이 있음.

【遊刃皆虛】《莊子》養生主의 "庖丁解牛"의 고사에 포정이 칼 솜씨는 허공을 휘젓듯 함을 들어 그러한 경지를 요구한 것.

참고 및 관련 자료

1.《莊子》

昭文之鼓琴, 師曠之支策, 惠子之據梧; 三子之智幾矣, 皆其盛也, 故載之. 末年, 庖丁爲文惠君解牛, 三年之後, 未嘗見全牛也. 用刀十九年矣, 所解千牛, 而刀刃若新於硎. 文惠君問之, 庖丁曰:「彼節者有閒, 而刀刃無厚: 以無厚入有間, 恢恢乎其於遊刃, 必有餘地.」

993(25-54)

간문제(簡文帝, 司馬昱)가 궁궐을 걷고 있을 때 왕우군(王右軍, 王羲之)과 손흥공(孫興公, 孫綽)이 그 뒤를 따르고 있었다. 이때 왕우군이 간문제를 손가락질하면서 손흥공에게 이렇게 말하였다.

"저 사람은 명예를 먹고 사는 나그네야!"

간문제가 이를 듣고 돌아보며 화를 냈다.

"천하에 이렇게 이빨이 날카로운 자가 있나!"

뒤에 왕광록(王光祿, 王蘊)이 회계會稽의 임지로 떠날 때 사거기(謝車騎, 謝玄)가 곡아曲阿까지 나가 그를 전송하게 되었다. 왕효백(王孝伯, 王恭)은 마침 비서승祕書丞에서 파면된 채 그 자리에 함께 참가하게 되었다. 사현이 이 자리에서 간문제와 왕우군의 사건을 꺼내어 왕효백에게 이렇게 말하였다.

"왕승(王丞, 王孝伯), 그대의 이빨도 그리 둔한 것 같지 않은데!"

그러자 왕효백은 이렇게 대꾸하였다.

"둔하지 않지. 게다가 자못 영험하기까지 한 걸!"

簡文在殿上行, 右軍與孫興公在後; 右軍指簡文語孫曰: 「此噉名客!」

簡文顧曰: 「天下自有利齒兒!」

後王光祿作會稽, 謝車騎出曲阿祖之, 王孝伯罷祕書丞在坐, 謝言及此事, 因視孝伯曰: 「王丞齒似不鈍!」

王曰: 「不鈍, 頗有驗!」

【簡文帝】東晉의 제8대 황제 司馬昱. 字는 道萬. 中宗의 少子. 元帝 계실 鄭后 소생이며 司馬紹의 배다른 동생. 穆帝가 어려서 撫軍으로 보필, 뒤에 桓溫이 海西公을 폐하고 이를 세워 皇帝에 오름. 재위 2년(371~372).《世說新語》에서는 흔히 '晉簡文', '簡文', '簡文帝', '簡文皇帝', '相王', '撫軍', '會稽王'등으로 칭함.《晉書》(9)에 紀가 있음.

【王右軍】王羲之(303~361, 혹은 309~365, 321~379). 자는 逸少. 王尊의 조카. 어려서는 訥言하였으나 뒤에 정치와 예술에 큰 업적을 남김. 특히 글씨에 뛰어나 書聖으로 추앙받았음. 右軍將軍, 會稽內史, 臨川太守 등을 지냈음. 山陰道士와《道德經》글씨를 거위와 바꾼 고사를 남겼으며 그 외에 작품

으로 〈蘭亭集序〉·〈樂毅論〉·〈黃庭經〉·〈東方朔畫讚〉·〈姨母〉·〈初月〉·〈憂懸〉·
〈喪亂〉 등을 남김. 《晉書》(80)에 전이 있음. 王右軍, 王逸少, 王羲之 등으로
불림. 그 아들 王獻之와 함께 글씨에 뛰어나 '二王'이라 함.

【孫興公】 孫綽. 자는 興公(314~371). 孫楚의 손자로 형 孫統과 남으로 내려와
벼슬에 뜻을 버리고 〈遂初賦〉를 씀. 그 외에 〈遊天台山賦〉가 유명하며 뒤에
庾亮·殷浩·王羲之의 막료를 거쳐 永嘉太守·散騎常侍를 지냄. 桓溫이
수도를 洛陽으로 옮기려 하자 상소하여 반대함. 廷尉卿에 이르렀으며
長樂侯를 습봉받음. 《晉書》(56)에 전이 있음.

【王光祿】 王蘊(330~384). 《晉書》(93)에 傳이 있음. 〈德行篇〉 주 참조.

【謝車騎】 謝玄(343~388). 자는 幼度. 어릴 때의 자는 遏(羯). 謝奕의 아들이며
謝靈運의 조부. 謝安의 조카. 徐州刺史로서 謝石, 謝琰 등과 肥水(淝水)에서
苻堅을 대파함. 그로 인해 康樂侯公에 봉해졌으며 죽은 뒤 車騎將軍으로
추증됨. 《晉書》(79)에 전이 있음.

【曲阿】 地名.

【王孝伯】 王恭. 자는 孝伯(?~398). 王蘊의 아들이며 王爽의 형. 王濛의 손자.
安帝의 처남. 太原 王氏. 著作郞·祕書丞·吏部郞·丹陽尹 등을 지냄. 뒤에
난을 일으켰다가 피살됨. 《晉書》(84)에 전이 있음. 孝武帝의 아내가 그의
누이동생임.

참고 및 관련 자료

1. 《魏志》盧毓傳

選擧莫取有名, 名與畫地作餠, 不可啖也.

2. 《晉書》王蘊傳

王蘊, 字叔仁, 孝武定皇后父, 司徒左長史濛之子也. 起家佐著作郞, 累遷尙書
吏部郞. 太元九年卒, 年五十五. 追贈光祿大夫, 開府儀同三司.

　사알(謝遏, 謝玄)이 여름날에 하늘을 보고 누워 신나게 잠을 자고 있는데,
사공(謝公, 謝安)이 이른 새벽에 찾아왔다. 그는 미처 옷을 입을 겨를도 없이
맨발로 뛰쳐나가 겨우 신을 신으면서 안부를 물었다.
　"너는 가히 전거이후공前倨而後恭이라 할 만하다."

　謝遏夏月嘗仰臥, 謝公淸晨卒來, 不暇箸衣, 跣出屋外,
方躡履問訊.
　公曰: 「汝可謂『前倨而後恭』.」

【謝遏】謝玄(343~388). 자는 幼度. 어릴 때의 자는 遏(羯). 謝奕의 아들이며
　謝靈運의 조부. 謝安의 조카. 徐州刺史로서 謝石, 謝琰 등과 肥水(淝水)에서
　苻堅을 대파함. 그로 인해 康樂侯公에 봉해졌으며 죽은 뒤 車騎將軍으로
　추증됨. 《晉書》(79)에 전이 있음.
【謝公】謝安. 字는 安石(320~385). 謝裒의 아들이며 謝琰(望蔡)의 아버지.
　謝奕의 동생. 덕망이 있고 기개가 높아 桓彝, 王濛의 사랑을 받음. 처음에는
　벼슬에 뜻을 버리고 王羲之, 支遁 등과 산수를 즐기며 조정의 부름에
　응하지 않았으나 40이 넘어 桓溫의 司馬를 거쳐 吳興太守, 侍中, 吏部尙書,
　太保錄尙書事 등의 관직을 지냄. 뒤에 다시 太傅에 추증되었으며 시호는
　文靖. 《晉書》(79)에 전이 있음.
【前倨而後恭】처음에는 거만하다가 나중에 공손함. 《戰國策》과 《史記》에
　실려 있는 蘇秦의 고사로 소진이 실패하고 돌아왔을 때 그 형수가 밥도
　제대로 지어주지 않다가 뒤에 성공하여 고향에 오자 매우 공손하게 대하는
　것을 보고 소진이 "예전에는 거만하시더니 지금은 어찌 이리 공손하십니까?"
　라고 물은 고사를 빗댄 것.

1.《戰國策》

蘇秦說惠王而不見用, 黑貂之裘弊, 黃金百斤盡, 大困而歸. 父母不與言, 妻不
爲下機, 嫂不爲炊. 後爲從長, 行過洛陽, 車騎輜重甚衆, 秦之昆弟妻嫂側目不
敢視. 秦笑謂其嫂曰:「何先倨而後恭?」嫂謝曰:「見季子位高而金多」秦歎曰:
「一人之身, 富貴則親戚畏懼, 貧賤則輕易之, 而況於他人哉!」

995(25-56)

고장강(顧長康, 顧愷之)이 은형주(殷荊州, 殷仲甚)의 부하로 있을 때 휴가를
내어 동쪽으로 갔다오겠다고 청하였다. 그때의 규정은 그 경우 범선帆船을
타고 가지 못하게 되어 있었으나, 고개지는 간청 끝에 허락을 얻어 이를
타고 가게 되었다. 그가 파총破冢이란 곳에 이르렀을 때 폭풍을 만나 배가
다 깨어지고 말았다. 이에 고개지는 편지를 써서 은형주에게 보냈다.

"지명이 파총이더니 정말 무너진 무덤 속에서 살아났습니다. 행인들도
모두 안전하고 돛배도 아무 탈 없습니다."

顧長康作殷荊州佐, 請假還東; 爾時例不給布颿, 顧苦
求之, 乃得發. 至破冢, 遭風大敗; 作牋與殷云:『地名破冢,
眞破冢而出; 行人安穩, 布颿無恙.』

【顧長康】顧愷之(대략 346~407). 자는 長康. 晉나라 최고의 화가. 그 외에 문장·
해학에 뛰어났던 인물. 당시 사람들은 그를 才絶·畫絶·癡絶의 三絶로
불렀음. 《文集》과 《啓蒙記》가 있었다 하나 전하지 않음. 《晉書》(92) 文苑傳
에 전이 있음. 그의 그림이 지금도 남아 있음.

【殷荊州】殷仲堪(?~399). 殷融(洪遠)의 손자이며 殷仲文의 종형. 문장과 현언에
뛰어나 韓康伯과 이름을 나란히 하였음. 振威將軍, 荊州刺史 등을 역임함.
뒤에 桓玄에게 죽임을 당함. 《晉書》(84)에 전이 있음.

【颿】帆과 같은 글자. 음은 '범'.

【破冢】地名이며 동시에 '부서진 무덤'이라는 重義를 가지고 있음.

> 참고 및 관련 자료

1. 《隆安紀》周祗

破冢, 州名, 在華容縣.

996(25-57)

부랑付朗이 처음 강江을 넘어오자 왕자의(王子議, 王肅之)는 대단히 호기심이
많은 인물로 부랑에게 중국中國의 인물과 풍토 물산에 대하여 물었는데,
그 질문이 끝이 없었다. 부랑은 지치고 말았다. 그런데 다시 노비奴婢의 값이
얼마나 되는가를 묻는 것이었다. 이에 부랑은 이렇게 대답해 버렸다.

"근엄하고 유식한 중간만 가도 10만 금이나 되지만 뜻도 없이 노비 된
자를 두고 자꾸 묻는 이는 그저 1천 금 정도 갈 뿐이오."

符朗初過江, 王咨議大好事, 問中國人物及風土所生, 終無極已. 朗大患之.

次復問奴婢貴賤, 朗云:「謹厚有識·中者, 乃至十萬; 無意爲奴婢·問者, 止數千耳」

【符郎】符堅의 조카. 자는 元達. 符堅(十六國 당시 前秦의 황제)이 이 符朗을 두고 "吾家千里駒也"라 하였음. 끝내 王國寶의 참소를 입어 죽음.《晉書》(114)에 傳이 있음.
【王咨議】王肅之. 자는 幻恭. 王羲之의 아들. 中書郎과 驃騎諮議를 지냄.
【中國】中原. 西晉時代의 洛陽. 東晉時代 北方에 대한 궁금증을 물은 것.

참고 및 관련 자료

1.《秦書》裴景仁
朗字元達, 符堅從兄子也. 性宏放, 神氣爽悟. 堅常曰:「吾家千里騎也!」堅爲慕容沖所圍, 朗降謝玄, 用爲員外散騎侍郎. 吏部郎王忱, 與兄國寶命駕詣之. 沙門法汰問朗曰:「見王吏部兄弟未?」朗曰:「非一狗面人心, 又一人面狗心者是邪?」忱醜而才, 國寶美而狠故也. 朗常與朝士宴, 時賢並用唾壺, 朗欲夸之, 使小兒跪而開口, 唾而含出. 又善識味, 會稽王道子爲設精饌訖, 問:「關中之食, 孰若於此?」朗曰:「皆好. 唯鹽味小生.」即問宰夫, 如其言. 或人殺雞以食之, 朗曰:「此雞棲, 恒半露」問之, 亦驗. 又食鵝炙, 知白黑之處; 咸試而記之, 無毫釐之差. 箸符子數十篇, 蓋老莊之流也. 朗矜高忤物, 不容於世, 後衆讒而殺之.

2.《王氏譜》
肅之字幻恭, 右將軍羲之第四子. 歷中書郎, 驃騎諮議.

997(25-58)

　동부東府의 객관客館은 나무로 만든 집이었다. 사경중(謝景重, 謝重)이 태부
(太傅, 司馬道子)의 집에 갔더니 그 집에 손님이 가득한 것이었다. 이에 사경
중은 당초 그 누구에게도 말을 걸지 않고 곧바로 고개를 쳐들고 이렇게
말하였다.

　"회계왕(會稽王, 司馬道子)도 역시 서융西戎의 판잣집에 살고 있군요."

**東府客館是版屋, 謝景重詣太傅, 時賓客滿中, 初不交言,
直仰視云:「王乃復西戎其屋」**

【東府】司馬道子의 저택.
【謝景重】謝重. 자는 景重. 謝朗의 아들.《晉書》(79)에 傳이 있음.
【太傅】司馬道子. 謝馬孝文王(364~402). 晉나라 簡文帝 司馬昱의 아들이며,
　孝武帝의 동생. 10세에 琅邪王에 봉해졌다가 뒤에 會稽王이 됨. 뒤에 王恭·
　孫恩·桓玄의 기병에 반항하다가 죽음.《晉書》(64)에 傳이 있음.
【西戎】서쪽의 異民族. 여기서는 司馬道子의 집을 낮추어 부른 말.《詩經》
　秦風 小戎의 詩敍 참조. 秦나라 襄公이 西戎을 토벌하러 나섰을 때 그
　아내가 '그대 그곳 판잣집에 계시니 내 마음 안타깝구려'라 한 것을 빗댄
　것임.

　　　　參考 및 관련 자료

1.《詩經》秦風 小戎 詩敍
襄公備其兵甲, 以討西戎, 婦人閔其君子, 故作詩曰:「在其版屋, 亂我心曲」(毛公
注:『西戎之版屋也』)

998(25-59)

고장강(顧長康, 顧愷之)이 사탕수수를 먹으면서 언제나 그 꼬리 쪽 밑부분부터 씹어 먹는 것이었다.

사람이 그 까닭을 묻자 그는 이렇게 대답하였다.

"점점 좋은 맛을 느끼기 위해서!"

顧長康噉甘蔗, 恆自尾至本. 人問所以?

云:「漸入佳境!」

【顧長康】顧愷之(대략 346~407). 자는 長康. 晉나라 최고의 화가. 그 외에 문장·해학에 뛰어났던 인물. 당시 사람들은 그를 才絶·畵絶·癡絶의 三絶로 불렀음. 《文集》과 《啓蒙記》가 있었다 하나 전하지 않음. 《晉書》(92) 文苑傳에 전이 있음.

【甘蔗】사탕수수는 윗부분이 달고 꼬리(밑)부분이 맛이 덜 달기에 이른 말.

참고 및 관련 자료

1.『漸入佳境』成語의 原典임.

효무제(孝武帝, 司馬曜)가 왕순王珣에게 사위될 자를 구해 달라고 위촉하면서 이렇게 말하였다.

"왕돈王敦이나 환온桓溫같이 훌륭한 인물들은 더 이상 찾을 수도 없겠지만, 게다가 내 뜻대로 움직여 주지도 않고 남의 집 일에 간섭하기도 좋아하니 나는 아주 싫소. 유진장(劉眞長, 劉惔)이나 자경(子敬, 王獻之) 같은 무리라면 가장 좋겠소."

이에 왕순은 사혼謝混을 추천하였다.

뒤에 원산송袁山松이 사혼과 인척관계를 맺고자 하자 왕순은 이렇게 말렸다.

"그대는 절대로 금련禁臠을 가까이하지 마시오."

孝武屬王珣求女壻, 曰:「王敦·桓溫, 磊砢之流, 旣不可復得, 且小如意, 亦好豫人家事, 酷非所須; 正如眞長·子敬比, 最佳」

珣擧謝混.

後袁山松欲擬謝婚, 王曰:「卿莫近『禁臠』」

【孝武帝】司馬曜. 東晉 제 9대 황제 孝武帝. 재위 24년(373~396). 廟號는 烈宗. 자는 明昌. 簡文帝의 셋째아들. 11세 때에 재위에 올라 35세에 죽음.《晉書》(9)에 紀가 있음. 王蘊의 딸 法惠를 비로 삼음.

【王珣】자는 元琳(349~400). 어릴 때의 자는 法護, 혹은 阿瓜(阿爪). 王洽(敬和)의 아들이며 王導의 손자. 王珉(僧彌)의 형. 安帝 때 尙書令, 散騎常侍 등을 역임함. 東亭侯에 봉해짐.《晉書》(65)에 전이 있음.

【王敦】 자는 處仲(266~324). 어릴 때는 阿黑이라 부름. 王舍의 아우이며
王導의 종제로 八王之亂 때 공을 세워 散騎常侍, 侍中, 靑州刺史, 鎭東
大將軍 등을 지냄. 西晉이 망하자 司馬睿를 옹립하여 황제로 삼음. 뒤에
明帝 때 난을 일으켰다가 軍中에서 죽음. 《晉書》(98)에 전이 있음.

【劉眞長】 劉尹, 劉惔. 字는 眞長. 劉宏의 손자로 沛國 相 땅 출신. 明帝
(323~326 재위)의 廬陵長公主에게 장가들어 駙馬가 됨. 司從左長史, 侍中,
丹陽尹 등을 지냄. 36세에 죽어 孫綽이 "居官無官官之事, 處事無事事之心"
이라 誄文을 지어 명언이라 하였음. 《晉書》(75)에 전이 있음.

【子敬】 王子敬. 王獻之(344~388). 자는 子敬. 王羲之의 아들이며 安帝皇后의
아버지. 첫 부인 郗曇의 딸을 버리고 다시 簡文帝의 딸 新安公主를 아내로
맞음. 아버지 왕희지와 함께 글씨에 뛰어나 '二王'이라 불림. 지금 전하는
그의 작품은 〈洛神賦十三行〉(眞書)·〈鴨頭丸帖〉(行書)·〈十二月帖〉(草書) 등이
있음. 《晉書》(80)에 전이 있음.

【謝混】 자는 叔原(?~412). 어릴 때는 益壽라 부름. 謝安의 손자. 中書令·
尙書左僕射를 지냈으며 뒤에 劉裕에게 피살됨. 《晉書》(79)에 전이 있음.

【袁山松】 문장에 뛰어났으며 《後漢書》 백 篇을 지음. 秘書監과 吳國內史를
지냈으며 吳郡太守였을 때 孫恩의 난을 만나 滬瀆을 수비하다가 죽음을
당함. 《晉書》(83)에 전이 있음.

【禁臠】 晉 元帝가 渡江하여 建業에 이르렀을 때 돼지를 잡았는데, 목살을
아주 맛있다고 먹자 신하들은 감히 먹지 못하고 이를 임금에게 바쳐 "금련
(禁臠)"이라 불렀다 함. 여기서는 임금이 아끼는 금지된 고기에 가까이하지
말라는 뜻.

참고 및 관련 자료

1. 《續晉陽秋》

山松, 陳郡人. 祖喬, 益州刺史. 父方平, 義興太守. 山松歷秘書監, 吳國內史.
孫恩作亂. 見害. 初, 帝爲晉陵 公主訪壻於王珣; 珣擧謝混, 云: 「人才不及眞長,
不減子敬.」帝曰: 「如此, 便已足矣.」

2. 《晉書》 謝混傳

元帝始鎭建業, 公私窘罄, 每得一豘, 以爲珍膳. 項上一臠尤美, 輒以薦帝, 羣下
未嘗敢食; 于時呼爲禁臠. 故珣因以爲戲.

1000(25-61)

환남군(桓南郡, 桓玄)과 은형주(殷荊州, 殷仲堪) 등 여러 사람이 모여 차례로 말잇기를 하며 먼저 이미 끝나버린 일을 비유하여 짓기로 하였다. 고개지 顧愷之가 먼저 이렇게 말하였다.

"불탄 평원에 불씨조차 남지 않은 것"

그러자 환남군이 이렇게 표현하였다.

"흰 헝겊으로 싼 관 위에 상기喪旗까지 꽂은 것"

은형주가 다시 이었다.

"깊은 연못에 고기를 놓아주고 새를 날려 보낸 것"

이번에는 위험한 상황을 묘사하여 말하기로 하였다.

환남군이 먼저 대었다.

"창끝으로 쌀을 씻고 칼끝으로 불을 때는 일"

이에 은형주는 이렇게 대었다.

"禖백 세 노인이 고목 썩은 가지에 오르는 일"

고개지는 이렇게 말하였다.

"우물 도르래에 아기를 뉘어 놓은 것"

이때 은형주의 한 참군參軍이 자리에 있다가 문득 이런 말을 하였다.

"장님이 눈먼 말을 타고 한밤중에 깊은 연못으로 가는 것"

이에 은형주는 이렇게 무서워하였다.

"뭐라고, 무서워라! 어찌 사람을 그리 핍진하게 하는고!"

은중감은 한 눈이 멀었기 때문이다.

桓南郡與殷荊州語次, 因共作了語.

顧愷之曰:「火燒平原無遺燎.」

桓曰:「白布纏棺樹旐旒.」

殷曰:「投魚深淵放飛鳥」

次復作危語.

桓曰:「矛頭淅米劍頭炊」

殷曰:「百歲老翁攀枯枝」

顧曰:「井上轆轤臥嬰兒」

殷有一參軍在坐, 云:「盲人騎瞎馬, 夜半臨深池」

殷曰:「咄咄逼人!」

仲堪眇目故也.

【桓南郡】桓玄. 자는 敬道(369~404). 大司馬 桓溫의 막내아들. 南郡公에
　봉해졌음. 劉裕의 기병에 맞섰다가 建康에서 참수당함.《晉書》(99)에 전이
　있음. 譙國 龍亢人. 대사마 桓溫의 少子이며 아버지를 이어 남군공이 됨.
　南郡太守를 지냄.
【殷荊州】殷仲堪(?~399). 殷融(洪遠)의 손자이며 殷仲文의 종형. 문장과 현언에
　뛰어나 韓康伯과 이름을 나란히 하였음. 振威將軍, 荊州刺史 등을 역임함.
　뒤에 桓玄에게 죽임을 당함.《晉書》(84)에 전이 있음.
【轆轤】物名의 雙聲連綿語. 도르래. "滑輪"이라고도 하며 물을 쉽게 퍼 올리기
　위한 우물 위의 起重 裝置.

⬭ 참고 및 관련 자료

1.《中興書》

仲堪父嘗疾患經時, 仲堪衣不解帶數年; 自分劑湯藥, 誤以藥手拭淚, 遂眇一目.

1001(25-62)

환현桓玄이 활쏘기 구경을 나갔다. 그때 어떤 유씨劉氏 성의 참군參軍과 주씨周氏 성의 참군이 한 조가 되어 내기를 걸고 경쟁이 붙었다. 그런데 막판에 가서 화살 하나를 남겨놓은 승패의 순간에 이르게 되자, 유참군이 주참군에게 이렇게 일렀다.

"그대가 이번에 맞추지 못하면 내 마땅히 그대 종아리를 칠 것이다."

이 말에 주참군이 이렇게 대꾸하였다.

"어찌 그대의 매질까지 당한단 말이냐?"

그러자 유참군은 이렇게 설명하였다.

"백금伯禽처럼 귀한 신분도 오히려 종아리 맞는 것을 면하지 못하였거늘 하물며 그대쯤이랴!"

주참군은 이 말에 조금도 마음 상한 모습이 아니었다. 환공은 이를 보고 유백란(庾伯鸞, 庾鴻)에게 이렇게 말하였다.

"유참군은 이제 책 읽기를 중지해야 되겠고, 주참군은 장차 공부를 더 해야 되겠군."

桓玄出射, 有劉參軍與周參軍朋賭, 垂成, 唯少一破.

劉謂周曰:「卿此起不破, 我當撻卿.」

周曰:「何至受卿撻?」

劉曰:「伯禽之貴, 尚不免撻, 而況於卿?」

周殊無忤色.

桓語庾伯鸞曰:「劉參軍宜停讀書, 周參軍且勤學問.」

【桓玄】자는 敬道(369~404). 大司馬 桓溫의 막내아들. 南郡公에 봉해졌음. 劉裕의 기병에 맞섰다가 建康에서 참수당함.《晉書》(99)에 전이 있음. 譙國 龍亢人. 대사마 桓溫의 少子이며 아버지를 이어 남군공이 됨.

【劉氏】劉簡之가 아닌가 함.〈言語篇〉·〈方正篇〉참조.

【周氏】未詳. 구체적으로 알 수 없음.

【伯禽】周 公旦의 아들. 周公은 조카 成王이 잘못할 때면 자신의 아들 伯禽을 때려 대신 훈계함.

【庾伯鸞】庾鴻. 벼슬이 輔國內史에 이름.

【庾參軍~勸學問】庾參軍은 종아리 맞는 고사를《儀禮》鄕射禮의 "射者有過, 則撻之"로 典故를 대어야 하나 이를 잘못 들었으며, 더구나 伯禽이 종아리를 맞는 것은 父子 사이인데 친구에게 사용한 것으로 이에 그렇게 공부할 것 이면 차라리 책읽기를 중지해야 한다고 말한 것임. 한편 周參軍은 이러한 庾參軍의 궤변을 듣고도 지식이 없어 맞대항하지 못하였으므로 더욱 공부를 해야 한다고 주문한 것임.

참고 및 관련 자료

1.《尙書大傳》

伯禽與康叔見周公, 三見而三笞. 康叔有駭色, 謂伯禽曰:「有商子者, 賢人也, 與子見之.」乃見商子而問焉. 商子曰:「南山之陽有木焉, 名喬.」二三子往觀之, 見喬實高高然而上. 反, 以告商子. 商子曰:「喬者, 父道也: 南山之陰有木焉, 名曰梓.」二三子復往觀焉, 見梓實晉晉然而俯. 反, 以告商子. 商子曰:「梓者, 子道也.」二三子明日見周公, 入門而趨, 登堂而跪. 周公拂其首, 勞而食之, 曰: 「爾安見君子乎?」

2.《禮記》

成王有罪, 周公則撻伯禽.

3.《晉東宮百官名》

庾鴻字伯鸞, 穎川人.

4.《庾氏譜》

鴻祖羲, 吳國內史. 父楷, 左衛將軍. 鴻仕至輔國內史.

1002(25-63)

환남군(桓南郡, 桓玄)이 도요道曜와 함께 《노자老子》를 강론하고 있었다. 왕시중(王侍中, 王楨之, 思道)은 당시 주부主簿 벼슬이었는데 그 자리에 함께 있었다. 이에 환공이 이렇게 말하였다.

"왕주부 그대도 가히 그대 이름으로써 그 뜻을 생각해 보시지."

그러자 왕주부는 대답은 아니 하고 크게 웃는 것이었다. 이에 환공은 이렇게 말하였다.

"왕(王思道, 王楨之)은 도를 생각하여思道 그 때문에 큰 아이와 같은 웃음을 지을 수 있는 것이겠군."

桓南郡與道曜講《老子》, 王侍中爲主簿在坐; 桓曰:「王主簿, 可『顧名思義』」

王未答, 且大笑.

桓曰:「王思道, 故能作大家兒笑」

【桓南郡】桓玄. 자는 敬道(369~404). 大司馬 桓溫의 막내아들. 南郡公에 봉해졌음. 劉裕의 기병에 맞섰다가 建康에서 참수당함.《晉書》(99)에 전이 있음. 譙國 龍亢人. 대사마 桓溫의 少子이며 아버지를 이어 남군공이 됨.
【道曜】인명. 구체적으로는 알 수 없음.
【王侍中】王楨之(王貞之·王禎之 등으로도 씀). 자는 公幹. 王徽之의 아들이며, 御史中丞·侍中 등을 역임함.《晉書》(80)에 傳이 있음. 어릴 때의 자는 思道. 이 때문에 그때 자인 思道(도를 생각함의 뜻)로써《노자》의 도에 대해 생각하고 비꼰 것임.
【大家兒笑】老子의 주장대로 큰 어른이지만 어린 아이 같은 천진한 웃음을 웃음.

1. 劉孝標 注

『道曜, 未詳. 思道, 王禎之小字也. 老子明道, 禎之字思道, 故曰「顧名思義」.』

1003(25-64)

조광祖廣은 길을 걸을 때 항상 고개를 떨구고 움츠린 모습이었다.

그가 환남군(桓南郡, 桓玄)을 찾아가 막 수레에서 내려서자 환현이 이렇게 말하였다.

"하늘이 이토록 청랑한데 조참군祖參軍 그대는 마치 비가 새는 집안에서 나오는 자 같군."

祖廣行恆縮頭; 詣桓南郡, 始下車, 桓曰:「天甚晴朗, 祖參軍如從屋漏中來」

【祖廣】자는 淵度. 護軍長史를 지냄.

【桓南郡】桓玄. 자는 敬道(369~404). 大司馬 桓溫의 막내아들. 南郡公에 봉해졌었음. 劉裕의 기병에 맞섰다가 建康에서 참수당함. 《晉書》(99)에 전이 있음. 譙國 龍亢人. 대사마 桓溫의 少子이며 아버지를 이어 남군공이 됨.

1.《祖氏譜》

廣字淵度, 范陽人. 父台之, 光祿大夫. 廣仕至護軍長史. 桓玄素輕桓崖, 崖在
京下有好桃, 玄連就求之, 遂不得佳者. 玄與殷仲文書, 以爲嗤笑曰:「德之休明,
肅愼貢其楛矢; 如其不爾, 籬壁間物, 亦不可得也.」

1004(25-65)

환현桓玄은 평소 환애(桓崖, 桓脩)를 경멸하였다. 환애는 도성 아래에
살면서 좋은 복숭아나무가 있었는데 환현이 여러 차례 가서 이를 얻으려
하였지만 끝내 좋은 것은 얻어 보지 못하였다. 이에 환현은 은중문殷仲文
에게 편지를 써서 환애를 이렇게 비웃었다.

"덕이 아름다우면 숙신肅愼처럼 그 먼 변방 민족도 호시楛矢를 바쳐옵니다.
만약 서로 그렇게 하지 않으면 울타리 안에 있는 물건조차 얻어 볼 수
없게 되지요."

桓公素輕桓崖. 崖在京下有好桃, 玄連就求之, 遂不
得佳者.

玄與殷仲文書, 以爲嗤笑, 曰:『德之休明, 肅愼貢其楛矢;
如其不爾, 籬壁間物, 亦不可得也.』

【桓玄】자는 敬道(369~404). 大司馬 桓溫의 막내아들. 南郡公에 봉해졌었음. 劉裕의 기병에 맞섰다가 建康에서 참수당함.《晉書》(99)에 전이 있음. 譙國 龍亢人. 대사마 桓溫의 少子이며 아버지를 이어 남군공이 됨.

【桓崖】桓脩. 자는 承祖. 어릴 때의 자는 崖. 桓仲의 셋째아들로 簡文帝의 딸 武昌公主의 남편. 桓玄과 사촌 간이었음.《晉書》(74)에 傳이 있음.

【肅愼】고대 東北 지역의 이민족.

【楛矢】肅愼의 특산품이 楛木으로 만든 훌륭한 화살.《國語》,《說苑》 등 참조.

【籬壁間物】籬壁之間의 물건. 아주 가까이 있어 얻기 쉬운 물건. 즉 울타리 안이나 벽 안의 내 집안에 있는 평범한 물건.

참고 및 관련 자료

1.《續晉陽秋》

脩少爲玄所侮, 於言端常嗤鄙之.

2.《國語》

仲尼在陳, 有隼集陳侯之庭而死, 楛矢貫之, 石砮尺有咫. 問於仲尼. 對曰:「隼之 來遠矣. 此肅愼之矢也. 昔武王克商, 通道于九夷·百蠻, 使各以方賄貢, 於是 肅愼氏貢楛矢. 古者分異姓之職, 使不忘服也, 故分陳以肅愼之貢; 若求之故府, 其可得」使求得之, 金櫝如初.

26. 경저輕詆

총 33장 (1005-1037)

　　'경저輕詆'란 남을 경멸하여 흉보며 꼬집고 헐뜯고 비난함을 말한다. 본 편은 이러한 내용을 모아 적은 것이다. 양용楊勇〈교전校箋〉에 "輕詆, 謂小爲詆毁之也"라 하였다.

　　총 33장이다.

"더러운 먼지가 불어오는군." 1008 참조.

1005(26-1)

왕태위(王太尉, 王夷甫)가 아들 미자(眉子, 王玄)에게 물었다.
"너의 숙부는 이름난 분인데 어찌 존경하지 않느냐?"
그러자 미자는 이렇게 말하였다.
"무슨 명사가 종일 망언妄言만 일삼아요?"

王太尉問眉子:「汝叔名士, 何以不相推重?」
眉子曰:「何有名士終日妄語?」

【王太尉】王夷甫. 王衍(256~311). 자는 夷甫. 죽림칠현의 하나인 王戎의 從弟.
　太尉를 지냄.《晉書》(43)에 전이 있음.
【眉子】王夷甫의 아들 王玄. 자는 眉子. 陳留太守를 지냄.〈識鑒篇〉참조.
【叔】王澄(269~312)을 가리킴. 자는 平子. 王衍의 아우. 荊州刺史를 지냄.
　뒤에 王敦에게 죽임을 당함.《晉書》(43)에 전이 있음.

1006(26-2)

유원규(庾元規, 庾亮)가 주백인(周伯仁, 周顗)에게 이렇게 말하였다.
"사람들이 그대를 악樂에 비유하던데."
그러자 주백인은 이렇게 되받았다.
"무슨 악? 악의樂毅에다 말인가?"

이에 유원규가 이렇게 말하였다.
"아니, 악령(樂令, 樂廣)에다 말일세."
그러자 주인백은 다시 이렇게 물었다.
"어찌 무염無鹽을 그려서 당돌하게 서시西施를 희롱하는 거요!"

庾元規語周伯仁: 「諸人皆以君方樂」
周曰: 「何樂? 謂樂毅邪?」
庾曰: 「不爾. 樂令耳」
周曰: 「何乃刻畫無鹽, 以唐突西子也!」

【庾元規】庾亮(289~340). 자는 元規. 蘇峻, 祖約의 난을 평정하였으며 명제 때
王導를 이어 中書監이 됨. 征西大將軍, 荊州刺史 등을 지냄. 청담을 좋아
하였으며 老莊에 밝았음. 죽은 후 太尉에 추증되었고 시호는 文康.《晉書》
(73)에 전이 있음.

【周伯仁】周顗(269~322). 자는 伯仁. 周俊의 장자로 吏部尙書郞, 荊州刺史를
지냄. 僕射로 임명되자 술에 취해 사흘 만에 깨어나 "三日僕射"란 별명을
들음. 王敦에게 피살되어 "我雖不殺伯仁, 伯仁由我而死"의 고사를 낳음.
《晉書》(69)에 전이 있음.
【樂毅】전국시대 연(燕)나라의 장군으로 齊의 70 城을 빼앗았음. 뒤에 田單의
이간에 걸려 趙로 도망침.《史記》악의열전 참조.
【樂令】樂廣(?~304). 자는 彦輔. 王衍과 같은 시대 인물로 당시 청담 풍조에
이름을 날렸음. 여러 관직을 거쳐 王戎을 이어 尙書令이 됨. 그 때문에 흔히
'樂令'으로도 불림. 두 딸이 있어 하나는 衛玠에게, 하나는 成都王(司馬穎)
에게 시집을 보냈으나 마침 사마영과 長沙王(司馬乂)의 싸움이 심해지자
근심을 품고 죽음.《晉書》(43)에 전이 있음. 단 '樂'은 성씨의 경우 '악'(yue)
으로 읽으나(예 樂毅)《世說新語辭典》(1992, 四川)에서는 '락'(le)의 항목에 실려

있어 '락광'으로 되어 있음.

【無鹽】齊 宣王의 妃인 鍾離春. 지극히 못생겼으나 어질었음. 無鹽은 그의 出生地. 《列女傳》을 참조할 것.

【西施】春秋 말기 越나라 미녀로 오왕 부차에게 바쳐졌음. "西施嚬步"의 고사를 낳음. 본편은 "무염을 아무리 곱게 그린다 해도 서시 같은 미인이 될 수 있겠는가"의 뜻.

참고 및 관련 자료

1. 《史記》樂毅列傳

樂毅, 中山人. 賢而爲燕昭王將軍, 率諸侯伐齊, 終於趙.

2. 《列女傳》

鍾離春者, 齊無鹽之女也. 其醜無雙, 黃頭深目, 長壯大節, 鼻昂結喉, 肥項少髮, 折腰出胸, 皮膚若漆. 行年三十, 無所容入, 衒嫁不售, 乃自詣齊宣王, 乞備後宮, 因說王以四殆. 王拜爲正后.

3. 《吳越春秋》

越王勾踐, 得山中採薪女子, 名曰西施, 獻之吳王.

1007(26-3)

심공(深公, 쯔法深)이 말하였다.

"사람들이 유원규(庾元規, 庾亮)를 명사名士라 하나, 그 가슴 속에는 가시가 서 말쯤 들어 있을 걸."

深公云:「人謂庾元規名士, 胸中柴棘三斗許」

【深公】竺法深(286~374). 진나라 때의 고승. 이름은 潛. 일명 道潛. 18세에
출가하여 中州 劉元眞을 사사하였으며, 元嘉 초에 난을 피하여 강남으로
내려옴. 元帝와 明帝 때에 승상 王導와 태위 庾亮가 그를 매우 우대하였음.
만년에 剡山으로 은거하여 원근 제자들이 모여들었음. 佛法과 老莊에 밝아
황제의 부름으로 자주 궁중법회를 열기도 하였음. 慧皎《高僧傳》(4)에 전이
있음.
【劉元規】庾亮(289~340). 자는 元規. 蘇峻, 祖約의 난을 평정하였으며 명제 때
王導를 이어 中書監이 됨. 征西大將軍, 荊州刺史 등을 지냄. 청담을 좋아
하였으며 老莊에 밝았음. 죽은 후 太尉에 추증되었고 시호는 文康.《晉書》
(73)에 전이 있음.

1008(26-4)

유공(庾公, 庾亮)의 권력이 왕공(王公, 王導)보다 커졌다. 유공은 석두石頭에
있었고 왕공은 야성冶城에 살고 있었다. 어느 날 큰 바람이 불어 먼지를
일으키자 왕공은 부채로 먼지를 쓸면서 이렇게 내뱉었다.
"유원규庾亮의 먼지가 사람을 더럽히는군!"

庾公權重, 足傾王公; 庾在石頭, 王在冶城坐; 大風揚塵,
王以扇拂之曰:「元規塵汚人!」

【庾公】庾亮(289~340). 자는 元規. 蘇峻, 祖約의 난을 평정하였으며 명제 때
王導를 이어 中書監이 됨. 征西大將軍, 荊州刺史 등을 지냄. 청담을 좋아
하였으며 老莊에 밝았음. 죽은 후 太尉에 추증되었고 시호는 文康.《晉書》
(73)에 전이 있음.

【王公】王導(276~339). 자는 茂弘. 어릴 때 자는 阿龍. 王敦의 從弟. 서진이
망하자 王敦과 함께 司馬睿를 황제로 추대하여 東晉을 세움. 그 공으로
丞相이 되었으며 號를 '仲父'라 하였음. 천하의 권세를 잡아 당시 "王與馬,
共天下"라 하였음. 元帝와 明帝, 成帝를 차례로 즉위시켰음. 아울러 남방
세족의 도움으로 강남에서의 동진 정권을 안정시킴.《晉書》(65)에 전이 있음.

【石頭】湖北의 監利縣. 소준(蘇峻)이 일찍이 난을 일으켜 成帝에게 이곳에
천도하라고 위협한 적이 있음.

【冶城】지금의 江寧縣.

참고 및 관련 자료

1.《晉書》戴洋傳 (王隱)

丹陽太守王導, 問洋得病七年. 洋曰:「君侯命在申, 爲土地之主, 而於申上大冶,
火光照天, 此爲金火相鑠, 水火相炒, 故以相害.」導呼冶令奕遷, 使啓鎭東徙,
治東安, 病遂差, 東安, 今東冶是也.

2.《丹陽記》

「丹陽冶城去宮三里, 吳時鼓鑄之所, 吳平猶不廢.」又云:「孫權築冶城, 爲鼓鑄
之所.」旣立石頭大塢, 不容近立此小城, 當是徙縣治空城而置冶爾. 冶城, 疑是
金陵本治. 漢高六年, 今天下縣邑城, 秣陵不應獨無.

3. 劉孝標 注

『案: 王公雅量通濟, 庾亮之在武昌, 傳其應下, 公以識度裁之, 囂言自息. 豈或
回貳有扇塵之事乎?』

왕우군(王右軍, 王羲之)은 어릴 때 대단히 삽납澀納하여 소심하고 내성적이었다. 그가 한 번은 대장군大將軍의 집에 들른 적이 있었는데, 뒤이어 왕도王導와 유량庾亮이 나타나자 우군은 어려워하며 일어나 가려 하는 것이었다. 이에 대장군은 그를 만류하며 이렇게 말하였다.

"자네 집안의 사공(司空, 王導)과 원규(元規, 庾亮)가 왔는데 다시 무얼 그리 어려워할 게 있는가?"

王右軍少時甚澀納, 在大將軍許, 王·庾二公後來, 右軍便起欲去; 大將軍留之曰:「爾家司空·元規, 復何所難?」

【王右軍】 王羲之(303~361, 혹은 309~365, 321~379). 자는 逸少. 王尊의 조카. 어려서는 訥言하였으나 뒤에 정치와 예술에 큰 업적을 남김. 특히 글씨에 뛰어나 書聖으로 추앙받았음. 右軍將軍, 會稽內史, 臨川太守 등을 지냈음. 山陰道士와 《道德經》글씨를 거위와 바꾼 고사를 남겼으며 그 외에 작품으로 〈蘭亭集序〉·〈樂毅論〉·〈黃庭經〉·〈東方朔畫讚〉·〈姨母〉·〈初月〉·〈憂懸〉·〈喪亂〉 등을 남김. 《晉書》(80)에 전이 있음. 王右軍, 王逸少, 王羲之 등으로 불림. 그 아들 王獻之와 함께 글씨에 뛰어나 '二王'이라 함.
【澀納】 어눌하고 소심함. 疊韻連綿語.
【大將軍】 王敦(266~324). 자는 處仲. 어릴 때는 阿黑이라 부름. 王舍의 아우이며 王導의 종제로 八王之亂 때 공을 세워 散騎常侍, 侍中, 青州刺史, 鎭東大將軍 등을 지냄. 西晉이 망하자 司馬睿를 옹립하여 황제로 삼음. 뒤에 明帝 때 난을 일으켰다가 軍中에서 죽음. 《晉書》(98)에 전이 있음.
【王導】 王丞相(276~339). 자는 茂弘. 어릴 때 자는 阿龍. 王敦의 從弟. 서진이 망하자 王敦과 함께 司馬睿를 황제로 추대하여 東晉을 세움. 그 공으로 丞相이 되었으며 號를 '仲父'라 하였음. 천하의 권세를 잡아 당시 "王與馬,

共天下"라 하였음. 元帝와 明帝, 成帝를 차례로 즉위시켰음. 아울러 남방 세족의 도움으로 강남에서의 동진 정권을 안정시킴.《晉書》(65)에 전이 있음.

【庾亮】자는 元規(289~340). 蘇峻, 祖約의 난을 평정하였으며 명제 때 王導를 이어 中書監이 됨. 征西大將軍, 荊州刺史 등을 지냄. 청담을 좋아하였으며 老莊에 밝았음. 죽은 후 太尉에 추증되었고 시호는 文康.《晉書》(73)에 전이 있음.

1010(26-6)

왕승상(王丞相, 王導)은 채공(蔡公, 蔡謨)을 경멸하여 이렇게 말하였다.

"내 왕안기(王安期, 王承)·완천리(阮千里, 阮瞻)와 일찍이 함께 저 낙양洛陽가에서 놀 때, 그 어디에서 채극蔡克의 아들놈蔡謨 이름을 들어보기나 하였던가?"

王丞相輕蔡公, 曰: 「我與安期·千里, 共遊洛水邊, 何處聞有一蔡克兒?」

【王丞相】王導(276~339). 자는 茂弘. 어릴 때 자는 阿龍. 王敦의 從弟. 서진이 망하자 王敦과 함께 司馬睿를 황제로 추대하여 東晉을 세움. 그 공으로 丞相이 되었으며 號를 '仲父'라 하였음. 천하의 권세를 잡아 당시 "王與馬, 共天下"라 하였음. 元帝와 明帝, 成帝를 차례로 즉위시켰음. 아울러 남방 세족의 도움으로 강남에서의 동진 정권을 안정시킴.《晉書》(65)에 전이 있음.

【蔡公】蔡謨(281~356). 자는 道明. 蔡克의 아들. 侍中을 거쳐 康帝 때 侍中司徒에 오름. 시호는 文穆.《晉書》(77)에 전이 있음. 濟陽男에 봉해짐.

【王安期】王承(275~320). 자는 安期. 太原 晉陽人. 汝南太守 王湛의 아들이며 王述의 아버지. 東海太守가 되어 덕정을 베풀었음. 王導, 衛玠, 周顗, 庾亮 등과 함께 東晉의 명사로 추앙됨. 《晉書》(75)에 전이 있음.

【阮千理】阮瞻. 자는 千里. 阮咸의 장자이며 완부의 형. 거문고에 능하였음. 司徒掾, 司馬越의 記室參軍을 지냈으며 懷帝 때 太子舍人을 지냄. 귀신이란 없다는 뜻을 주장하여 〈無鬼論〉을 지음. 30세에 병으로 죽음. 《晉書》(49)에 전이 있음.

【洛水】晉나라가 南遷하기 전 西晉 때의 도읍인 洛陽을 지칭하는 말.

【蔡克】자는 子尼(?~360). 성격이 근엄하였음. 《晉書》(77)에 傳이 있음.

　　　　참고 및 관련 자료

1.《晉諸公贊》

克字子尼, 陳留雍丘人.

2.《蔡克別傳》

克祖睦, 蔡邕從孫也. 克少好學, 有雅尚, 體貌尊嚴, 莫有媟慢於其前者. 高平劉整有雋才, 而車服奢麗, 謂人曰: 「紗縠, 人常服耳; 嘗遇蔡子尼在坐, 終日不自安.」 見憚如此. 是時陳留爲大郡, 多人士, 琅邪王澄嘗經郡入境, 問: 「此郡多士, 有誰乎?」 吏曰: 「有江應世, 蔡子尼.」 時陳留多居大位者, 澄問: 「何以但稱此二人?」 吏曰: 「向謂君侯問人, 不謂位也.」 澄笑而止. 克歷成都王東曹掾, 故稱東曹.

3.《妬記》

丞相曹夫人, 性甚忌, 禁制丞相不得有侍御, 乃至左右小人, 亦被檢簡; 時有妍妙, 皆加誚責. 王公不能久堪, 乃密營別館, 衆妾羅列, 兒女成行. 後元會日, 夫人於靑疏臺中, 望見兩三兒騎羊, 皆端正可念; 夫人遙見, 甚憐愛之. 語婢: 「汝出問, 是誰家兒?」 給使不達旨, 乃答云: 「是第四五等諸郎.」 曹氏聞, 驚愕大恚; 命車駕, 將黃門及婢二十人, 人持食刀, 自出尋討. 王公亦遽命駕, 飛轡出門, 猶患牛遲; 乃以左手攀車蘭, 左手捉麈尾, 以柄助御者打牛, 狼狽奔馳, 劣得先至. 蔡司徒聞而笑之, 乃故詣王公, 謂曰: 「朝廷欲加公九錫, 公知不?」 王謂信然, 自敍謙志, 蔡曰: 「不聞餘物, 唯聞有短轅犢車, 長柄麈尾.」 王大愧, 後貶蔡曰: 「昔吾與安期·千里, 共在洛水集處, 不聞天下有蔡克兒!」 正忿蔡前戲言耳.

1011(26-7)

저태부(褚太傅, 褚裒)가 처음 도강渡江하여 남천하고 나서 일찍이 동쪽 회계 땅으로 가다가 금창정金昌亭에 이르게 되었다. 그곳에는 마침 오吳 땅의 호걸들이 모두 모여 그 정자 안에서 잔치를 벌이고 있었다.

저태부는 비록 평소부터 이름을 드날린 자였지만, 이때에는 너무 조차 지간造次之間이라 아무도 그를 알아보는 사람이 없었다.

그곳 사람들은 좌우에게 명하여 그에게 차는 가져다주면서 종즙粽汁은 조금만 마련해 놓고 차는 마시면 자꾸 더 부어 주되 끝내 종즙은 얻어먹을 수 없게 하였다. 저태부는 차를 다 마시자, 서서히 손을 들어 여러 사람에게 이렇게 말하였다.

"내가 바로 저계야褚季野라는 사람이오!"

이에 사방에 둘러앉았던 사람들은 모두 놀라 흩어지며, 누구 하나 낭패스럽게 여기지 않는 자가 없었다.

褚太傅初渡江, 嘗入東, 至金昌亭, 吳中豪右, 燕集亭中. 褚公雖素有重名, 于時造次不相識別; 敕左右多與茗汁, 少箸粽汁, 盡輒(卽)益, 使終不得食.

褚公飮訖, 徐擧手共語云:「褚季野!」

於是四坐驚散, 無不狼狽.

【褚太傅】褚裒(303~349). 자는 季野. 東晉 康帝(343~344 재위)의 장인이며 後趙를 토벌하러 나섰으나 병을 얻어 귀환 중에 죽음. 뒤에 都亭侯에 봉해 졌으며 侍中太傅에 추증됨. 《晉書》(93)에 전이 있음.
【金昌亭】지금의 吳縣 西閶門에 있음.

【造次】 매우 경황없음을 나타내는 雙聲連綿語. 《論語》 里仁篇에 "造次必於是"
라 함.
【粽汁】 쌀로 만든 음식의 일종.

참고 및 관련 자료

1. 《金昌亭時歎》謝歆

余尋師, 來入經吳, 行達昌門, 忽覩斯亭, 傍川帶河, 其榜題曰「金昌」. 訪之耆老,
曰:「昔朱買臣仕漢, 還爲會稽內史, 逢其迎吏, 逆旅比舍, 與買臣爭席; 買臣出
其印綬, 羣史慙服自裁; 因事建亭, 號曰「金傷」, 先其字義耳.」

1012(26-8)

왕우군(王右軍, 王羲之)이 남방에 있을 때 승상(丞相, 王導)이 그에게 편지를
보내어 매번 아들과 조카들이 똑똑치 못함을 한탄하여 이렇게 말하였다.
"호돈(虎犱, 王彭之)·호독(虎犢, 王彪之)은 어찌 그 이름과 그리도 같은지."

王右軍在南, 丞相與書, 每歎子姪不令.
云:『虎犱·虎犢, 還其所如.』

【王右軍】 王羲之(303~361, 혹은 309~365, 321~379). 자는 逸少. 王尊의 조카.
어려서는 訥言하였으나 뒤에 정치와 예술에 큰 업적을 남김. 특히 글씨에
뛰어나 書聖으로 추앙받았음. 右軍將軍, 會稽內史, 臨川太守 등을 지냈음.

山陰道士와《道德經》글씨를 거위와 바꾼 고사를 남겼으며 그 외에 작품
으로 〈蘭亭集序〉·〈樂毅論〉·〈黃庭經〉·〈東方朔畫讚〉·〈姨母〉·〈初月〉·〈憂懸〉·
〈喪亂〉 등을 남김.《晉書》(80)에 전이 있음. 王右軍, 王逸少, 王義之 등으로
불림. 그 아들 王獻之와 함께 글씨에 뛰어나 '二王'이라 함. 당시 남쪽의
江州刺史로 있었음.

【丞相】王丞相. 王導(276~339). 자는 茂弘. 어릴 때 자는 阿龍. 王敦의 從弟.
서진이 망하자 王敦과 함께 司馬睿를 황제로 추대하여 東晉을 세움.
그 공으로 丞相이 되었으며 號를 '仲父'라 하였음. 천하의 권세를 잡아
당시 "王與馬, 共天下"라 하였음. 元帝와 明帝, 成帝를 차례로 즉위시켰음.
아울러 남방 세족의 도움으로 강남에서의 동진 정권을 안정시킴.《晉書》
(65)에 전이 있음.

【虎犹】王彭之의 어릴 때 이름. 호랑이나 멧돼지 같다는 뜻.

【虎犢】王義之의 어릴 때 이름. 호랑이 새끼라는 뜻.

[참고 및 관련 자료]

1.《王氏譜》
彭之字安壽, 琅邪人. 祖正, 尙書郎. 父彬, 衛將軍. 彭之仕至黃門郎.

2.《王氏譜》
彪之字叔虎, 彭之第三弟. 年二十, 而頭須皓白, 時人謂之王白須. 少有局幹之稱.
累遷至左光祿大夫.

1013(26-9)

저태부(褚太傅, 褚裒)가 남으로 오자, 손장락(孫長樂, 孫綽)이 배에서 그를 바라
보다가 둘이 만나 서로 말을 나누게 되었다. 유진장(劉眞長, 劉惔)의 죽음에

대해 화제가 오르자, 손장락은 눈물을 흘리며 이렇게 읊었다.

"『훌륭한 사람 다 죽으니, 나라의 운명 시들어가네』!"

이 꼴을 보고 저태부는 크게 화를 내며 이렇게 내뱉었다.

"유진장이 살아 있을 때 무엇이 그대와 그렇게 상비相比하여 헤아릴 만한 관계였소? 그대는 오는 남을 향해 그런 모습을 보이는 거요!"

손장락은 얼른 눈물을 거두고, 저태부에게 이렇게 빌었다.

"그대는 마땅히 나를 불쌍히 여기소서!"

당시 사람들은 모두 손장락이 재주는 있으나, 품성이 비루한 것을 두고 비웃었다.

褚太傅南下, 孫長樂於船中視之; 言次, 及劉眞長死, 孫流涕, 因諷詠曰:「人之云亡, 『邦國殄瘁!』」

褚大怒曰:「眞長平生, 何嘗相比數? 而卿今日作此面向人!」

孫廻泣向褚曰:「卿當念我!」

時咸笑其才而性鄙.

【褚太傅】褚裒(303~349). 자는 季野. 東晉 康帝(343~344 재위)의 장인이며 後趙를 토벌하러 나섰으나 병을 얻어 귀환 중에 죽음. 뒤에 都亭侯에 봉해졌으며 侍中太傅에 추증됨.《晉書》(93)에 전이 있음.

【孫長樂】孫綽. 자는 興公(314~371). 孫楚의 손자로 형 孫統과 남으로 내려와 벼슬에 뜻을 버리고 〈遂初賦〉를 씀. 그 외에 〈遊天台山賦〉가 유명하며 뒤에 庾亮·殷浩·王羲之의 막료를 거쳐 永嘉太守·散騎常侍를 지냄. 桓溫이 수도를 洛陽으로 옮기려 하자 상소하여 반대함. 廷尉卿에 이르렀으며 長樂侯를 습봉받음.《晉書》(56)에 전이 있음.

【劉眞長】劉尹. 劉惔. 字는 眞長. 劉宏의 손자로 沛國 相 땅 출신. 明帝 (323~326 재위)의 廬陵長公主에게 장가들어 駙馬가 됨. 司從左長史, 侍中, 丹陽尹 등을 지냄. 36세에 죽어 孫綽이 "居官無官官之事, 處事無事事之心"

이라 誄文을 지어 명언이라 하였음.《晉書》(75)에 전이 있음. 淸高한 성품
으로 이름이 남.

【邦國殄瘁】《詩經》大雅의 詩. 毛公 注에 "殄, 盡: 瘁, 病也"라 함.

1014(26-10)

사진서(謝鎭西, 謝尙)가 은양주(殷揚州, 殷浩)에게 편지를 보내어 유진장(劉眞長,
劉惔)을 위해 회계會稽에 자리를 하나 얻어 달라고 부탁을 하였다. 그러자
은양주는 이렇게 답신을 보냈다.

"유진장은 자신과 의견을 같이하는 자는 동조하고, 다른 자는 치는 자요,
협기가 너무 큰 자입니다. 항상 사군使君께서 계단 아래까지 내려가 그를
영접하는 꼴을 보고 심하다 여겼는데, 이에 다시 그를 위하여 부림을
당하십니까?"

謝鎭西書與殷揚州, 爲眞長求會稽; 殷答曰:『眞長標
同伐異, 俠之大者. 常謂使君降階爲甚, 乃復爲之驅馳邪?』

【謝鎭西】謝尙(308~357). 자는 仁祖. 謝鯤의 아들이며 王導가 '小安豐'이라
불렀음. 給事黃門侍郎을 거쳐 建武將軍, 鎭西將軍, 歷陽太守, 豫州刺史, 江夏,
義陽 등 都督을 지냄. 穆帝 때 尙書僕射를 지냄. 음악과 기예에 밝았으며
太樂을 처음으로 정리하였던 인물.《晉書》(79)에 전이 있음.

【殷揚州】殷中軍. 殷浩(?~356). 자는 淵源. 殷羨(洪喬)의 아들이며 弱冠에 이미
이름이 났으며 玄言에 뛰어나 당시 풍류 재자의 숭앙을 받음. 정사에도
뛰어나 사람들은 그를 管仲이나 諸葛孔明에 비유할 정도였음. 建武將軍,

揚州刺史, 記室參軍·安西將軍·中軍將軍 등을 역임하였으며 北征에 나섰다가 姚襄에게 패배하여 서인으로 강등되기도 하였음. '咄咄怪事'의 고사를 남김.《晉書》(77)에 전이 있음.

【劉眞長】劉尹. 劉惔. 字는 眞長. 劉宏의 손자로 沛國 相 땅 출신. 明帝 (323~326 재위)의 廬陵長公主에게 장가들어 駙馬가 됨. 司從左長史, 侍中, 丹陽尹 등을 지냄. 36세에 죽어 孫綽이 "居官無官官之事, 處事無事事之心" 이라 誄文을 지어 명언이라 하였음.《晉書》(75)에 전이 있음.

1015(26-11)

환공(桓公, 桓溫)이 낙양洛陽으로 입성入城하면서 회淮·사泗의 지방을 거쳐 북쪽 국경 지대를 지나게 되었다. 그는 관료들과 큰 배에 오르면서 중원中原 지방을 바라보며 개연히 이렇게 말하였다.

"끝내 저 신주神州, 즉 中原를 잃고 1백 년 동안 버려 둔 것에 대해서는 왕이보(王夷甫, 王衍) 등이 책임을 묻지 않을 수 없다!"

옆에서 듣고 있던 원호(袁虎, 袁宏)가 돌연히 이렇게 대꾸하였다.

"나라의 운명이란 스스로 흥망이 있는 것. 어찌 꼭 그들만의 책임이라 하리오?"

환공은 이 말을 듣자 표정이 변하여 좌우를 둘러보며 이러한 이야기를 하였다.

"그대들은 유경승(劉景升, 劉表)의 고사를 들어보지 못했는가? 그에게는 무게 1천 근이 넘는 큰 소 하나가 있었는데, 먹기는 보통 소의 열 배 이상이면서 짐을 끌고 갈 때는 오히려 비쩍 마른 암소 한 마리만큼의 힘도 내지 못했소. 위魏 무제(武帝, 操曹)가 형주荊州로 진격하여 이 소를 잡아 군사들에게 나누어 먹이니, 누구 하나 통쾌하게 여기지 않은 자가 없었소."

그 뜻은 그 큰 소를 원굉에 비유한 것으로 좌우의 사람들은 모두 놀랐고 원굉도 놀라서 실색하고 말았다.

桓公入洛, 過淮·泗, 踐北境, 與諸僚屬登平乘樓眺矚中原, 慨然曰:「遂使神州陸沈, 百年丘墟, 王夷甫諸人, 不得不任其責!」

袁虎率爾對曰:「運自有廢興, 豈必諸人之過?」

桓公懍然作色, 顧謂四坐曰:「諸君頗聞劉景升不? 有大牛重千斤, 噉芻豆十倍於常牛; 負重致遠, 曾不若一羸牸. 魏武入荊州, 烹以饗士卒, 于時莫不稱快」

意以況袁. 四坐旣駭, 袁亦失色.

【桓公】桓宣武. 桓溫(312~373). 자는 元子. 明帝의 사위. 荊州刺史를 지냈으며, 蜀을 정벌하고 前秦을 쳐부숨. 簡文帝를 세우고 자신이 다시 왕위를 빼앗고자 하였음. 시호는 武侯. 그의 아들 桓玄이 드디어 제위를 찬탈하여 楚나라를 세운 다음 아버지 환온을 宣武皇帝로 추존함. 《晉書》(99)에 전이 있음.
【淮·泗】淮河와 泗水. 黃河와 山東 근처.
【王夷甫】王衍(256~311). 자는 夷甫. 王乂의 아들이며 王玄의 父. 죽림칠현의 하나인 王戎의 從弟. 太尉를 지냄. 《晉書》(43)에 전이 있음.
【袁宏】자는 彦伯(328~376). 어릴 때는 虎라 불렸으며, 어려서 고아가 됨. 문장에 뛰어나 謝尙의 발탁으로 大司馬 桓溫의 記室이 됨. 著述에 힘써 《後漢記》·《竹林名士傳》·《北征賦》·《三國名臣頌》을 지었으며 《三國名臣頌》은 《晉書》에 수록되어 있음. 《晉書》(92)에 전이 있음.
【劉景】三國時代 인물. 이름은 表. 鎭南將軍과 荊州刺史를 지냄.
【魏武帝】曹操(155~220). 자는 孟德. 어릴 때는 阿瞞으로 불렸음. 沛國 출신으로 기지와 변화는 물론 문장에도 뛰어났으며, 曹丕의 아버지로 한말

세력을 키워 魏나라를 건립하는 기초를 세움. 아들 조비가 獻帝로부터 선양을 받아 武帝로 추존함. 《孫子略解》, 《兵書接要》, 《曹操集》 등이 있음. 《三國志》(1)에 紀가 있음.

참고 및 관련 자료

1. 《八王故事》
夷甫雖居台司, 不以事物自嬰, 當世化之, 羞言名敎; 自臺郎以下, 皆雅崇拱黙, 以遺事爲高. 四海尙寧, 而識者知其將亂.

2. 《晉陽秋》
夷甫將爲石靳所殺, 謂人曰:「吾等若不祖尙浮虛, 不至於此!」

3. 《劉鎭南銘》
『表字景升, 山陽高平人. 黃中通理, 博識多聞. 仕至鎭南將軍, 荊州刺史.』

1016(26-12)

원호(袁虎, 袁宏)와 복도伏滔는 함께 환공(桓公, 桓溫)의 속관이었다. 환공은 매번 잔치를 벌일 때마다 문득 원·복을 함께 불렀다. 그러나 원호는 이를 심히 부끄럽게 여겨 늘 탄식하면서 이렇게 말하였다.

"환공의 후의는 국사國士를 영예롭게 해주는 게 아니야! 나를 복도 같은 놈과 비견比肩하다니 이런 치욕이 어디 있어?"

袁虎·伏滔同在桓公府, 桓公每遊燕, 輒命袁·伏, 袁甚

恥之, 恆歎曰:「公之厚意, 未足以榮國士! 與伏滔比肩,
亦何辱如之?」

【袁虎】袁宏(328~376). 자는 彦伯. 어릴 때는 虎라 불렸으며 어려서 고아가
됨. 문장에 뛰어나 謝尙의 발탁으로 大司馬 桓溫의 記室이 됨. 著述에 힘써
《後漢記》·《竹林名士傳》·《北征賦》·《三國名臣頌》을 지었으며 《三國名臣頌》
은 《晉書》에 수록되어 있음. 《晉書》(92)에 전이 있음.
【伏滔】자는 玄度. 晉나라 安丘 출신. 桓溫이 발탁하여 參軍으로 삼아 모든
연회에 반드시 함께 데리고 다닐 정도로 매우 아꼈다 함. 太元 중에 著作郎을
지냄. 聞喜縣侯로 봉해졌었음. 《晉書》(92)에 전이 있음.

1017(26-13)

　　고유高柔가 동쪽에 있을 때 사인조(謝仁祖, 謝尙)에게 크게 중시를 받았다.
그러나 그가 서울로 와서 왕몽王濛과 유진장(劉眞長, 劉惔)에게는 전혀 인정을
받지 못하였다. 이에 사인조는 이렇게 말하였다.
　　"근래 고유를 보니 크게 훌륭한 정책을 제시하고 있지만, 그러나 아직
소득을 보지 못하고 있다."
　　유진장이 이를 듣고 이렇게 말하였다.
　　"그래서 편벽한 구석에 살면 안 되는 거야. 가볍게 뿔 끝에 있게 되면
훌륭한 인물인 줄 알고 남의 의논거리가 되지."
　　이 말을 듣고 불쾌한 뜻을 전하였다.
　　"내 그대에게 요구한 게 없소."

그러자 어떤 사람이 유진장에게 이 고유의 말을 흉내 내어 똑같이 말하자, 유진장은 즉시 받아넘겼다.

"나 역시 실제로 그대에게 아무것도 줄 것이 없소."

그러나 여러 사람과 어울려 놀고 잔치할 때면 유진장은 글을 써서 이렇게 선전하고 다녔다.

"안고安固도 가히 초청할 만한 인물이오."

여기서 안고란 바로 고유를 이른 것이다.

高柔在東, 甚爲謝仁祖所重; 旣出, 不爲王·劉所知.

仁祖曰:「近見高柔, 大自敷奏, 然未有所得.」

眞長云:「故不可在偏地居, 輕在角䚥中, 爲人作議論.」

高柔聞之, 云:「我就伊無所求.」

人有向眞長學此言者.

眞長曰:「我實亦無可與伊者.」

然遊燕猶與諸人書:「可要安固.」

安固者, 高柔也.

【高柔】 자는 世遠. 박식하고 명리에 밝았으며 冠軍參軍을 지냄.

【謝仁祖】 謝尙(308~357). 자는 仁祖. 謝鯤의 아들이며 王導가 '小安豐'이라 불렀음. 給事黃門侍郎을 거쳐 建武將軍, 鎭西將軍, 歷陽太守, 豫州刺史, 江夏, 義陽 등 都督을 지냄. 穆帝 때 尙書僕射를 지냄. 음악과 기예에 밝았으며 太樂을 처음으로 정리하였던 인물. 《晉書》(79)에 전이 있음.

【王·庾】 王濛과 劉眞長(劉惔)을 가리킴.

【敷奏】 《書經》 舜典에 "敷奏以言"이라 하고 傳에 "敷, 陳也; 奏, 進也"라 함. 疊韻連綿語임.

【角䚥】 뿔의 끝(角尖). 劉氏 注에는 "奴角反"으로 음을 "낙/냑"으로 보았으며

《玉篇》에는 "觸, 同觸"이라 하였고 《集韻》에는 "觸, 日灼切; 音弱, 弓偏弱也"라 함. 한편 楊勇 〈校箋〉에는 "角觸, 角尖也"라 함. 뿔의 끝 부분을 가리키는 疊韻連綿語임.

1. 《高柔集敍》孫統

柔字世遠, 樂安人. 才理淸鮮, 安行仁義, 婚太山胡母氏女, 年二十, 旣有倍年之覺, 而姿色淸惠, 近是上流婦人. 柔家道隆崇, 旣罷司空參軍·安固令, 營宅於畎川, 馳動之情旣薄, 又愛甄賢妻, 便有終焉之志. 尙書令何充取爲冠軍參軍, 俚俛應命, 眷戀綢繆, 不能相舍. 相贈詩書, 淸婉新切.

1018(26-14)

유윤(劉尹, 劉惔)·강반江彪·왕숙호(王叔虎, 王彪之)·손흥공(孫興公, 孫綽)이 함께 자리를 하였는데, 강반과 왕숙호는 서로 경시하는 눈치가 역력하였다.

결국 강반이 왕숙호에게 손으로 위협하는 표시를 하며 이렇게 내뱉었다.

"혹리酷吏!"

그런데 그 말투와 표정이 아주 강경하였다. 유윤이 이를 보고 이렇게 말하였다.

"이것이 눈을 부릅뜬 모습인가? 말투가 추할 뿐 아니라 그 눈빛도 졸렬하군!"

劉尹·江虨·王叔虎·孫興公同坐, 江·王有相輕色; 虨以
手歙叔虎云:「酷吏!」

詞色甚彊.

劉尹顧謂:「此是瞋邪? 非特是醜言聲·拙視瞻!」

【劉尹】劉惔. 字는 眞長. 劉宏의 손자로 沛國 相 땅 출신. 明帝(323~326
　재위)의 廬陵長公主에게 장가들어 駙馬가 됨. 司從左長史, 侍中, 丹陽尹 등을
　지냄. 36세에 죽어 孫綽이 "居官無官官之事, 處事無事事之心"이라 誄文을
　지어 명언이라 하였음.《晉書》(75)에 전이 있음.

【江虨】자는 思玄(?~370?). 江統의 아들. 학문과 바둑에 뛰어났음. 尙書左
　僕射와 司馬昱의 相이 되어 그를 보필함. 뒤에 護軍將軍, 國子祭酒 등을
　지냄.《晉書》(56)에 전이 있음.

【王叔虎】王彪之. 자는 叔虎(305~377). 어릴 때의 자는 虎犢.《晉書》(76)에
　傳이 있음.

【孫興公】孫綽. 자는 興公(314~371). 孫楚의 손자로 형 孫統과 남으로 내려와
　벼슬에 뜻을 버리고 〈遂初賦〉를 씀. 그 외에 〈遊天台山賦〉가 유명하며 뒤에
　庾亮·殷浩·王羲之의 막료를 거쳐 永嘉太守·散騎常侍를 지냄. 桓溫이
　수도를 洛陽으로 옮기려 하자 상소하여 반대함. 廷尉卿에 이르렀으며
　長樂侯를 습봉받음.《晉書》(56)에 전이 있음.

【手歙】歙은 脅과 같음. 長衡의 〈應閒〉에 "干進苟容, 我不忍以歙肩"이라
　하고 그 주에 "歙, 亦脅也"라 함.

┌─────────────────┐
│ 참고 및 관련 자료 │
└─────────────────┘

1. 劉孝標 注
『言江此言, 非是醜拙, 似有忿於王也.』

1019(26-15)

손작孫綽이 《열선전列仙傳》의 〈상구자찬商丘子贊〉에서 이렇게 말하였다.

"길렀던 바의 물건이 무엇인고? 아마 진짜 돼지는 아니었을 것이로다. 만약 풍운風雲을 만났다면 나로 하여금 용처럼 솟아오르게 하련만."

당시 사람들은 이를 두고 대단한 표현이라 하였다.

그러나 왕람전(王藍田, 王述)은 남에게 이렇게 악평을 하였다.

"그래 손씨 집안의 어린 녀석 글 지은 것을 보니 '무슨 물건何物'이니, '진짜 돼지眞猪'니 하고 있더군."

孫綽作《列仙》〈商丘子贊〉曰:「所牧何物? 殆非眞猪. 儻遇風雲, 爲我龍攄.」

時人多以爲能.

王藍田語人云:「近見孫家兒作文, 道何物·眞猪也.」

【孫綽】 자는 興公(314~371). 孫楚의 손자로 형 孫統과 남으로 내려와 벼슬에 뜻을 버리고 〈遂初賦〉를 씀. 그 외에 〈遊天台山賦〉가 유명하며 뒤에 庾亮·殷浩·王羲之의 막료를 거쳐 永嘉太守·散騎常侍를 지냄. 桓溫이 수도를 洛陽으로 옮기려 하자 상소하여 반대함. 廷尉卿에 이르렀으며 長樂侯를 습봉받음. 《晉書》(56)에 전이 있음.

【列仙傳】 원래 서한 때 劉向이 썼다 하나 후인의 위탁으로 봄. 모두 2권으로 赤松子 등 신선고사 70장이 들어 있음.

【商丘子】 이름은 胥. 고대의 仙人.

【王藍田】 王述. 자는 懷祖(303~368). 王承의 아들이며 王坦之의 아버지. 고아가 되어 어머니를 극진히 모심. 아버지를 이어 藍田侯에 봉해졌으며 宛陵令, 臨海太守, 建威將軍, 會稽內史, 揚州刺史, 征虜將軍 등을 역임함. 청렴하기로

이름이 널리 알려졌음.《晉書》(75)에 전이 있음.

【何物·眞猪】 모두 천박한 말임. 이로써 그의 글을 악평을 한 것. '猪'는 '豬'와 같음. 돼지를 뜻함.

참고 및 관련 자료

1. 劉孝標 注

『列仙傳曰:「商丘子胥子, 商邑人. 好吹竽牧豕, 年七十不娶妻, 而不老. 問其道要, 言:「但食老朮·昌蒲根, 飮水, 如此便不饑不老耳.」貴戚富室, 聞而服之, 不能終歲輒止, 謂將有匿術. 孫綽爲贊曰:「商丘卓犖, 執策吹竽; 渴飮寒泉, 饑食昌蒲. 所牧何物? 殆非眞猪. 儻逢風雲, 爲我龍攄.」』

1020(26-16)

환공(桓公, 桓溫)이 서울을 옮겨 안정된 국운을 개척하려고 하였다.

이를 안 손장락(孫長樂, 孫綽)이 표를 올려 반대하고 나섰다. 그의 간언에 들어 있는 그 의견이 심히 조리가 있어 환공도 그를 보고 마음속으로 감복하고 말았다. 그러나 자신과 의견을 달리한 그 자체만은 분해서 견딜 수가 없었다. 이에 사람을 시켜 손장락에게 이렇게 뜻을 전하도록 하였다.

"그대는 어찌 〈수초부遂初賦〉를 그대로 지키지 아니하고, 강퍅하게 남의 국사에 대해 알려고 덤비는가?"

桓公欲遷都, 以張拓定之業; 孫長樂上表, 諫此議甚

有理; 桓見表心服, 而忿其爲異, 令人致意孫云: 「君何不尋
〈遂初賦〉, 而彊知人家國事?」

【桓公】桓宣武. 桓溫(312~373). 자는 元子. 明帝의 사위. 荊州刺史를 지냈
  으며, 蜀을 정벌하고 前秦을 쳐부숨. 簡文帝를 세우고 자신이 다시 왕위를
  빼앗고자 하였음. 시호는 武侯. 그의 아들 桓玄이 드디어 제위를 찬탈하여
  楚나라를 세운 다음 아버지 환온을 宣武皇帝로 추존함.《晉書》(99)에 전이
  있음.

【孫長樂】孫綽. 孫興公. 자는 興公(314~371). 孫楚의 손자로 형 孫統과 남으로
  내려와 벼슬에 뜻을 버리고 〈遂初賦〉를 씀. 그 외에 〈遊天台山賦〉가 유명
  하며 뒤에 庾亮·殷浩·王羲之의 막료를 거쳐 永嘉太守·散騎常侍를 지냄.
  桓溫이 수도를 洛陽으로 옮기려 하자 상소하여 반대함. 廷尉卿에 이르렀
  으며 長樂侯를 습봉받음.《晉書》(56)에 전이 있음.

【遂初賦】孫綽의 賦 작품 이름. '初志를 완수하겠다'는 止足之道를 술회한 賦.
  孫綽의 작품으로 老莊의 도를 사모하여 山川에 은거하여 名利를 힘쓰지
  않고 初志를 완수하겠다는 내용. 원래 劉歆의 〈遂初賦〉를 모방하여 쓴 것임.
  《全晉文》(61)에 실려 있음.

참고 및 관련 자료

1. 孫綽 〈表諫〉
『中宗龍飛, 實賴萬里長江, 畫而守之耳. 不然, 胡馬久已踐建康之地, 江東爲豺
  狼之場矣.』

1021(26-17)

손장락孫長樂 형제孫綽·孫統가 사공(謝公, 謝安)의 집에서 묵게 되었는데, 서로의 대화가 심히 잡스러웠다. 이때 유부인劉夫人이 벽 뒤에서 이들의 대화를 엿들었다. 사공이 이튿날 유부인 방으로 들어가서 물었다.

"어제 손님들이 어떻소?"

유부인은 이렇게 대답하였다.

"돌아가신 우리 오빠의 댁에는 이런 인물이 손님으로 찾아오지 않았소!"

사공은 대단히 부끄럽게 여겼다.

孫長樂兄弟就謝公宿, 言至駁雜; 劉夫人在壁後聽之, 具聞其語.

謝公明日還, 問:「昨客何似?」

劉對曰:「亡兄門, 未有如此賓客!」

謝深有愧色.

【孫長樂兄弟】孫綽과 孫統 형제.

【謝公】謝安. 字는 安石(320~385). 謝裒의 아들이며 謝琰(望蔡)의 아버지. 謝奕의 동생. 덕망이 있고 기개가 높아 桓彝, 王濛의 사랑을 받음. 처음에는 벼슬에 뜻을 버리고 王羲之, 支遁 등과 산수를 즐기며 조정의 부름에 응하지 않았으나 40이 넘어 桓溫의 司馬를 거쳐 吳興太守, 侍中, 吏部尙書, 太保錄尙書事 등의 관직을 지냄. 뒤에 다시 太傅에 추증되었으며 시호는 文靖.《晉書》(79)에 전이 있음.

【劉夫人】謝安의 처인 劉氏. 劉惔의 여동생.

【亡兄】劉夫人의 오빠. 劉惔.

간문제(簡文帝, 司馬昱)가 허현도(許玄度, 許詢)와 환담을 나누고 있었다.

허현도가 물었다.

"임금과 어버이를 모시는 일은 어느 쪽을 더 중시해야 할지 어려운 선택입니다."

그러자 간문제는 아무 대답도 하지 않았다.

그리고 허현도가 떠나간 후에 이렇게 말하였다.

"허현도는 본래 이런 질문을 하면 안 되는데!"

簡文與許玄度共語, 許云:「擧君·親以爲難」

簡文便不復答.

許去後而言曰:「玄度故可不至於此!」

【簡文帝】東晉의 제8대 황제 司馬昱. 字는 道萬. 中宗의 少子. 元帝 계실
鄭后 소생이며 司馬紹의 배다른 동생. 穆帝가 어려서 撫軍으로 보필, 뒤에
桓溫이 海西公을 폐하고 이를 세워 皇帝에 오름. 재위 2년(371~372).《世說
新語》에서는 흔히 '晉簡文', '簡文', '簡文帝', '簡文皇帝', '相王', '撫軍', '會稽王'
등으로 칭함.《晉書》(9)에 紀가 있음.

【許玄度】許詢. 字는 玄度. 許允의 현손으로 어릴 때 神童이라 불렸음. 高陽人.
벼슬에 뜻이 없어 孫綽, 郗愔, 王羲之, 謝安, 支遁 등과 會稽에서 산수를
유람하며 黃老에 관심을 보였음. 일찍 죽음. 司徒掾 벼슬을 지냈음. 본 장은
일반 동등한 사람끼리 대화에는 가능한 토론거리지만 군주 앞에서는 사람을
난처하게 하므로 거론해서는 안 된다는 뜻.

1. 劉孝標 注

『案邴原別傳:「魏五官中郎將, 嘗與羣賢共論曰: '今有一丸藥, 得濟一人疾, 而君·
父俱病, 與君邪? 與父邪?'諸人紛葩, 或父·或君. 原勃然曰: '父子, 一本也; 亦不
復難?'」君·親相校, 自古如此, 未解簡文誚許意.』

1023(26-19)

사만謝萬이 수춘壽春에서 패배한 후, 돌아와서 왕우군(王右軍, 王羲之)에게
이런 편지를 보냈다.
"오랫동안 보살펴 주신 은혜를 저버려 부끄럽습니다!"
그러자 우군은 편지를 밀쳐 버리며 이렇게 말하였다.
"이것이야말로 우禹·탕湯의 경계警戒인데."

謝萬壽春敗後, 還, 書與王右軍云:『慙負宿顧!』

右軍推書曰:「此禹·湯之戒.」

【謝萬】謝中郎. 자는 萬石(320?~361?). 謝安의 아우로 일찍 이름이 났으며
簡文帝가 재상으로 삼았음. 撫軍從事中郎을 거쳐 豫州刺史, 淮南太守 등을
역임함. 升平 연간에 北征하여 慕容儁을 토벌하러 나섰으나 壽春에서
패하여 서인으로 강등됨. 언론에도 뛰어났으며 문장을 잘 지었음. 漁父, 屈原,

司馬季主, 賈誼, 楚老, 龔勝, 孫登, 嵇康 등 여덟 명을 四隱과 四顯으로 나누어 우열을 가린 〈八賢論〉이 유명함. 《晉書》(79)에 전이 있음.

【壽春】 지금의 安徽省 壽縣. 당시 군사 요충지. 〈規箴篇〉 참조.

【王右軍】 王羲之(303~361, 혹은 309~365, 321~379). 자는 逸少. 어릴 때 이름은 虎犢. 王尊의 조카. 어려서는 訥言하였으나 뒤에 정치와 예술에 큰 업적을 남김. 특히 글씨에 뛰어나 書聖으로 추앙받았음. 右軍將軍, 會稽內史, 臨川太守 등을 지냈음. 山陰道士와 《道德經》 글씨를 거위와 바꾼 고사를 남겼으며 그 외에 작품으로 〈蘭亭集序〉·〈樂毅論〉·〈黃庭經〉·〈東方朔畫讚〉·〈姨母〉·〈初月〉·〈憂懸〉·〈喪亂〉 등을 남김. 《晉書》(80)에 전이 있음. 王右軍, 王逸少, 王羲之 등으로 불림. 그 아들 王獻之와 함께 글씨에 뛰어나 '二王'이라 함.

【禹湯之戒】 禹임금·湯임금은 잘못이 있을 때 자신에게 죄를 돌려 인정하였으므로 흥하였다는 뜻. 여기서는 謝萬이 스스로 잘못하여 패하고도 마치 옛 성인처럼 말한 것을 못마땅하게 여긴 것임.

참고 및 관련 자료

1. 劉孝標 注

『春秋傳曰:「禹·湯罪己, 其興也勃焉」言禹, 湯以聖德自罪, 所以能興. 今萬失律致敗, 雖復自咎, 其可濟焉. 故王嘉萬也.』

1024(26-20)

채백개(蔡伯喈, 蔡邕)가 서까래에 쓰인 대나무를 잘 살펴 좋은 피리를 만들었다. 그런데 손흥공(孫興公, 孫綽)이 기생의 노래 소리를 들으면서 이에 장단을 맞추어 흔들다가 부러뜨리고 말았다.

왕우군(王右軍, 王羲之)이 그 소식을 듣고 크게 꾸짖으며 이렇게 말하였다. "조상 삼대로 탈 없이 내려오던 이 악기를, 계집의 구성진 노래에 손씨 집안의 어린 녀석이 부러뜨렸구나!"

蔡伯喈睹睞笛椽, 孫興公聽妓, 振且擺折.
王右軍聞, 大嗔曰:「三祖壽樂器, 𤭢瓦弔, 孫家兒打折!」

【蔡伯喈】蔡邕(132~192). 박학하고 文學에도 뛰어났었음. 漢나라 靈帝 때 楊賜 등과 六經의 문자를 확정하여 太學門 앞에 六經碑를 세움. 董卓에게 동조하여 中郞將이 되었으나 동탁이 패하자 그에 연좌되어 옥사함. 辭章과 音律, 書法 등에 모두 뛰어났으며 저술로 《獨斷》을 남김. 《後漢書》(60)에 전이 있음. 본문의 피리를 만들게 된 고사는 伏滔의 〈長笛賦敍〉와 《文士傳》 등에 널리 실려 있음. 이 피리를 손작의 집안에서 소장하고 있었음.
【孫興公】孫綽. 자는 興公(314~371). 孫楚의 손자로 형 孫統과 남으로 내려와 벼슬에 뜻을 버리고 〈遂初賦〉를 씀. 그 외에 〈遊天台山賦〉가 유명하며 뒤에 庾亮·殷浩·王羲之의 막료를 거쳐 永嘉太守·散騎常侍를 지냄. 桓溫이 수도를 洛陽으로 옮기려 하자 상소하여 반대함. 廷尉卿에 이르렀으며 長樂侯를 습봉받음. 《晉書》(56)에 전이 있음.
【王右軍】王羲之(303~361, 혹은 309~365, 321~379). 자는 逸少. 어릴 때 이름은 虎犢. 王尊의 조카. 어려서는 訥言하였으나 뒤에 정치와 예술에 큰 업적을 남김. 특히 글씨에 뛰어나 書聖으로 추앙받았음. 右軍將軍, 會稽內史, 臨川太守 등을 지냈음. 山陰道士와 《道德經》 글씨를 거위와 바꾼 고사를 남겼으며 그 외에 작품으로 〈蘭亭集序〉·〈樂毅論〉·〈黃庭經〉·〈東方朔畫讚〉·〈姨母〉·〈初月〉·〈憂懸〉·〈喪亂〉 등을 남김. 《晉書》(80)에 전이 있음. 王右軍, 王逸少, 王羲之 등으로 불림. 그 아들 王獻之와 함께 글씨에 뛰어나 '二王'이라 함.
【𤭢瓦】구체적으로 알 수 없으나 여자에 대한 별칭으로 풀이하였음. 《詩經》 小雅·斯干에 "維𤭢維蛇, 女子之祥. 乃生女子, 載弄之瓦"라 함.
【弔】이는 뜻을 알 수 없으나 우선 여인의 구성진 노래로 잠정 해석함.

1.《長笛賦敍》伏滔

『余同寮桓子野有故長笛, 傳之耆老云:「蔡邕伯喈之所製也.」初, 邕避難江南, 宿於柯亭之館, 以竹爲椽, 邕仰眄之, 曰:「良竹也.」取以爲笛, 音聲獨絶. 歷代傳之至于今.』

〈蔡邕(伯喈)〉《三才圖會》

2.《會稽記》

漢末蔡邕避難會稽, 宿於柯亭, 仰觀椽竹, 知有奇響, 因取爲笛, 遂爲寶器.

3.《文獻通考》

蔡邕柯亭笛, 後爲晉桓伊所得, 常自保而吹之.

1025(26-21)

왕중랑(王中郞, 王坦之)과 임공林公, 支遁, 支道林은 절대로 서로가 상대할 수 없을 정도로 사이가 나빴다. 왕중랑은 임공이 궤변만 늘어놓는다고 하였고, 임공은 역시 왕중랑에 대해 이렇게 평가하고 있었다.

"기름 모자를 쓰고 얼굴은 모자로 가린 채, 홑옷 베옷을 걸치고《좌전左傳》을 끼고 다니면서 정강성(鄭康成, 鄭玄)의 수레 뒤를 따르는 자로다. 묻건대 이 무슨 티끌과 때가 가득 담긴 주머니인가!"

王中郞與林公絶不相得, 王謂林公詭辯; 林公道王云:「箸膩顔帢, 緗布單衣, 挾《左傳》, 逐鄭康成車後, 問是何

物塵垢囊!」

【王中郎】王坦之(330~375). 자는 文度. 태원 왕씨 王術의 아들이며, 王忱·
王愷·王愉의 아버지. '江東獨步'라 하였으며 中書令, 北中郎將을 지냄. 〈廢
莊論〉을 써서 당시의 방탕을 비난함.《晉書》(75)에 전이 있음.
【林公】支道林. 支公. 支遁. 晉나라 때의 道僧. 河內 林慮人으로 속성은 關氏.
25세 때 출가하여 53세 때 洛陽에서 入滅함. 支硏山에 은거하여 支遁,
支道林, 林公 등으로 불림. 梁 慧皎《高僧傳》(4)에 支遁傳이 있음.
【左傳】春秋三傳의 하나.《左氏傳》. 十三經의 하나.
【鄭康成】鄭玄(127~200). 자는 康成. 한나라 때의 대학자. 北海 高密人으로
여러 經에 박통하였으며 馬融에게 3년 간 수학하였음. 그의《周禮》,《禮記》,
《儀禮注》,《毛詩箋》은 지금까지도 위대한 업적으로 평가받고 있음.《後漢書》
(35)에 전이 있음.
【塵垢囊】티끌과 때가 가득 들어 있는 주머니. 사람의 육신을 뜻함.

참고 및 관련 자료

1.《裴子》
林公云:「文度箸膩顔, 挾左傳, 逐鄭康成, 自爲高足弟子; 篤而論之, 不離塵
垢囊也.」

1026(26-22)

손장락(孫長樂, 孫綽)이 〈왕장사(王長史, 王濛) 뇌문誄文〉을 지었는데 그 글에
이렇게 썼다.

"내가 그대와 사귄 것은 권세나 이익 때문이 아니었소. 마음이 마치 맑은 물 같아 그윽한 맛을 함께 하였지요."

왕효백(王孝伯, 王恭)이 이 글을 보자 이렇게 물었다.

"재주 있다는 이 친구 말투가 건방지군! 선조께서 어찌 이런 사람과 사귀었을 리가 있었겠는가?"

孫長樂作〈王長史誄〉云:『余與夫子, 交非勢利, 心猶澄水, 同此玄味.』

王孝伯見曰:「才士不遜! 亡祖何至與此人周旋?」

【孫長樂】 孫綽. 자는 興公(314~371). 孫楚의 손자로 형 孫統과 남으로 내려와 벼슬에 뜻을 버리고 〈遂初賦〉를 씀. 그 외에 〈遊天台山賦〉가 유명하며 뒤에 庾亮·殷浩·王羲之의 막료를 거쳐 永嘉太守·散騎常侍를 지냄. 桓溫이 수도를 洛陽으로 옮기려 하자 상소하여 반대함. 廷尉卿에 이르렀으며 長樂侯를 습봉받음. 《晉書》(56)에 전이 있음.

【王長史】 王濛(309?~347?). 자는 仲祖. 太原 王氏. 王脩, 王蘊, 哀帝王后의 아버지. 司徒左長史를 지냄. 《晉書》(93)에 전이 있음.

【王孝伯】 王恭. 자는 孝伯(?~398). 王蘊의 아들이며 王爽의 형. 王濛의 손자. 安帝의 처남. 太原 王氏. 著作郎·祕書丞·吏部郎 등을 지냄. 뒤에 난을 일으켰다가 피살됨. 《晉書》(84)에 전이 있음.

[참고 및 관련 자료]

1.《禮記》
君子之交淡若水, 小人之交甘若醴.

사태부(謝太傅, 謝安)가 자신의 아들과 조카를 두고 이렇게 평하였다.

"중랑(中郎, 謝萬)은 비로소 홀로 1천 년에 한 번 볼까 한 인물이로다!"

그러자 거기(車騎, 謝玄)가 이렇게 비꼬았다.

"중랑의 가슴은 넓고 트인 곳이 없는데 어찌 다시 홀로 그러한 경지를 얻었다 하는가?"

謝太傅謂子姪曰:「中郎始是獨有千載!」

車騎曰:「中郎衿抱未虛, 復那得獨有?」

【謝太傅】謝安. 字는 安石(320~385). 謝裒의 아들이며 謝琰(望蔡)의 아버지. 謝奕의 동생. 덕망이 있고 기개가 높아 桓彝, 王濛의 사랑을 받음. 처음에는 벼슬에 뜻을 버리고 王羲之, 支遁 등과 산수를 즐기며 조정의 부름에 응하지 않았으나 40이 넘어 桓溫의 司馬를 거쳐 吳興太守, 侍中, 吏部尙書, 太保錄尙書事 등의 관직을 지냄. 뒤에 다시 太傅에 추증되었으며 시호는 文靖. 《晉書》(79)에 전이 있음.

【中郎】謝萬. 謝中郎. 자는 萬石(320?~361?). 謝安의 아우로 일찍 이름이 났으며 簡文帝가 재상으로 삼았음. 撫軍從事中郎을 거쳐 豫州刺史, 淮南太守 등을 역임함. 升平 연간에 北征하여 慕容儁을 토벌하러 나섰으나 壽春에서 패하여 서인으로 강등됨. 언론에도 뛰어났으며 문장을 잘 지었음. 漁父, 屈原, 司馬季主, 賈誼, 楚老, 龔勝, 孫登, 嵇康 등 여덟 명을 四隱과 四顯으로 나누어 우열을 가린 〈八賢論〉이 유명함. 《晉書》(79)에 전이 있음.

【車騎】漢 文帝 때부터 두었던 車騎將軍이라는 직명. 여기서는 구체적으로 누구인지 확실치 않으나 대체로 謝玄으로 여기고 있음.

1028(26-24)

유도계(庾道季, 庾龢)가 사공(謝公, 謝安)에게 이렇게 말하였다.

"배랑(裴郎, 裴啓)이 말하더군요. 즉 '당신 사안謝安이 배랑은 미워할 수 없는 자로다. 내 어찌하면 그와 다시 술자리를 마련할 수 있을까?'라고 하였다구요. 그리고 그 배랑은 다시 또 이렇게 말하더군요. '당신 사안께서 지도림支道林을 평하시기를 그는 마치 구방고九方皐가 말을 알아보는 것과 같아, 그 말의 털이 검은지 누런지는 대강만 살피고 대신 그 말의 뛰어난 점만 취한다'라 하였다구요."

이 말을 들은 사안은 이렇게 대답하였다.

"그런 두 가지 말을 한 적이 없소. 배령이 스스로 꾸며낸 말에 불과하오."

그러나 유도계는 내심 그렇지 않을 것이라 여겨 이에 왕동정(王東亭, 王珣)의 〈경주로하부經酒壚下賦〉라는 글을 보여 주었다.

사안은 다 읽고 나서 칭찬이나 비평의 말 한 마디 없이 대뜸 이렇게 말하였다.

"그대는 이에 배씨의 학문을 배웠군!"

이 때문에 배씨(裴氏, 裴啓)의 《어림語林》이라는 책은 드디어 폐기되고 말았다. 지금 전하는 《어림》은 모두가 없어지기 전에 미리 베껴 놓았던 것으로 그 속에는 사안의 말이 들어 있지 않다.

庾道季詫謝公曰:「裴郎云:『謝安謂裴郎, 乃可不惡, 何得爲復飮酒?』裴郎又云:『謝安目支道林, 如九方皐之相馬, 略其玄黃, 取其雋逸.』」

謝公云:「都無此二語, 裴自爲此辭耳.」

庾意甚不以爲好, 因陳東亭〈經酒壚下賦〉; 讀畢, 都不下賞裁, 直云:「君乃復作裴氏學!」

於此《語林》遂廢. 今時有者, 皆是先寫, 無復謝語.

【庾道季】庾龢. 庾亮의 막내아들. 丹陽尹·中領軍 등을 지냄.《晉書》(73)에
전이 있음.

【謝公】謝安.(320~385). 謝裒의 아들. 太傅에 추증되었음. 시호는 文靖.
《晉書》(79)에 傳이 있음.

【裴郞】裴啓. 裴穉의 아들이며 文才가 있어 고금인물을 논평한《語林》(일명
《裴子》) 10권을 저술함.

【支道林】林公. 支公. 支遁. 晉나라 때의 道僧. 河內 林慮人으로 속성은 關氏.
25세 때 출가하여 53세 때 洛陽에서 入滅함. 支硏山에 은거하여 支遁,
支道林, 林公 등으로 불림. 梁 慧皎《高僧傳》(4)에 支遁傳이 있음.

【九方皐】춘추시대 말을 잘 알아보던 인물. 伯樂의 추천으로 秦 穆公을
위해 말을 구해 왔다고 함.《淮南子》道應訓 참조.

【王東亭】王珣(349~400). 자는 元琳. 어릴 때의 자는 法護, 혹은 阿瓜(阿爪).
王洽(敬和)의 아들이며 王導의 손자. 王珉(僧彌)의 형. 安帝 때 尙書令, 散騎
常侍 등을 역임함. 東亭侯에 봉해짐.《晉書》(65)에 전이 있음.

【經酒壚下賦】王珣의 작품. "주점을 경과하며 부르는 노래"라는 뜻.

【語林】裴啓가 당시 인물을 품평하여 엮은 책. 10권. 일명《裴子》라고도 함.
《隋書》經籍志에 "《語林》十卷, 東晉處士裴啓撰, 亡"이라 하였으며 지금은
魯迅의 輯軼本이 있음.

참고 및 관련 자료

1.《支遁傳》
遁每標擧會宗, 而不留心象喩, 解釋章句, 或有所漏, 文字之徒, 多以爲疑.
謝安石聞而善之, 曰:「此九方皐之相馬也, 略其玄黃, 而取其儁逸.」

2.《列子》
伯樂謂秦穆公曰:「臣所與共儋纆薪菜者, 有九方皐, 此其於馬, 非臣之下也.」

公使行求馬, 反, 曰:「得矣. 牡而黃.」使人取之, 牝而驪. 公曰:「毛物牝牡之不知, 何馬之能知也?」伯樂曰:「若皐之觀馬者, 天機也. 得其精, 亡其麤; 在其內, 亡其外; 見其所見, 不見其所不見; 視其所視, 遺其所不視. 若彼之所相, 有貴於馬也.」旣而, 馬果千里足.

3.《續晉陽秋》

晉隆和中, 河東裴啓, 撰漢魏以來, 迄于今時, 言語應對之可稱者, 謂之語林. 時人多好其事, 文遂流行. 後說太傅事不實, 而有人於謝坐敍其黃公酒壚, 司徒王珣爲之賦, 謝公加以與王不平, 乃云:「君遂復作裴郎學!」自是衆咸鄙其事矣. 安鄉人有罷中宿縣詣安者, 安問其歸資. 答曰:「嶺南凋弊, 唯有五萬蒲葵扇, 又以非時爲滯貨.」安乃取其中者捉之, 於是京師士庶競慕而服焉; 價增數倍, 旬月無賣. 夫所好生羽毛, 所惡成瘡痏, 謝相一言, 挫成美於千載; 及其所與, 崇虛價於百金; 上之愛憎與奪, 可不愼哉!

1029(26-25)

왕북중랑(王北中郞, 王坦之)이 임공(林公, 支道林)에게 인정을 받지 못하자, 그는 〈사문부득위고사론沙門不得爲高士論〉이라는 글을 썼는데, 그 내용은 대략 다음과 같다.

"고사高士란 반드시 자신의 마음을 풀어놓아 자유롭고 막힘이 없어야 한다. 사문沙門은 비록 속세 밖에 있다고는 하나, 도리어 자신의 교리에 더욱 구속되어 있으니, 정성情性을 자득自得한다고 일컬어 줄 수가 없다."

王北中郎不爲林公所知, 乃箸〈沙門不得爲高士論〉.

大略云:『高士必在於縱心調暢, 沙門雖云俗外, 反更束
於敎, 非情性自得之謂也.』

【王北中郎】王中郎. 王坦之(330~375). 자는 文度. 태원 왕씨 王術의 아들이며,
王忱·王愷·王愉의 아버지. '江東獨步'라 하였으며 中書令, 北中郎將을 지냄.
〈廢莊論〉을 써서 당시의 방탕을 비난함.《晉書》(75)에 전이 있음.
【林公】支遁. 支道林. 진나라 때의 고승. 속성은 關氏. 支硏山에 은거하여
支遁, 支道林, 林公 등으로 불림. 慧皎《高僧傳》(4)에 전이 있음.
【沙門不得爲高士論】승려는 고사가 될 수 없다는 논리의 글.

1030(26-26)

어떤 이가 고장강(顧長康, 顧愷之)에게 물었다.
"그대는 어찌 '낙생영洛生詠'의 작법을 쓰지 않는가?"
그러자 고장강은 이렇게 대답하였다.
"어찌 그 늙은 비첩의 목소리를 따라 짓는단 말이오?"

人問顧長康:「何以不作洛生詠?」
答曰:「何至作老婢聲?」

【顧長康】顧愷之(대략 346~407). 자는 長康. 晉나라 최고의 화가. 그 외에
문장·해학에 뛰어났던 인물. 당시 사람들은 그를 才絶·畫絶·癡絶의 三絶로

불렀음. 《文集》과 《啓蒙記》가 있었다 하나 전하지 않음. 《晉書》(92) 文苑傳
에 전이 있음.
【洛生詠】 洛陽의 書生들이 부르는 콧소리 탁음의 노래. 〈洛下書生詠〉이라 함.
宋 明帝 때의 《文章志》에 의하면 謝安이 축농증에 걸렸을 때 처음 지어
부른 것이라 함. 그래서 여기서는 老婢聲이라 한 것임. 〈雅量篇〉 참조.

참고 및 관련 자료

1. 劉孝標 注
『洛下書生詠, 音重濁, 故云老婢聲.』
2. 《晉書》 顧愷之
爲吟詠, 自謂得先賢風制. 或請其作洛生詠, 答曰:「何至作老婢音?」

1031(26-27)

은의殷顗와 유항庾恒은 둘 모두 사상謝尙의 외손外孫이었다. 은의가 나이가
더 어렸지만 솔직하고 총명하였다.

그러나 유항은 매번 그에게 굴복하지 않았다.

한 번은 그들이 함께 사상을 방문하였는데 사상이 한참 동안 은의를
주시하다가 이렇게 말하였다.

"음, 너 아소(阿巢, 殷顗)는 정말 나를 닮았구나."

이를 들은 유항이 낮은 목소리로 물었다.

"어디가 닮았어요?"

그러자 사상은 계속하여 이렇게 다시 말하였다.

"은의의 뺨이 나를 닮았단 말이야."

그러자 유항이 물었다.

"빰이 닮았다는 것은 좋다는 뜻입니까?"

殷顗·庾恆並是謝鎭西外孫. 殷少而率悟, 庾每不推;
嘗俱詣謝公, 謝公熟視殷曰:「阿巢故似鎭西」

於是庾下聲語曰:「定何似?」

謝公續復云:「巢頗似鎭西」

庾復云:「頗似足作健不?」

【殷顗】자는 伯通(혹 伯道). 殷仲文의 형으로 中書郎·南蠻校尉 등을 지냄.
《晉書》(83)에 전이 있음. '殷覬'로 표기된 판본도 있음. 殷康의 아들이며 어릴
때의 자는 阿巢.

【庾恒】자는 敬則. 庾亮의 손자. 尙書左僕射를 지냄.

【謝尙】자는 仁祖(308~357). 謝鯤의 아들이며 王導가 '小安豊'이라 불렀음.
給事黃門侍郞을 거쳐 建武將軍, 鎭西將軍, 歷陽太守, 豫州刺史, 江夏, 義陽 등
都督을 지냄. 穆帝 때 尙書僕射를 지냄. 음악과 기예에 밝았으며 太樂을
처음으로 정리하였던 인물.《晉書》(79)에 전이 있음.

참고 및 관련 자료

1.《庾氏譜》

恆字敬則. 祖亮, 父龢. 恆仕至尙書左僕射.

2.《謝氏譜》

尙長女僧耎, 適庾龢: 次女僧韶, 適殷康.

1032(26-28)

옛 사람들은 한강백(韓康伯, 韓伯)을 이렇게 평하였다.
"팔꿈치에 살만 많지 풍골은 없다."

舊目韓康伯:「將肘無風骨」

【韓康伯】韓伯. 자는 康伯. 潁川人. 秀才로 천거되어 著作郎에 부름을 받았
으나 응하지 않음. 뒤에 侍中, 丹陽尹, 吏部尙書, 令軍將軍, 豫章太守 등의
벼슬을 지냄. 죽은 후 太常에 추증됨. 韓太常, 韓豫章으로도 불림. 《晉書》
(75)에 전이 있음.

(참고 및 관련 자료)

1.《說林》
范啓云:「韓康伯似肉鴨.」

1033(26-29)

부굉苻宏이 전진前秦에 반기를 들고 진나라에 귀순해 오자 사태부(謝太傅,
謝安)가 그의 모든 접견을 맡았었다. 부굉은 스스로 재주가 있다고 여겨
보통 일에도 남에게 이기기를 좋아하였으며, 그 누구도 그를 한 번 꺾지

못하였다.

마침 왕자유(王子猷, 王徽之)가 오자 사태부는 잘됐다 싶어 얼른 그와 얘기를 나누어 보도록 하였다.

왕휘지는 한참 그를 요모조모 살펴보고는 사태부를 돌아보며 이렇게 내뱉었다.

"역시 별다른 인물이 아니군!"

그러자 부굉은 부끄러워하며 물러섰다.

符宏叛來歸國, 謝太傅每加接引, 宏自以有才, 多好上人, 坐上無折之者. 適王子猷來, 太傅使共語, 子猷直熟視良久, 回語太傅云:「亦復竟不異人!」

宏大慚而退.

【符宏】 符堅의 太子. 前秦의 마지막 太子. 符堅이 姚萇에게 피살되자 前秦에 반기를 들고 晉나라에 투항함. 그 뒤 桓玄의 장군이 되었다가 환현이 패하자 다시 반란을 일으켜 주살당함.《晉書》(113) 符堅載記에 관련 기사가 실려 있음.

【謝太傅】 謝安. 字는 安石(320~385). 謝裒의 아들이며 謝琰(望蔡)의 아버지. 謝奕의 동생. 덕망이 있고 기개가 높아 桓彝, 王濛의 사랑을 받음. 처음에는 벼슬에 뜻을 버리고 王羲之, 支遁 등과 산수를 즐기며 조정의 부름에 응하지 않았으나 40이 넘어 桓溫의 司馬를 거쳐 吳興太守, 侍中, 吏部尙書, 太保錄尙書事 등의 관직을 지냄. 뒤에 다시 太傅에 추증되었으며 시호는 文靖.《晉書》(79)에 전이 있음.

【王徽之】 자는 子猷(?~388). 낭야왕씨. 王羲之의 다섯째아들이며 王凝之의 아우. 王獻之의 형. 桓溫의 參軍과 黃門侍郎을 지냄. 대나무를 좋아하였으며 한 때 관직을 버리고 山陰에 은거하기도 하였음.《晉書》(80)에 전이 있음.

1. 《續晉陽秋》

宏, 苻堅太子也. 堅爲姚萇所殺, 宏將母妻來投, 詔賜田宅. 桓玄以宏爲將, 玄敗, 寇湘中, 伏誅.

1034(26-30)

지도림(支道林, 支遁)이 동쪽으로 나와서 왕자유(王子猷, 王徽之) 형제를 만나 보고 돌아왔더니 어떤 이가 물었다.

"왕씨 형제를 만났었다는데 어떤 인물이라 보십니까?"

이에 그는 이렇게 대답하였다.

"그저 흰 목덜미에 까마귀 무리들이 깍깍하고 짖는 놈들이지."

支道林入東, 見王子猷兄弟, 還, 人問: 「見諸王何如?」
答曰: 「見一群白頸烏, 但聞喚哑哑聲」

【支道林】 林公. 支公. 支遁. 晉나라 때의 道僧. 河內 林慮人으로 속성은 關氏. 25세 때 출가하여 53세 때 洛陽에서 入滅함. 支硏山에 은거하여 支遁, 支道林, 林公 등으로 불림. 梁 慧皎《高僧傳》(4)에 支遁傳이 있음.

【入東】 당시 東晉시대의 동쪽은 주로 會稽를 가리킴.

【王徽之】 자는 子猷(?~388). 자는 子猷. 낭야왕씨. 王羲之의 다섯째아들이며 王凝之의 아우. 王獻之의 형. 桓溫의 參軍과 黃門侍郞을 지냈음. 대나무를

좋아하였으며, 한때 관직을 버리고 山陰에 은거하기도 하였음.《晉書》(80)에
전이 있음.
【白頸烏】흰 목덜미의 까마귀. 목덜미는 말을 하는 곳이라는 뜻. 王徽之가
북쪽 사람이면서 이 남쪽 오어(吳語)를 흉내냄을 이른 말.

参고 및 관련 자료

1. 楊勇〈校箋〉
『劉箋:「按晉時烏讀魚韻, 啞讀麻韻, 魚, 模變爲歌, 麻, 由于南朝; 時北人當不
盡通行也. 王丞相北人, 喜吳語, 其子弟多規倣之. 白頸烏, 本讀魚韻, 逐喚作啞,
讀入麻韻, 以取媚當時. 林公詆之, 蓋比于顏之推詆鮮卑語也.」』

1035(26-31)

왕중랑(王中郎, 王坦之)이 허현도(許玄度, 許詢)를 이부랑吏部郎으로 추천하자,
치중연(郗重淵, 郗曇)이 이렇게 비꼬았다.
"상왕(相王, 簡文帝, 司馬昱)께서는 기이한 일을 좋아하기 때문에 아눌(阿訥,
許詢) 같은 자는 그 자리에 앉게 해서는 안 된다."

王中郎擧許玄度爲吏部郎.
郗重淵曰:「相王好事, 不可使阿訥在坐頭」

【王中郎】王坦之(330~375). 자는 文度. 태원 왕씨 王衍의 아들이며, 王忱·王愷·王愉의 아버지. '江東獨步'라 하였으며 中書令, 北中郎將을 지냄. 〈廢莊論〉을 써서 당시의 방탕을 비난함. 《晉書》(75)에 전이 있음.

【許玄度】許詢. 字는 玄度. 許允의 현손으로 어릴 때 이름은 阿訥. 神童이라 불렸음. 高陽人. 벼슬에 뜻이 없어 孫綽, 郗愔, 王羲之, 謝安, 支遁 등과 會稽에서 산수를 유람하며 黃老에 관심을 보였음. 일찍 죽음. 司徒掾 벼슬을 지냈음.

【郗重淵】〈宋本〉에는 郗重熙로 되어 있으며 《世說新語辭典》에도 같음. 다만 楊勇 〈校箋〉에는 "重淵, 宋本作〈重熙〉, 今改. 見排調篇39校箋"이라 함. 치담(郗曇, 320~361)을 가리키며 치담은 郗鑒의 次子이며 郗恢의 아버지. 《晉書》(67)에 傳이 있음.

【相王】簡文帝. 東晉의 제8대 황제 司馬昱. 字는 道萬. 中宗의 少子. 元帝 계실 鄭后 소생이며 司馬紹의 배다른 동생. 穆帝가 어려서 撫軍으로 보필, 뒤에 桓溫이 海西公을 폐하고 이를 세워 皇帝에 오름. 재위 2년(371~372). 《世說新語》에서는 흔히 '晉簡文', '簡文', '簡文帝', '簡文皇帝', '相王', '撫軍', '會稽王' 등으로 칭함. 《晉書》(9)에 紀가 있음.

1036(26-32)

왕흥도(王興道, 王和之)가 이렇게 말하였다.
"망채공(望蔡公, 謝琰)은 그 곽곽霍霍함이 마치 매를 잃은 매사냥꾼 같다."

王興道謂: 「謝望蔡霍霍如失鷹師」

【王興道】王和之. 王胡之의 아들로 永嘉太守를 지냄.
【謝琰】자는 瑗度. 어릴 때의 자는 末婢(?~400). 謝安의 아들이며 謝混의
아버지. 從兄 謝玄과 함께 苻堅을 쳐부순 공으로 望蔡公에 봉해짐. 孫恩의
난을 쉽게 여기고 대처하다가 패배를 당함. 《晉書》(79)에 傳이 있음.
【霍霍】빠른 모습. 楊勇 〈校箋〉에 "霍霍, 疾貌"라 함.

참고 및 관련 자료

1. 《永嘉記》
王和之字興道, 琅邪人. 祖廙, 平南將軍. 父胡之, 司州刺史. 和之歷永嘉太守·
正員常侍.

1037(26-33)

환남군(桓南郡, 桓玄)은 매번 사람이 불쾌해하는 얼굴을 볼 때마다 문득
이렇게 꾸짖곤 하였다.
"그대는 애가哀家의 배를 얻어놓고는 이를 다시 쪄 주어야 먹는 자는
아니겠지?"

桓南郡每見人不快, 輒嗔云:「君得哀家梨, 當復蒸食不?」

【桓南郡】桓玄. 자는 敬道(369~404). 大司馬 桓溫의 막내아들. 南郡公에
봉해졌음. 劉裕의 기병에 맞섰다가 建康에서 참수당함. 《晉書》(99)에 전이

있음. 譙國 龍亢人. 대사마 桓溫의 少子이며 아버지를 이어 남군공이 됨.

【哀家】옛날 秣陵에 哀仲이라는 사람의 집에 맛있는 배가 있었는데 입에 넣으면 녹을 정도였다. 그런데 어리석은 자가 이를 쪄서 먹었다는 고사가 있다.

참고 및 관련 자료

1. 劉孝標 注

『舊語: 秣陵有哀仲家, 梨甚美, 大如升, 入口消釋. 言愚人不別味, 得好梨蒸食之也.』

27. 가휼假譎

총 14장(1038-1051)

'가휼假譎'이란 거짓과 위선, 심지어 농간을 부리며 남을 속이고 괴롭히는 것을 말한다. 본 편은 이들의 이야기를 모아 적은 것이다.

총 14장이다.

"甘酸解渴" 1039 참조.

1038(27-1)

위魏 무제(武帝, 曹操)는 소년 시절에 원소袁紹와 유협游俠 놀이를 좋아하였다. 하루는 어느 집에 혼인 잔치가 벌어진 것을 보고 몰래 그 집 정원으로 숨어들어서 밤중에 이렇게 소리쳤다.

"도둑이야!"

그러자 청려靑廬 안에 있던 많은 사람들이 뛰쳐나와 보았다. 이때 위 무제는 신부 방으로 들어가 칼을 들이대고 신부를 겁탈하였다.

그리고는 원소와 더불어 도망쳐 나왔는데, 잘못하여 그만 탱자나무 가시 덤불 속에 빠져들고 말았다. 위 무제는 빠져 나왔으나 원소는 움직일 수가 없었다. 위 무제는 이때 다시 이렇게 소리쳤다.

"도둑이 여기 있다!"

이에 놀란 원소는 황급히 스스로 뛰쳐나와 도망하여 함께 화를 면할 수 있었다.

魏武少時, 嘗與袁紹好爲游俠, 觀人新婚, 因潛入主人園中, 夜叫呼云:「有偸兒賊!」

靑廬中人皆出觀, 魏武乃入, 抽刃劫新婦.

與紹還出, 失道墜枳棘中, 紹不能得動; 復大叫云:「偸兒在此!」

紹遑迫自擲出, 遂以俱免.

【魏武帝】曹操(155~220). 자는 孟德. 어릴 때는 阿瞞으로 불렸음. 沛國 출신으로 기지와 변화는 물론 문장에도 뛰어났으며, 曹丕의 아버지로 한말 세력을 키워 魏나라를 건립하는 기초를 세움. 아들 조비가 獻帝로부터 선양을 받아

武帝로 추존함.《孫子略解》,《兵書接要》,《曹操集》 등이 있음.《三國志》(1)에
紀가 있음.

【袁紹】자는 本初(?~202). 漢末의 인물. 영제(靈帝) 때 左軍校尉를 거쳐 司隸에
올랐으며 董卓을 끌어들여 환관을 제거하였으나 이로 인해 서울에 대란이
일어나자 의견이 맞지 않아 冀州로 도망갔다가 河北을 점거함. 뒤에 曹操
와의 결전에 패하자 분을 품고 죽음.《三國志》(6) 및 《後漢書》(74)에 전이
있음.

【游俠】스스로 의기롭다 여겨 사회의 기존 질서를 무시하고 하는 행동을
뜻함.

【靑廬】신부를 맞이하기 위해 대문 안팎에 靑布를 씌움. 즉 혼인행사 중인
집을 말함.

참고 및 관련 자료

1.《酉陽雜俎》1

北朝婚禮, 靑布幔爲屋, 在門內外, 謂之靑廬, 於比交拜迎婦.

2.《曹瞞傳》

操小字阿瞞, 少好譎詐, 遊放無度.

3.《雜語》孫盛

武王少好俠, 放蕩不修行業, 嘗私入常侍張讓宅中, 讓乃手戟於庭, 踰垣而出,
有絶人力, 故莫之能害也.

1039(27-2)

위魏 무제(武帝, 曹操)가 행군하다가 길을 잃었다. 군사들은 갈증이 심하
였다. 이에 무제는 이렇게 말하였다.

"조금만 가면 큰 산매酸梅 숲이 있다. 열매도 많이 맺혀 있으며 달고 또 시다. 갈증을 실컷 풀 수 있다."

군사들은 이 말을 듣고 모두 침을 삼켰다. 이를 틈타 앞의 물 근원지를 찾을 수 있었다.

魏武行役失道, 三軍皆渴, 乃曰:「前有大梅林, 饒子, 甘酸, 可以解渴」

士卒聞之, 口皆水出, 乘此得及前源.

【魏武帝】 曹操(155~220). 자는 孟德. 어릴 때는 阿瞞으로 불렸음. 沛國 출신으로 기지와 변화는 물론 문장에도 뛰어났으며, 曹丕의 아버지로 한말 세력을 키워 魏나라를 건립하는 기초를 세움. 아들 조비가 獻帝로부터 선양을 받아 武帝로 추존함. 《孫子略解》, 《兵書接要》, 《曹操集》 등이 있음. 《三國志》(1)에 紀가 있음.
【酸梅】 신 매실. 연상만 해도 신 맛이 떠올라 침이 솟아남을 말함.

1040(27-3)

위魏 무제(武帝, 曹操)가 일찍이 사람들에게 이렇게 말하였다.

"만약 어떤 놈이 나를 몰래 해치려 하면 나는 그때마다 문득 심장이 뛴다."

그러고 나서 평소 가깝게 여기던 호위병을 불러 이렇게 말하였다.

"너는 몰래 무기를 감추고 내 가까이 오너라. 나는 반드시 심장이 뛴다고 하면서 사람을 불러 너를 체포하여 형을 내릴 것이다. 너는 다만 끝까지 내가 시킨 것이라고 말하지만 않으면 안전 무사할 것이요 일이 끝난 다음 너에게 큰 상을 내리리라!"

이에 그 병사는 일을 벌여 붙잡혔다. 무제와의 약속을 믿고 조금도 겁을 내지 않았다. 끝내 참형을 당하였는데도 그는 죽을 때까지도 이를 몰랐다. 무제의 좌우 신하들은 이를 사실이라 믿고 반역을 꿈꾸던 자들의 기가 꺾이게 되었다.

魏武嘗言:「人欲危己, 己輒心動」

因語所親小人曰:「汝懷刃密來我側, 我必說心動; 執汝使行刑, 汝但勿言其使. 無他, 當厚相報!」

執者信焉, 不以爲懼, 遂斬之. 此人至死不知也. 左右以爲實, 謀逆者挫氣矣.

【魏武帝】曹操(155~220). 자는 孟德. 어릴 때는 阿瞞으로 불렸음. 沛國 출신으로 기지와 변화는 물론 문장에도 뛰어났으며, 曹丕의 아버지로 한말 세력을 키워 魏나라를 건립하는 기초를 세움. 아들 조비가 獻帝로부터 선양을 받아 武帝로 추존함.《孫子略解》,《兵書接要》,《曹操集》등이 있음.《三國志》(1)에 紀가 있음.

참고 및 관련 자료

1.《曹瞞傳》

操在軍, 糧穀不足, 私語主者曰:「何如?」主者云:「可以小斛足之.」操曰: 「善」後軍中言操欺衆, 操題其主者, 背以徇曰:「行小斛, 盜軍穀」遂斬之. 仍云: 「特當借汝死, 以厭衆心」其變詐皆此類也.

1041(27-4)

위魏 무제(武帝, 曹操)가 늘 이렇게 말해 두었다.

"내가 잠잘 때 마구 접근하지 말도록. 가까이 오면 곧 베어버린다. 그러나 나 역시 이를 스스로 깨닫지 못한다!"

그리고 나서 뒤에 낮에 거짓으로 잠을 자고 있는데 마침 총애하는 신하 하나가 몰래 접근하여 이불을 덮어 주려 하였다. 이때 무제는 벌떡 일어나 찔러 죽여 버렸다. 이로부터 매번 잠 잘 때면 좌우 신하들은 누구 하나 가까이 접근하지 못하였다.

魏武常云:「我眠中不可妄近, 近便斫人, 亦不自覺; 左右宜深慎此!」

後陽眠, 所幸人竊以被覆之, 因便斫殺. 自後安眠, 人莫敢近者.

【魏武帝】曹操(155~220). 자는 孟德. 어릴 때는 阿瞞으로 불렸음. 沛國 출신으로 기지와 변화는 물론 문장에도 뛰어났으며, 曹丕의 아버지로 한말 세력을 키워 魏나라를 건립하는 기초를 세움. 아들 조비가 獻帝로부터 선양을 받아 武帝로 추존함. 《孫子略解》, 《兵書接要》, 《曹操集》 등이 있음. 《三國志》(1)에 紀가 있음.

1042(27-5)

원소袁紹가 젊을 때 밤에 사람을 보내어 위魏 무제(武帝, 曹操)를 찔러 죽이게 하였으나 칼이 낮게 빗나가 적중하지 못하였다.

위 무제는 생각해 본 후 이번에 던지는 칼은 조금 전보다 높이 날아 오리라 여기고 침대에 붙어 잤다. 과연 칼이 높게 날아왔다.

袁紹年少時, 曾遣人夜以劍擲魏武, 少下, 不箸. 魏武 揆之, 其後來必高, 因帖臥牀上, 劍至, 果高.

【袁紹】자는 本初(?~202). 한말의 인물. 영제(靈帝) 때 左軍校尉를 거쳐 司隷에 올랐으며 董卓을 끌어들여 환관을 제거하였으나 이로 인해 京師에 대란이 일어나자 의견이 맞지 않아 冀州로 도망갔다가 河北을 점거함. 뒤에 曹操 와의 결전에 패하자 분을 품고 죽음.《三國志》(6) 및《後漢書》(74)에 전이 있음.

【魏武帝】曹操(155~220). 자는 孟德. 어릴 때는 阿瞞으로 불렸음. 沛國 출신 으로 기지와 변화는 물론 문장에도 뛰어났으며 曹丕의 아버지로 한말 세력을 키워 魏나라를 건립하는 기초를 세움. 아들 조비가 獻帝로부터 선양을 받아 武帝로 추존함.《孫子略解》,《兵書接要》,《曹操集》등이 있음.《三國志》(1)에 紀가 있음.

[참고 및 관련 자료]

1. 劉孝標 注
『按: 袁·曹後由鼎跱, 迹始攜貳, 自斯以前, 不聞釁隙, 有何意故而剚之以劍也.』

1043(27-6)

왕대장군(王大將軍, 王敦)이 반역을 꾀하여 고숙姑孰에 진을 치고 있었다. 진晉 명제(明帝, 司馬紹)는 영명하고 용맹한 재주가 있다고 여겼지만 그래도 꺼림칙하고 의심스러워 살펴보기로 하였다. 이에 융복戎服을 입고 파종마巴寶馬를 타고 금으로 장식된 채찍을 지닌 채 몰래 왕대장군의 형세를 살피러 떠났다. 10여 리 가까이 이르자 마침 한 노파가 주막에서 음식을 팔고 있었다.

명제는 그곳에 들러 쉬면서 노파에게 이렇게 일렀다.

"왕돈王敦이 거병도역擧兵圖逆으로 충신을 시해猜害하여 조정을 놀라게 하고 사직에 근심을 끼치고 있소. 그래서 내 아침저녁 고생을 무릅쓰고 몰래 이렇게 적정을 살피러 온 것이오. 그러나 형편이 여의치 못해 탄로가 나서 혹 낭패한 일이 생길지도 모르오. 그때 내 도망쳐 나오거든 노파는 날 숨겨 주시고 모른다고 해 주시오."

그리고는 문득 그 노파에게 가지고 온 채찍을 선사하고 떠났다. 왕돈의 진영을 몰래 한 바퀴 돌고 나오자 그제야 군사들이 깨닫고 이렇게 의심하였다.

"이는 평범한 사람이 아니다!"

그리고 왕돈에게 알렸다. 왕돈도 짚이는 바가 있어 이렇게 추측하였다.

"이는 반드시 그 수염 덥수룩한 선비놈鮮卑奴일 것이다."

그리고는 기병에게 명해 뒤쫓도록 하였다. 명제는 이미 알고 몇 리쯤 멀어졌을 때였다. 뒤쫓던 병사가 주막에 이르러 노파를 만나 물었다.

"누런 수염에 말을 탄 자가 이곳을 지나가는 것을 못 보았소?"

노파는 이렇게 둘러댔다.

"이미 멀리 갔을 거요. 쫓아가기 힘들걸요."

이에 기마병은 쫓을 생각을 못하고 되돌아가 버렸다.

王大將軍旣爲逆, 頓軍姑孰. 晉明帝以英武之才, 猶相猜憚, 乃箸戎服, 騎巴賨馬, 齎一金馬鞭, 陰察軍形勢.

未至十餘里, 有一客姥, 居店食, 帝過愒之, 謂姥曰:「王敦擧兵圖逆, 猜害忠良, 朝廷駭懼, 社稷是憂, 故劬勞晨夕, 用相覘察. 恐形迹危露, 或致狼狽; 追迫之日, 姥其匿之.」

便與客姥馬鞭而去. 行敦營匝而出, 軍士覺, 曰:「此非常人也!」

敦臥心動, 曰:「此必黃須鮮卑奴來!」

命騎追之, 已覺多許里; 追士因問向姥:「不見一黃須人騎馬度此邪?」

姥曰:「去已久矣, 不可復及.」

於是騎人息意而反.

【王大將軍】王敦(266~324). 자는 處仲. 어릴 때는 阿黑이라 부름. 王含의 아우이며 王導의 종제로 八王之亂 때 공을 세워 散騎常侍, 侍中, 靑州刺史, 鎭東大將軍 등을 지냄. 西晉이 망하자 司馬睿를 옹립하여 황제로 삼음. 뒤에 東晉 明帝 太寧 2年(324) 반란을 일으켰다가 주살됨.《晉書》(98)에 전이 있음. 선비족 어머니에게 태어나 누런 수염이 있었음.
【姑孰】지명. 지금의 安徽 當塗縣.
【明帝】司馬紹. 元帝(司馬睿)의 맏아들이며 東晉의 제 2대 황제. 자는 道畿. 재위 3年(323~326). 묘호는 肅宗.《晉書》(6)에 기가 있음.
【巴賨馬】巴에서 보낸 말.
【鮮卑奴】明帝의 어머니 荀氏는 燕代 출신으로 선비족의 땅이었기에 이른 말.
【黃須】'黃鬚'와 같음. 누런 수염.

1.《風俗通》

巴有賨人剽勇, 高祖募取定三秦.

2.《晉書音義》

巴人呼賦爲賨, 因謂之賨人.

3.《異苑》

帝躬往姑孰, 敦時晝寢, 卓然驚悟曰:「營中有黃頭鮮卑奴來, 何不縛取?」帝所生母荀氏, 燕代人, 故貌類焉.

1044(27-7)

왕우군(王右軍, 王羲之)이 열 살이 채 되지 않았을 때 왕대장군(王大將軍, 王敦)이 그를 대단히 사랑하여 항상 자기의 장중帳中에 그를 재우곤 하였다. 한 번은 대장군이 먼저 잠이 깨어 나왔는데 왕희지는 그때까지 잠에 빠져 있었다.

잠시 후 왕대장군은 전봉錢鳳의 무리와 함께 들어와서 옆 사람을 다 나가라 한 후 둘이서 이야기를 벌였는데, 모두 왕희지가 그 안에 있는 줄을 잊고 있었다. 이야기는 반역을 꾀하는 내용이었다. 왕희지가 잠에서 깨어 이 이야기들을 들어보니 자기가 이 비밀을 들은 한 살아남을 수가 없음을 깨닫고, 이에 손가락을 목에 넣어 침을 흘려 얼굴과 이불이 온통 젖게 하여 깊은 잠에 빠진 듯 보이게 하였다.

왕대장군은 모반의 이야기를 반쯤 하다가 비로소 왕희지가 아직 일어나지 않은 것을 알고 서로 크게 놀라 이렇게 말하였다.

"처치하지 않을 수 없다!"

그리고 장막을 열었다.

이에 침을 흘린 것이 이리저리 흩어진 것을 보고는 깊은 잠에 빠졌다고 여겨 그대로 두었다. 이렇게 하여 희지는 살아날 수 있었고 사람들은 그의 기지를 칭찬하였다.

王右軍年裁十歲時, 大將軍甚愛之, 恆置帳中眠. 大將軍嘗先出, 右軍猶未起; 須臾, 錢鳳入, 屛人論事, 都忘右軍在帳中, 便言逆節之謀. 右軍覺, 旣聞所論, 知無活理, 乃剔吐汙頭面被褥, 詐熟眠.

敦論事造半, 方憶右軍未起, 相與大驚曰:「不得不除之!」

及開帳, 乃見吐唾從橫, 信其實熟眠, 於是得全. 于時稱其有智.

【王右軍】 王羲之(303~361, 혹은 309~365, 321~379). 자는 逸少. 어릴 때 이름은 虎犢. 王尊의 조카. 어려서는 訥言하였으나 뒤에 정치와 예술에 큰 업적을 남김. 특히 글씨에 뛰어나 書聖으로 추앙받았음. 右軍將軍, 會稽內史, 臨川太守 등을 지냈음. 山陰道士와 《道德經》 글씨를 거위와 바꾼 고사를 남겼으며 그 외에 작품으로 〈蘭亭集序〉·〈樂毅論〉·〈黃庭經〉·〈東方朔畵讚〉·〈姨母〉·〈初月〉·〈憂懸〉·〈喪亂〉 등을 남김. 《晉書》(80)에 전이 있음. 王右軍, 王逸少, 王羲之 등으로 불림. 그 아들 王獻之와 함께 글씨에 뛰어나 '二王'이라 함.

【王大將軍】 王敦(266~324). 자는 處仲. 어릴 때는 阿黑이라 부름. 王舍의 아우이며 王導의 종제로 八王之亂 때 공을 세워 散騎常侍, 侍中, 靑州刺史, 鎭東大將軍 등을 지냄. 西晉이 망하자 司馬睿를 옹립하여 황제로 삼음. 뒤에 東晉 明帝 太寧 2年(324) 반란을 일으켰다가 주살됨. 《晉書》(98)에 전이 있음.

【錢鳳】 자는 世儀. 王敦의 鎧曹參軍이 되었다가 함께 모반하여 주살당함.

1. 《晉陽秋》
鳳字世儀, 吳嘉興尉子也. 奸慝好利. 爲敦鎧曹參軍, 知敦有不臣心, 因進說.
後敦敗, 見誅.

2. 劉孝標 注
『案: 諸書皆云王允之事; 而此言羲之, 疑謬.』

1045(27-8)

　도공(陶公, 陶侃)이 상류上流로부터 내려와 소준蘇峻의 난에 대처하면서
먼저 유공(庾公, 庾亮)을 죽여 버리라고 명령을 내렸다. 그는 반드시 유공을
죽여 소준에게 사죄해야 한다고 말하였다.

　이에 유공은 도망가서 숨고자 하였으나 그것도 때가 늦어 불가하고
그렇다고 도공을 직접 만나고자 하였지만 그러다가 붙들리면 어쩌나
걱정이었다. 말 그대로 진퇴에 그 어떤 계책도 세울 수가 없었다.

　이때 온공(溫公, 溫嶠)이 유공에게 도공을 직접 만나도록 권하면서 이렇게
다짐하였다.

　"그대는 그저 멀리서 그에게 존경의 예를 표하십시오. 틀림없이 별다른
일은 없을 것입니다. 내 그대를 위해 보장하지요."

　유공은 온공의 말대로 도공을 찾아갔다. 그곳에 이르자 얼른 절을
하였다. 도공은 직접 일어서며 그를 저지하였다. 그리고 물었다.

　"유공庾元規께서 무슨 연고로 나 도사형(陶士衡, 陶侃)에게 예를 표하는
것입니까?"

　예가 끝나자 유공은 다시 낮은 자리로 내려가 앉았다.

　도공은 또 다시 스스로 그를 일으켜 같은 자리에 앉도록 하였다.

자리가 정해져 앉자 유공은 이에 자신의 잘못을 들어 스스로 책임을 지겠다고 하면서 심히 서로 겸손과 사죄를 다하였다. 도공은 자신도 모르는 사이에 화가 풀어지고 말았다.

陶公自上流來, 赴蘇峻之難, 令誅庾公; 謂必戮庾, 可以謝峻. 庾欲奔竄, 則不可; 欲會, 恐見執; 進退無計.

溫公勸庾詣陶, 曰:「卿但遙拜, 必無他; 我爲卿保之」

庾從溫言詣陶; 至, 便拜.

陶自起止之, 曰:「庾元規何緣拜陶士衡?」

畢, 又降就下坐. 陶又自要起同坐. 坐定, 庾乃引咎責躬, 深相遜謝. 陶不覺釋然.

【陶公】陶侃(259~334). 자는 士行. 혹은 士衡. 蘇峻의 난을 평정한 공로로 侍中과 太尉 등을 역임하였으며 長沙郡公에 봉해짐. 江夏, 武昌의 太守와 荊州, 廣州, 江州, 湘州의 刺史를 지낼 때 선정을 베풀었음. 《晉書》(66)에 전이 있음. 陶淵明의 증조임.

【蘇峻】자는 子高(?~328). 永嘉의 난 때 고향을 지키며 세력을 키워 元帝(司馬睿)에게 발탁됨. 뒤에 王敦의 모반을 평정하여 공이 있었으며, 明帝(司馬紹)가 죽고 庾亮과 王導가 成帝(司馬衍)를 보좌하여 정권을 잡고 자신을 제거하려 한다고 의심을 품고 咸和 2년(327)에 난을 일으켜 建康을 함락, 성제를 石頭城에서 제거하고 자신이 驃騎令軍將軍과 尙書가 될 것을 요구하며 협박하다가 이듬해 陶侃과 溫嶠에 의해 토벌됨. 《晉書》(100)에 전이 있음.

【庾公】庾亮(289~340). 자는 元規. 蘇峻이 난을 일으키자 溫嶠와 함께 庾侃을 맹주로 하여 난을 평정함. 《晉書》(73)에 傳이 있음.

【溫公】자는 太眞(288~329). 太原 사람. 永嘉之亂 때 유곤의 심부름으로 남으로 내려가 원제(司馬睿)의 추대에 힘씀. 蘇峻의 난을 평정함. 시호는 忠武. 《晉書》(67)에 전이 있음.

1. 《晉陽秋》

是時, 成帝在襁褓, 太后臨朝, 中書令庾亮以元舅輔政, 欲以風軌格政, 繩御
四海; 而峻擁兵近旬, 爲逋逃藪. 亮圖召峻, 王導, 下壺並不欲. 亮曰:「蘇峻豺狼,
終爲禍亂, 晁錯所謂削亦反, 不削亦反.」遂下優詔, 以大司農徵之. 峻怒曰:
「庾亮欲誘殺我也!」遂克京邑. 平南溫嶠聞亂, 號泣登舟, 遣參軍王愆期, 推征
西陶侃爲盟主, 俱赴京師. 時亮敗績奔嶠, 人皆尤而少之. 嶠愈相崇重, 分兵以
配給之.

1046(27-9)

온공(溫公, 溫嶠)이 부인을 잃었다. 당시 종고모 유씨劉氏의 집이 지리멸렬
되어 딸 하나만 두고 있었는데, 딸이 매우 예뻐서 온공에게 마땅한 사윗감
하나 찾아달라고 위촉하였다. 온공은 그 딸을 자기에게 주었으면 싶어서
이렇게 청하였다.

"좋은 신랑 구하기가 쉽지 않아요. 나 같은 사람이면 어때요?"

종고모는 말도 안 된다고 펄쩍 뛰었다.

"우리 집도 이제 상을 당하여 깨지고 망해가는 지경에 그저 걸식이나
않고 살 정도로써 내 남은 여생이나 위안시켜 주면 되지, 어찌 감히 너에게
비교될 인물을 구하랴?"

며칠이 지난 후 온공은 고모에게 이렇게 말하였다.

"이미 혼처를 찾았습니다. 문벌은 어설프나 그런 대로 괜찮고 사위 될
자의 신분도 저에게 비해 손색이 없습니다."

그리고 곧 납폐로 옥경대玉鏡臺 하나를 보냈다. 고모는 크게 기뻐하여
혼례를 올렸는데, 상견례가 끝나자 신부가 얼굴을 가렸던 비단 부채를

손으로 열어 펴보더니 크게 웃으면서 이렇게 말하였다.

"내 일찍이 이 늙은이일 것이라 여겼어. 과연 내 점쳤던 것과 같아요!"

그에게 준 옥경대는 온공이 일찍이 유월석(劉越石, 劉琨)의 장사長史가 되어 북쪽으로 유총劉聰을 토벌하러 갔을 때 구해왔던 것이었다.

溫公喪婦, 從姑劉氏, 家値亂離, 唯有一女, 甚有姿慧; 姑以屬公覓婚.

公密有自婚意, 答云:「佳婚難得, 但如嶠比云何?」

姑云:「喪破之餘, 乞得粗相存活, 便足慰吾餘年; 何敢希汝比?」

卻數日, 公報姑云:「已得婚處, 門地粗可, 壻身不減嶠.」

因下玉鏡臺一枚. 姑大喜.

旣婚, 交禮, 女以手披紗扇, 大笑曰:「我固疑是老奴. 果如所卜!」

玉鏡臺, 是公爲劉越石長史, 北征劉聰所得.

【溫公】 자는 太眞(288~329). 太原 사람. 永嘉之亂 때 유곤의 심부름으로 남으로 내려가 원제(司馬睿)의 추대에 힘씀. 蘇峻의 난을 평정함. 시호는 忠武. 《晉書》(67)에 전이 있음.

【劉氏】 溫嶠는 첫 부인이 高平 李恆의 딸이었으며, 두 번째가 琅邪 王詡의 딸. 그리고 세 번째가 廬江 向邃의 딸이었음. 劉氏의 딸이라는 기록은 없음.

【劉越石】 劉琨(270?~318). 자는 越石. 中山 사람으로 '文章二十四友'로 알려짐. 북방 출신으로 八王之亂 때 趙王倫·齊王冏·東海王越을 섬겼으며, 懷帝 때 司空과 都督을 배수받음. 石勒에게 패하여 幽州刺史 鮮卑族 匹磾에게 투항, 함께 다시 晉室을 부흥시킬 것을 모의하였으나 그의 참언으로 王敦의

밀사에게 죽음. 죽은 후 侍中·太尉를 추증받았으며 시호는 '愍'.《晉書》(62)에
전이 있음.

【劉聰】일명 劉載. 자는 玄明(?~318). 匈奴 사람으로 劉淵의 넷째아들. 유연이
五胡十六國 중의 漢(前趙. 304~329)을 세우자 유총은 大司馬, 大單于, 錄尙
書事 등의 직위를 담당함. 晉 懷帝 永嘉 4년(310) 유연이 죽자 유총은 태자
劉和를 죽이고 자립하여 제위에 올라 光興 2年(311) 王彌와 劉曜 등으로
하여금 洛陽을 공격하여 懷帝를 포로로 하여 끌고 감. 다시 5년 뒤 長安을
함락시켜 愍帝를 포로로 끌고 감. 이것이 '永嘉之亂'이며 결국 西晉이 망하고
말았음(317). 한편 劉聰은 흉노와 漢制를 적절히 활용하여 다스렸으며, 재위
8년 만에 죽어 시호를 昭武라 하고 묘호를 烈宗이라 함. 그가 죽은 뒤 얼마
후 곧바로 내란이 일어나 劉曜가 이어받아 나라 이름을 前趙라 하였으며
329년 羯族의 石勒(後趙)에게 망함.

참고 및 관련 자료

1. 劉孝標 注
按溫氏譜:「嶠初取高平李暅女, 中取琅邪王翊女, 後取廬江何邃女; 都不聞取
劉氏, 便爲虛謬.」谷口云:「劉氏, 政謂其姑爾, 非指其女姓劉也.」孝標之注,
亦未爲得.

2.《晉陽秋》
聰一名載, 字玄明, 屠各人. 父淵, 因亂起兵死. 聰嗣業.

3.《晉書》王隱
建興二年, 嶠爲劉琨假守左司馬, 都督前鋒諸軍事, 討劉聰.

제갈령(諸葛令, 諸葛恢)의 딸은 유씨(庾氏, 庾會)의 아내였다.

그런데 과부가 되자 이렇게 맹세하였다.

"절대로 개가하지 않겠다!"

그 여자는 성격이 대단히 정강正彊하여 다시 수레에 올라 시집갈 리는 없어 보였다. 그런데 친정아버지 제갈회가 안타까움 끝에 이미 강사현(江思玄, 江彪)과 결혼을 시키기로 하고 집조차 가까이 이사를 갔다.

그러고는 우선 자기 딸을 속여 이렇게 권하였다.

"이 근처로 이사 오너라!"

그 뒤 그녀를 홀로 집에 남겨 두고, 온 식구가 그 자리를 떠나 버렸다. 홀로 남겨진 여자는 뒤에 자신만 남겨진 것을 깨달았지만, 그렇다고 다시 어디로 떠날 수도 없었다. 저녁 때 강사현이 오자 그녀는 울고 꾸짖고 욕을 하였는데 그러다가 며칠이 지나서야 겨우 수그러들었다. 강사현은 밤이 되어 그 집에서 자면서 항상 침상을 마주보게 하였다.

뒤에 그녀가 점점 부드러워지자, 강반은 이에 거짓으로 가위에 눌린 척하여 오랫동안 깨어나지 않고 잠꼬대를 하면서 소리를 크게 질러 다급하게 굴었다.

여자는 이에 몸종을 불러 이렇게 소리쳤다.

"강랑江郎을 깨워라!"

강반은 이에 펄쩍 뛰며 그녀에게 다가가 이렇게 말하였다.

"나는 스스로 천하의 남자라고 생각하고 있었다. 가위에 눌려 소리 지른 것인데, 이것이 그대와 무슨 관계가 있기에 나를 깨웠는가? 만약 이미 그대와 무슨 관계가 있었다면 이 사실을 남에게 발설할 수밖에 없다!"

그녀는 아무 말도 못하고 부끄러움에 젖었으며 정의情義가 드디어 돈독하게 되었다.

諸葛令女, 庾氏婦, 旣寡, 誓云:「不復重出!」

此女性甚正彊, 無有登車理. 恢旣許江思玄婚, 乃移家近之; 初, 誑女云:「宜徙」

於是家人一時去, 獨留女在後. 比其覺, 已不復得出. 江郞暮來, 女哭罵彌甚, 積日漸歇. 江虨暝入宿, 恆在對牀上; 後觀其意轉帖, 虨乃詐厭, 良久不悟, 聲氣轉急.

女乃呼婢云:「喚江郞覺!」

江於是躍來就之, 曰:「我自是天下男子, 厭, 何預卿事而見喚邪? 旣爾相關, 不得不與人語」

女默然而慚, 情義遂篤.

【諸葛恢】諸葛恢. 자는 道明. 諸葛誕의 손자이며 諸葛靚의 아들. 王導와 庾亮에 버금가는 명성을 누림. 元帝가 安東大將軍일 때 主簿가 되었으며 다시 江寧令을 지냄. 博陵亭侯에 봉해졌으며 愍帝 때 會稽太守를 거쳐 侍中, 金紫光祿大夫가 됨.《晉書》(77)에 전이 있음.

【庾氏婦】諸葛恢의 딸은 庾文彪이며, 그 남편은 庾亮의 아들 庾會였음.

【江思玄】江虨(?~370?). 자는 思玄. 江統의 아들. 학문과 바둑에 뛰어났음. 尙書左僕射와 司馬昱의 相이 되어 그를 보필함. 뒤에 護軍將軍, 國子祭酒 등을 지냄.《晉書》(56)에 전이 있음.

【厭】魘과 같음. 가위눌린 잠꼬대.

참고 및 관련 자료

1. 劉孝標 注

『卽庾亮子會妻文彪.』

1048(27-11)

민도도인(愍度道人, 支愍度)이 처음 강을 건너 남으로 내려오고자 할 때 하나의 북방 출신 스님과 짝을 이루어 동행하게 되었다.

두 사람은 이렇게 상의하였다.

"낡은 학설을 가지고 강동江東으로 가서 전파해 보았자 밥도 못 얻어 먹을까 걱정이오."

그리하여 두 사람은 공동으로 '심무의心無義'라는 학설을 세웠다.

그런데 그렇게 약속을 해놓고는 그만 북방의 그 스님은 남으로 내려 오지 못하게 되었다. 다만 민도도인만이 내려와 과연 그 학설을 몇 년 이나 강론하고 다녔다. 그 뒤 계속해서 북방 사람들이 남으로 내려오자 그 옛 스님은 남으로 가는 이들에게 이렇게 부탁의 말을 보냈다.

"나를 위해 민도에게 전해 주시오. 그 '심무의'학설이 어찌 가히 성립될 수 있겠는가? 그러한 계책은 굶주림을 면하겠다고 만든 것일 뿐이다. 끝내 여래女來에게 죄를 지을 수는 없다고 말입니다."

愍度道人始欲過江, 與一傖道人爲侶, 謀曰:「用舊義往 江東, 恐不辦得食.」

便共立「心無義」. 旣而, 此道人不成渡, 愍度果講義積年.

後有傖人來, 先道人寄語云:「爲我致意愍度,『無義』那可立? 治此計, 權救饑爾; 無爲遂負如來也.」

【愍度道人】僧 支愍度, 敏度라고 씀.《高僧傳》(4)에 전이 있음.
【傖道人】中原 출신의 道人. 스님을 말함. 楊勇〈校箋〉에 "傖道人, 中州道人也"라 함.

【江東】江南. 東晉의 위치가 長南 下流이면서 동쪽이기 때문에 칭한 말.
【心無義】불교의 한 종파. 心無宗.

참고 및 관련 자료

1.《名德沙門題目》
支愍度才鑒清出.

2.《愍度贊》孫綽

支度彬彬, 好是拔新; 俱稟昭見, 而能越人. 世重秀異, 咸競爾珍; 孤桐嶧陽,
浮磬泗濱.

3. 楊勇〈校箋〉

『心無義. 肇論疏曰:「竺法溫法師心無論云:「夫有, 有形者也; 無, 無形者也.
有像不可言無, 無形不可言有. 而經稱色無者, 但内正其心, 不空外色. 但内停
其心, 令不想外色, 卽色想廢矣.」』高僧傳五竺法汰傳:「時沙門道恆, 頗有才力,
常執心無義, 大行荊土.」汰曰:「此是邪說, 應須破之」乃大集名僧, 令弟子曇
壹難之, 據經引理, 析駁紛紜. 恆仗其口辦, 不肯受屈; 日色旣暮, 明旦更集. 慧遠
就席, 設難數番, 關責鋒起. 恆自覺義途差異, 神色微動, 塵尾扣案, 未卽有答.
遠曰:「不疾而速, 杼柚何爲?」座者皆笑矣. 心無之義, 於此而息.』

4. 劉孝標 注

『舊義者曰:「種智有是, 而能圓照, 然則萬累斯盡, 謂之空無, 常住不變, 謂之妙有」
而無義者曰:「種智之體, 豁如太虛, 虛而能知, 無而能應, 居宗至極, 其唯無乎?」』

1049(27-12)

왕문도(王文度, 王坦之)의 아우 아지(阿智, 王處之)는 성격이 포악하였을 뿐
아니라 나이가 찼는데도 누구 하나 그와 혼인하려 드는 자가 없었다.

한편 손흥공(孫興公, 孫綽)에게는 딸이 하나 있었는데 역시 성격이 편벽되고 어그러져 역시 그녀를 맞이해 장가들겠다는 자가 없었다.

이에 손흥공 집안에서는 왕문도의 집을 찾아가 아지를 한 번 만나 보겠다고 하였다. 손씨 집안에서는 아지를 보자 얼른 이렇게 드러내 놓고 떠벌였다.

"이 정도라면 정혼할 만하오. 소문으로 듣던 바와는 전혀 다릅니다. 어찌 지금껏 혼처를 구하지 못하였습니까? 나에게 딸이 하나 있소. 악한 여자는 아니오. 다만 우리 집안이 빈한하여 그대 집안과 혼인의 말을 꺼낼 수가 없었소. 원컨대 아지로 하여금 장가들게 해주시오."

왕문도는 이 말을 듣고 크게 기뻐하며 아버지 남전(藍田, 王衍)에게 이렇게 품계하였다.

"방금 손흥공이 와서는 갑자기 아지와 결혼시키겠다고 하였습니다."

왕람전은 놀랍기도 하고 기쁘기도 하였다. 이렇게 하여 혼사가 이루어졌다. 그런데 보아 하니 그 여자의 완고하고 표독함이 아지를 넘어서는 것이었다. 그제야 손흥공이 속임수를 쓴 것임을 알게 되었다.

王文度弟阿智, 惡乃不翅, 當年長而無人與婚. 孫興公有一女, 亦僻錯, 又無嫁娶理; 因詣文度求見阿智.

旣見, 便陽言:「此定可, 殊不如人所傳, 那得至今未有婚處? 我有一女, 乃不惡; 但吾寒士, 不宜與卿計, 欲令阿智娶之」

文度欣然; 而啓藍田云:「興公向來, 忽言欲與阿智婚」

藍田驚喜. 旣成婚, 女之頑嚚, 欲過阿智. 方知興公之詐.

【王文度】王中郎. 王坦之(330~375). 자는 文度. 태원 왕씨 王述의 아들이며, 王忱·王愷·王愉의 아버지. '江東獨步'라 하였으며 中書令, 北中郎將을 지냄. 〈廢莊論〉을 써서 당시의 방탕을 비난함. 《晉書》(75)에 전이 있음.

【阿智】王衍의 아들이며 王坦之의 아우인 王處之의 어릴 때 이름.

【孫興公】손작(孫綽, 314~371). 자는 興公. 孫楚의 손자로 형 孫統과 남으로 내려와 벼슬에 뜻을 버리고 〈遂初賦〉를 씀. 그 외에 〈遊天台山賦〉가 유명하며 뒤에 庾亮·殷浩·王羲之의 막료를 거쳐 永嘉太守·散騎常侍를 지냄. 桓溫이 수도를 洛陽으로 옮기려 하자 상소하여 반대함. 廷尉卿에 이르렀으며 長樂侯를 습봉받음.《晉書》(56)에 전이 있음.

【王藍田】王述. 자는 懷祖(303~368). 王承의 아들이며 王坦之의 아버지. 고아가 되어 어머니를 극진히 모심. 아버지를 이어 藍田侯에 봉해졌으며 宛陵令, 臨海太守, 建威將軍, 會稽內史, 揚州刺史, 征虜將軍 등을 역임함. 청렴하기로 이름이 널리 알려졌음.《晉書》(75)에 전이 있음.

【頑嚚】완고하고 말이 많으며 표독함.

참고 및 관련 자료

1.《王氏譜》
處之字文將, 辟州別駕, 不就. 娶太原孫綽女, 字阿恆.

2.《左傳》僖公 24年
口不道忠信之言爲嚚.

1050(27-13)

범현평(范玄平, 范汪)은 그 사람됨이 술수와 계략을 쓰기 좋아하여 때때로 그 때문에 여러 차례 실패도 하였다.

그가 마침 관직을 잃고 동양東陽에 살고 있었다. 그때 마침 환대사마(桓大司馬, 桓溫)는 남주南州에 있었다. 이에 범현평은 그에게 가서 빌붙을 생각이었다. 환대사마는 당시 바야흐로 뜻을 펴지 못한 이들을 불러 모아 조정을 무너뜨리려고 꿈꾸고 있던 터였다.

그런데 마침 범현평이 서울에 있으면서 평소 명성도 높았으므로 환대사마는 그가 멀리 자신에게 의지해 온다고 여겨 기뻐서 펄펄뛰었다. 그리고 과연 그가 자신의 뜰까지 다다르자, 온 몸을 굽혀 그를 맞이하면서 즐거운 마음으로 담소하기가 아주 대단하였다.

이에 환대사마는 원호(袁虎, 袁宏)를 돌아보며 이렇게까지 말하였다.

"범공范公은 장차 태상경太常卿으로 모실 만 하다."

범현평이 자리를 잡자, 환대사마는 먼 길을 찾아온 감사의 뜻을 표하였다. 그러나 범현평은 비록 실제로는 환대사마에게 투신하였으면서도 이렇게 휩쓸리다가 자신의 명예에 손상이 생기지나 않을까 내심으로 걱정하다가 이렇게 말을 바꾸었다.

"비록 귀하의 품에 안기고 싶긴 합니다만 마침 저의 죽은 아들 무덤이 이곳에 있어 이를 살피러 이곳에 온 것입니다."

환대사마는 창연히 실망하고 말았다. 방금 마음을 비워 기대하였던 것이 일시에 사라지고 말았다.

范玄平爲人, 好用智數, 而有時以多數失. 會嘗失官居東陽, 桓大司馬在南州, 故往投之. 桓時方欲招起屈滯, 以傾朝廷; 且玄平在京, 素亦有譽, 桓謂遠來投己, 喜躍非常.

比入至庭, 傾身引望, 語笑歡甚; 顧謂袁虎曰:「范公且可作太常卿」

范裁坐, 桓便謝其遠來意.

范雖實投桓, 而恐以趨時損名, 乃曰:「雖懷朝宗, 會有亡兒瘞在此, 故來省視」

桓悵然失望; 向之虛佇, 一時都盡.

【范玄平】范汪. 庾亮의 平西參軍이 되어 郭黙을 토벌하여 中書侍郎, 安北將軍,
徐州, 兗州 등의 刺史를 지냈으나 桓溫의 북벌 때 실기하여 끝내 庶人으로
강등됨.《晉書》(75)에 傳이 있음.

【東陽】군 이름. 지금의 浙江省 金華縣.

【桓大司馬】桓宣武. 桓公. 桓溫(312~373). 자는 元子. 明帝의 사위. 荊州刺史를
지냈으며, 蜀을 정벌하고 前秦을 쳐부숨. 簡文帝를 세우고 자신이 다시
왕위를 빼앗고자 하였음. 시호는 武侯. 그의 아들 桓玄이 드디어 제위를
찬탈하여 楚나라를 세운 다음 아버지 환온을 宣武皇帝로 추존함.《晉書》
(99)에 전이 있음.

【南州】城 이름. 지금의 安徽省 當涂 근처.

【袁虎】袁宏(328~376). 자는 彦伯. 어릴 때는 虎라 불렸으며, 어려서 고아가 됨.
문장이 뛰어나 謝尙의 발탁으로 大司馬 桓溫의 記室이 됨. 著述에 힘써
《後漢記》·《竹林名士傳》·《北征賦》·《三國名臣頌》을 지었으며《三國名臣頌》
은《晉書》에 수록되어 있음.《晉書》(92)에 전이 있음.

【太常卿】太常. 桓溫이 천하를 잡으면 그를 太常으로 삼겠다는 뜻.

참고 및 관련 자료

1.《中興書》

初, 桓溫請范汪爲征西長史, 復表爲江州, 並不就. 還都, 因求爲東陽太守, 溫甚
恨之. 汪後爲徐州, 溫北伐, 令汪出梁國, 失期, 溫挾憾奏汪爲庶人. 汪居吳,
後至姑孰見溫, 溫語其下曰:「玄平乃來見, 當以護軍起之」汪數日辭歸, 溫曰:
卿適來, 何以便去? 汪曰:「數歲小兒喪, 往年經亂, 權瘞此境, 因來迎之, 事竟
去耳.」溫愈怒之, 竟不屑意.

1051(27-14)

 사알(謝遏, 謝玄)이 젊을 때에 보랏빛 비단 향낭香囊을 차고 이를 늘어뜨려 손등까지 덮이게 하고 다니기를 좋아하였다.

 그런데 아버지 태부(太傅, 謝安)는 이를 몹시 못마땅하게 여겼다. 그러나 사알의 마음을 상하지 않게 해주고자 거짓으로 그와 도박을 벌여 이를 따내어 즉시 태워 버렸다.

 謝遏年少時, 好箸紫羅香囊, 垂覆手. 太傅患之, 而不欲傷 其意, 乃譎與賭, 得卽燒之.

【謝遏】謝玄(343~388). 자는 幼度. 어릴 때의 자는 遏(羯). 謝奕의 아들이며 謝靈運의 조부. 謝安의 조카. 徐州刺史로서 謝石, 謝琰 등과 肥水(淝水)에서 苻堅을 대파함. 그로 인해 康樂侯公에 봉해졌으며 죽은 뒤 車騎將軍으로 추증됨.《晉書》(79)에 전이 있음.
【謝太傅】謝安. 字는 安石(320~385). 謝裒의 아들이며 謝琰(望蔡)의 아버지. 謝奕의 동생. 덕망이 있고 기개가 높아 桓彛, 王濛의 사랑을 받음. 처음에는 벼슬에 뜻을 버리고 王羲之, 支遁 등과 산수를 즐기며 조정의 부름에 응하지 않았으나 40이 넘어 桓溫의 司馬를 거쳐 吳興太守, 侍中, 吏部尙書, 太保錄尙書事 등의 관직을 지냄. 뒤에 다시 太傅에 추증되었으며 시호는 文靖.《晉書》(79)에 전이 있음.

28. 출면黜免
총 9장 (1052-1060)

'출면黜免'이란 관직에서 축출당하거나 파면됨을 말한다. 본 편은 이러한 내용 중에 흥미 있는 이야기들을 모아 적은 것이다. 양용楊勇〈교전校箋〉에 "黜免, 謂貶斥罷免也"라 하였다.

총 9장이다.

"원숭이 새끼를 장난삼아 잡아" 1053 참조.

제갈굉諸葛宏은 서진西晉 시대인, 이미 젊은 나이에 이름이 나 있었다. 왕이보(王夷甫, 王衍)에게 발탁되어 당시 사람들은 왕이보와 병칭할 정도였다. 뒤에 외가댁이 참훼를 입어 미쳐서 반역을 꾀한다고 무고를 당하였다. 그래서 멀리 유배를 떠날 때 왕이보 등 친구들과 일류 명사들이 모두 그의 수레에 나와 이별을 고하였다. 제갈굉은 이렇게 물었다.

"조정에서 왜 날 귀양보내는가?"

이에 왕이보는 이렇게 대답하였다.

"어떤 이가 그대가 미쳐 반역을 꾀한다고 말하네."

이때 제갈굉은 다시 이렇게 불만을 표하였다.

"반역은 마땅히 주살당해야 한다. 그러나 미쳤다는 것이 어찌 귀양에 해당하는가?"

諸葛宏在西朝, 少有清譽, 爲王夷甫所重, 時論亦以擬王. 後爲繼母族黨所讒, 誣之爲狂逆; 將遠徙, 友人王夷甫之徒, 詣檻車與別.

宏問:「朝廷何以徙我?」

王曰:「言卿狂逆」

宏曰:「逆則應殺, 狂何所徙?」

【諸葛宏】자는 茂遠. 琅邪人. 재주가 뛰어났으며 司空主簿를 지냄.

【西晉】晉이 武帝부터 愍帝까지 洛陽에 도읍.

【王夷甫】王衍(256~311). 자는 夷甫. 王乂의 아들이며 王玄의 父. 죽림칠현의 하나인 王戎의 從弟. 太尉를 지냄.《晉書》(43)에 전이 있음.

1053(28-2)

환공(桓公, 桓溫)이 촉蜀을 공격하러 가는 길에 삼협三峽을 지나게 되었다. 그런데 부대 대오 중의 어떤 하나가 원숭이의 새끼를 잡아왔다.

그러자 어미 원숭이가 강 언덕을 따라오면서 슬피 울어 1백 리쯤 왔는데도 떠나가지 않더니 드디어 배 위로 뛰어올라와서는 곧 숨을 거두고 마는 것이었다. 그 원숭이의 배를 갈라보니 창자가 마디마디 끊어져 있었다.

이를 들은 환공은 대단히 화를 내며, 그 새끼 원숭이를 잡았던 부하를 파면시키도록 명하였다.

桓公入蜀, 至三峽中, 部伍中有得猨子者, 其母緣岸哀號, 行百餘里不去; 遂跳上船, 至便卽絶; 破視其腹中, 腸皆寸寸斷. 公聞之, 怒, 命黜其人.

【桓公】桓宣武. 桓溫(312~373). 자는 元子. 明帝의 사위. 荊州刺史를 지냈으며, 蜀을 정벌하고 前秦을 쳐부숨. 簡文帝를 세우고 자신이 다시 왕위를 빼앗고자 하였음. 시호는 武侯. 그의 아들 桓玄이 드디어 제위를 찬탈하여 楚나라를 세운 다음 아버지 환온을 宣武皇帝로 추존함. 《晉書》(99)에 전이 있음.
【蜀】지금의 西川.
【三峽】양자강의 상류 좁은 협곡 7백 리. 곧 西陵峽·瞿塘峽·巫峽. 그러나 이 이름에 대해서 이설이 많음.

> 참고 및 관련 자료

1. 《荊州記》
峽長七百里, 兩岸連山, 略無絶處, 重巖疊障, 隱天蔽日. 常有高猨長嘯, 屬引淸遠. 漁者歌曰:「巴東三峽巫峽長, 猨鳴一聲淚沾裳.」

　은중군(殷中軍, 殷浩)이 출면黜免을 당해 신안信安에 살 때에 종일 공중에다 글자를 쓰고 있었다.

　양주揚州의 관리와 백성들 중에 의리를 생각해 같이 따라와 있던 이들이 몰래 이를 훔쳐보았더니, 오직 "돌돌괴사咄咄怪事", 즉 '놀랍고 놀라운 괴이한 사건'이라고 쓸 뿐이었다.

　殷中軍被廢, 在信安, 終日恆書空作字. 揚州吏民尋義逐之, 竊視, 唯作「咄咄怪事」四字而已.

【殷中軍】 殷浩(?~356). 자는 淵源. 殷羨(洪喬)의 아들이며 弱冠에 이미 이름이 났으며 玄言에 뛰어나 당시 풍류 재자의 숭앙을 받음. 정사에도 뛰어나 사람들은 그를 管仲이나 諸葛孔明에 비유할 정도였음. 建武將軍, 揚州刺史, 記室參軍·安西將軍·中軍將軍 등을 역임하였으며, 北征에 나섰다가 姚襄에게 패배하여 서인으로 강등되기도 하였음. '咄咄怪事'의 고사를 남김. 《晉書》(77)에 전이 있음. 殷浩가 수양(壽陽)을 진무하고 있을 때 羌의 降將 姚襄의 죄를 논하다가 오히려 죄에 몰려 桓溫에 의해 파면당함. 뒤에 簡文帝가 상소하여 파면에서 평민으로 폄하됨.
【信安】 지금의 浙江. 衢縣.
【咄咄怪事】 놀랍고 괴이적은 일. '咄咄'은 놀라거나 이해되지 않는 일을 당하였을 때 내는 소리.

　　참고 및 관련 자료

　1. 《晉陽秋》
　初, 浩以中軍將軍鎭壽陽, 羌姚襄上書歸降, 後有罪, 浩陰圖誅之. 會關中有變, 苻健死, 浩僞率軍而行, 云「修復山陵」襄前驅恐, 遂反. 軍至山桑, 聞襄將至, 棄輜

重馳保譙. 襄至, 據山桒, 焚其舟實; 至壽陽, 略流民而還. 浩士卒多叛, 征西溫
乃上表黜浩, 撫軍大將軍奏免浩, 除名爲民. 浩馳還謝罪. 旣而遷于東陽信安縣.

1055(28-4)

환공(桓公, 桓溫)이 참군參軍들과 회식하는 자리에 의椅라는 사람이 있었다.
마침 익힌 해채薤菜 요리를 먹을 때 이를 어떻게 잘라낼 수가 없었다.
함께 먹던 자들은 이를 보고도 전혀 도와 줄 생각을 아니하였다. 그런데도
그 의라는 자는 끝내 이를 포기하지 않고 먹으려 들었다. 앉은 자들은
모두 웃기만 하였다.

이를 보다 못한 환공이 이렇게 나무랐다.

"같은 식탁에서조차 서로 도와주려 하지 않으니 하물며 다시 위난危難이
닥쳐왔을 때는 어떠하겠는가?"

그러고는 그들을 모두 파면시키라고 하였다.

桓公坐有參軍椅, 食蒸薤不時解, 共食者又不助; 而椅終
不放, 擧坐皆笑.

桓公曰:「同盤尙不相助, 況復危難乎?」

敕令免官.

【桓公】桓宣武. 桓溫(312~373). 자는 元子. 明帝의 사위. 荊州刺史를 지냈으며,
蜀을 정벌하고 前秦을 쳐부숨. 簡文帝를 세우고 자신이 다시 왕위를 빼앗고자
하였음. 시호는 武侯. 그의 아들 桓玄이 드디어 제위를 찬탈하여 楚나라를

세운 다음 아버지 환온을 宣武皇帝로 추존함.《晉書》(99)에 전이 있음.

【倚】人名. 구체적으로 알 수 없음.《北堂書鈔》에는 '名倚'라 하였고,《太平御覽》847에는 '掎'로, 977에는 '猗'로 되어 있으며 젓가락질하는 것으로 보았음.

【薤】부추. 백합과에 속하는 다년초. 파 비슷한 훈채(葷菜). 그 인경(鱗莖)을 식용으로 하며 미끄러워 먹기가 힘들다고 함.

1056(28-5)

은중군(殷中軍, 殷浩)이 출면당한 후 간문제(簡文帝, 司馬昱)를 원망해서 이렇게 말하였다.

"사람을 백 척 높은 누각 위에 올려놓고는 이제 그 사다리를 메고 떠나 버렸다."

殷中軍廢後, 恨簡文曰: 「上人箸百尺樓上, 儋梯將去」

【殷中軍】殷浩(?~356). 자는 淵源. 殷羨(洪喬)의 아들이며 弱冠에 이미 이름이 났으며 玄言에 뛰어나 당시 풍류 재자의 숭앙을 받음. 정사에도 뛰어나 사람들은 그를 管仲이나 諸葛孔明에 비유할 정도였음. 建武將軍, 揚州刺史, 記室參軍·安西將軍·中軍將軍 등을 역임하였으며, 北征에 나섰다가 姚襄에게 패배하여 서인으로 강등되기도 하였음. '咄咄怪事'의 고사를 남김.《晉書》(77)에 전이 있음.

【簡文帝】東晉의 제8대 황제 司馬昱. 字는 道萬. 中宗의 少子. 元帝 계실 鄭后 소생이며 司馬紹의 배다른 동생. 穆帝가 어려서 撫軍으로 보필, 뒤에 桓溫이 海西公을 폐하고 이를 세워 皇帝에 오름. 재위 2년(371~372).《世說新語》

에서는 흔히 '晉簡文', '簡文', '簡文帝', '簡文皇帝', '相王', '撫軍', '會稽王'등
으로 칭함. 《晉書》(9)에 紀가 있음.

참고 및 관련 자료

1. 劉孝標 注(《續晉陽秋》)
『續晉陽秋曰:「浩雖廢黜, 夷神委命, 雅詠不輟, 雖家人不見有流放之戚. 外生
韓伯始隨至徙所, 周年還都, 浩素愛之, 送至水側, 乃詠曹顔遠詩曰:'富貴他
人合, 貧賤親戚離.'因泣下.」其悲見于外者, 唯此一事而已. 則'書空'·'去梯'之言,
未必皆實也.」』

1057(28-6)

등경릉(鄧竟陵, 鄧遐)이 파면당한 후, 산릉山陵으로 은거하려 떠나면서
우연히 대사마 환공(桓公, 桓溫)을 만났다.
  환공이 물었다.
"그대는 어찌 그리 수척해졌소?"
  이에 등경릉은 이렇게 대답하였다.
"숙달淑達에게 부끄럽게도 깨어진 시루를 한스럽게 여기지 않을 수
없어서라오!"

鄧竟陵免官後赴山陵, 過見大司馬桓公.

公問之曰:「卿何以更瘦?」

鄧曰:「有愧於叔達, 不能不恨於破甌!」

【鄧竟陵】鄧遐. 자는 應玄. 桓溫의 참군이 되었으며, 전공을 세워 竟陵太守를 지냈음. 桓溫이 그의 용기를 꺼려해서 파면시킴.

【山陵】여기서는 산속으로 은거하려 떠남을 뜻함.

【叔達破甑】옛날 맹민(孟敏)이 깨어진 시루를 아까워하지 않은 고사. 孟敏은 東漢 때 인물로 어느 날 가지고 가던 독을 그만 떨어뜨려 깨뜨리고 말았다. 그런데 그는 뒤도 돌아보지 아니하고 가던 길을 가는 것이었다. 친구가 묻자 "이미 깨진 것을 돌아본들 무슨 소용이 있겠는가?"(甑已破矣, 視之何益)이라 하였다.(《後漢書》郭泰傳) 이를 흔히 "瓦甑旣墮, 反顧何爲"라 함(《增廣賢文》). 여기서는 지난날의 벼슬자리를 아까워하여 연연하고 있음을 표현한 것.

📌 참고 및 관련 자료

1.《大司馬寮屬名》

鄧遐字應玄, 陳郡人, 平南將軍嶽之子. 勇力絶人, 氣蓋當世, 時人方之樊噲. 爲桓溫參軍, 數從溫征伐, 歷竟陵太守. 枋頭之役, 溫旣懷恥忿, 且憚遐之勇, 因免遐官, 病卒.

2.《郭林宗別傳》

鉅鹿孟敏字叔達, 敦樸質直. 客居太原, 雜處凡俗, 未有所名. 嘗至市買甑, 荷儋墮地壞之, 徑去不顧. 適遇林宗, 見而異之, 因問曰:「壞甑可惜, 何以不顧?」客曰:「甑旣已破, 視之何益?」林宗賞其介決, 因以知其德性, 謂必爲美士, 勸令讀書. 遊學十年, 遂知名. 三府並辟, 不就. 東夏以爲美賢.

1058(28-7)

환선무(桓宣武, 桓溫)는 이미 태재(太宰, 司馬晞) 부자父子가 파면되었는데도 자꾸 상소하였다.

"가까운 사정私情을 끊어 국가 장래를 계획하셔야 합니다. 만약 태재 부자를 없애 버리면 후환이 없을 것입니다."

이에 간문제簡文帝는 손수 이렇게 답을 썼다.

"말로도 차마 못하는데, 하물며 말보다 더한 행동이야 어찌 감히 실행하겠소?"

그러나 환선무는 다시금 상소하여 절실한 표현을 다하였다. 이에 간문제는 다시 답을 보냈다.

"만약 진晉나라의 국운이 길다면 그대가 이 내 조詔를 받아들여야 함이 밝혀질 것이오. 만약 국운이 이미 쇠하였다면 이 자리를 어진 이에게 양보하겠소!"

환공은 소詔를 읽으면서 손을 벌벌 떨었고, 땀을 줄줄 흘렸다. 그리고는 더 이상 상소하지 않았고, 태재 부자는 멀리 신안新安으로 귀양을 갔다.

桓宣武旣廢太宰父子, 仍上表曰:『應割近情, 以存遠計; 若除太宰父子, 可無後憂.』

簡文手答表曰:『所不忍言, 況過於言?』

宣武又重表, 辭轉苦切.

簡文復手答曰:『若使晉室靈長, 明公便應奉行此詔! 如大運去矣, 請避賢路!』

桓公讀詔, 手戰汗流, 於此乃止. 太宰父子遠徙新安.

【桓宣武】桓公. 桓溫(312~373). 자는 元子. 明帝의 사위. 荊州刺史를 지냈으며, 蜀을 정벌하고 前秦을 쳐부숨. 簡文帝를 세우고 자신이 다시 왕위를 빼앗고자 하였음. 시호는 武侯. 그의 아들 桓玄이 드디어 제위를 찬탈하여 楚나라를 세운 다음 아버지 환온을 宣武皇帝로 추존함. 《晉書》(99)에 전이 있음.

【太宰父子】晉의 司馬晞 부자. 자는 道叔. 元帝의 제4자 武陵王에 봉해졌으며 太宰를 지냄. 晞는 정권을 잡고 桓溫을 죽이려 하였고, 簡文帝가 즉위하자

新蔡王 司馬晃이 司馬晞와 그 아들 司馬琮 등과 모반을 꾀함. 有司가 이를 참수하자고 하였고, 그 중 桓溫은 더욱 적극적이었음.
【新安】浙江 淳安縣. 揚州에 속하였으며 始新, 遂安, 海寧, 黎陽, 黟, 歙 등 여섯 현을 거느렸음.

1. 《司馬晞傳》

晞字道叔, 元帝第四子. 初封武陵王, 拜太宰, 少不好學, 尙武凶恣. 時太宗輔政, 晞以宗長不得執權, 常懷憤慨, 欲因桓溫入朝殺之. 太宗卽位, 新蔡王晃首辭, 引與晞及子綜謀逆. 有司奏晞等斬刑, 詔原之, 徙新安. 晞未敗, 四五年中, 喜爲挽歌, 自搖大鈴, 使左右習和之. 又燕會, 倡妓作新安人歌舞, 離別之辭, 其聲甚悲. 後果徙新安.

1059(28-8)

환현桓玄이 패한 후 은중문殷仲文은 서울로 돌아와 대사마(大司馬, 司馬德文)의 자의참군咨議參軍이 되었으나 굉장히 망설이고 있는 때였다.
대사마의 관청 앞에 한 늙은 괴목槐木이 있었는데 줄기와 잎이 무성하였다. 은중문은 그날이 초하루였으므로 여럿이 함께 관청 앞에서 그 나무를 한참 보고 있다가 이렇게 탄식하였다.
"이 괴목은 축 늘어져 더 이상 살고자 하는 뜻이 없구나!"

桓玄敗後, 殷仲文還爲大司馬咨議, 意似二三, 非復往日.
大司馬府聽前, 有一老槐, 甚扶疎; 殷因月朔, 與眾在聽,視槐良久, 嘆曰: 「槐樹婆娑, 無復生意!」

【桓玄】자는 敬道(369~404). 大司馬 桓溫의 막내아들. 南郡公에 봉해졌음.
劉裕의 기병에 맞섰다가 建康에서 참수당함.《晉書》(99)에 전이 있음. 譙國
龍亢人. 대사마 桓溫의 少子이며 아버지를 이어 남군공이 됨.

【殷仲文】자는 仲文(?~407). 殷顗의 아우이며 桓玄의 姊夫. 諮議參軍, 侍中,
東陽太守, 尙書 등의 벼슬을 역임함. 뒤에 모반으로 주살당함.《晉書》(99)에
전이 있음.

【大司馬】司馬德文. 義熙 원년(405)에 大司馬가 되었으며 뒤에 東晉 11대
황제(재위: 419~420)가 됨.

【婆娑】위축되어 처진 모습을 나타내는 疊韻連綿語.

참고 및 관련 자료

1.《晉書》安帝紀
桓玄敗, 殷仲文歸京師, 高祖以其衛從二后, 且以大信宜全, 引爲鎭軍長史. 自以
名輩先達, 位遇至重, 而後來謝混之徒, 皆疇昔之所附也. 今比肩同列, 常怏然
自失. 後果徙信安.

1060(28-9)

은중문殷仲文이 이미 명망을 얻자, 은근히 스스로 조정의 높은 지위에
오르리라 여겼다. 그러다가 갑자기 동양태수東陽太守로 임명되자, 내심
불만이 많았다.

동양으로 가는 길에 부양富陽 땅에 이르러 개연히 탄식하며 이렇게 말하였다.

"이 산천 형세를 보니 반드시 또 하나의 손백부(孫伯符, 孫策)가 나오겠군!"

殷仲文旣素有名望, 自謂必當阿衡朝政, 忽作東陽太守, 意甚不平.

及之郡, 至富陽, 慨然歎曰:「看此山川形勢, 當復出一孫伯符!」

【殷仲文】자는 仲文(?~407). 殷顗의 아우이며 桓玄의 姊夫. 諮議參軍, 侍中, 東陽太守, 尙書 등의 벼슬을 역임함. 뒤에 모반으로 주살당함.《晉書》(99)에 전이 있음.

【東陽】지금의 金華.

【富陽】지금의 浙江 富陽縣.

【孫伯符】孫策(175~200). 자는 伯符. 孫堅의 맏아들. 원래 富陽(富春) 출신이었으며 吳侯에 봉해짐. 그 아우 孫權이 그 무리를 이끌고 오나라를 세움.《三國志》(46)에 전이 있음. 26세에 죽어 그 왕업을 달성하지 못하였음. 漢末에 아버지 孫堅의 군사를 이끌고 江東을 점거함. 여기서는 殷仲文의 불만과 야심을 함께 드러내어 비유한 것임.

┌─────────────────┐
│ 참고 및 관련 자료 │
└─────────────────┘

1.《晉書》安帝紀

仲文後爲東陽, 愈憤怨, 乃與桓胤謀反, 遂伏誅. 仲文嘗照鏡不見頭, 俄而難及.

2. 劉孝標 注

『孫策, 富春人. 故及此而歎.』

29. 검색儉嗇

총 9장 (1061-1069)

'검색儉嗇'이란 지나치게 검소하고 인색하여 자기 것만 아는 비열한
행동을 말한다. 본 편은 이들의 이야기를 모아 적은 것이다. 양용
楊勇 〈교전校箋〉에 "儉嗇, 謂省約吝嗇也"라 하였다.

총 9장이다.

"딸에게 꿔준 돈" 1065 참조.

화교和嶠는 성격이 지극히 검색儉嗇하였다. 집에 좋은 오얏이 있었는데, 왕무자(王武子, 王濟)가 달라고 하자 수십 개 정도를 줄 뿐이었다.

화가 난 왕무자는 화·고가 당직을 나가고 없는 사이에 오얏 좋아하는 젊은이들을 이끌고, 도끼를 둘러메고 그 오얏 과수원으로 들어가 실컷 따먹은 후 나무들을 모두 베어 버렸다. 그리고 그 나뭇가지를 한 수레 화고에게 실어 보냈다.

그리고는 이렇게 물었다.

"그대 집 오얏나무와 비교하여 어떻소?"

이를 받아 본 화교는 그저 웃을 뿐이었다.

和嶠性至儉, 家有好李, 王武子求之, 與不過數十. 王武子因其上直, 率將少年能食之者, 持斧詣園, 飽共啖畢, 伐之, 送一車枝與和公.

問曰:「何如君李?」

和旣得, 唯笑而已.

【和嶠】 자는 長輿. 太子少傅, 中書令, 散騎常侍, 光祿大夫 등을 지냄. 성품이 인색하고 돈에 대하여 집착을 가졌다 함. 《晉書》(45)에 전이 있음.

【王武子】 王濟(240?~285?). 자는 武子. 王渾의 아들. 武帝의 딸 常山公主의 남편. 《易》과 《老莊》에 밝아 裴楷와 이름을 날렸으며 말에 대해서 잘 알았다고 함. 王愷와 사치와 호기를 다툰 일로도 유명함. 中書郎, 驍騎將軍, 侍中 등을 역임함. 《晉書》(42)에 전이 있음.

1.《晉書》王濟傳

和嶠性至儉, 家有好李, 帝求之不過數十.

2.《晉諸公贊》

嶠性不通, 治家富擬王公, 而至儉, 將有犯義之名.

3.《語林》

嶠諸弟往園中食李, 而皆計核責錢, 故嶠婦弟王濟伐之也.

1062(29-2)

왕융王戎은 성격이 몹시 인색하여 그 친척 아들이 결혼할 때 겨우 홑옷 한 벌을 보내주었다가 그것도 뒤에 다시 되돌려달라고 하였다.

王戎儉吝, 其從子婚, 與一單衣, 後更責之.

【王戎】자는 濬沖(234~305). 王安豊으로도 불림. 王綏의 아버지이며 安豊縣侯를 역임함. 성격이 인색하였으며 禮敎에 얽매이지 않았음. 阮籍, 山濤, 向秀, 阮咸, 嵇康, 劉伶과 더불어 '竹林七賢'으로 불렸음.《晉書》(43)에 전이 있음.

1.《晉書》王隱

戎性至儉, 不能自奉養, 財不出外, 天下人謂爲膏肓之疾.

1063(29-3)

　사도司徒 왕융王戎이 이미 귀해지고 부유해지자 낙양에서는 주택과 노비, 기름진 농토, 물레방아 등의 산업에서 더 이상 그와 견줄 만한 이가 없게 되었다. 계약서류들의 사무가 번거로워 매번 그 아내와 촛불 밑에서 산가지를 흩어 놓고 계산하느라 정신이 없었다.

　　司徒王戎, 旣貴且富, 區宅僮牧, 膏田水碓之屬, 洛下無比; 契疏鞅掌, 每與夫人燭下散籌算計.

【司徒】벼슬 이름. 토지·민사·교화·제사 등을 관장하는 三公의 하나.
【王戎】자는 濬沖(234~305). 王安豊으로도 불림. 王綏의 아버지이며 安豊縣侯
　를 역임함. 성격이 인색하였으며 禮敎에 얽매이지 않았음. 阮籍, 山濤, 向秀,
　阮咸, 嵇康, 劉伶과 더불어 '竹林七賢'으로 불렸음.《晉書》(43)에 전이 있음.
【鞅掌】너무 많아 번거로움을 나타내는 疊韻連綿語.《詩經》小雅 北山에
　"王事鞅掌"이라 하였고 馬瑞辰의《傳箋通釋》에 "鞅掌疊韻, 旣秧穰之類. 禾之
　葉多曰秧穰, 人之事多曰鞅掌"이라 함.

> ### 참고 및 관련 자료

1.《晉書公贊》
戎性簡要, 不治儀望, 自遇甚薄, 而産業過豊, 論者以爲台輔之望不重.

2.《晉書》王隱
戎好治生, 園田周徧天下, 翁媼二人, 常以象牙籌晝夜算計家資.

3.《晉陽秋》
戎多殖財賄, 常若不足. 或謂戎故以此自晦也.

4. 劉孝標 注

『戴逵論之曰:「王戎晦默於危亂之際, 獲免憂禍, 既明且哲, 於是在矣. 或曰: 「大臣用心, 豈其然乎?」逵曰:「運有險易, 時有昏明, 如子之言, 則蘧瑗·季札之徒, 皆負責矣. 自古而觀, 豈一王戎也哉?」』

1064(29-4)

왕융王戎의 집에 좋은 오얏이 있었는데, 이것을 팔 때에도 다른 사람들이 그 씨를 받아 심을까 항상 그 씨를 뚫고 주었다.

王戎有好李, 常賣之, 恐人得種, 恆鑽其核.

【王戎】 자는 濬沖(234~305). 王安豐으로도 불림. 王綏의 아버지이며 安豐 縣侯를 역임함. 성격이 인색하였으며 禮敎에 얽매이지 않았음. 阮籍, 山濤, 向秀, 阮咸, 嵇康, 劉伶과 더불어 '竹林七賢'으로 불렸음. 《晉書》(43)에 전이 있음. 본 장의 이야기가 곧 '鑽核'의 故事임.

참고 및 관련 자료

1.《晉書》王戎傳 및 《事文類聚》25에도 인용되어 있음.

1065(29-5)

왕융王戎은 딸을 배위裴頠에게 시집을 보내면서 수만 금의 돈을 꿔주었다. 딸이 친정에 올 때마다 왕융은 얼굴색을 찡그렸다. 딸이 돈을 갚자 이에 즐거워하였다.

王戎女適裴頠, 貸錢數萬; 女歸, 戎色不悅, 女遽還錢, 乃懌.

【王戎】 자는 濬沖(234~305). 王安豐으로도 불림. 王綏의 아버지이며 安豐縣侯를 역임함. 성격이 인색하였으며 禮敎에 얽매이지 않았음. 阮籍, 山濤, 向秀, 阮咸, 嵇康, 劉伶과 더불어 '竹林七賢'으로 불렸음. 《晉書》(43)에 전이 있음.
【裴頠】 자는 逸民(258~291). 裴秀의 막내아들. 老莊과 醫術에 밝았으며 〈崇有論〉을 지어 儒家의 인의도덕을 중시할 것을 주장하였음. 尙書左僕射, 侍中 등을 지냈으며 賈后의 난에 인척임에도 정도를 지켰음. 趙王(司馬倫)이 가후에게 빌붙자 이를 탄핵하다가 결국 34세에 司馬倫에게 주살당함. 惠帝가 反正하여 그를 복권시켰으며 시호를 成이라 함. 《晉書》(35)에 전이 있음. 王戎의 사위.

1066(29-6)

위강주(衛江州, 衛展)가 심양尋陽에 임관되어 있을 때 한 친한 친구가 찾아왔다. 그러나 위강주는 친구를 조금도 대접하지 않고, 다만 그에게 한 근斤의

'왕불유행王不留行'이라는 약초를 주는 것이었다.

　이 친구는 그 약을 받자, 즉시 수레를 몰라 하여 떠나 버렸다. 이홍범 (李弘範, 李軌)이 이 소리를 듣고는 이렇게 말하였다.

　"우리 외삼촌이 너무 인색하셨군. 보살피지 않으면 그만이지, 풀로 사람을 쫓다니."

　衛江州在尋陽, 有知舊人投之, 都不料理, 唯餉「王不留行」 一斤. 此人得餉, 便命駕.

　李弘範聞之曰:「家舅刻薄, 乃復驅使卉木」

【衛江州】衛展. 자는 道舒. 江州刺史를 지냄.

【王不留行】石竹科의 多年生 약초, 혹 1년생 草木 식물. 높이 30~60센티미터이고 잎은 對로 나며 披針形. 초여름 꽃이 피며 꽃잎은 5개. 淡紅色이며 이마 끝이 凹形. 꽃받침은 5개의 마름모꼴로 그 씨는 콩만하며 익으면 黑色. 去風·金瘡의 치료에 쓰임. 여기서는 친구를 풍병과 같은 존재로 여겨 떠나라고 한 것.

【李弘範】李軌. 남조 송나라 강하인. 상서랑을 지냄. 그러나 여기서의 이홍범은 李弘度의 오기로 봄. 이홍도는 晉나라 때 문장가이며 유학자로《尙書注》와《周易旨》, 〈釋莊論〉과 詩, 賦, 表, 頌 등 240여 편의 문장을 남긴 인물. 《晉書》(92)에 전이 있음.

参고 및 관련 자료

1.《永嘉流人名》

衛展字道舒, 河東安邑人. 祖列, 彭城護軍. 父韶, 廣平令. 展光熙初除鷹揚將軍· 江州刺史.

2.《本草綱目》

王不留行, 生太山, 治金瘡, 除風, 久服之, 輕身.

3. 《中興書》

李軌字弘範, 江夏人. 仕至尙書郎.

4. 劉孝標 注

『按: 軌, 劉氏之甥; 此應弘度, 非弘範者也.』

1067(29-7)

왕승상(王丞相, 王導)은 성격이 지독히 인색하여 장막 안에 달콤한 과일이 넘쳐났지만 남에게 나누어주는 법이 없었다. 봄이 되어 이 과일이 썩어버려 도독都督이 이 사실을 알리자 승상은 갖다 버리도록 하면서 이렇게까지 말하였다.

"절대로 대랑(大郎, 王悅)이 알지 못하도록 하라."

王丞相性儉節, 帳下甘果盈溢, 不散; 涉春爛敗, 都督白之,
公令舍去.

勅曰:「愼不可令大郎知」

【王丞相】 王導(276~339). 자는 茂弘. 어릴 때 자는 阿龍. 王敦의 從弟. 서진이 망하자 王敦과 함께 司馬睿를 황제로 추대하여 東晉을 세움. 그 공으로 丞相이 되었으며 號를 '仲父'라 하였음. 천하의 권세를 잡아 당시 "王與馬, 共天下"라 하였음. 元帝와 明帝, 成帝를 차례로 즉위시켰음. 아울러 남방 세족의 도움으로 강남에서의 동진 정권을 안정시킴. 《晉書》(65)에 전이 있음.
【大郎】 王悅. 王導의 장자.

소준蘇峻의 반란 때에 유태위(庾太尉, 庾亮)는 남쪽으로 도망하여 도공(陶公, 陶侃)을 만났다. 도공은 일단 유태위의 훌륭한 모습을 보고 그를 칭찬하며 존중하였다.

그런데 도공은 성격이 검색하고 인색하여, 식사 때면 유태위에게 해채薤菜만 먹으라고 줄 뿐이었다.

유태위는 그때마다 그 해체의 뿌리덩이를 남겨 두었다. 도공이 물었다.

"이를 무엇에 쓰려고 남겼습니까?"

그러자 유태위는 이렇게 대답하였다.

"심어서 싹을 틔우려 합니다."

이에 도공은 유태위가 풍류가 있을 뿐 아니라 일 처리의 진실함도 있다고 크게 찬탄하였다.

蘇峻之亂, 庾太尉南奔見陶公, 陶公雅相賞重. 陶性儉吝,
及食, 庾噉薤, 因留白.

陶問:「用此何爲?」

庾云:「故可種」

於是大歎庾非唯風流, 兼有治實.

【蘇峻】자는 子高(?~328). 永嘉의 난 때 고향을 지키며 세력을 키워 元帝 (司馬睿)에게 발탁됨. 뒤에 王敦의 모반을 평정하여 공이 있었음. 明帝(司馬紹) 가 죽은 다음 庾亮과 王導가 成帝(司馬衍)를 보좌하여 정권을 잡고 자신을 제거하려 한다고 의심을 품고 咸和 2년(327)에 난을 일으켜 建康을 함락, 성제를 石頭城에서 제거하고 자신이 驃騎令軍將軍과 尙書가 될 것을 요구

하며 협박하다가 이듬해 陶侃과 溫嶠에 의해 토벌됨.《晉書》(100)에 전이
있음.

【庾太尉】유량(庾亮)(289~340). 자는 元規. 明帝 때에 中書監을 지냈으며,
蘇峻의 난을 평정함.《晉書》(73)에 傳이 있음.

【陶公】陶侃(259~334). 자는 士行. 혹은 士衡. 蘇峻의 난을 평정한 공로로
侍中과 太尉 등을 역임하였으며 長沙郡公에 봉해짐. 江夏, 武昌의 太守와
荊州, 廣州, 江州, 湘州의 刺史를 지낼 때 선정을 베풀었음.《晉書》(66)에
전이 있음. 陶淵明의 증조임.

【薤菜】多年生 葷草로 그 鱗莖을 식용으로 함. 부추.

【白】薤菜의 뿌리.

> **참고 및 관련 자료**

1. 원래 陶侃은 庾亮을 죽여 蘇峻의 군대를 물러나도록 하려 하였음.

2. 楊勇〈校箋〉

『白, 薤根也. 以其色白, 故云.』

1069(29-9)

치공(郗公, 郗愔)은 크게 재물을 모아 수천만 금이 되었다. 그의 아들 가빈
(嘉賓, 郗超)은 늘 아버지의 이런 모습이 싫었다. 그는 항상 아버지께 아침
문안을 드렸는데, 그 집의 가풍은 자제들이 앉아서 말을 해서는 안 되는
것이었다. 한참 말을 나누다가 재물 얘기가 나오자 치공은 아들의 눈치를
알고 이렇게 말하였다.

"너는 내 모은 돈을 마음대로 하고 싶은 게로구나!"

그러고는 금고를 열어 실컷 쓰게 하였다.

이때 치공은 속으로 기껏 써야 수백만 금까지야 쓰랴 하였는데, 가빈은
하루 만에 걸인과 친구들을 불러 모아 마음대로 가져가도록 하여 거의
바닥이 나기에 이르렀다.

이를 들은 치공은 놀랐지만 어쩔 수가 없었다.

郗公大聚斂, 有錢數千萬; 嘉賓意甚不同, 常朝旦問訊.
郗家法: 子弟不坐, 因倚語移時, 遂及財貨事.

郗公曰:「汝正當欲得吾錢耳!」

迺開庫一日, 令任意用. 郗公始正謂損數百萬許; 嘉賓遂
一日乞與親友, 都盡. 郗公聞之, 驚怪不能已已.

【郗公】郗愔. 자는 方回(313~384). 太宰 郗鑒의 아들이며 郗超의 아버지.
黃門侍郎과 臨海太守 등을 지냈으며 王羲之, 許詢과 이름을 함께 날렸음.
한때 병으로 은거하여 글씨에 정진하였음. 특히 隸書에 능하여 道經 백 권을
베낌. 뒤에 다시 출사하여 會稽內史를 지냈으며 司空에 초빙되었으나
사양함. 侍中과 司空에 추증됨.《晉書》(67)에 전이 있음.
【嘉賓】郗超. 자는 景興(336~377). 또는 嘉賓으로도 부름. 郗愔의 아들.
《晉書》(67)에 전이 있음.

⬤ 참고 및 관련 자료

1.《中興書》
超少卓犖不羈, 有曠世之度.

30. 태치汰侈

총 12장 (1070-1081)

'태치汰侈'는 태치忕侈로도 표기하며 자신의 권력과 부를 믿고
세상에 못할 짓이 없이 사치와 호화를 부리는 것을 말한다. 본 편은
이들의 이야기를 모아 적은 것이다. 《좌전左傳》에 "楚王汰侈"라는
말이 있으며, 양용楊勇 〈교전校箋〉에는 "忕侈, 謂驕溢逾分也"라 하였다.

총 12장이다.

산호수(珊瑚樹) 사건. 1077 참조.

1070(30-1)

석숭石崇이 매번 술잔치를 벌일 때마다 항상 미녀로 하여금 손님에게 술을 따라 주되, 손님으로 하여금 다 마시지 못하게 되면 곧 황문시랑黃門侍郎을 시켜 대신 그 미녀를 참수斬首하게 하였다.

왕승상(王丞相, 王導)과 왕대장군(王大將軍, 王敦)이 함께 석숭의 잔치에 참가하였다. 승상은 본래 술을 잘 못 마셨지만 문득 억지로 먹어 대취해 버렸다. 그리고는 오히려 왕대장군의 차례가 되면 마시지 않고 일이 되어 가는 형세를 보고 있었다.

이미 세 미녀가 목을 잃었는데도 왕대장군은 얼굴색 하나 변함이 없이 술 마시기를 거부하였다. 사태가 심해지자 왕승상이 질책하였다. 그러자 왕대장군은 태연히 이렇게 말하는 것이었다.

"자기가 자기 집 사람을 죽이는데, 그대와 무슨 상관이람!"

石崇每要客燕集, 常令美人行酒, 客飮酒不盡者, 使黃門交斬美人. 王丞相與大將軍嘗共詣崇, 丞相素不能飮, 輒自勉彊, 至於沈醉.

每至大將軍, 固不飮, 以觀其變. 已斬三人, 顔色如故, 尙不肯飮.

丞相讓之. 大將軍曰:「自殺伊家人, 何預卿事!」

【石崇】 자는 季倫(249~300). 어릴 때의 자는 齊奴. 修武令, 城陽太守 등을 지냈으며 吳나라를 벌한 공으로 安陽鄕侯에 봉해짐. 뒤를 이어 散騎常侍, 侍中, 荊州刺史 등을 역임하였으며, 당시 최고의 부자로 河南에 金谷園을 지어 온갖 사치와 부를 누렸던 인물. 특히 羊琇, 王愷 등과 사치를 다툰 일화로도

유명함. 潘岳 등과 賈后, 賈謐을 모함하였으며, 다시 淮南王(司馬允), 齊王 (司馬冏)과 결탁하였다가 趙王(司馬倫)에게 참살당함.《晉書》(33)에 전이 있음.
【王丞相】王導(276~339). 자는 茂弘. 어릴 때 자는 阿龍. 王敦의 從弟. 서진이 망하자 王敦과 함께 司馬睿를 황제로 추대하여 東晉을 세움. 그 공으로 丞相이 되었으며 號를 '仲父'라 하였음. 천하의 권세를 잡아 당시 "王與馬, 共天下"라 하였음. 元帝와 明帝, 成帝를 차례로 즉위시켰음. 아울러 남방 세족의 도움으로 강남에서의 동진 정권을 안정시킴.《晉書》(65)에 전이 있음.
【王大將軍】王敦(266~324). 자는 處仲. 어릴 때는 阿黑이라 부름. 王舍의 아우이며 王導의 종제로 八王之亂 때 공을 세워 散騎常侍, 侍中, 靑州刺史, 鎭東大將軍 등을 지냄. 西晉이 망하자 司馬睿를 옹립하여 황제로 삼음. 뒤에 東晉 明帝 太寧 2年(324) 반란을 일으켰다가 주살됨.《晉書》(98)에 전이 있음.

참고 및 관련 자료

1. 본 장은 다른 기록과 내용이 차이가 있다.

2.《王丞相德音記》

丞相素爲諸父所重, 王君夫問王敦: 「聞君從弟佳人, 又解音律, 欲一作妓, 可與共來?」遂往. 吹笛, 人有小忘, 君夫聞, 使黃門階下打殺之, 顔色不變. 丞相還, 曰: 「恐此君處世, 當有如此事.」

3.《考異》(《王丞相德音記》)

王敦曾要公詣王君夫聽妓, 妓吹笛小失, 君夫便令黃門牽着階下打殺之, 敦顔色自若. 公還, 歎息; 語從弟廣, 弟敞, 穎曰: 「是君處世, 當有如此事也.」

4.《晉書》王隱

石崇爲荊州刺史, 劫奪殺人, 以致巨富.

1071(30-2)

　석숭石崇의 변소에는 항상 10여 명의 시녀들이 줄을 서서 있었다.

　모두 화려한 옷을 입고 수식을 꾸몄으며, 갑전분甲煎粉·침향즙沈香汁 등 화장품과 향수까지 갖추지 않은 것이 없었다.

　게다가 드나드는 손님에게 새 옷까지 입혀 주어 내보내 주는 것이어서 많은 손님들이 부끄러워 변소에 가기를 꺼렸다.

　왕대장군(王大將軍, 王敦)만은 변소에 가서 헌옷을 벗고 새 옷을 입고 산뜻하고 오만한 모습으로 바꾸었다. 이에 여러 시녀들은 서로 이렇게 수근 거렸다.

　"이 손님은 뒤에 반드시 윗사람을 범하는 반역자가 될 상이로다!"

　石崇厠, 常有十餘婢侍列, 皆麗服藻飾, 置甲煎粉·沈香汁之屬, 無不畢備; 又與新衣箸令出, 客多羞不能如厠. 王大將軍往, 脫故衣, 箸新衣, 神色傲然.

　群婢相謂曰:「此客必能作賊!」

【石崇】 자는 季倫(249~300). 어릴 때의 자는 齊奴. 修武令, 城陽太守 등을 지냈으며 吳나라를 벌한 공으로 安陽鄕侯에 봉해짐. 뒤를 이어 散騎常侍, 侍中, 荊州刺史 등을 역임하였음. 당시 최고의 부자로 河南에 金谷園을 지어 온갖 사치와 부를 누렸던 인물. 특히 羊琇, 王愷 등과 사치를 다툰 일화로도 유명함. 潘岳 등과 賈后, 賈謐을 모함하였으며 다시 淮南王(司馬允), 齊王 (司馬冏)과 결탁하였다가 趙王(司馬倫)에게 참살당함. 《晉書》(33)에 전이 있음.
【甲煎粉】 화장품의 일종.
【沈香汁】 향수의 일종.
【王大將軍】 王敦(266~324). 자는 處仲. 어릴 때는 阿黑이라 부름. 王舍의

아우이며 王導의 종제로 八王之亂 때 공을 세워 散騎常侍, 侍中, 靑州刺史, 鎭東大將軍 등을 지냄. 西晉이 망하자 司馬睿를 옹립하여 황제로 삼음. 뒤에 東晉 明帝 太寧 2년(324) 반란을 일으켰다가 주살됨. 《晉書》(98)에 전이 있음.

참고 및 관련 자료

1.《洛陽伽藍記》卷一〈昭儀尼寺〉

昭儀寺有池, 京師學徒謂之瞿泉也. 後隱士趙逸云:「此地是晉侍中石崇家池, 池南有綠珠樓.」於是學徒始寤, 經過者想見綠珠之容也.

2.《本草拾遺》唐 陳藏器

甲煎以諸藥及美果花燒灰和蠟治成, 可作口脂.

3.《南越記》沈懷遠

交趾密香樹, 彼人取之, 先斷其積年老木根, 經年, 其外皮榦俱朽爛, 木心與枝節不壞, 堅黑沈水者, 旣沈香也. 其榦爲棧香, 根爲黃熟香.

4.《語林》

劉寔詣石崇, 如厠, 見有絳紗帳大牀, 茵蓐甚麗, 兩婢持錦香囊; 寔遽反走, 旣謂崇曰:「向誤入卿室內」崇曰:「是厠耳.」

1072(30-3)

무제(武帝, 司馬炎)가 일찍이 왕무자(王武子, 王濟)의 집을 방문하였다. 무자가 음식을 차려 내왔는데 유리그릇으로 화려하기가 지극하였고, 시종들도 1백여 명이나 되었다. 그들은 능라비단으로 차려 입었으며 손으로 음식들을 올려 바쳤다.

찐 어린 통돼지는 아주 맛이 특출해서 보통 맛과는 아주 달랐다. 무제가 이상히 여겨 물었더니 이렇게 설명하는 것이었다.

"사람의 젖을 먹여 기른 돼지이기 때문입니다."

무제는 기분이 상해 다 먹지 않고 떠나 버렸다. 왕개王愷나 석숭石崇 같은 부호도 알지 못하는 방법이었다.

武帝嘗降王武子家, 武子供饌, 悉用瑠璃器; 婢子百餘人, 皆綾羅袴襬, 以手擎飲食.

烝肫肥美, 異於常味, 帝怪而問之.

答曰:「以人乳飲肫」

帝甚不平, 食未畢, 便去. 王·石所未知作.

【晉武帝】司馬炎. 晉나라 첫 황제. 武帝. 재위 26년(265~290). 司馬昭의 長子. 자는 安世. 咸熙 2年(265)에 魏나라로부터 禪讓의 형식으로 나라를 이어받아 洛陽에 晉나라를 세움. 묘호는 世祖.《晉書》(3)에 紀가 있음.

【王武子】王濟(240?~285?). 자는 武子. 王渾의 아들.《易》과《老莊》에 밝아 裴楷와 이름을 날렸으며 武帝의 딸 常山公主의 남편. 侍中을 역임함. 말에 대해서 잘 알았다고 함. 王愷와 사치와 호기를 다툰 일로도 유명함. 中書郞, 驍騎將軍, 侍中 등을 역임함.《晉書》(42)에 전이 있음.

【王愷】자는 君夫. 王肅의 아들이며 晉 武帝의 외삼촌. 晉 文王(司馬昭)의 처제. 왕족의 외척으로 부를 누렸으며 山都縣公, 龍驤將軍, 散騎常侍, 後軍將軍 등을 지냈으며 방자함과 사치를 일삼았다 함. 시호는 醜.《晉書》(93)에 전이 있음.

【石崇】자는 季倫(249~300). 어릴 때의 자는 齊奴. 修武令, 城陽太守등을 지냈으며 吳나라를 벌한 공으로 安陽鄕侯에 봉해짐. 뒤를 이어 散騎常侍, 侍中, 荊州刺史 등을 역임하였으며 당시 최고의 부자로 河南에 金谷園을 지이 온갖 사치와 부를 누렸던 인물. 특히 羊琇, 王愷 등과 사치를 다툰

일화로도 유명함. 潘岳 등과 賈后, 賈謐을 모함하였으며 다시 淮南王(司馬允), 齊王(司馬冏)과 결탁하였다가 趙王(司馬倫)에게 참살당함. 《晉書》(33)에 전이 있음.

1073(30-4)

왕군부(王君夫, 王愷)가 엿기름으로 솥을 닦아내자 석계륜(石季倫, 石崇)은 초를 땔감으로 밥을 지었다. 왕군부가 보랏빛 헝겊으로 보장步障을 만들어 푸른색 비단을 안에 대어 무려 40리나 펼쳐놓자, 석숭은 비단 보장을 50리까지 펼쳐 왕군부에게 맞섰다. 이번에는 석숭이 산초山椒가루로 벽을 바르자 왕군부는 적석지赤石脂로 벽을 발랐다.

王君夫以粘糒澳釜, 石季倫用蠟燭作炊; 君夫作紫絲布步障碧綾裏四十里, 石崇作錦步障五十里以敵之; 石以椒爲泥泥屋, 王以赤石脂泥壁.

【王君夫】 王愷. 자는 君夫. 王肅의 아들이며 晉 武帝의 외삼촌. 晉 文王(司馬昭)의 처제. 왕족의 외척으로 부를 누렸으며 山都縣公, 龍驤將軍, 散騎常侍, 後軍將軍 등을 지냈으며 방자함과 사치를 일삼았다 함. 시호는 醜. 《晉書》(93)에 전이 있음.

【粘糒】 엿기름. 혹은 엿기름과 乾飯(말린 밥)이라고도 함.

【石季倫】 石崇. 자는 季倫(249~300). 어릴 때의 자는 齊奴. 修武令, 城陽太守등을 지냈으며 吳나라를 벌한 공으로 安陽鄕侯에 봉해짐. 뒤를 이어 散騎

常侍, 侍中, 荊州刺史 등을 역임하였으며, 당시 최고의 부자로 河南에 金谷園을 지어 온갖 사치와 부를 누렸던 인물. 특히 羊琇, 王愷 등과 사치를 다툰 일화로도 유명함. 潘岳 등과 賈后, 賈謐을 모함하였으며 다시 淮南王(司馬允), 齊王(司馬冏)과 결탁하였다가 趙王(司馬倫)에게 참살당함.《晉書》(33)에 전이 있음.

【步障】 고대 귀인이 出行할 때 먼지·진흙이 날아들지 않도록 길 양편에 천으로 막는 것.

【椒】 옛날 신방이나 부잣집에서 벽을 산초씨 가루(혹은 고추씨 가루라고도 함)을 섞어 벽을 바름. 냄새 제거·多産 등의 속설을 지님. 白居易〈長恨歌〉에 『椒房阿監靑蛾老』의 구절이 있음.《晉書》石崇傳에는『崇塗室以椒』라 함.

【赤石脂】 風化石의 일종으로 紅色. 매우 값이 비싼 건축 재료.

참고 및 관련 자료

1. 楊勇〈校箋〉

『粘糒, 晉書石崇傳無'糒'字, 類聚八十作'粘糖', 御覽四七二作'粘糒', 又八五二作'飴餔', 又八七十作'粘糖', 事文續作'飴糖'. 勇按: 御覽四七二作'飴餔', 是. 作'飴餔'者亦通. 餘者形近致誤. 說文:「粘, 米蘗煎也.」正韻:「糒, 餹餔餌也.」』

2. 楊勇〈校箋〉

『步障, 古貴顯者出行, 所以設屛蔽風寒塵土之行幕也.』

3.《晉書斠注》吳士鑑

赤石脂, 濟南太山不聞出者, 唯虢州盧氏, 澤州陵川縣, 慈州品鄕縣並有, 及宜州諸山亦出, 今出潞州以色理鮮膩者爲勝.

4.《晉書諸公贊》

王愷字君夫, 東海人, 王肅子也. 雖無行檢, 而少以才力見名, 有在公之稱. 旣自以外戚, 晉氏政寬, 又性至豪. 舊制鴆不得過江, 爲其羽酒中, 必殺人. 愷爲翊軍時, 得鴆於石崇而養之, 其大如鵝, 喙長尺餘, 純食蛇虺, 司隸奏按愷·崇, 詔悉原之, 旣燒於都街. 愷肆其意色, 無所忌憚. 爲後軍將軍卒, 諡曰醜.

1074(30-5)

석숭石崇은 손님 대접을 할 때 콩죽을 끓여내는데, 명령이 떨어지기가 무섭게 즉시 만들어 내었다. 그런가 하면 겨울에도 항상 여름에나 먹을 수 있는 부추요리를 만들어 내었다.

또 석숭의 집 소는 모양새나 기력은 왕개王愷의 소만 못하면서도 왕개와 외출할 때는 지극히 늦게 출발해도 낙양洛陽에 누가 먼저 닿는가의 경쟁에서, 석숭의 소는 수십 보를 지난 후에는 마치 나는 날짐승처럼 내달았지만 왕개의 소는 숨이 끊어지도록 달려도 따라잡지 못하는 것이었다.

왕개는 항상 이상 세 가지 일로 팔을 비틀며 몹시 분하게 여겼다.

그래서 왕개는 석숭의 장하도독帳下都督 및 수레 모는 자에게 비밀리에 물어보았다. 도독의 설명은 이러하였다.

"콩이란 원래 얼른 익혀내기가 어렵습니다. 오직 미리 이를 익혀 가루로 만들어 놓았다가 손님이 오면 흰죽을 쑤면서 그 속에 콩가루를 넣는 것입니다. 또 부추요리는 그 부추 뿌리를 빻아서 파란 보리 싹에 섞어 부추처럼 보이도록 하고 그 맛이 나게 하는 것뿐입니다."

또 소의 수레를 모는 자에게 그 방법을 물었더니, 그는 이렇게 털어놓았다.

"소란 원래 그렇게 느린 동물이 아닙니다. 이를 모는 자가 오히려 소를 몰면서, 따라가지를 못하여 도리어 그 속도를 제지하고 있는 것이지요. 따라서 빨리 달리고자 하면, 수레의 편원偏轅에 맡겨 그대로 두면 빨리 달리지요."

왕개는 이런 사실을 알고 모두 그 방법대로 하여 누가 나은가를 다투어 이기게 되었다. 석숭은 뒤에 비밀이 탄로난 것을 알고 누설한 자를 모두 죽여 버렸다.

石崇爲客作豆粥, 咄嗟便辦; 恆冬天得韭蓱虀. 又牛形狀
氣力不勝王愷牛, 而與愷出遊, 極晚發, 爭入洛城, 崇牛數

十步後, 迅若飛禽, 愷牛絶走不能及. 愷每以此三事爲搤腕.
乃密貨崇帳下都督及御車人, 問所以.

都督曰:「豆至難煮, 唯豫作熟末, 客至, 作白粥以投之.
韭蓱虀, 是搗韭根, 雜以麥苗爾.」

復問馭人牛所以駛.

馭人云:「牛本不遲, 良由馭者逐之不及而反制之; 急時
聽偏轅, 則駛矣.」

愷悉從之, 遂爭長. 石崇後聞, 皆殺告者.

【石崇】 자는 季倫(249~300). 어릴 때의 자는 齊奴. 修武令, 城陽太守 등을
지냈으며 吳나라를 벌한 공으로 安陽鄕侯에 봉해짐. 뒤를 이어 散騎常侍,
侍中, 荊州刺史 등을 역임하였으며, 당시 최고의 부자로 河南에 金谷園을
지이 온갖 사치와 부를 누렸던 인물. 특히 羊琇, 王愷 등과 사치를 다툰
일화로도 유명함. 潘岳 등과 賈后, 賈謐을 모함하였으며 다시 淮南王(司馬允),
齊王(司馬冏)과 결탁하였다가 趙王(司馬倫)에게 참살당함. 《晉書》(33)에 전이
있음.
【韭蓱虀】 부추요리의 일종. 석숭은 이에 부추 뿌리를 빻아 보리 싹으로 파란
싹이 나도록 겨울에 준비하였다 함.
【搤腕】 팔을 비틀어 그 분함을 표시함을 뜻함.
【王愷】 자는 君夫. 王肅의 아들이며 晉 武帝의 외삼촌. 晉 文王(司馬昭)의 처제.
왕족의 외척으로 부를 누렸으며 山都縣公, 龍驤將軍, 散騎常侍, 後軍將軍
등을 지냈음. 방자함과 사치를 일삼았다 함. 시호는 醜. 《晉書》(93)에 전이
있음.
【偏轅】 수레 양쪽 옆에 하나씩 달려 있는 偏木으로 軸과 연결되어 制御하는
장치. 그 장치를 제어하지 말고 그대로 맡겨두면 소가 잘 달린다고 함.

1. 楊勇 〈校箋〉

『韭, 韭菜, 屬辛科. 菜, 通菜, 蘘蒿也. 陵機云:「芋, 葉靑白色, 莖似箸而輕肥, 始生香, 可生食, 又可蒸食」鼇, 音蹟. 說文洪注:「凡醯醬所和, 細切爲鼇. 一曰 濤薑蒜辛物爲之.」』

2. 楊勇 〈校箋〉

『偏轅, 晉書石崇傳作'蹁轅'. 轅, 駕車之木, 左右各一, 下與軸連, 而前伸出. 古時 車用二輪, 平實板滯難行, 若令偏之, 則重心專在一面, 吃力面減少, 車便靈活 而易行也.』

3. 《晉諸公贊》

崇性好俠, 與王愷競相誇眩也.

1075(30-6)

왕군부(王君夫, 王愷)에게 소가 하나 있었다. 이름을 팔백리박八百里駁이라 하였으며 언제나 그 소를 아껴 발굽과 뿔을 다듬어 주었다. 왕무자(王武子, 王濟)가 이를 아니꼽게 여기고 군부君夫에게 이런 제의를 하였다.

"나의 활쏘기는 그대만 못하오. 지금 이 소를 걸고 내기를 해봅시다. 나는 1천만 금을 걸 테니."

군부는 자기의 활솜씨를 믿었고 또 진다 해도 그 소를 죽일 리 있겠 느냐고 여기며 얼른 허락을 해버렸다. 그리고는 무자에게 먼저 쏘도록 하였다. 무자가 한 번에 표적을 깨뜨리더니 유유히 물러서 의자에 기대어 누운 채로 좌우에게 이렇게 소리쳤다.

"어서 저 소의 심장만 요리해 오너라!"

그리고는 잠시 후 심장을 구워 오자 딱 한 점만 집어먹고는 떠나 버렸다.

王君夫有牛, 名「八百里駁」, 常瑩其蹄角.

王武子語君夫:「我射不如卿, 今指賭卿牛, 以千萬對之.」

君夫既恃手快, 且謂駿物無有殺理, 便相然可, 令武子先射.

武子一起便破的; 卻據胡牀, 叱左右:「速探牛心來!」

須臾炙至, 一臠便去.

【王君夫】王愷. 자는 君夫. 王肅의 아들이며 晉 武帝의 외삼촌. 晉 文王
(司馬昭)의 처제. 왕족의 외척으로 부를 누렸으며 山都縣公, 龍驤將軍, 散騎
常侍, 後軍將軍 등을 지냈음. 방자함과 사치를 일삼았다 함. 시호는 醜.
《晉書》(93)에 전이 있음.

【王武子】王濟(240?~285?). 자는 武子. 王渾의 아들.《易》과《老莊》에 밝아
裴楷와 이름을 날렸으며 武帝의 딸 常山公主의 남편. 侍中을 역임함. 말에
대해서 잘 알았다고 함. 王愷와 사치와 호기를 다툰 일로도 유명함. 中書郞,
驍騎將軍, 侍中 등을 역임함.《晉書》(42)에 전이 있음.

┌─────────────────────┐
│ 참고 및 관련 자료 │
└─────────────────────┘

1.《晉書》王濟傳

濟請以錢千萬與牛對射.

2. 劉孝標 注

『相牛經, 出甯戚, 傳百里奚, 漢世河西薛公得其書, 以相牛, 千百不失. 牛以負
重致遠, 未服輀軒, 故文不傳. 至魏世, 高堂生又傳以與晉宣帝, 其後王愷得其
書焉. 臣按其相經云:「陰虹屬頸, 千里.」注曰:「陰虹者, 雙筋自尾骨屬頸, 甯戚
所飯者也.」愷之牛, 亦有陰虹也. 甯戚經曰:「椎頭欲得高, 百體欲得緊, 大膁
疏肋難飼, 龍頭突目好跳, 又角欲得細, 身欲促, 形欲得如卷.」』

1076(30-7)

왕군부(王君夫, 王愷)가 일찍이 어떤 한 사람을 질책하면서 그에게 다만 옷 한 벌도 입지 못하게 하는 벌을 내렸다. 그리고 숙직을 떠나면서 그를 깊은 골방 안에 가두어 놓고는 그를 꺼내 주자는 누구의 의견도 듣지 않는 것이었다.

그 자는 며칠을 굶어 정신까지 희미해져서 어디로 가야 할지 모를 정도였다. 뒤에 그의 친구가 죽음 직전에 도와주어 겨우 구출되었다.

王君夫嘗責一人無服餘衵, 因直內, 箸曲閤重閨裏, 不聽人將出; 遂饑經日, 迷不知何處去. 後因緣相爲垂死, 迺得出.

【王君夫】王愷. 자는 君夫. 王肅의 아들이며 晉 武帝의 외삼촌. 晉 文王(司馬昭)의 처제. 왕족의 외척으로 부를 누렸으며 山都縣公, 龍驤將軍, 散騎常侍, 後軍將軍 등을 지냈음. 방자함과 사치를 일삼았다 함. 시호는 醜. 《晉書》(93)에 전이 있음.
【因緣】가까운 친구 小吏.

┃ 참고 및 관련 자료

1. 楊勇〈校箋〉
『因緣, 親近小吏也, 後書陸寵傳:「事類溷錯, 易爲輕重, 不良得生因緣.」注:「因緣, 謂依附以生輕重也.」』

석숭石崇과 왕개王愷가 누가 더 호사豪奢한가를 두고 다툼이 벌어졌다. 이에 서로 화려함을 끝까지 다하여 수레와 옷을 꾸몄다.

당시 무제武帝와 왕개는 생질간이었으므로 무제는 매번 왕개를 도와주었다.

이 때 무제가 산호나무 하나를 주었다. 높이가 두 자쯤 되었고 가지가 무성하여 세상에 비교될 만한 것이 없을 정도였다. 왕개가 이를 가지고 석숭에게 내보이자, 석숭은 보자마자 철여의鐵如意로 쳐서 그 자리에서 부숴 버렸다.

왕개는 매우 아까웠고 또한 자기의 보물이 그에게는 비교도 안 된다고 여긴 그 석숭이 미워, 목소리와 얼굴색이 분함으로 끓었다. 이에 석숭은 태연히 이렇게 말하였다.

"한스러워할 것 없소. 그대에게 갚아 줄 테니."

그러고는 좌우에게 명하여 자기 집의 산호를 모두 꺼내어 보이게 하였다. 석자 넉 자짜리에 가지와 줄기가 절세絶世한 것, 광채가 눈빛에 넘쳐나는 것, 예닐곱 개였다. 방금 왕개가 비교하려고 내보였던 것과 같은 것도 많았다. 왕개는 망연히 실색하고 말았다.

石崇與王愷爭豪, 並窮綺麗, 以飾輿服. 武帝, 愷之甥也; 每助愷, 嘗以一珊瑚樹, 高二尺許賜愷, 枝柯扶疎, 世罕其比. 愷以示崇. 崇視訖, 以鐵如意擊之, 應手而碎. 愷旣惋惜, 又以爲疾己之寶, 聲色方屬.

崇曰:「不足恨, 今還卿」

乃命左右悉取珊瑚樹, 有三尺四尺, 條榦絶俗, 光采溢目者六七枚; 如愷許比者甚衆. 愷惘然自失.

【石崇】자는 季倫(249~300). 어릴 때의 자는 齊奴. 修武令, 城陽太守 등을 지냈으며 吳나라를 벌한 공으로 安陽鄕侯에 봉해짐. 뒤를 이어 散騎常侍, 侍中, 荊州刺史 등을 역임하였으며 당시 최고의 부자로 河南에 金谷園을 지어 온갖 사치와 부를 누렸던 인물. 특히 羊琇, 王愷 등과 사치를 다툰 일화로도 유명함. 潘岳 등과 賈后, 賈謐을 모함하였으며 다시 淮南王(司馬允), 齊王(司馬冏)과 결탁하였다가 趙王(司馬倫)에게 참살당함.《晉書》(33)에 전이 있음.

【王愷】자는 君夫. 王肅의 아들이며 晉 武帝의 외삼촌. 晉 文王(司馬昭)의 처제. 왕족의 외척으로 부를 누렸으며 山都縣公, 龍驤將軍, 散騎常侍, 後軍將軍 등을 지냈으며 방자함과 사치를 일삼았다 함. 시호는 醜.《晉書》(93)에 전이 있음.

참고 및 관련 자료

1.《續文章志》

崇資産累巨萬金, 宅室輿馬, 僭擬王者. 庖膳必窮水陸之珍. 後房百數, 皆曳紈繡, 珥金翠: 而絲竹之藝, 盡一世之選. 築榭開沼, 殫極人巧. 與貴戚羊琇, 王愷之徒競相高以侈靡, 而崇爲居最之首, 琇等每愧羨, 以爲不及也.

2.《南州異物志》

珊瑚生大秦國, 有洲在漲海中, 距其國七八百里, 名珊瑚樹洲. 底有盤石, 水深二十餘丈, 珊瑚生於石上. 初生白, 軟弱似菌. 國人乘大船, 載鐵網, 先沒在水下, 一年便生網目中, 其色尚黃, 枝柯交錯, 高三四尺, 大者圍尺餘. 三年色赤, 便以鐵鈔發其根, 繫鐵網於船, 絞車擧綱還裁鑿, 恣意所作; 若過時不鑿, 便枯索蟲蠹. 其大者輪之王府, 細者賣之.

3.《廣志》

珊瑚大者, 可爲車軸.

1078(30-9)

왕무자(王武子, 王濟)는 폄척貶斥을 당해 북망산北芒山 아래로 이사해 살았다. 그곳은 사람이 많고 땅값은 비싼 곳이었다. 왕제(王濟, 武子)는 평소 좋아하던 대로 말 타고 활쏘기를 위해 땅을 사서 시설을 꾸몄다.

그런데 동전을 꾸러미로 꿰어 그 마장馬場을 끝까지 둘러쳐 버렸다. 그래서 당시 사람들은 이를 '금구金溝'라 불렀다.

王武子被責, 移第北芒下; 于時人多地貴, 濟好馬射, 買地 作埒, 編錢布地竟埒, 時人號曰「金溝」.

【王武子】王濟(240?~285?). 자는 武子. 王渾의 아들.《易》과《老莊》에 밝아 裴楷와 이름을 날렸으며 武帝의 딸 常山公主의 남편. 侍中을 역임함. 말에 대해서 잘 알았다고 함. 王愷와 사치와 호기를 다툰 일로도 유명함. 中書郎, 驍騎將軍, 侍中 등을 역임함.《晉書》(42)에 전이 있음.

【北芒山】北邙山으로도 쓰여 지금의 河南省 洛陽 동북쪽에 있음. 왕족과 귀족의 공동 무덤으로도 유명함.

【金溝】금랄(金埒)로도 씀.

참고 및 관련 자료

1.《晉諸公賛》

濟與從兄佑不平, 濟爲河南尹, 未拜, 行過王宮, 吏不時下道, 濟於車前鞭之, 有司奏免官. 論者以濟爲不長者. 尋轉太僕, 而王佑已見委任, 濟遂斥外.

1079(30-10)

석숭石崇은 일찍이 왕돈王敦과 함께 태학太學에 들어가 그곳에 걸려 있는 안회顏回와 원헌原憲의 초상을 보고 이렇게 탄식하였다.

"만약 이들과 함께 공자孔子의 문하에 올라 공부하였다면 우린들 이들과 무슨 차이가 있겠는가?"

그러자 왕돈은 이렇게 대답하였다.

"공자 제자 중에 다른 사람은 어떨지 모르지만 아마 제자 중에 가장 부유하였던 자공子貢이 그대와 가장 가까울 걸세!"

이 말에 석숭은 정색을 하며 이렇게 말하였다.

"선비란 마땅히 그 몸과 명성이 함께 드러나도록 하여야지, 어찌 그 옹유甕牖의 궁한 경지를 두고 남에게 말하리오!"

石崇嘗與王敦入太學, 見顏·原象, 而歎曰:「若與同升孔堂, 去人何必有間!」

王曰:「不知餘人云何? 子貢去卿差近」

石正色云:「士當令身名俱泰, 何至以甕牖語人!」

【石崇】 자는 季倫(249~300). 어릴 때의 자는 齊奴. 修武令, 城陽太守 등을 지냈으며 吳나라를 벌한 공으로 安陽鄕侯에 봉해짐. 뒤를 이어 散騎常侍, 侍中, 荊州刺史 등을 역임하였으며, 당시 최고의 부자로 河南에 金谷園을 지어 온갖 사치와 부를 누렸던 인물. 특히 羊琇, 王愷 등과 사치를 다툰 일화로도 유명함. 潘岳 등과 賈后, 賈謐을 모함하였으며 다시 淮南王(司馬允), 齊王(司馬冏)과 결탁하였다가 趙王(司馬倫)에게 참살당함. 《晉書》(33)에 전이 있음.

【王敦】 자는 處中(266~324). 어릴 때는 阿黑이라 부름. 王舍의 아우이며 王導의 종제로 八王之亂 때 공을 세워 散騎常侍, 侍中, 靑州刺史, 鎭東

大將軍 등을 지냄. 西晉이 망하자 司馬睿를 옹립하여 황제로 삼음. 뒤에
東晉 明帝 太寧 2年(324) 반란을 일으켰다가 주살됨.《晉書》(98)에 전이 있음.
【太學】당시 나라에서 세운 교육기관. 국립대학.
【顔淵】孔子 제자. 재능이 있었으나 일찍 죽음.
【原憲】가난 속에 지조를 지켰던 孔子 제자.
【子貢】端木賜. 孔子 제자로서 부유하고 용기가 있었음.
【甕牖】원래 창문. 옹기나 나무로 둥글게, 혹은 네모나게 창을 낸 가난한
집. 原憲이 가난하여 이러한 창문을 낸 누추한 집에 살았으나 그 지조를
지켜 고절한 선비로 이름이 났음. 이에 石崇은 王導가 은근히 原憲의 경지를
높여, 돈만 있는 子貢을 자신에게 비유하자, '선비라면 물질(身)과 명예(名)를
함께 갖추어야지, 어찌 한갖 명분만으로 남을 설득시키려 드는가?'라 하여
가난했던 원헌을 재물에 능력이 없다는 뜻으로 왕도를 비꼰 것임.

참고 및 관련 자료

1.《孔子家語》
顔回字子淵, 魯人. 少孔子二十九歲, 而髮白, 三十二歲早死.
2.《史記》
端木賜字子貢, 衛人. 嘗相魯, 家累千金, 終於齊.

1080(30-11)

팽성왕(彭城王, 司馬權)에게는 아주 빨리 달리는 소가 하나 있었다. 팽성
왕은 그 소를 대단히 아꼈다. 왕태위(王太尉, 王衍)가 어느 날 활쏘기 내기로
이 소를 빼앗아 버렸다. 이에 팽성왕은 이렇게 제의하였다.

"그대가 그 소를 타고 다닐 것이라면 더 말을 않겠지만, 만약 잡아먹으려
한다면 내가 살찐 소 스무 마리를 줄 테니 바꿉시다. 먹어 없애지 않아도

되고 아까운 소를 살릴 수도 있을 테니."

왕태위는 그 소리를 듣자 곧 그 소를 잡아먹어 버렸다.

彭城王有快牛, 至愛惜之; 王太尉與射, 賭得之.

彭城王曰:「君欲自乘則不論; 若欲噉者, 當以二十肥者

代之. 旣不廢噉, 又存所愛.」

王遂殺噉.

【彭城王】司馬權. 자는 子輿. 司馬懿(宣王)의 동생. 彭城王에 봉해짐.

【王太尉】王衍(256~311). 자는 夷甫. 王乂의 아들이며 王玄의 父. 죽림칠현의
   하나인 王戎의 從弟. 太尉를 지냄. 《晉書》(43)에 전이 있음.

┌─────────────────┐
│ 참고 및 관련 자료 │
└─────────────────┘

1. 《晉書》朱鳳

彭城穆王權, 字子輿, 宣帝弟馗子. 太始元年封.

1081(30-12)

왕우군(王右軍, 王羲之)이 어릴 때에 주후(周侯, 周顗)를 예방하여 말석에
앉아 있었다. 그런데 주후가 소 심장을 잘라 그에게 먹여 주자 이로부터
사람들은 왕희지를 다시 보게 되었다.

王右軍少時, 在周侯末坐; 割牛心噉之, 於此改觀.

【王右軍】 王羲之(303~361, 혹은 309~365, 321~379). 자는 逸少. 어릴 때 이름은
虎犢. 王尊의 조카. 어려서는 訥言하였으나 뒤에 정치와 예술에 큰 업적을
남김. 특히 글씨에 뛰어나 書聖으로 추앙받았음. 右軍將軍, 會稽內史, 臨川
太守 등을 지냈음. 山陰道士와 《道德經》 글씨를 거위와 바꾼 고사를 남겼
으며 그 외에 작품으로 〈蘭亭集序〉·〈樂毅論〉·〈黃庭經〉·〈東方朔畫讚〉·
〈姨母〉·〈初月〉·〈憂懸〉·〈喪亂〉 등을 남김. 《晉書》(80)에 전이 있음. 王右軍,
王逸少, 王羲之 등으로 불림. 그 아들 王獻之와 함께 글씨에 뛰어나 '二王'
이라 함.

【周侯】 周顗(269~322). 자는 伯仁. 周俊의 장자로 吏部尙書郎, 荊州刺史를
지냄. 僕射로 임명되자 술에 취해 사흘 만에 깨어나 "三日僕射"란 별명을
들음. 王敦에게 피살되어 "我雖不殺伯仁, 伯仁由我而死"의 고사를 낳음.
《晉書》(69)에 전이 있음. 武城侯를 지냄.

참고 및 관련 자료

1. 劉孝標 注
『俗以牛心爲貴, 故羲之先食之.』

2. 楊勇 〈校箋〉
『晉書王羲之傳:「年十三, 嘗謁周顗, 顗察而異之; 時重牛心炙, 坐客未噉, 顗先
割啗羲之, 於是始知名.」』

3. 楊勇 〈校注〉
『勇按: 顗被敦害於元帝永昌元年, 時羲之纔三歲, 晉書作〈十三〉, 蓋沿世說致誤.
然則三歲童子焉能與周侯同席也? 此傳聞失之.』

31. 분견忿狷

총 8장 (1082-1089)

'분견忿狷'이란 화나 분함을 참지 못하고 아무데나 미친 듯이 급히 굴며 화풀이를 하는 언행을 말한다. 본 편은 이들의 이야기를 모아 적은 것이다. 양용楊勇〈교전校箋〉에 "忿狷, 謂忿怒狷急也"라 하였다.

총 8장이다.

미끄러워 주울 수 없는 달걀. 1083 참조.

1082(31-1)

위魏 무제(武帝, 曹操)에게는 한 가녀歌妓가 있었다. 그의 목소리가 몹시 청고情高하였다. 그러나 성질이 혹악酷惡하여 이를 없애 버리려고 하였으나 재주가 아깝고 그냥 두고자 하였으나 역시 참아낼 수가 없었다.

이에 무제는 1백 명의 가녀歌女를 뽑아 함께 소리를 가르쳤다.

과연 얼마 후 목소리가 그 가녀만한 자가 나타났다. 무제는 곧 그 성질이 악한 가녀를 죽여 버렸다.

魏武有一妓, 聲最淸高, 而情性酷惡; 欲殺則愛才, 欲置則
不堪. 於是選百人一時俱敎; 少時, 果有一人聲及之, 便殺
性惡者.

【魏武帝】曹操(155~220). 자는 孟德. 어릴 때는 阿瞞으로 불렸음. 沛國 출신
  으로 기지와 변화는 물론 문장에도 뛰어났으며, 曹丕의 아버지로 한말 세력을
  키워 魏나라를 건립하는 기초를 세움. 아들 조비가 獻帝로부터 선양을 받아
  武帝로 추존함.《孫子略解》,《兵書接要》,《曹操集》등이 있음.《三國志》(1)에
  紀가 있음.
【性惡】〈宋本〉에는 '惡性'으로 되어 있으며《太平御覽》(568)과《事文類聚》
  (16)에도《世說新語》를 인용하여 '惡性'이라 함.

〈紅衣舞女壁畵〉(唐) 1957 陝西 長安 唐墓 벽화

왕람전(王藍田, 王述)은 성질이 지독히도 급하였다.

한번은 달걀을 먹으려고 젓가락으로 이를 찔렀으나 제대로 되지 않자 크게 노해서 땅에다 내던졌다. 그랬더니 달걀은 땅에서 데굴데굴 굴러 멈추지 않는 것이었다. 그는 땅에 내려와 신발 굽으로 따라가면서 밟았으나 역시 구르는 달걀을 밟을 수 없었다. 한참 째려보다가 다시 주워 입안에 넣고 한 입에 물어 깨뜨린 후 뱉어 버렸다.

왕우군(王右軍, 王羲之)이 이 이야기를 듣자 크게 웃으며 이렇게 말하였다.

"설사 그의 아버지 안기(安期, 王承)가 이런 일을 하였다 해도 오히려 털끝만큼의 이야깃거리도 안 될 텐데 하물며 남전쯤이랴?"

王藍田性急, 嘗食雞子, 以筯刺之, 不得, 便大怒, 擧以擲地; 雞子於地圓轉未止, 仍下地以屐齒蹍之, 又不得, 瞋甚; 復於地取內口中, 齧破卽吐之.

王右軍聞而大笑曰:「使安期有此性, 猶當無一豪可論, 況藍田邪?」

【王藍田】王述. 자는 懷祖(303~368). 王承의 아들이며 王坦之의 아버지. 고아가 되어 어머니를 극진히 모심. 아버지를 이어 藍田侯에 봉해졌으며 宛陵令, 臨海太守, 建威將軍, 會稽內史, 揚州刺史, 征虜將軍 등을 역임함. 청렴하기로 이름이 널리 알려졌음. 《晉書》(75)에 전이 있음.

【王右軍】王羲之(303~361, 혹은 309~365, 321~379). 자는 逸少. 어릴 때 이름은 虎犢. 王導의 조카. 어려서는 訥言하였으나 뒤에 정치와 예술에 큰 업적을 남김. 특히 글씨에 뛰어나 書聖으로 추앙받았음. 右軍將軍, 會稽內史, 臨川太守 등을 지냈음. 山陰道士와 《道德經》 글씨를 거위와 바꾼 고사를 남겼

으며, 그 외에 작품으로 〈蘭亭集序〉·〈樂毅論〉·〈黃庭經〉·〈東方朔畫讚〉·
〈姨母〉·〈初月〉·〈憂懸〉·〈喪亂〉 등을 남김. 《晉書》(80)에 전이 있음. 王右軍,
王逸少, 王羲之 등으로 불림. 그 아들 王獻之와 함께 글씨에 뛰어나 '二王'
이라 함.

【安期】王承(275~320). 자는 安期. 太原 晉陽人. 汝南太守 王湛의 아들이며
王述의 아버지. 東海太守가 되어 덕정을 베풀었음. 王導, 衛玠, 周顗, 庾亮
등과 함께 東晉의 명사로 추앙됨. 《晉書》(75)에 전이 있음.

【一豪】一毫와 같음.

참고 및 관련 자료

1. 《中興書》

述清貴簡正, 少所推屈, 唯以性急爲累.

2. 《晉書》王承傳

少有重譽, 而推誠接物, 盡弘恕之理, 故衆咸親愛焉. 渡江名臣王導, 衛玠, 周顗,
庾亮之徒皆出其下, 爲中興第一.

1084(31-3)

왕사주(王司州, 王胡之)가 한번은 눈이 온 날 왕리(王螭, 王恬)를 찾아갔다.
그런데 왕사주의 어투가 왕리의 귀에 거슬렸다. 왕리는 문득 얼굴에 기분
상한 표정을 드러냈다. 왕사주는, 험악해지는 것을 눈치채고 곧 의자를
옮기며 그에게 다가가 그의 팔을 붙들고 이렇게 농담을 하였다.

"자네가 어찌 이 형님과 다투려고 해?"

이에 왕리는 그의 손을 뿌리치며 이렇게 말하였다.

"차갑기가 귀신 손 같이 해서 남의 팔을 잡아!"

王司州嘗乘雪往王螭許, 司州言氣少有牾逆於螭, 便作色不夷; 司州覺惡, 便輿牀就之, 持其臂曰:「汝詎復足與老兄計?」

螭撥其手曰:「冷如鬼手馨, 彊來捉人臂!」

【王司州】王胡之. 자는 脩齡(?~349, 혹 ?~364?). 낭야 王氏로 王廙의 둘째 아들이며, 王和之의 아버지. 吳興太守, 侍中, 司州刺史 등을 지냈으며, 石虎(十六國 중의 後趙)가 죽자 西中郞將이 됨.《晉書》王廙傳 참조.
【王螭】王導의 둘째아들인 왕념(王恬)을 가리킴. 어릴 때의 자가 螭虎였음. 모두가 曾祖인 王覽의 후손들임.

⟨ 참고 및 관련 자료 ⟩

1.《琅邪臨沂王氏譜》汪藻
胡之, 廙子, 正孫. 恬, 導子, 裁孫.

1085(31-4)

환선무(桓宣武, 桓溫)가 원언도(袁彦道, 袁耽)와 더불어 저포樗蒱 놀이를 하고 있었다. 그런데 원언도의 저포의 이가 맞지 않자 그만 얼굴색이 변하여 오목五木을 내던져 버렸다.

이를 보고 온태진(溫太眞, 溫嶠)이 이렇게 말하였다.

"원언도가 노기怒氣를 오목에 분풀이하는 것을 보니 안자(顏子, 顏回)가 얼마나 훌륭한 인물인지를 알겠다."

桓宣武與袁彦道樗蒲, 袁彦道齒不合, 遂屬色擲去五木.
溫太眞云:「見袁生遷怒, 知顏子爲貴.」

【桓宣武】 桓公. 桓溫(312~373). 자는 元子. 明帝의 사위. 荊州刺史를 지냈으며,
蜀을 정벌하고 前秦을 쳐부숨. 簡文帝를 세우고 자신이 다시 왕위를 빼앗
고자 하였음. 시호는 武侯. 그의 아들 桓玄이 드디어 제위를 찬탈하여 楚
나라를 세운 다음 아버지 환온을 宣武皇帝로 추존함. 《晉書》(99)에 전이
있음.

【袁彦道】 袁耽. 자가 彦道임.

【樗蒲】 옛날 도박의 일종. 나무나 뿔·옥·상아 등을 깎아 색깔을 칠한 다음
이를 도구로 하여 놀이나 도박을 벌임. 摴蒲·樗蒲 등으로 쓰임.

【五木】 樗蒲놀이의 다섯 나무.

【溫太眞】 溫嶠. 자는 太眞(288~329). 太原 사람. 永嘉之亂 때 유곤의 심부름
으로 남으로 내려가 원제(司馬睿)의 추대에 힘씀. 蘇峻의 난을 평정함. 시호는
忠武. 《晉書》(67)에 전이 있음.

【顏子】 顏回, 顏淵을 가리킴. 공자 제자. 공자가 안연을 두고 "不遷怒, 不貳過"
라 칭찬한 말을 빗댄 것임.

参고 및 관련 자료

1. 《晉書》 葛洪傳
不知棊局幾道, 摴蒲齒名.

2. 《摴蒲經》
古斲木爲子, 一具凡五子. 故名五木. 後世轉而用石, 用玉, 用象牙, 用骨.

3. 《演繁露》
五木之木, 兩頭尖銳, 故不轉躍; 中間平廣, 故可鏤采. 凡一子悉爲兩面: 一面
塗黑, 畫犢; 一面塗白, 畫雉. 投子者, 五皆現黑, 名曰盧, 爲最高之采. 四黑一白,
名曰雉, 降盧一等. 自此以降, 白黑相尋, 或名爲梟, 或名爲犍, 後世骰子之製,
卽祖襲五木. 五木止有兩面, 骰子則有六面, 蓋裁五木兩頭尖銳而蹙長爲方也.

4. 《論語》雍也篇

哀公問弟子:「孰爲好學?」孔子曰:「有顏回者, 好學: 不遷怒, 不貳過. 不幸短命死矣.」

1086(31-5)

사무혁(謝無奕, 謝奕)은 성격이 거칠고 강퍅強愎하였다. 한 번은 어떤 일로 왕람전(王藍田, 王述)과 틀어지자 곧 직접 왕람전을 찾아가 마구 꾸짖었다. 왕람전은 얼굴색을 바로 하고 벽을 향해 서서 말 한 마디 하지 않는 것이었다.

이렇게 반나절이 지나자 사무혁은 떠났다. 한참 후 왕람전은 좌우의 소리小吏들을 돌아보며 이렇게 물었다.

"사무혁 갔느냐?"

소리들이 대답하였다.

"이미 떠났습니다."

이렇게 대답하자 그제야 자리에 돌아와 앉았다. 당시 사람들은 남전이 그렇게 성질이 급하면서도 오히려 능히 남을 용납하는 일면도 있다고 찬탄하였다.

謝無奕性麤彊, 以事不相得, 自往數王藍田, 肆言極罵. 王正色面壁不敢動, 半日.

謝去良久, 轉頭問左右小吏曰:「去未?」

答云:「已去」

然後復坐. 時人歎其性急而能有所容.

【謝無奕】謝奕. 謝安의 형. 豫州刺史를 지냄.
【王藍田】王述. 자는 懷祖(303~368). 王承의 아들이며 王坦之의 아버지. 고아가
되어 어머니를 극진히 모심. 아버지를 이어 藍田侯에 봉해졌으며 宛陵令,
臨海太守, 建威將軍, 會稽內史, 揚州刺史, 征虜將軍 등을 역임함. 청렴하기로
이름이 널리 알려졌음. 《晉書》(75)에 전이 있음.

1087(31-6)

왕령(王令, 王子敬, 王獻之)이 사공(謝公, 謝安)을 찾아갔더니 마침 습착치習鑿齒
가 먼저 와서 앉아 있는 것이었다. 그래서 당연히 둘은 같은 자리에 앉아야
하였지만 왕자경은 다른 자리로 비켜 어슬렁거리며 앉지를 아니하는 것
이었다.
사공이 이를 보고 서로 끌어다가 마주보고 자리를 잡도록 하였다.
이들이 돌아간 후 사공은 손자 호아(胡兒, 謝朗)에게 이렇게 말하였다.
"자경子敬은 확실히 스스로 맑고 우뚝하다. 그러나 사람이 그렇게 긍지만
갖고 오만하게 굴다가는 자신의 그 자연스러움에 손상을 입기 십상이다."

王令詣謝公, 值習鑿齒已在坐, 當與併榻; 王徙倚不坐,
公引之與對榻.

去後, 語胡兒曰:「子敬實自淸立; 但人爲爾多矜咳, 殊足
損其自然」

【王子敬】王子敬. 王獻之(344~388). 자는 子敬. 王羲之의 아들이며 安帝皇后의
아버지. 첫 부인 郗曇의 딸을 버리고 다시 簡文帝의 딸 新安公主를 아내로
맞음. 아버지 왕희지와 함께 글씨에 뛰어나 '二王'이라 불림. 지금 전하는
그의 작품은 〈洛神賦十三行〉(眞書)·〈鴨頭丸帖〉(行書)·〈十二月帖〉(草書) 등이
있음.《晉書》(80)에 전이 있음. 中書令을 지냈기 때문에 王令이라 부른 것.
【謝公】謝安. 字는 安石(320~385). 謝裒의 아들이며 謝琰(望蔡)의 아버지.
謝奕의 동생. 덕망이 있고 기개가 높아 桓彝, 王濛의 사랑을 받음. 처음에는
벼슬에 뜻을 버리고 王羲之, 支遁 등과 산수를 즐기며 조정의 부름에
응하지 않았으나 40이 넘어 桓溫의 司馬를 거쳐 吳興太守, 侍中, 吏部尙書,
太保錄尙書事 등의 관직을 지냄. 뒤에 다시 太傅에 추증되었으며 시호는
文靖.《晉書》(79)에 전이 있음.
【習鑿齒】자는 彦威(?~384). 襄陽人. 桓溫의 戶曹參軍을 지냈으며 뒤에
滎陽太守에 오름.《漢晉春秋》54권을 써서 蜀을 정통으로 보고 魏나라를
簒逆한 것으로 여겨 桓溫이 晉室을 엿보는 것을 비난함. 苻堅이 襄陽을
함락한 후 그를 長安까지 불러 대접함.《晉書》(82)에 전이 있음.
【徙倚】어슬렁거림.《楚辭》哀時命 "然隱憫而不達兮, 獨徙倚而彷徉"의 注에
"徙倚, 低徊也"라 함.
【胡兒】謝朗. 자는 長度. 어릴 때의 자는 胡兒. 謝據의 장자이며 謝重의
아버지. 東陽太守를 지냈음.《晉書》(79)에 전이 있음. 謝安의 조카.

참고 및 관련 자료

1. 王獻之는 귀족 출신이었으며, 習鑿齒는 寒門 출신이어서 같이 앉기를 꺼려
한 것. 劉謙之의《晉紀》에『王獻之性甚整峻, 不交非類』라 함.

1088(31-7)

왕대(王大, 王忱)와 왕공王恭이 한 번은 함께 하복야(何僕射, 何澄) 집에서 만나 자리를 같이하게 되었다. 당시 왕공은 이미 단양윤丹陽尹의 벼슬이었고 왕대는 이제 막 형주자사荊州刺史를 배임받은 초기였다.

곧 헤어질 무렵인데 왕대가 왕공에게 억지로 술을 권하였다. 왕공은 이를 거절하고 마시지 않았다.

이에 더욱 강제로 술을 권하여, 사태가 악화되자 문득 서로 자신의 허리띠 끈을 풀어 상대방의 손을 묶는 다툼이 벌어지고 말았다. 왕공의 집에는 1천여 명에 가까운 무리가 있었다. 이에 이를 모두 불러 그 집안 으로 들어오라고 소리쳤다. 왕대의 좌우에는 비록 사람 수는 적었지만 역시 달려와 명령을 기다리며 서로가 살상이라도 저지를 기세였다. 하복야는 어찌할 계책이 없었다.

그래서 곧 일어나 두 사람 사이를 밀치고 자리를 잡고 앉아 버리자, 그제야 둘 사이가 떨어지게 되었다.

세력이나 이익에 의해 사람을 사귀는 것은 옛사람들이 부끄럽게 여기는 것이라 하였으니 소위 이런 경우이다.

王大·王恭嘗俱至何僕射坐, 恭時爲丹陽尹, 大始拜荊州. 訖將乖之際, 大勸恭酒, 恭不爲飲, 大逼彊之, 轉苦, 便各 以帬帶繞手. 恭府近千人, 悉呼入齋, 大左右雖少, 亦命前; 意便欲相殺. 何僕射無計, 因起排坐二人之間, 方得分散. 所謂勢利之交, 古人羞之.

【王大】王忱. 字는 元達(?~392). 어릴 때 字가 佛大였음. 王坦之의 넷째 아들이며 王恭과는 族親 관계. 放達嗜酒하여 옷을 벗고 다니거나 며칠을

계속 술을 마시는 등 禮敎를 벗어나 살았음. 荊州刺史, 建武將軍 등을 지냄.
《晉書》(75)에 전이 있음. 王恭의 아저씨가 됨.

【王恭】 자는 孝伯(?~398). 王蘊의 아들이며 王爽의 형. 王濛의 손자. 安帝의
처남. 太原 王氏. 著作郎·祕書丞·吏部郎 등을 지냄. 뒤에 난을 일으켰다가
피살됨. 《晉書》(84)에 전이 있음. 王忱의 조카뻘이 됨.

【何僕射】 何澄. 尙書左僕射의 버슬을 지냄.

【訖將乖之際】《世說新語辭典》에 '訖'은 至·到의 뜻으로, '乖'는 分別·分開의
뜻으로 보았음.

【帬帶】 帬은 裙의 本字. 下裳, 즉 바지. 裙帶는 바지 끈, 즉 허리띠 끈.

> ### 참고 및 관련 자료

1.《靈鬼志》謠徵

初, 桓石民爲荊州, 鎭上明, 民忽歌黃曇曲曰:「黃曇英揚州, 大佛來上明.」少時,
石民死, 王忱爲荊州.

2.《中興書》

何澄字子玄, 淸正有器望. 歷尙書左僕射.

1089(31-8)

환남군(桓南郡, 桓玄)은 어린 아이였을 때에 여러 종형제從兄弟들과 서로
거위를 길러 싸움시키는 놀이를 즐겼다. 매번 싸움 때마다 남군의 거위가
지자 그는 화가 크게 치밀었다. 그래서 그는 밤에 거위 우리 안으로 들어가
형제들의 거위를 모조리 죽여 버렸다. 날이 밝자 집안사람들은 모두 변괴
라고 여겨 놀라 거기(車騎, 桓沖)에게 아뢰었다.

그러자 거기는 이렇게 말하는 것이었다.
"이상할 것 없다. 틀림없이 남군南郡의 장난일 테니까."
남군에게 물어보니 과연 그 말과 같았다.

桓南郡小兒時, 與諸從兄弟各養鵝共鬪. 南郡鵝每不如,
甚以爲忿; 迺夜往鵝欄間, 取諸兄弟鵝悉殺之.

旣曉, 家人咸以驚駭, 云是變怪, 以白車騎.

車騎曰: 「無所致怪, 當是南郡戲耳.」

問, 果如之.

【桓南郡】桓玄. 자는 敬道(369~404). 大司馬 桓溫의 막내아들. 南郡公에
봉해졌음. 劉裕의 기병에 맞섰다가 建康에서 참수당함. 《晉書》(99)에 전이
있음. 譙國 龍亢人. 대사마 桓溫의 少子이며 아버지를 이어 남군군공이 됨.
【車騎】桓沖(329~384). 자는 幼子. 車騎將軍을 지냈으며 桓溫의 아우. 384년
謝安이 먼저 苻堅을 대패시켰다는 소식을 듣고 화병으로 죽음. 《晉書》(74)에
전이 있음.

32. 참험讒險

총 4장 (1090-1093)

'참험讒險'이란 음험하게 남을 참훼讒毀함을 말한다. 본 편은 이러한 이야기들을 모아 적은 것이다. 양용楊勇〈교전校箋〉에 "讒險, 謂崇飾 惡言以毁善害能也"라 하였다.

총 4장이다.

악담하는 친구. 1093 참조.

1090(32-1)

왕평자(王平子, 王澄)는 생긴 모습은 한산하고 명랑하였으나 내심으로는 강경하고 협기侠氣가 있었다.

王平子形甚散朗, 內實勁俠.

【王平子】王澄(269~312). 자는 平子. 王衍의 아우. 荊州刺史를 지냄. 뒤에 王敦에게 죽임을 당함. 《晉書》(43)에 전이 있음.

> 참고 및 관련 자료

1. 《晉紀》鄧粲
劉琨嘗謂澄曰:「卿形雖散朗, 而內實勁俠, 以此處世, 難得其死!」澄默然無以答. 後果爲王敦所害. 劉琨聞之曰:「自取死耳!」

1091(32-2)

원열袁悅은 말솜씨도 뛰어났을 뿐만 아니라 유세설長短說도 아주 조리에 합당하였다. 처음에는 사현謝玄의 참군이 되어 자못 총애도 받았다. 뒤에 친상親喪을 입었다가 상이 끝나자 다시 도성으로 돌아올 때는 다만 《전국책戰國策》 하나만 가지고 왔을 뿐이었다.

그리고 사람들에게 이렇게 말하였다.

"젊어서 《논어論語》·《노자老子》를 읽고, 다시 《장자莊子》·《주역周易》을 읽어보았다. 그러나 이 모두 병통病痛만 될 뿐 일을 처리하는 데는 아무런 이익이 되지 않더라. 천하의 중요한 것이라면 바로 이 《전국책》이 있을 뿐이다."

그리고 이미 다 내려와서는 사마문효왕(司馬文孝王, 司馬道子)에게 유세하여 크게 신임을 받았다. 그리하여 그는 거의 나라의 기축機軸을 어지럽히는 지경까지 이르게 되었으며 얼마 후 주살당하고 말았다.

袁悅有口才, 能短長說, 亦有精理. 始作謝玄參軍, 頗被禮遇, 後丁艱, 服除還都, 唯齎《戰國策》而已.

語人曰: 「少年時讀《論語》·《老子》, 又看《莊》·《易》, 此皆是病痛, 事當何所益邪? 天下要物, 正有《戰國策》」

旣下, 說司馬文孝王, 大見親待, 幾亂機軸; 俄而見誅.

【袁悅】 자는 元禮(?~388). 會稽王 司馬道子와 王國寶에게 추천을 받아 그들과 결당하여 태자의 어머니 陳淑媛에게 여승 支妙音을 추천한 일로 죄를 입어 孝武帝에게 죽임을 당함. 《晉書》(75) 本傳에는 '袁悅之'로 되어 있음.

【長短說】 전국시대의 유세설·종횡설·언변설을 말함. 戰國시대 詭譎과 외교 술책을 위한 달변술을 뜻함.

【謝玄】 자는 幼度(343~388). 어릴 때의 자는 遏(羯). 謝奕의 아들이며 謝靈運의 조부. 謝安의 조카. 徐州刺史로서 謝石, 謝琰 등과 肥水(淝水)에서 苻堅을 대파함. 그로 인해 康樂侯公에 봉해졌으며 죽은 뒤 車騎將軍으로 추증됨. 《晉書》(79)에 전이 있음.

【戰國策】 전국시대의 策士들의 활동과 우세 내용을 國別로 집록한 것. 주로 음험한 사기와 궤휼의 내용이 많음. 漢나라 때 劉向이 33권으로 집록함. 작자는 알 수 없음.

【司馬文孝王】司馬道子. 〈宋本〉에는 "司馬孝文王"으로 되어 있으나 이는 오기임.

참고 및 관련 자료

1. 《袁氏譜》

悅字元禮, 陳郡陽夏人. 父朗, 給事中. 仕至驃騎咨議 太元中, 悅有寵於會稽王, 每勸專覽朝權, 王頗納其言. 王恭聞其說, 言於孝武, 乃託以他罪, 殺悅於市中. 旣而朋黨同異之聲, 播於朝野矣.

1092(32-3)

효무제(孝武帝, 司馬曜)는 왕국보王國寶와 왕아王雅를 심히 신임하였다. 왕아가 왕순王珣을 무제에게 천거하자, 무제는 만나보고 싶어하였다. 그래서 한 번은 무제가 밤에 왕국보와 왕아 셋이서 술을 마시고 있었는데 무제가 술기운이 올라 취하자 왕순을 불러오라고 명령하였다.

조금 후 그가 도착하였고 사졸이 밖에 대기하고 있다고 전갈하자 국보는 자기의 재주가 왕순만 못함에 자기의 총애를 그가 빼앗아 갈까 봐 얼른 이렇게 말하였다.

"왕순은 당세의 명사입니다. 폐하께서 술취한 상태로 그를 불러 보는 것은 마땅치 않다고 여깁니다. 다른 날 불러 보는 게 좋을 듯합니다."

무제는 그 말이 옳다고 여겼고, 게다가 국보가 충신이라 생각하였기 때문에 마침내 그를 만나보지 않았다.

孝武甚親敬王國寶·王雅. 雅薦王珣於帝, 帝欲見之; 嘗夜
與國寶及雅相對, 帝微有酒色, 令喚珣. 垂至, 已聞卒傳聲,
國寶自知才出珣下, 恐傾奪其寵, 因曰:「王珣當今名流, 陛下
不宜有酒色見之, 自可別詔召也」

帝然其言, 心以爲忠, 遂不見珣.

【孝武帝】司馬曜. 東晉 제 9대 황제 孝武帝. 재위 24년(373~396). 廟號는
烈宗. 자는 明昌. 簡文帝의 셋째아들. 11세 때에 재위에 올라 35세에 죽음.
《晉書》(9)에 紀가 있음. 王蘊의 딸 法惠를 비로 삼음.

【王國寶】자는 國寶(?~397). 王坦之의 셋째아들.
謝安의 사위로 安帝 때 권력을 남용하였으며
尚書左僕射 등을 지냄. 王緒와 함께 주살됨.《晉書》
(75)에 전이 있음.

【王雅】자는 茂建(334~400).

【王珣】자는 元琳(349~400). 어릴 때의 자는 法護,
혹은 阿瓜(阿爪). 王洽(敬和)의 아들이며 王導의
손자. 王珉(僧彌)의 형. 安帝 때 尚書令, 散騎常侍
등을 역임함. 東亭侯에 봉해짐.《晉書》(65)에 전이
있음.

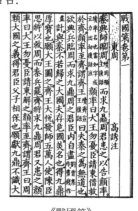
《戰國策》

참고 및 관련 자료

1.《王雅別傳》

雅字茂達, 東海郯人, 少知名.

2.《晉書》安帝紀

雅之爲侍中, 孝武甚信而重之. 王珣·王恭特以地望見禮, 至於親幸, 莫及雅者.
上每置酒燕集, 或召雅未至, 上不先擧觴. 時議謂珣·恭宜傳東宮, 而雅以寵幸,
超授太傅·尚書左僕射.

왕서王緖가 은형주(殷荆州, 殷仲堪)를 왕국보王國寶에게 자주 참훼하였다. 은형주는 심히 근심이 되어 왕동정(王東亭, 王珣)에게 어떤 대책이 없겠느냐고 물었다. 왕순은 이렇게 일러 주었다.

"그대는 왕서를 찾아가서 좌우 사람들을 물러가라고 하고는 단둘이서 그저 딴 얘기로 자주 만나십시오. 그러면 그 두 왕王緖·王國寶은 저절로 멀어질 것이오."

은형주는 그의 말대로 하였다. 그러자 왕국보가 왕서를 만나 물었다.

"그대는 사람을 물러가라고 하면서 은형주와 자주 밀담을 나눈다는데?"

왕서는 이렇게 대답하였다.

"그저 왕래할 뿐 다른 특별한 얘기는 없었소."

왕국보는 왕서가 자기에게 숨기는 것이 있다고 여겨 과연 날이 갈수록 둘 사이는 소원해졌고, 참언도 드디어 사라지게 되었다.

王緖數讒殷荆州於王國寶, 殷甚患之, 求術於王東亭.

曰:「卿但數詣王緖, 往輒屏人, 因論它事; 如此, 則二王之好離矣.」

殷從之. 國寶見王緖問曰:「比與仲堪屏人何所道?」

緖云:「故是常往來, 無他所論.」

國寶謂緖於己有隱, 果情好日疎, 讒言以息.

【王緖】 자는 仲業(?~397). 琅邪內史·建威將軍 등을 지냈으며 王國寶와는 從兄弟間이었음.

【殷荊州】殷仲堪(?~399). 殷融(洪遠)의 손자이며 殷仲文의 종형. 문장과 현언에 뛰어나 韓康伯과 이름을 나란히 하였음. 振威將軍, 荊州刺史 등을 역임함. 뒤에 桓玄에게 죽임을 당함. 《晉書》(84)에 전이 있음.

【王國寶】자는 國寶(?~397). 王坦之의 셋째아들. 謝安의 사위로 권력을 남용하다가 王緒와 함께 주살됨. 《晉書》(75)에 전이 있음.

【王東亭】王珣(349~400). 자는 元琳. 어릴 때의 자는 法護, 혹은 阿瓜(阿爪). 王洽(敬和)의 아들이며 王導의 손자. 王珉(僧彌)의 형. 安帝 때 尙書令, 散騎常侍 등을 역임함. 東亭侯에 봉해짐. 《晉書》(65)에 전이 있음.

참고 및 관련 자료

1. 劉孝標 注

『按: 國寶得寵於會稽王, 由緒獲進, 同惡相求, 有如市賈, 終至誅夷, 曾不攜貳; 豈有仲堪微間, 而成離隙?』

33. 우회 尤悔

총 17장 (1094-1110)

'우회尤悔'란 남을 탓하고 자신에 대하여 후회하며 괴로워하는 행동을 말한다. 본 편은 이러한 이야기들을 모아 적은 것이다. 양용楊勇〈교전校箋〉에 "尤悔, 謂咎戾之事也"라 하였고, 《한서漢書》서전敍傳에 "淺爲尤悔, 深爲敦害"라는 말이 있다.

총 17장이다.

벼를 몰라본 사건. 1108 참조.

1094(33-1)

위魏 문제(文帝, 曹丕)는 동생 임성왕(任城王, 曹彰)의 뛰어나고 장건함을 꺼려 하였다. 그래서 변태후卞太后의 집에서 바둑을 두면서 함께 대추를 먹을 때 문제는 독약을 대추꼭지에 묻혀 두고는 자신은 먹을 수 있는 부분만 먹었다. 같이 있던 임성왕은 이를 모르고 모두 씹어먹고는 중독되어 버렸다.

태후가 물을 찾아 이를 구하려 하였지만, 문제는 미리 좌우를 시켜서 물병과 두레박까지 모두 깨뜨려 버린 뒤였다. 다시 태후는 맨발로 우물로 달려갔으나 물을 길어 올릴 수도 없었다. 이러는 사이 임성왕은 끝내 숨을 거두었다.

뒤에 문제는 동아(東阿, 曹植)까지 죽이려 하자, 태후는 이렇게 소리쳤다.

"너는 이미 내 아들 임성왕을 죽인 것으로 끝내라. 다시 나의 동아까지 죽일 수는 없어."

魏文帝忌弟任城王驍壯, 因在卞太后閤共圍棋, 並噉棗, 文帝以毒置諸棗蔕中, 自選可食者而進. 王弗悟, 遂雜進之; 旣中毒, 太后索水救之; 帝預敕左右毀□罐, 太后徒跣趨井, 無以汲; 須臾, 遂卒. 復欲害東阿.

太后曰:「汝已殺我任城, 不得復殺我東阿.」

【魏文帝】 曹丕(187~226). 자는 子桓. 曹操의 둘째아들. 아버지 曹操가 죽고 魏王을 습봉하여 漢나라 丞相이 됨. 延康 元年(220)에 禪讓을 받아 황제가 되었으며 연호를 黃初로 바꾸고 국호를 魏나라로, 洛陽을 도읍으로 정함. 재위 7년에 졸하였으며 시호는 文皇帝. 문장에도 뛰어나 《典論》을 지었으며

그 중 〈論文〉은 문학 이론과 비평에서 유명한 글로 평가받고 있음. 그 외에 〈燕歌行〉은 현존 최초의 7언시로 알려짐.《三國志》(2)에 紀가 있음.《魏志》에 "帝諱丕. 字子桓, 受漢禪"이라 함.

【任城王】曹彰(?~223). 자는 子文. 曹操의 아들이며 曹丕와 함께 卞夫人 소생임. 조조가 매우 사랑하여 그의 누런 수염을 보고 '黃鬚兒'라 불렀으며 鄢陵侯에 봉해졌다가 뒤에 任城王에 봉해짐. 뒤에 조비의 미움을 사서 독살당함. 시호는 威.《三國志》(19)에 전이 있음.

【卞太后】曹操의 皇后이며 文帝(曹丕)와 조창의 생모.

【東阿】曹植(192~232). 字는 子建. 曹操의 셋째아들이며 曹丕의 아우. 문학과 시문에 뛰어났으며 형으로부터 심한 질투와 미움을 받음. 東阿王에 봉해졌음. 시문 80여 수를 남겼으며 죽은 뒤 陳王에 봉해졌고 시호를 思라 하여 흔히 陳思王으로도 불림.《曹子建集》10권이 전하며《三國志》(19)에 전이 있음.

참고 및 관련 자료

1.《魏略》

任城威王彰, 字子文, 太祖卞太后第二子. 性剛勇而黃鬚, 北討代郡, 獨與麾下百餘人突虜而走. 太祖聞曰:「我黃鬚兒可用也!」

2.《魏氏春秋》

黃初三年, 彰來朝. 初, 彰問璽綬, 將有異志, 故來朝不卽得見, 有此忿懼而暴薨.

3.《魏志》方伎傳

文帝問占夢周宣:「吾夢磨錢文, 欲滅而愈更明, 何謂?」宣悵然不對. 帝固問之, 宣曰:「陛下家事, 雖欲爾, 太后不聽, 是以欲滅更明耳.」帝欲治弟植之罪, 逼於太后, 但加貶爵.

　왕혼王渾의 후처는 낭야琅邪 안씨顔氏의 딸이었으며, 왕혼은 당시 서주
자사徐州刺史였다. 혼례식 때에 신부가 이미 배례를 마치고 신랑 왕혼의 배례
차례가 되었다. 그런데 참가한 사람들이 이렇게 말하였다.

　"왕혼은 주장州長이요, 신부는 민녀民女이니 답배答拜를 할 이유가 없지."
　이에 왕혼은 답배를 중지하고 말았다.

　이렇게 되자 그의 아들 왕제王濟는 부친이 새엄마를 맞으면서 정식으로
예를 마치지 않았기 때문에 부부가 아니라고 여겼다. 그리하여 그에게는
인사도 하지 않으면서 안첩顔妾이라고 불렀다. 안씨는 수치스럽게 여겼지만
왕씨 집이 귀족 집이었으므로 끝내 뿌리치고 떠나지도 못하였다.

　王渾後妻, 琅邪顔氏女, 王時爲徐州刺史, 交禮拜訖, 王將
答拜, 觀者咸曰:「王侯州將, 新婦州民, 恐無由答拜」

　王乃止. 武子以其父不答拜, 不成禮, 恐非夫婦; 不爲之拜,
謂爲顔妾. 顔氏恥之, 以其門貴, 終不敢離.

【王渾】자는 長原, 혹은 玄沖(223~297). 王昶의 아들이며 王戎의 아버지.
　武帝 때 豫州刺史를 지냈으며 王濬과 함께 吳를 멸한 공으로 安東大將軍에
　발탁됨. 司徒와 侍中 등 높은 관직에 올랐음. 《晉書》(42)에 전이 있음.
【琅邪顔氏】琅邪는 山東 臨沂縣. 王渾의 前妻는 鍾氏.
【王濟】王武子(240?~285?). 자는 武子. 王渾의 둘째 아들. 《易》과 《老莊》에
　밝아 裴楷와 이름을 날렸으며 武帝의 딸 常山公主의 남편. 侍中을 역임함.
　말에 대해서 잘 알았다고 함. 王愷와 사치와 호기를 다툰 일로도 유명함.
　中書郎, 驍騎將軍, 侍中 등을 역임함. 《晉書》(42)에 전이 있음.

1. 劉孝標 注

『婚姻之禮, 人道之大. 豈由一不拜而遂爲妾勝者乎? 世說之言, 於是乎紕繆.』

1096(33-3)

육평원(陸平原, 陸機)이 하교河橋에서 퇴패한 후 노지盧志에게 참소를 입어 사형을 당하게 되었다. 형장에 다다라 그는 이렇게 말하였다.

"화정華亭의 학울음 소리를 다시 듣고 싶은데 가능할까?"

陸平原河橋敗, 爲盧志所讒, 被誅; 臨刑歎曰:「欲聞華亭鶴唳, 可復得乎?」

【陸平原】陸機. 자는 土衡(261~303). 吳郡人. 조부 陸遜과 아버지 陸抗은 모두 吳나라 將相을 지냈음. 西晉이 吳나라를 멸하자 10년 동안 문을 잠그고 공부하여 동생 陸雲과 함께 洛陽으로 들어가 고관과 사귀어 '二十四友'에 그 이름이 오름. 太子洗馬를 거쳐 著作郞, 平原內史를 지냈으며 八王의 난에 成都王(司馬穎)이 長沙王(司馬乂)를 토벌하는 일에 참여함. 뒤에 河北大都督을 지냈으나 전투에 패하여 孟玖, 盧志 등의 참훼를 입어 동생과 함께 피살됨. 당시 대문장가로 〈文賦〉는 중국문학비평사에 유명한 글로 평가받음. 《晉書》(54)에 전이 있음. 《陸平原集》이 있음.

【河橋】河南 孟縣. 惠帝 太安 2年에 成都王(司馬穎)이 거병하여 長沙王(司馬乂)을 친 일.

【盧志】人名. 成都王의 長史를 지냄.
【華亭】江蘇 松江縣 平原村.

참고 및 관련 자료

1.《晉書》王隱
成都王穎討長沙王乂, 使陸爲都督前鋒諸軍事.

2.《陸機別傳》
成都王長史盧志, 與機弟雲趣舍不同. 又黃門孟玖求爲邯鄲令於穎, 穎敎付穎, 穎時爲左司馬, 曰:「刑餘之人, 不可以君民!」玖聞此怨雲, 與志讒構日至. 及機於七里澗大敗, 玖誣機謀反所致, 穎乃使牽秀斬機. 先是, 夕夢黑幔繞車, 手決不開, 惡之; 明旦秀兵奄至, 機解戎服, 箸衣帢見秀, 容貌自若, 遂見害. 時年四十三. 軍士莫不流涕. 是日天地霧合, 大風折木, 平地尺雪.

3.《晉記》干寶
初, 陸抗誅步闡, 百口皆盡, 有識尤之. 及機·雲見害, 三族無遺.

4.《元和郡縣志》
華亭谷在華亭縣西三十五里, 陸遜·陸抗宅在其側, 遜封華亭侯, 陸機云華亭鶴唳, 此地是也.

5.《八王故事》
華亭, 吳由拳縣郊外墅也, 有淸泉茂林. 吳平後, 陸機兄弟共遊於此十餘年.

6.《語林》
機爲河北都督, 聞驚角之聲, 謂孫丞曰:「聞此, 不如華亭鶴唳」故臨刑而有此歎.

1097(33-4)

유곤劉琨은 사람을 불러모으는 재주는 있었으나, 그들은 통솔하는 데는
모자랐다. 하루 동안 그에게 귀속해 오는 자가 수 천 인이었으나, 그로부터
도망가는 자도 역시 이 숫자와 같았다. 그래서 끝내 아무런 공을 세우지
못하였다.

劉琨善能招延, 而拙於撫御; 一日之中雖有數千人歸投,
其逃散而去, 亦復如此. 所以卒無所建.

【劉琨】 자는 越石(270?~318). 中山 사람으로 '文章二十四友'로 알려짐. 북방
출신으로 八王之亂 때 趙王倫·齊王冏·東海王越을 섬겼으며, 懷帝 때 司空과
都督을 배수 받음. 石勒에게 패하여 幽州刺史 鮮卑族 匹磾에게 투항, 함께
다시 晉室을 부흥시킬 것을 모의하였으나 그의 참언으로 王敦의 밀사에게
죽음. 죽은 후 侍中·太尉를 추증받았으며 시호는 '愍'《晉書》(62)에 전이 있음.
'聞鷄起舞'의 고사를 낳음. 즉 祖狄과 더불어 북방을 수복하려 노력하였음.
문장에도 뛰어났음.

참고 및 관련 자료

1.《晉紀》鄧粲
琨爲并州牧, 糺合齊盟, 驅率戎旅, 而内不撫其民, 遂至喪軍失士, 無成功也.
2. 劉孝標 注
『敬胤按: 琨以永嘉元年爲并州, 于時晉陽空城, 寇盗四攻, 而能收合士衆, 抗行
淵·勒, 十年之中, 敗而能振, 不能撫御, 其得如此乎? 凶荒之日, 千里無煙,
豈一日有數千人歸之? 若一日數千人去之, 又安得一紀之間, 以對大難乎? 世說
苟欲愛奇, 而不詳事理也..』

1098(33-5)

　왕평자(王平子, 王澄)가 막 형주荊州로부터 건강建康으로 내려오자, 승상(丞相,
王導)이 대장군(大將軍, 王敦)에게 이렇게 말하였다.

"다시는 그 오랑캐 놈을 동쪽으로 오지 못하게 하시오."

　왕평자의 얼굴 모습은 오랑캐처럼 생겼기 때문에 한 말이다.

王平子始下, 丞相語大將軍:「不可復使羌人東行」
平子面似羌.

【王平子】王澄(269~312). 자는 平子. 王衍의 아우. 荊州刺史를 지냄. 뒤에
　王敦에게 죽임을 당함.《晉書》(43)에 전이 있음.

【丞相】王丞相. 王導(276~339). 자는 茂弘. 어릴 때 자는 阿龍. 王敦의 從弟.
　서진이 망하자 王敦과 함께 司馬睿를 황제로 추대하여 東晉을 세움. 그 공
　으로 丞相이 되었으며 號를 '仲父'라 하였음. 천하의 권세를 잡아 당시 "王與馬,
　共天下"라 하였음. 元帝와 明帝, 成帝를 차례로 즉위시켰음. 아울러 남방
　세족의 도움으로 강남에서의 동진 정권을 안정시킴.《晉書》(65)에 전이 있음.

【大將軍】王大將軍. 王敦(266~324)을 가리킴. 자는 處仲. 어릴 때는 阿黑이라
　부름. 王舍의 아우이며 王導의 종제로 八王之亂 때 공을 세워 散騎常侍,
　侍中, 靑州刺史, 鎭東大將軍 등을 지냄. 西晉이 망하자 司馬睿를 옹립하여
　황제로 삼음. 뒤에 東晉 明帝 太寧 2年(324) 반란을 일으켰다가 주살됨.
　《晉書》(98)에 전이 있음.

【羌人】원래는 서쪽 이민족.

　　　참고 및 관련 자료

　1. 劉孝標 注

『按: 王澄自爲王敦所害, 丞相名德, 豈應有斯言也?』

왕돈王敦이 거병하여 반란을 일으키자 왕도王導의 형제들이 조정에
들어가 대신 죄를 빌었다. 주후(周侯, 周顗)는 그가 주살당하지나 않을까
대단히 우려하여 그들이 들어오자 심히 염려스런 표정을 나타내었다.
왕도는 주후에게 이렇게 호소하였다.

"우리 집 왕씨 1백 명의 목숨을 모두 그대에게 맡기겠소!"

그러나 주후는 곁에 지나가면서 응답이 없었다. 그러면서 그는 궁전에
들어가 여러 가지로 힘써 왕도를 구해 주었다. 그가 석방되자 주후는 자기
일처럼 기뻐 축배까지 들었다. 여러 왕씨들은 출감되어 궁문 앞에 있었다.
주후는 이에 이렇게 일렀다.

"금년에 그 반란자들을 모두 죽여 없애고 반드시 말斗만한 황금 도장을
취하여 팔꿈치 뒤에 달고 다닐 테다."

왕돈의 반란군은 석두石頭까지 진격해 들어와서 왕돈이 왕도에게 물었다.

"성공한다면 주후를 삼공三公에 삼을 만한가?"

왕도는 대답이 없었다.

"그러면 상서령尚書令쯤 삼을까?"

그래도 대답이 없었다.

"그렇다면 마땅히 죽여야겠군."

그래도 묵연하였다. 결국 주후는 죽음을 당하고 말았다. 왕도는 그
주후가 자기를 살려 준 것을 뒤늦게 알고는 탄식하면서 이렇게 말하였다.

"내가 비록 주후를 죽이지 않았지만 그가 나로 말미암아 죽은 것이다.
내가 멍청하여 이 사람에게 무고한 짓을 하였구나!"

王大將軍起事, 丞相兄弟詣闕謝, 周侯深憂諸王, 始入, 甚有
憂色.

丞相呼周侯, 曰:「百口委卿!」

周直過不應; 旣入, 苦相存救. 旣釋, 周大說, 飮酒; 及出, 諸王故在門, 周曰:「今年殺諸賊奴, 當取金印如斗大繫肘後」

大將軍至石頭, 問丞相曰:「周侯可爲三公不?」

丞相不答. 又問:「可爲尙書令不?」

又不應. 因云:「如此, 唯當殺之耳!」

復黙然. 逮周侯被害, 丞相後知周侯救己, 歎曰:「我不殺周侯, 周侯由我而死; 幽冥中負此人!」

【王大將軍】王敦(266~324). 자는 處仲. 어릴 때는 阿黑이라 부름. 王含의 아우이며 王導의 종제로 八王之亂 때 공을 세워 散騎常侍, 侍中, 靑州刺史, 鎭東大將軍 등을 지냄. 西晉이 망하자 司馬睿를 옹립하여 황제로 삼음. 뒤에 東晉 明帝 太寧 2年(324) 반란을 일으켰다가 주살됨.《晉書》(98)에 전이 있음.

【丞相】王丞相. 王導(276~339). 자는 茂弘. 어릴 때 자는 阿龍. 王敦의 從弟. 서진이 망하자 王敦과 함께 司馬睿를 황제로 추대하여 東晉을 세움. 그 공으로 丞相이 되었으며 號를 '仲父'라 하였음. 천하의 권세를 잡아 당시 "王與馬, 共天下"라 하였음. 元帝와 明帝, 成帝를 차례로 즉위시켰음. 아울러 남방 세족의 도움으로 강남에서의 동진 정권을 안정시킴.《晉書》(65)에 전이 있음. 王敦의 從弟.

【周侯】周顗(269~322). 자는 伯仁. 周俊의 장자로 吏部尙書郞, 荊州刺史를 지냄. 僕射로 임명되자 술에 취해 사흘 만에 깨어나 "三日僕射"란 별명을 들음. 王敦에게 피살되어 본 장에서처럼 "我雖不殺伯仁, 伯仁由我而死"의 고사를 낳음.《晉書》(69)에 전이 있음.

【幽冥】暗昧. 살피지 못함. 어리석음. 멍청함. 그러나 이를 저승으로 보아 저승에서 그의 면목을 볼 수 없다는 뜻으로 풀이하기도 함.

1. 이 이야기는 우리나라 의인체 문장 《弔針文》에 『我雖不殺伯仁, 伯仁由我而死』로 인용되고 있다. 또 《晉書》에 『吾雖不殺伯仁, 伯仁由我而死, 幽冥中負此良友』라 하였다.

2. 《晉書》 虞預

敦克京邑, 參軍呂漪說敦曰:「周顗, 戴淵, 皆有名望, 足以惑衆; 視近日之言, 無慙懼之色, 若不除之, 役將未歇也.」敦卽然之, 遂害淵, 顗. 初, 漪爲臺郎, 淵旣上官, 素有高氣, 以漪小器待之, 故售其說焉.

3. 《晉書》 周顗傳

初, 敦之擧兵也, 劉隗勸帝盡除諸王. 司空導率羣從詣闕請罪. 値顗將入, 導呼顗謂曰:「伯仁, 以百口累卿!」顗直入不顧, 旣見帝, 言導忠誠, 申救甚至, 帝納其言. 顗喜飮酒, 致醉而出. 導猶在門, 又呼顗, 顗不與言. 顧左右曰:「今年殺諸賊奴, 取金印如斗大繫肘」旣出, 又上表明導, 言甚切至. 導不知救己, 而甚銜之. 敦旣得志, 問導:「周顗, 戴若思南北之望, 當登三司, 無所疑也.」導不答. 又曰:「若不三司, 便應令僕邪?」又不答. 敦曰:「若不爾, 正當誅爾!」導又無言. 導後料檢中書古事, 見顗表救己, 殷勤款至. 導執表流涕, 悲不自勝, 告其諸子曰:「吾雖不殺伯仁, 伯仁由我而死; 幽冥中負此良友!」

1100(33-7)

왕도王導와 온교溫嶠가 함께 명제(明帝, 司馬昭)를 알현하였다. 명제가 온교에게 전세(前世, 西晉)시대가 천하를 얻게 된 까닭을 물었다. 온교가 대답하지 못하자, 잠시 후에 왕도가 대신 대답을 하였다.

"온교가 나이가 어려 아직 알지 못하는 듯합니다. 제가 폐하께 진술해 보겠습니다."

그리고 이에 선왕(宣王, 司馬懿)이 창업할 때에 명족名族을 모두 죽여 버린 일과 자기에게 동조하는 자를 총애하여 높이 세운 일, 그리고 문왕文王의 말기에 고귀향공(高貴鄕公, 曹髦)을 죽여 없앤 일 등을 들려주었다. 명제가 이런 이야기를 듣자, 의자 속에 얼굴을 묻고는 이렇게 말하였다.

"만약 그대의 말과 같다면 어찌 사직이 장구할 수 있으리오!"

王導·溫嶠具見明帝, 帝問溫前世所以得天下之由; 溫未答. 頃, 王曰:「溫嶠年少未譜, 臣爲陛下陳之」

王迺具敍宣王創業之始, 誅夷名族, 寵樹同己; 及文王之末, 高貴鄕公事.

明帝聞之, 覆面箸牀曰:「若如公言, 祚安得長!」

【王導】 王丞相(276~339). 자는 茂弘. 어릴 때 자는 阿龍. 王敦의 從弟. 서진이 망하자 王敦과 함께 司馬睿를 황제로 추대하여 東晉을 세움. 그 공으로 丞相이 되었으며 號를 '仲父'라 하였음. 천하의 권세를 잡아 당시 "王與馬, 共天下"라 하였음. 元帝와 明帝, 成帝를 차례로 즉위시켰음. 아울러 남방 세족의 도움으로 강남에서의 동진 정권을 안정시킴. 《晉書》(65)에 전이 있음.

【溫嶠】 자는 太眞(288~329). 太原 사람. 永嘉之亂 때 유곤의 심부름으로 남으로 내려가 원제(司馬睿)의 추대에 힘씀. 蘇峻의 난을 평정함. 시호는 忠武. 《晉書》(67)에 전이 있음.

【明帝】 司馬紹. 元帝(司馬睿)의 맏아들이며 東晉의 제 2대 황제. 자는 道畿. 재위 3年(323~326). 묘호는 肅宗. 《晉書》(6)에 기가 있음.

【宣王】 宣帝. 司馬懿(179~251). 자는 仲達. 溫縣人. 司馬師와 司馬昭의 아버지 이며 司馬炎(西晉의 첫 황제 晉武帝. 265~290 재위)의 할아버지. 曹操가 승상이 되자 그의 掾이 되었다가 능력을 인정받아 尙書를 거쳐 撫軍에 올라 蜀漢 을 막음. 뒤에 大將軍 曹爽과 함께 漢나라 정권을 휘둘렀으며 諡號는 文으로 하였다가 다시 宣文이라 하였음. 魏 元帝(陳留王) 때 宣王으로 부름.

司馬炎이 魏나라를 이어받고 황제가 되어 宣帝라 추존하였음.《晉書》(1)에
紀가 있음. 西晉 武帝의 조부로 魏時代부터 실권을 장악하여 진의 건국
기초를 세움.

【文王】晉文王. 司馬昭. 晉文帝. 晉宣帝(司馬懿)의 둘째아들이며 이름은 昭,
자는 子上. 晉武帝 司馬炎이 진나라를 세우고 나서 文帝로 추존함.《晉書》
(2)에 紀가 있음.

【高貴鄕公】曹髦(241~260). 字는 彦士. 曹丕의 손자. 東海定王 曹霖의 아들
로 처음 郯縣에 高貴鄕의 公으로 봉해짐. 뒤에 司馬師가 廢帝를 폐멸하고
曹髦를 세워 재위 7년 만에 司馬昭의 무리 중에 賈充이 成帝를 사주하여
암살함. 그는 학문을 좋아하고 서화에 재능이 있어 여러 학자들과 《書》,
《易》,《禮》를 토론하기도 하였음.《三國志》(4)에 전이 있음.

참고 및 관련 자료

1. 劉孝標 注

『宣王創業, 誅曹爽, 任蔣濟之流者是也. 高貴鄕公之事, 已見上.』

1101(33-8)

왕대장군(王大將軍, 王敦)이 여러 좌중 앞에서 이렇게 말하였다.
"여러 주씨周氏 중에 이제껏 삼공三公을 지내 본 자가 없다."
그러자 어떤 이가 이렇게 말하였다.
"오직 주후(周侯, 周顗)만이 이미 다섯 마리 말 중에 우두머리로서 앞서
갔으나 결국 성공을 거두지 못하였습니다."
이 말을 듣자 왕대장군은 이렇게 탄식하였다.

"나와 주후는 낙양洛陽에서 서로 친하게 지냈으며, 내 그를 한 번 보고는 온 정성을 다하였다. 그러나 세상의 어지러움을 만나 드디어 이 지경에 이르고 말았구나!"

그리고 눈물을 흘렸다.

王大將軍於衆坐中曰:「諸周由來未有作三公者」

有人答曰:「唯周侯已五馬領頭而不克」

大將軍曰:「我與周, 洛下相遇, 一面頓盡; 値世紛紜, 遂至於此!」

因爲流涕.

【王大將軍】王敦(266~324). 자는 處仲. 어릴 때는 阿黑이라 부름. 王含의 아우이며 王導의 종제로 八王之亂 때 공을 세워 散騎常侍, 侍中, 靑州刺史, 鎭東大將軍 등을 지냄. 西晉이 망하자 司馬睿를 옹립하여 황제로 삼음. 뒤에 東晉 明帝 太寧 2年(324) 반란을 일으켰다가 주살됨.《晉書》(98)에 전이 있음.

【周侯】周顗(269~322). 자는 伯仁. 周俊의 장자로 吏部尙書郎, 荊州刺史를 지냄. 僕射로 임명되자 술에 취해 사흘 만에 깨어나 "三日僕射"란 별명을 들음. 王敦에게 피살되어 "我雖不殺伯仁, 伯仁由我而死"의 고사를 낳음.《晉書》(69)에 전이 있음.

【五馬領頭】五馬는 樗蒱의 말. 五木. 領頭는 博頭 樗蒱놀이에서 제일 앞서 감을 비유함. 周顗가 王敦의 起兵으로 피살됨을 말함.

⊂ 참고 및 관련 자료 ⊃

1.《晉紀》鄧粲

王敦參軍, 有於敦坐樗蒱, 臨當成都, 馬頭被殺, 因謂曰:「周家奕世令望, 而位不至三公: 伯仁垂作而不果, 有似下官此馬」敦慨然流涕曰:「伯仁總角時, 與於東宮, 相遇一面, 披衿便許之三司, 何圖不幸, 王法所裁! 悽愴之深, 言何能盡!」

온공(溫公, 溫嶠)이, 처음 유사공(劉司空, 劉惔)이 사마예司馬睿를 제위帝位에 오르도록 권하는 임무를 맡자 온공의 어머니인 최씨崔氏는 이를 말려 고집스럽게 그 말고삐를 잡고 놓지 않았다.

그러자 온공溫嶠은 어머니가 잡고 있는 소매를 끊고 떠나 버렸다. 그 뒤 그는 계속 현달하여 높은 지위에 오르도록 향품鄕品에서는 오히려 통과를 시켜 주지 않는 것이었다. 이에 그는 그때마다 모두 국가의 조서詔書로 겨우 통과되었다.

溫公初受劉司空使勸進, 母崔氏固駐之, 嶠絶裾而去. 迄於崇貴, 鄕品猶不過也. 每爵皆發詔.

【溫公】溫嶠. 자는 太眞(288~329). 太原 사람. 永嘉之亂 때 유곤의 심부름으로 남으로 내려가 원제(司馬睿)의 추대에 힘씀. 蘇峻의 난을 평정함. 시호는 忠武. 《晉書》(67)에 전이 있음.

【劉司空】劉惔. 丹陽尹을 지내어 劉尹으로도 부름. 字는 眞長. 劉宏의 손자로 沛國 相 땅 출신. 明帝(323~326 재위)의 廬陵長公主에게 장가들어 駙馬가 됨. 司從左長史, 侍中, 丹陽尹 등을 지냄. 36세에 죽어 孫綽이 "居官無官官之事, 處事無事事之心"이라 誄文을 지어 명언이라 하였음. 《晉書》(75)에 전이 있음.

【崔氏】溫嶠의 어머니.

【鄕品】당시 지방장관의 임명에는 해당지역의 향평(鄕評)을 받아야 하였음.

참고 및 관련 자료

1.《溫氏譜》

嶠父襜, 娶淸河崔參女.

元帝卽位, 以溫嶠爲散騎侍郎, 嶠以母亡, 逼賊, 不得往臨葬, 固辭. 詔曰:「嶠以未葬, 朝議又頗有異同, 故不拜, 其令入坐議, 吾將折其衷.」

1103(33-10)

유량庾亮은 주자남(周子南, 周邵)을 극구 추천하였지만 주자남은 그럴수록 더욱 사양하였다. 유량이 매번 주자남 집을 찾아갈 때마다 그가 앞문으로 들어가면 자남은 곧 뒷문으로 도망가는 것이었다.

한 번은 유량이 갑자기 찾아와 주자남도 미처 도망갈 길이 없어 마침내 대좌하여 종일 이야기를 나누게 되었다.

유량이 배가 고파하자 주자남은 소식蔬食을 내어 주었다. 유량은 맛은 없었지만, 억지로 맛있게 먹고 기분이 좋은 듯이 하면서 아울러 세상의 일을 서로 힘을 합쳐 이끌어 나가면서 함께 세상을 이롭게 하자고 약속하였다.

이리하여 주자남은 결국 관계에 발을 들여놓았고 장군 벼슬에 올라 2천 석의 녹봉까지 받았으나 마음에 득의하였다고 여기지는 않았다.

그리고 그는 밤중에 개연히 이렇게 탄식하였다.

"이 대장부가 끝내 유량에게 팔려 이 꼴이 되었구나!"

그리고 얼마 후 그는 등에 창병瘡病이 나서 죽었다.

庾公欲起周子南, 子南執辭愈固; 庾每詣周, 庾從南門入, 周從後門出. 庾嘗一往奄至, 周不及去, 相對終日. 庾從周索食,

周出蔬食, 庾亦彊飯, 極歡; 幷語世故, 約相推引, 同佐世
之任. 旣仕, 至將軍二千石, 而不稱意, 中宵慨然曰:「丈夫
乃爲庾元規所賣!」

　一歎, 遂發背而卒.

【庾亮】 자는 元規(289~340). 蘇峻, 祖約의 난을 평정하였으며 명제 때 王導를
이어 中書監이 됨. 征西大將軍, 荊州刺史 등을 지냄. 청담을 좋아하였으며 老莊
에 밝았음. 죽은 후 太尉에 추증되었고 시호는 文康. 《晉書》(73)에 전이 있음.
【周子南】 周邵. 자는 子南. 廬山에 숨어 있다가 庾亮에게 권고를 받아 출사
하여 鎭蠻將軍과 西陽太守를 지냄.


```
참고 및 관련 자료
```

1. 《尋陽記》
周邵字子南, 與南陽翟湯, 隱於尋陽廬山. 庾亮臨江州, 聞翟·周之風, 束帶躡履
而詣焉. 聞庾至, 轉避之. 亮復密往, 値邵彈鳥於林, 因前與語. 還, 便云:「此人
可起.」卽拔爲鎭蠻護軍, 西陽太守.」其集載與邵書曰:「西陽一郡, 戶口差實,
非履道眞純, 何以鎭其流遁? 詢之朝野, 僉曰足下, 今具上表, 請足下臨之, 無讓.

1104(33-11)

완사광(阮思曠, 阮裕)은 불교를 믿어 믿음이 대단히 지극하였다.
큰아들이 나이 스물이 되기도 전에 갑자기 괴질에 걸렸다. 이 아이는
그가 지극히 애지중지하던 아들이었다.

그래서 그는 삼보三寶에 밤낮으로 기도를 게을리하지 않으면서 지성이면 감응이 있어 틀림없이 도움을 입으리라고 말하였다.

그러나 아들은 끝내 살아나지 못했다. 이에 그는 불교에 대해 원한을 품고 숙명宿命에 대해서도 모두 없애 버렸다.

阮思曠奉大法, 敬信甚至; 大兒年未弱冠, 忽被篤疾; 兒旣是偏所愛重, 爲之祈請三寶, 晝夜不懈, 謂至誠有感者, 必當蒙祐. 而兒遂不濟. 於是結恨釋氏, 宿命都除.

【阮思曠】阮裕(300?~360?). 자는 思曠. 처음 王敦의 主簿였으나 왕돈이 찬위의 뜻을 품고 있음을 알고 술과 광달한 행동을 보임으로써 이를 면함. 臨海太守와 東陽太守를 지냈으나 벼슬에 뜻을 버리고 剡山으로 은거하였음. 뒤에 다시 吏部郎, 秘書監, 侍中, 散騎常侍, 金紫光祿大夫 등의 직책으로 부름을 받았으나 나가지 않음. 《晉書》(49)에 전이 있음. 宋 武帝(劉裕)의 이름을 피휘하여 阮光祿, 阮主簿, 阮公, 阮思曠이라 부름.
【큰아들】阮裕의 장자. 이름은 傭. 자는 彦倫. 主簿 벼슬을 하였음.
【三寶】佛, 法, 僧. 여기서는 불교를 뜻함.
【宿命】오랫동안 지녔던 信心.

참고 및 관련 자료

1.《阮氏譜》
傭字彦倫, 裕長子也. 仕至州主簿.

2. 劉孝標 注
『以阮公智識, 必無此弊, 脫此非謬, 何其惑歟! 夫文王期盡, 聖子不能駐其年, 釋種誅夷, 神力無以廷其命! 故業其定限, 報不可移. 若請禱而望其靈, 匪驗而忽其道, 固陋之徒耳. 豈可與言神明之智者哉?』

1105(33-12)

환선무(桓宣武, 桓溫)는 간문제(簡文帝, 司馬昱) 앞에서 말을 마음놓고 하는 처지는 아니었다. 해서공(海西公, 司馬奕)을 폐한 사건에 대해 그는 응당히 간문제에게 진술해야 할 것임을 알고 이에 미리 수백 마디를 글로 써서 그 글에다가 폐하고 세우는 도리를 진술하였다.

다 되어 문제 앞에 나갔더니 문제는 눈물을 흘렸으며, 선무도 이에 부끄러움을 느껴 한 마디도 하지 못하였다.

桓宣武對簡文帝, 不甚得語; 廢海西後, 宜自申敍, 乃豫撰數百語, 陳廢立之意. 旣見簡文, 簡文便泣下數十行. 宣武矜愧, 不得一言.

【桓宣武】桓公. 桓溫(312~373). 자는 元子. 明帝의 사위. 荊州刺史를 지냈으며, 蜀을 정벌하고 前秦을 쳐부숨. 簡文帝를 세우고 자신이 다시 왕위를 빼앗고자 하였음. 시호는 武侯. 그의 아들 桓玄이 드디어 제위를 찬탈하여 楚나라를 세운 다음 아버지 환온을 宣武皇帝로 추존함.《晉書》(99)에 전이 있음.

【簡文帝】東晉의 제8대 황제 司馬昱. 字는 道萬. 中宗의 少子. 元帝 계실 鄭后 소생이며 司馬紹의 배다른 동생. 穆帝가 어려서 撫軍으로 보필, 뒤에 桓溫이 海西公을 폐하고 이를 세워 皇帝에 오름. 재위 2년(371~372).《世說新語》에서는 흔히 '晉簡文', '簡文', '簡文帝', '簡文皇帝', '相王', '撫軍', '會稽王' 등으로 칭함.《晉書》(9)에 紀가 있음.

【海西公】司馬奕. 東晉의 七代임금. 桓溫이 太和 6年(371년)에 이를 폐하고 簡文帝를 세움.

【矜愧】고의로 鎭定의 표정을 지으면서도 내심으로 가책을 느낌을 뜻함.

1106(33-13)

환공(桓公, 桓溫)이 누워서 이렇게 말하였다.

"이렇게 적막히 누워서 일생을 보낸다면 아마 문제(文帝, 司馬昭)·경제(景帝, 司馬師)에게 비웃음을 살걸!"

그러고는 몸을 굽혔다가 일어나 앉아서는 다시 이렇게 말하였다.

"세상에 나서 꽃다운 이름을 후세에 남기지 못할 바에야 역시 더러운 이름이라도 만세에 남기지 않을 수 있으랴?"

桓公臥語曰:「作此寂寂, 將爲文·景所笑!」

旣而屈起坐曰:「旣不能流芳後世, 亦不足復遺臭萬載邪?」

【桓公】桓宣武. 桓溫(312~373). 자는 元子. 明帝의 사위. 荊州刺史를 지냈으며, 蜀을 정벌하고 前秦을 쳐부숨. 簡文帝를 세우고 자신이 다시 왕위를 빼앗고자 하였음. 시호는 武侯. 그의 아들 桓玄이 드디어 제위를 찬탈하여 楚나라를 세운 다음 아버지 환온을 宣武皇帝로 추존함. 《晉書》(99)에 전이 있음.

【文帝】晉文王. 司馬昭. 晉文帝. 晉宣帝의 둘째아들이며 이름은 昭, 자는 子上. 晉武帝 司馬炎이 진나라를 세우고 나서 文帝로 추존함. 《晉書》(2)에 紀가 있음.

【景帝】晉나라 景帝. 司馬師(207~255). 字는 子元. 司馬懿의 장자. 젊어서 夏侯玄, 何晏 등과 이름을 날렸으며 司馬懿가 趙爽을 폐할 때 참여함. 사마의가 죽자 撫軍大將軍이 되어 嘉平 원년(254)에 魏帝 趙芳을 폐하여 齊王으로 삼고 高貴鄕公 趙髦를 세움. 이어 이듬해 正元 원년(255) 丗丘儉을 토벌하는 길에 죽음. 晉나라 건국 후 景王으로 추존되었다가 司馬炎이 魏나라를 대신하자 드디어 景帝로 추존됨. 《晉書》(2)에 紀가 있음. 두 형제는 위나라 때 왕조 찬탈을 준비하여 晉을 세우는 전초를 만든 인물.

1.《續晉陽秋》

桓溫旣以雄武專朝, 任兼將相, 其不臣之心, 形于音迹; 曾臥對親僚, 撫枕而
起曰:「爲爾寂寂爲文, 景所笑!」衆莫敢對.

1107(33-14)

사태부(謝太傅, 謝安)가 동쪽으로 배를 타고 오면서 사공이 배를 부리는데 빨리도 하였다가, 느리게도 하였다가, 그쳤다가 갔다가, 좌로 갔다 우로 갔다, 사람을 부딪쳤다가 언덕에 부딪혔다가, 그렇게 해도 전혀 그를 견책하지 않는 것이었다.

사람들은 그가 화도 즐거움도 표시하지 않는 분이라 하였다. 그러나 일찍이 형 정서(征西, 謝奕)의 장례를 치르고 돌아오는 길에 날은 저물고 비까지 내리고 있었다. 마부들이 모두 술에 취해 말을 제대로 몰지 못하였다.

사공은 이에 수레 속에서 몽둥이 하나를 꺼내어 마부의 머리를 내리치며 목소리도 지극히 화난 상태였다. 이렇게 보면 물의 성질은 유약하지만, 막힌 곳으로 들어가면 분격해지는 것이니 사람의 성정性情에 비교하면 막힌 곳으로 밀쳐 버리면 그 누구도 평온을 유지할 수 없음을 알 수 있다.

謝太傅於東船行, 小人引船, 或遲或疾, 或停或待; 又放
船從橫, 撞人觸岸; 公初不呵譴. 人謂公常無嗔喜. 曾送兄
征西葬還, 日暮雨駛, 馭人皆醉, 不可處分; 公乃於車中, 手取

車柱撞馭人, 聲色甚屬. 夫以水性沈柔, 入隘奔激; 方之人情, 固知迫隘之地, 無得保其夷粹.

【謝太傳】謝安. 字는 安石(320~385). 謝哀의 아들이며 謝琰(望蔡)의 아버지. 謝奕의 동생. 덕망이 있고 기개가 높아 桓彝, 王濛의 사랑을 받음. 처음에는 벼슬에 뜻을 버리고 王羲之, 支遁 등과 산수를 즐기며 조정의 부름에 응하지 않았으나 40이 넘어 桓溫의 司馬를 거쳐 吳興太守, 侍中, 吏部尙書, 太保錄尙書事 등의 관직을 지냄. 뒤에 다시 太傅에 추증되었으며 시호는 文靖. 《晉書》(79)에 전이 있음.
【征西】謝安의 형 謝奕. 征西將軍을 지냄.

> ### 참고 및 관련 자료

1.《孟子》告子篇(上)
告子曰:「性, 猶湍水也. 決諸東方則東流, 決諸西方則西流, 人性之無分於善不善也猶水之無分於東西也.」孟子曰:「水信無分於東西, 無分於上下乎! 人性之善也猶水之就下也. 人無有不善, 水無有不下. 今夫水, 搏而躍之可使過顙, 激而行之可使在山. 是豈水之性哉! 其勢則然也. 人之可使爲不善, 其性亦猶是也.」

1108(33-15)

간문제(簡文帝, 司馬昱)는 논의 벼를 알아보지 못하고 무슨 풀이냐고 물었다. 좌우가 벼라고 대답하자 간문제는 돌아와 사흘을 외출하지 않고 이렇게 반성하였다.

"그 끝(쌀)에 의지해 살면서 그 근본(벼)을 몰랐다고?"

簡文見田稻不識, 問是何草? 左右答是稻.

簡文還, 三日不出, 云:「寧有賴其末, 而不識其本?」

【簡文帝】東晉의 제8대 황제 司馬昱. 字는 道萬. 中宗의 少子. 元帝 계실 鄭后
소생이며 司馬紹의 배다른 동생. 穆帝가 어려서 撫軍으로 보필, 뒤에 桓溫이
海西公을 폐하고 이를 세워 皇帝에 오름. 재위 2년(371~372). 《世說新語》에
서는 흔히 '晉簡文', '簡文', '簡文帝', '簡文皇帝', '相王', '撫軍', '會稽王'등
으로 칭함. 《晉書》(9)에 紀가 있음.

참고 및 관련 자료

1. 劉孝標 注
『文公種米, 曾子架羊, 縱不識稻, 何所多悔! 此言必虛.』

1109(33-16)

환거기(桓車騎, 桓沖)가 상명上明에서 사냥을 하고 있을 때 동쪽에서 사자가
와서 회수淮水싸움에서 사안謝安이 크게 이겼다고 전해왔다.

이에 그는 좌우를 둘러보며 이렇게 말하였다.

"여러 사씨謝氏 놈들이 적을 크게 깨쳤다네."

그러고는 병을 얻어 죽고 말았다. 사람들은 그의 그러한 죽음이 양주
揚州를 양보하고 형주荊州로 간 것보다는 현명하다고 하였다.

桓車騎在上明畋獵, 東信至, 傳淮上大捷.
語左右云:「群謝年少大破賊.」
因發病薨. 談者以爲此死, 賢於讓揚之荊.

【桓車騎】桓沖(329~384). 자는 幼子. 車騎將軍을 지냈으며 桓溫의 아우. 384년
謝安이 먼저 苻堅을 대패시켰다는 소식을 듣고 화병으로 죽음.《晉書》(74)에
전이 있음.

【上明】湖北 松滋縣.

【淮水大捷】東晉 孝武帝 太元 8년(383) 謝安이 淝水에서 前秦의 苻堅을
대파한 일. 역사적으로 이를 淝水(肥水)之戰이라 함.

【發病死】당시 桓沖은 謝安을 돕겠다고 병력 3천을 보냈으나, 謝安은 이미
군대를 보냈다고 되돌아가라고 하였다. 桓沖은 대단히 노하여 어디 이기나
보자고 별렀는데, 이때 이겼다는 소식을 듣고 분함을 이기지 못해 죽은
것이다.

【讓揚之荊】일찍이 桓沖은 자신은 謝安만 못하다고 여기고 揚州를 그에게
양보하고 자신은 荊州로 물러났음.

참고 및 관련 자료

1.《續晉陽秋》

桓沖本以將相異宜, 才用不同, 忖己德量不及謝安, 故解揚州以讓安. 自謂少經
軍鎭, 及爲荊州, 聞苻堅自出淮·淝, 深以根本爲慮, 遣其隨身精兵三千人赴京師.
時安已遣諸軍, 且欲外示間暇, 因令沖還. 沖大驚曰:「謝安乃有廟堂之量, 不閑
將略; 吾量賊必破襄陽, 而幷力淮·淝. 今大敵果至, 方遊談示暇, 遣諸不經事
年少, 而實寡弱, 天下誰知? 吾其左袒矣!」俄聞大勳克擧, 慚慨而薨.

1110(33-17)

환공(桓公, 桓玄)이 막 은형주(殷荊州, 殷仲堪)를 깨뜨렸다는 보고를 받았을 때 마침 《논어論語》의 "부와 귀는 이를 사람들이 누구나 바라는 바이지만, 그 맞는 도로 얻은 것이 아니면 처하지 아니한다"라는 구절을 강론하고 있었다. 환공은 얼굴색이 변하며 심히 괴로워하는 모습이었다.

桓公初報破殷荊州, 曾講《論語》至「富與貴, 是人之所欲, 不以其道得之不處」 玄意色甚惡.

【桓公】 桓玄. 자는 敬道(369~404). 大司馬 桓溫의 막내아들. 南郡公에 봉해졌음. 劉裕의 기병에 맞섰다가 建康에서 참수당함. 《晉書》(99)에 전이 있음. 譙國 龍亢人. 대사마 桓溫의 少子이며 아버지를 이어 남군공이 됨.

【殷荊州】 殷仲堪(?~399). 殷融(洪遠)의 손자이며 殷仲文의 종형. 문장과 현언에 뛰어나 韓康伯과 이름을 나란히 하였음. 振威將軍, 荊州刺史 등을 역임함. 뒤에 桓玄과 알력이 있어 桓玄을 모함하다가 공격을 받아 죽음. 《晉書》(84)에 전이 있음.

> 참고 및 관련 자료

1. 《論語》里仁篇. 孔安國 注에 『不以其道得富貴, 則仁者不處』라 함.

2. 《隆安記》周祗

仲堪以人情注於玄, 疑朝廷欲以玄代己, 遣道人竺僧愆齎寶物遺相王寵幸, 媒尼, 左右, 以罪狀玄; 玄知其謀, 而擊賊之.

34. 비루紕漏

총 9장 (1111-1119)

'비루紕漏'란 행동이 섬세하지 못하고 거칠고 누소漏疏하며 주의력이 없어 일을 그르치게 되는 경우를 말한다. 본 편은 이러한 이야기들을 모아 적은 것이다. 양용楊勇 〈교전校箋〉에 "紕漏, 謂錯誤疏略也"라 하였다.

총 9장이다.

진퇴유곡(進退維谷). 1116 참조.

1111(34-1)

　왕돈王敦이 처음 공주와 결혼하고 변소에 갔는데 거기에서 그는 옻칠한 상자에 말린 대추가 가득 담긴 것을 보았다.

　그 대추는 원래 코를 막기 위한 것이었는데 왕돈은 변소에조차도 과일을 갖다 놓았다고 여기고 모두 먹어치워 버렸다.

　그리고 다시 그가 변소에서 나오자 시녀가 금 쟁반에 물을 담아 들고 서 있었고, 또 그 옆에서는 유리 그릇에 콩가루 거품을 담아 대기하고 있었다. 왕돈은 그 콩가루 거품을 물에 부어 섞어 마셨다. 그리고는 이를 말아먹는 밥인가 보다 여겼다. 여러 비녀들이 이를 보자 입을 막고 웃지 않은 이가 없었다.

　王敦初尚主, 如厠, 見漆箱盛乾棗, 本以塞鼻, 王謂厠上亦下果, 食遂至盡. 旣還, 婢擎金澡盤盛水, 瑠璃盌盛澡豆, 因倒箸水中而飲之, 謂是乾飯. 群婢莫不掩口而笑之.

【王敦】王敦(266~324). 자는 處仲. 어릴 때는 阿黑이라 부름. 王舍의 아우이며 王導의 종제. 西晉 武帝의 딸 舞陽公主와 결혼함. 八王之亂 때 공을 세워 散騎常侍, 侍中, 靑州刺史, 鎭東大將軍 등을 지냄. 西晉이 망하자 司馬睿를 옹립하여 황제로 삼음. 뒤에 東晉 明帝 太寧 2년(324) 반란을 일으켰다가 주살됨.《晉書》(98)에 전이 있음.

【尚主】'尚'은 動詞로 公主에게 장가드는 것을 말함. 王敦은 晉 武帝의 襄城公主를 아내로 맞이하였음.(《晉書》) 그러나 劉氏 注에는 武帝의 딸 舞陽公主를 아내로 맞은 것이라 하였음.

【澡豆】콩가루 거품. 옛날에는 콩가루 거품과 石齡을 섞어 비누로 사용하였음.

1. 劉孝標 注

『敦尙武帝女, 舞陽公主, 字脩褘.』

1112(34-2)

원황제(元皇帝, 司馬睿)가 처음 하사공(賀司空, 賀循)을 보자 문득 오吳나라 때의 일에 언급하여 이렇게 물었다.

"손호孫晧가 어떤 하씨賀氏라는 자를 불에 달군 톱으로 베었다는데 이름이 뭐더라?"

하사공은 한참 대답이 없었다. 원황은 스스로 이렇게 기억해 내었다.

"그래 하소賀邵였지."

이 말에 하사공은 눈물을 흘리며 이렇게 말하였다.

"저의 아버지가 무도한 자를 만나 그런 죽음을 당하셨는데 감히 그대에게 아버지 이름을 델 수가 없어서 방금 대답을 못하였던 것입니다."

원황제는 부끄러움을 느껴 사흘을 밖에 나오지 못하였다.

元皇初見賀司空, 言及吳時事, 問:「孫晧燒鋸截一賀頭, 是誰?」

司空未得言. 元皇自憶曰:「是賀邵」

司空流涕曰:「臣父遭遇無道, 創巨痛深, 無以仰答明詔」

元皇愧懅, 三日不出.

【元皇】東晉의 첫 임금 元帝. 司馬睿. 317~323 재위. 字는 景文. 西晉이 망하자 建康(지금의 남경)에 동진을 세운 황제로 묘호는 中宗.《晉書》(6)에 기가 있음.

【賀司空】賀循(260~319). 자는 彦失. 賀邵의 아들이며,《三禮》에 밝았음. 趙王 司馬倫이 簒位하자 낙향하였다가 元帝가 즉위하자 太子太傅를 지냄. 죽은 후 司空을 추증받아 賀司空이라고도 부름.《晉書》(68)에 전이 있음.

【孫皓】孫皓로도 표기함. 자는 元宗(243~284). 혹은 이름은 彭祖, 자는 皓宗이라고도 함. 吳의 마지막 임금. 孫權의 孫子이며 孫和의 아들. 처음 烏程侯에 봉해졌다가 孫休(景帝)가 죽자 제위에 오름. 황음무도하여 민심을 잃고 晉 武帝 咸寧 6년(280)에 나라가 망하여 歸命侯에 봉해짐.《三國志》(48)에 전이 있음. 한편 宋本에는 孫皓의 '皓'가 '皓'로 되어 있으나《吳志》에 따라 '皓'가 맞는 것으로 보고 있음.

【賀邵】자는 興伯(227~263). 會稽 山陰人. 祖父 賀齊와 父親 賀景이 吳나라 관리를 지냈으며, 하소는 散騎常侍와 吳郡太守, 太子太傅 등을 역임함. 뒤에 孫皓에게 미움을 받아 살해됨. 賀循의 아버지.《三國志》(65)에 전이 있음. 賀劭로도 표기함.

참고 및 관련 자료

1.《吳志》

晧凶暴驕矜, 邵上書切諫, 晧深恨之. 親近憚邵貞正, 譖云謗毀國事. 被詰責. 後還復職. 邵中惡風, 口不能言語, 晧疑邵託疾, 收付酒藏, 考掠千數, 卒無一言. 遂殺之.

2.《禮記》

創巨者其日久, 痛深者其愈遲.

채사도(蔡司徒, 蔡謨)가 강을 건너 남으로 천도한 후에 팽기彭蜞를 보고 게인 줄 잘못 알고 대단히 즐거워하며 《대대례大戴禮》의 〈권학편勸學篇〉의 "게는 여덟 개의 다리에 두 개의 집게발"이라고 중얼거리며 사람을 불러 삶도록 하였다.

그는 이를 먹은 후 토하고 싸며 결국 나가 떨어지고 말았다. 그리고 나서야 그것이 게가 아님을 알았다. 뒤에 이 일을 사인조(謝仁祖, 謝尙)에게 말하였더니 그는 이렇게 말하였다.

"그대는 《이아爾雅》는 제대로 읽지 않고 《대대례》의 〈권학편〉만 믿다가 죽을 뻔하였군."

蔡司徒渡江, 見彭蜞, 大喜曰:「蟹有八足, 加以二螯」
令烹之. 旣食, 吐下委頓, 方知非蟹. 後向謝仁祖說此事.
謝曰:「卿讀《爾雅》不熟, 幾爲〈勸學〉死」

【蔡司徒】蔡謨(281~356). 자는 道明. 蔡克의 아들. 侍中을 거쳐 康帝 때 侍中司徒에 오름. 시호는 文穆. 《晉書》(77)에 전이 있음. 濟陽男에 봉해짐.
【彭蜞】게처럼 생겼으나 독이 있음.
【大戴禮】이 책 〈勸學篇〉에 "蟹二螯八足, 非蛇蟺之穴, 無以寄託者, 用心躁也"라 함.
【謝仁祖】謝尙(308~357). 자는 仁祖. 謝鯤의 아들이며 王導가 '小安豐'이라 불렀음. 給事黃門侍郎을 거쳐 建武將軍, 鎭西將軍, 歷陽太守, 豫州刺史, 江夏, 義陽 등 都督을 지냄. 穆帝 때 尙書僕射를 지냄. 음악과 기예에 밝았으며 太樂을 처음으로 정리하였던 인물. 《晉書》(79)에 전이 있음.

【爾雅】十三經 중의 하나로 고대 어휘사전. 그 책의 〈釋魚篇〉에 "蜌蟛小者蟧, 卽彭蜞也, 似蟹而小"라 함.
【委頓】지쳐 運身하지 못하는 상태.

参고 및 관련 자료

1.《任氏小學鉤沈》王念孫
蟹有八足, 加以二螯, 卽蔡邕勸學篇文; 與鼫鼠五能, 不成一技, 皆取義於大戴禮勸學篇. 其斷四字爲句, 亦正相似. 司徒熟於蔡邕勸學篇蟹有八足, 加以二螯之文, 不熟于爾雅釋魚蜌蟛之文, 因而誤食彭蜞, 故曰讀爾雅不熟, 幾爲勸學死也.

1114(34-4)

임육장(任育長, 任瞻)은 어려서부터 심히 그 이름이 널리 알려진 인물이었다. 무제(武帝, 司馬炎)가 붕어하였을 때 1백 20명의 장례 만거挽車를 옮길 젊은이를 뽑았는데, 모두가 당시의 뛰어난 젊은이들이었다. 육장도 물론 그 속에 선발되었다.

왕안풍(王安豐, 王戎)은 이때 사윗감을 고르면서 그 만거를 옮기는 젊은이들 중에 뛰어난 자를 찾고 있었다.

그래서 4명을 골랐는데, 이때에도 임육장은 그들 속에 선발될 정도였다. 그는 이처럼 어릴 때부터 신명하고 예쁘게 생겨 당시 사람들은 그의 그림자조차도 아름답다고 칭할 정도였다.

그러나 그러한 임육장도 진나라가 남천한 이후에는 정신이 오락가락하는 인물로 변하고 말았다.

왕승상(王丞相, 王導)은 먼저 강을 건너 남천한 당시 어진 인물들을 모두 석두石頭에 모아 놓고 그를 청하여 영접하면서 지난날과 똑같이 대접하였다. 그런데 그는 대뜸 임육장을 보자마자 무엇인가 이상하다고 느꼈다. 모두 자리를 정하고 차를 마시게 되었을 때 임육장은 이런 질문을 던지는 것이었다.

"이것이 차茶입니까? 아니면 명茗입니까?"

주위의 분위기가 이상함을 깨닫자 이에 스스로 다시 이렇게 해명하였다.

"방금 물은 것은 마시는 것이 뜨거운 것이냐 찬 것이냐 하는 것이었을 따름입니다."

그리고 일찍이 관을 파는 가게를 지나면서 눈물을 흘리며 슬퍼하는 것이었다. 이에 왕승상은 이 사건을 듣고 이렇게 실망의 말을 던졌다.

"이 자는 정에 얽매인 바보로군!"

任育長年少時, 甚有令名; 武帝崩, 選百二十挽郎, 一時之秀彦, 育長亦在其中. 王安豊選女壻, 從挽郎搜其勝者, 且擇取四人, 任猶在其中. 童少時神明可愛, 時人謂育長影亦好. 自過江, 便失志. 王丞相請先度時賢共至石頭迎之, 猶作疇日相待; 一見便覺有異; 坐席竟, 下飮, 便問人云:「此爲茶? 爲茗?」

覺有異色, 乃自申明云:「向問飮爲熱? 爲冷耳?」

嘗行從棺邸下度, 流涕悲哀.

王丞相聞之曰:「此是有情癡!」

【任育長】 임첨(任瞻). 자가 育長이며 성제 때 謁者僕射을 거쳐 都尉와 天門太守를 지냄.

【晉武帝】司馬炎. 晉나라 첫 황제. 武帝. 재위 26년(265~290). 司馬昭의 長子.
자는 安世. 咸熙 2年(265)에 魏나라로부터 禪讓의 형식으로 나라를 이어받아
洛陽에 晉나라를 세움. 묘호는 世祖. 《晉書》(3)에 紀가 있음.

【王安豊】王戎. 자는 濬沖(234~305). 王綏의 아버지이며 安豊縣侯를 역임함.
성격이 인색하였으며 禮敎에 얽매이지 않았음. 阮籍, 山濤, 向秀, 阮咸, 嵆康,
劉伶과 더불어 '竹林七賢'으로 불렸음. 《晉書》(43)에 전이 있음.

【王丞相】王導(276~339). 자는 茂弘. 어릴 때 자는 阿龍. 王敦의 從弟. 서진이
망하자 王敦과 함께 司馬睿를 황제로 추대하여 東晉을 세움. 그 공으로
丞相이 되었으며 號를 '仲父'라 하였음. 천하의 권세를 잡아 당시 "王與馬,
共天下"라 하였음. 元帝와 明帝, 成帝를 차례로 즉위시켰음. 아울러 남방
세족의 도움으로 강남에서의 동진 정권을 안정시킴. 《晉書》(65)에 전이 있음.

【茶·茗】茶는 일찍 채취한 것, 茗은 늦게 채취한 것을 말함. 북방 사람들은
남방 사람들의 茶·茗의 구분에 대해 어두웠음. 또한 茗과 冷은 같은 韻部
이며, 熱과 菜는 같은 韻部였다 함.

참고 및 관련 자료

1. 《晉百官名》

任瞻字育長, 樂安人. 父琨, 少府卿. 瞻歷謁者·僕射·都尉·天門太守.

2. 楊勇 〈校箋〉

『劉箋:「按爾雅釋木: '櫃, 苦荼.' 郭璞注: '今呼早采者爲荼, 晩采者爲茗.' 陸機
毛詩草木蟲魚疏云: '椒, 蜀人作荼. 樗, 吳人以其葉爲茗.' 是南朝時人皆以茗與荼
有異也. 後人混茗荼爲一, 故育長玆問不解所謂矣. 育長下飮之初, 未辨茗·荼,
故爾致問. 及旣辨別, 遂改口作音近之字, 冀以彌縫其忸怩. 蓋茗與冷在晉時同
讀青部字, 熱與荼在晉時同讀麻部音也.」』

3. 《世說新語考異》注

『瞻祖暉, 字叔季, 大將軍掾. 瞻妻, 光祿顏含女. 爲太子中庶子·散騎常侍. 永平初,
爲侍中.』

1115(34-5)

사호자(謝虎子, 謝據)가 일찍이 지붕에 올라가 쥐를 쫓으려 연기를 피웠다. 사호자의 아들은 아버지의 일인 줄을 모르고 남의 말만 듣고 이렇게 흉을 보았다.

"어떤 바보 같은 사람이 이런 짓을 하였대요."

이렇게 비웃었는데, 더구나 그런 말을 한두 번에 그친 것이 아니었다. 사태부(謝太傅, 謝安)는 그 조카의 이런 행동을 보고 조카 스스로 몰라서 그렇게 하는 것을 알고 어느 날 함께 말을 나눌 기회가 생기자 문득 그에게 이렇게 일렀다.

"세상 사람들이 너의 아버지 중랑中郎을 비방하면서 나도 그 일에 함께 하였다고들 하더구나."

그 아들 호아胡兒는 더위를 아주 싫어하였는데도 한 달 동안 문을 닫고 나오지 않으며 반성하였다. 사태부가 자신도 함께 연루되었다고 거짓말을 해서 과실을 고치게 하였으니 덕교德敎라 이를 만하다.

謝虎子嘗上屋熏鼠, 胡兒旣無由知父爲此事; 聞人道, 「癡人有作此者」戲笑之. 時道此, 非復一過.

太傅旣了己之不知, 因其言次, 語胡兒曰:「世人以此謗中郎, 亦言我共作此」

胡兒懊熱, 一月日閉齋不出. 太傅虛託引己之過, 以相開悟, 可謂德敎.

【謝虎子】謝據. 어릴 때의 자는 虎子. 자는 玄道. 謝裒의 아들이며 六兄弟 (奕·據·安·萬·石·鐵) 중의 둘째임. 謝朗의 아버지. 33세에 일찍 죽음.

【熏鼠】연기를 피워 쥐를 몰아내고자 함. 그러나 이는 속설이며 위험한 일이므로 '바보 같은 짓'이라 놀린 것임.

【謝太傅】謝據의 동생 謝安. 字는 安石(320~385). 謝裒의 아들이며 謝琰(望蔡)의 아버지. 謝奕의 동생. 덕망이 있고 기개가 높아 桓彝, 王濛의 사랑을 받음. 처음에는 벼슬에 뜻을 버리고 王羲之, 支遁 등과 산수를 즐기며 조정의 부름에 응하지 않았으나 40이 넘어 桓溫의 司馬를 거쳐 吳興太守, 侍中, 吏部尙書, 太保錄尙書事 등의 관직을 지냄. 뒤에 다시 太傅에 추증되었으며 시호는 文靖. 《晉書》(79)에 전이 있음.

【中郞】謝據. 謝虎子. 어릴 때의 자는 虎子. 자는 玄道. 謝裒의 아들이며 六兄弟(奕·據·安·萬·石·鐵) 중의 둘째임. 그 아내는 王氏임. 謝朗의 아버지. 33세에 일찍 죽음.

【胡兒】謝朗. 자는 長度. 어릴 때의 자는 胡兒. 謝據의 장자이며 謝重의 아버지. 東陽太守를 지냈음. 《晉書》(79)에 전이 있음.

참고 및 관련 자료

1. 劉孝標 注

『虎子, 據小字. 據字玄道, 尙書裒第二子. 三十三亡.』

2. 劉孝標 注

『中郞, 據也; 中, 章仲反. 按: 世有兄弟三人, 則謂第二者爲中. 今謝昆弟有六, 而以據爲中郞, 未可解. 當由有三時, 以中爲稱, 因仍不改也.』

1116(34-6)

은중감殷仲堪의 아버지殷師는 허약하여 가슴이 두근거리는 병을 앓고 있었다. 그래서 그는 침대 아래 개미가 움직이는 소리를 듣고도 소가 싸운다고 여겼다. 효무제(孝武帝, 司馬炎)는 그런 병을 앓는 자가 은공인 줄 모르고 중감에게 이렇게 물었다.

"어떤 은씨殷氏 성을 가진 자가 이런 병을 앓는다는데?"

이에 은중감을 눈물을 흘리며 일어나서 이렇게 말하였다.

"어떻게 대답을 해야 할지 진퇴유곡進退維谷입니다.

殷仲堪父病虛悸, 聞牀下蟻動, 謂是牛鬪.
孝武不知是殷父, 問仲堪:「有一殷, 病如此不?」
仲堪流涕而起曰:「臣『進退唯谷』」

【殷仲堪】(?~399). 殷融(洪遠)의 손자이며 殷仲文의 종형. 문장과 현언에 뛰어나 韓康伯과 이름을 나란히 하였음. 振威將軍, 荊州刺史 등을 역임함. 뒤에 桓玄에게 죽임을 당함.《晉書》(84)에 전이 있음.
【아버지】殷師. 자는 子桓. 驃騎咨議를 지냄.
【進退維谷】《詩經》大雅 桑柔에 "人亦有言, 進退維谷"이라 하고, 毛氏 註에 "谷, 窮也"라 함. 進退兩難과 같음.

참고 및 관련 자료

1.《殷氏譜》

殷師, 字子桓, 祖識, 父融, 並有名. 師至驃騎咨議, 生仲堪.

2.《續晉陽秋》

仲堪父曾有失心病, 仲堪腰不解帶, 彌年父卒.

우소보虞嘯父가 효무황제(孝武皇帝, 司馬炎)의 시중侍中으로 있었다. 어느 날 황제가 조용히 이렇게 물었다.

"경은 문하門下에 있으면서 이제껏 나에게 헌체獻替의 공헌이 있었다는 소리를 듣지 못하였소!"

우소보는 집이 부자였고 바닷가에 가까웠다.

그래서 그는 황제가 자신에게 무엇을 바란다는 뜻으로 엉뚱하게 잘못 알고 이렇게 대답하였다.

"날씨가 아직 더운 때라 제어鮆魚나 하차蝦鮭 등이 잡히지 않습니다. 머지않아 마땅히 구해서 바쳐 올리겠습니다."

이 말에 황제는 손뼉을 치며 크게 웃었다.

虞嘯父爲孝武侍中, 帝從容問曰:「卿在門下, 初不聞有所獻替」

虞家富, 近海, 謂帝望其意氣.

對曰:「天時尚煥, 鮆魚蝦鮭未可致, 尋當有所上獻」

帝撫掌大笑.

【虞嘯父】會稽 사람으로 晉 武帝의 侍中을 지냄.
【孝武帝】司馬曜. 東晉 제 9대 황제 孝武帝. 재위 24년(373~396). 廟號는 烈宗. 자는 明昌. 簡文帝의 셋째아들. 11세 때에 재위에 올라 35세에 죽음. 《晉書》(9)에 紀가 있음. 王蘊의 딸 法惠를 비로 삼음.
【門下】門下省을 가리킴.
【獻替】"獻可替否"의 줄인 말. 훌륭한 말을 올리고 임금의 잘못을 고쳐주는

간언을 뜻함.《左傳》昭公 20년 참조. 그러나 여기서 虞嘯父는 이를 "奉獻財禮", 즉 '예물을 진상하다'의 뜻으로 오해한 것임.

【蝦鮺】새우젓. 새우로 만든 젓갈의 일종이라 함. 우소보 고향의 특산물.

참고 및 관련 자료

1.《中興書》

嘯父, 會稽人; 光祿潭之孫, 右將軍司馬仡之子. 少歷顯位, 與王廞同謀, 廢爲庶人. 義旗初, 爲會稽内史.

2.《晉書》虞潭傳

子仡嗣, 官至右將軍司馬. 仡卒, 子嘯不嗣.

1118(34-8)

왕대(王大, 王忱)가 죽은 후 조정에서 혹 어떤 이가 왕국보王國寶를 그 후임으로 형주자사荊州刺史로 삼아야 한다고 하였다. 그러자 왕국보의 주부主簿가 이 소식을 듣고 밤에 달려와 이 사실을 이렇게 알려주었다.

"형주자사의 일이 이미 결정되었습니다."

왕국보는 크게 기뻐하여 그 날 밤에 자신의 침실 곁문을 열어 기강紀綱을 불러 놓고 그 형세를 의논하였다.

비록 직접 입으로 형주자사가 되었다고는 하지 않았지만, 그 의기와 얼굴색은 심히 기쁨에 넘친 모습이었다.

이튿날 날이 밝아 사람을 보내어 물어보았더니 전혀 그런 결정이 없었다는 것이다. 왕국보는 그 주부를 불러 이렇게 질책하였다.

"경은 어찌 남의 일을 이렇게 그르칠 수 있소?"

王大喪後, 朝論或云國寶應作荊州.

國寶主簿夜函白事云:「荊州事已行」

國寶大喜, 其夜開閤, 喚綱紀話勢; 雖不及作荊州, 而意色甚怡.

曉遣參問, 都無此事; 卽喚主簿數之曰:「卿何以誤人事邪?」

【王大】王忱. 字는 元達(?~392). 어릴 때 字가 佛大였음. 王坦之의 넷째 아들이며 王恭과는 族親 관계. 放達嗜酒하여 옷을 벗고 다니거나 며칠을 계속 술을 마시는 등 禮敎를 벗어나 살았음. 荊州刺史, 建武將軍 등을 지냄. 《晉書》(75)에 전이 있음.

【王國寶】자는 國寶(?~397). 王坦之의 셋째아들. 謝安의 사위로 권력을 남용하다가 王緖와 함께 주살됨. 《晉書》(75)에 전이 있음.

【主簿】王國寶의 부하.

【紀綱】자신의 주요 참모들.

（참고 및 관련 자료）

1. 楊勇 〈校箋〉

『紀綱, 爲主簿, 別駕, 治中也.』

2. 《晉書》 安帝紀

王忱死, 會稽王欲以國寶代之; 孝武中詔用仲堪, 乃止.

1119(34-9)

왕대장군(王大將軍, 王敦)이 막 공주公主를 아내로 맞고 무제(武帝, 司馬炎)의 조회에 참석하였다. 그가 이미 궁전 안으로 들어갔더니 임금이 편한 마음이 아니었고, 이로 인해 마치 자신은 함정 속을 헤매는 것 같다고 느꼈다.

그러나 사방을 둘러보았더니 결국 자기보다 뛰어난 자가 없어 곧 마음속으로 안정을 얻게 되었다.

王大將軍初尙主, 豫武帝會; 旣升殿, 覺上不平, 如坑穽中行.
乃顧看四坐, 無出其右者, 意尋得定.

【王大將軍】王敦(266~324). 자는 處仲. 어릴 때는 阿黑이라 부름. 王含의 아우이며 王導의 종제. 西晉 武帝의 딸 舞陽公主와 결혼함. 八王之亂 때 공을 세워 散騎常侍, 侍中, 靑州刺史, 鎭東大將軍 등을 지냄. 西晉이 망하자 司馬睿를 옹립하여 황제로 삼음. 뒤에 東晉 明帝 太寧 2년(324) 반란을 일으켰다가 주살됨.《晉書》(98)에 전이 있음.

【尙主】尙은 動詞로 公主에게 장가드는 것을 말함. 王敦은 晉 武帝의 襄城公主를 아내로 맞이하였음.(《晉書》) 그러나 劉氏 注에는 武帝의 딸 舞陽公主를 아내로 맞은 것이라 하였음.

【晉武帝】司馬炎. 晉나라 첫 황제. 武帝. 재위 26년(265~290). 司馬昭의 長子. 자는 安世. 咸熙 2年(265)에 魏나라로부터 禪讓의 형식으로 나라를 이어받아 洛陽에 晉나라를 세움. 묘호는 世祖.《晉書》(3)에 紀가 있음.

참고 및 관련 자료

1. 본장은 원래 〈宋本〉에는 없고,《世說新語考異》에만 실려 있다.

2. 楊勇〈校箋〉

『此條宋本世說不見, 考異載之, 並云:「右前卷所無者」當是宋時別本有此, 而晏, 董所據者無此. 今當錄入. 度其文意, 姑繫於紕漏篇. 坑穽, 宋本作'坑穽', 今改. 坑穽, 猶今云陷阱也.』

35. 혹닉惑溺

총 7장 (1120-1126)

'혹닉惑溺'이란 사랑에 미혹迷惑되어 탐닉耽溺하며 헤어나지 못하며
잘못된 견해를 갖게 됨을 말한다. 흔히 남녀간, 혹은 부부간의
지나친 사랑을 뜻하기도 한다. 본 편은 이러한 이야기들을 모아
적은 것이다. 양용楊勇〈교전校箋〉에 "惑溺, 謂心志迷亂陷溺而生偏
見也"라 하였다.

총 7장이다.

질투하는 아내. 1123 참조.

위魏나라 때 견후甄后는 매우 미색이 뛰어났다. 먼저 원희袁熙의 처가
되어 매우 사랑을 받고 있었다. 조공(曹公, 曹操)이 업군鄴郡을 도륙할 때 급히
명령하여 견후를 불러오라고 하였다. 그러자 좌우 신하들은 대답하였다.

"오관중랑(五官中郎, 曹丕)이 이미 채갔습니다."

그러자 조공은 이렇게 분을 표시하였다.

"금년에 깨버린 적은 바로 이놈을 위해서 한 셈이 되었군!"

魏甄后惠而有色; 先爲袁熙妻, 甚獲寵.

曹公之屠鄴也, 令疾召甄; 左右白: 「五官中郎已將去」

公曰: 「今年破賊, 正爲奴!」

【甄后】魏나라 초기에 이름난 미녀로 甄會의 딸. 曹操·曹丕·曹植의 부자간
삼파전을 낳게 함.

【袁熙】袁紹의 둘째아들로 幽州에 있다가 다시 鄴郡에 있었음. 曹操에게
패하여 아내를 曹丕에게 빼앗김.

【曹公】魏武帝. 曹操(155~220). 자는 孟德. 어릴 때는 阿瞞으로 불렸음. 沛國
출신으로 기지와 변화는 물론 문장에도 뛰어났으며 曹丕의 아버지로
한말 세력을 키워 魏나라를 건립하는 기초를 세움. 아들 조비가 獻帝로부터
선양을 받아 武帝로 추존함.《孫子略解》,《兵書接要》,《曹操集》등이 있음.
《三國志》(1)에 紀가 있음.

【鄴】지금의 河南省 臨漳縣.

【五官中郎】曹丕. 曹操의 아들. 당시 曹丕는 建安中에 五官中郎이 되어
있었음.

【奴】여기서는 아들 曹丕를 가리킴.

1.《魏略》

建安中, 袁紹爲中子熙娶甄會女. 紹死, 熙出任幽州, 甄留侍姑. 及鄴城破, 五官
將從而入紹舍, 見甄怖, 以頭伏姑膝上. 五官將謂紹妻袁夫人:「扶甄令擧頭.」
見其色非凡, 稱歎之. 太祖聞其意, 遂爲迎娶, 擅室數歲.

2.《世語》

太祖下鄴, 文帝先入袁尙府, 見婦人被髮垢面垂涕, 立紹妻劉後; 文帝聞知是
熙妻, 使令攬髮, 以袖拭面, 姿貌絶倫. 旣過, 劉謂甄曰:「不復死矣.」遂納之,
有寵.

3.《魏氏春秋》

五官將納熙妻也, 孔融與太祖書曰:「武王伐紂, 以妲己賜周公.」太祖以融博學,
眞謂書傳所記. 後見融問之, 對曰:「以今度古, 想其然也.」

1121(35-2)

순봉천(荀奉倩, 荀粲)은 부부애가 지극하였다. 겨울에 부인이 열병이 나자,
그는 뜰에 나가 자신을 차갑게 한 후 돌아와 아내를 몸으로 식혀 주었다.
부인이 죽자, 그도 얼마 후 곧 죽고 말았다. 세상 사람들은 그를 비웃었다.
봉천은 일찍이 이렇게 말한 적이 있었다.

"부인이란 덕이 있느니 없느니 칭할 것은 못 된다. 마땅히 아름다움을
위주로 삼아야지."

배령(裴令, 裴楷)이 이 소리를 듣자 이렇게 말하였다.

"그것은 흥감이 솟았을 때 한 말이겠지. 덕 있는 자의 말은 못 된다.
뒷사람들은 이 말에 현혹되지 않았으면 한다."

荀奉倩與婦至篤, 冬月婦病熱, 乃出中庭自取冷, 還, 以身熨之: 婦亡, 奉倩後少時亦卒. 以是獲譏於世.

奉倩曰:「婦人德不足稱, 當以色爲主」

裴令聞之曰:「此乃是輿到之事, 非盛德之言, 冀後人未昧此語」

【荀奉倩】荀粲. 자는 봉천(奉倩). 삼국시대 위나라 인물. 荀彧의 막내아들. 《三國志》荀彧傳 참조.

【裴公】裴令公. 裴楷.(237~291). 자는 叔則. 河東 聞喜人. 裴徽의 셋째 아들이며 司空 裴秀의 從弟. 용모가 준수하고 깨끗하여 '玉人'이라 불렸음. 河南尹과 中書令을 지냄. 시호는 元.《晉書》(35)에 전이 있음.

참고 및 관련 자료

1.《荀粲別傳》

粲常以婦人才智不足論, 自宜以色爲主. 驃騎將軍曹洪女有色, 粲於是聘焉. 容服帷帳甚麗, 專房燕婉 歷年後, 婦病亡. 未殯, 傅嘏往唁粲, 粲不哭而神傷. 嘏問曰:「婦人才色, 並茂爲難. 子之聘也, 遺才存色, 非難遇也. 何哀之甚?」粲曰:「佳人難再得! 顧逝者不能有傾城之異, 然未可易遇也」痛悼不能已已. 歲餘亦亡, 時年二十九. 粲簡貴, 不與常人交接, 所交者一時俊傑: 至葬夕, 赴期者裁十餘人, 悉同年相知名士也; 哭之, 感慟路人. 粲雖褊隘, 以燕婉自喪, 然有識猶追惜其能言.

2. 하소(何劭)는 이렇게 논하였다고 한다.

『仲尼稱有德者有言, 而荀粲減於是: 內顧所言有餘, 而識不足.』

1122(35-3)

가공려(賈公閭, 賈充)의 후처 곽씨郭氏는 질투심이 지독하였다.

그에게는 여민黎民이라는 아들이 있었는데 겨우 돌이 지난 어린애였다. 가공려가 밖에서부터 돌아와 보니 유모가 그 아이를 안고 뜰에 있었다. 아이는 아버지가 오는 것을 보고는 좋아서 펄펄 뛰었다. 가공려는 곧 유모에게로 가서 아이 뺨에 뽀뽀를 해주었다.

곽씨가 멀리서 이를 보고 가공려가 유모를 좋아하는 줄 잘못 알고 곧 그 유모를 죽여 버렸다. 아이는 유모 생각에 울었고, 다른 사람의 젖은 먹지도 않다가 끝내 죽어 버렸다. 곽씨는 뒤에 자식을 끝내 낳지 못하였다.

賈公閭後妻郭氏酷妬, 有男兒名黎民, 生載周, 充自外還, 乳母抱兒在中庭, 兒見充喜踊, 充就乳母手中嗚之. 郭遙望見, 謂充愛乳母, 卽殺之. 兒悲思啼泣, 不飮他乳, 遂死. 郭後終無子.

【賈公閭】 賈充(217~282). 자는 公閭. 賈逵의 아들. 西晉 초에 司空, 侍中, 尙書令, 太尉 등을 지냄.《晉律》을 제정한 인물.《晉書》(40)에 전이 있음.
【郭氏】 郭配의 딸로 이름은 玉璜.
【黎民】 郭氏가 후처로 들어와 낳은 아들.

참고 및 관련 자료

1.《賈充別傳》
充父逵, 晩有子, 故名曰充, 字公閭. 言後必有充閭之異.

2.《晉諸公贊》

「郭氏卽郭后母也. 爲性高朗, 知后無子, 甚撫愛愍懷, 每勸厲之. 臨亡, 誨賈后:
令盡意於太子. 言其切至. 趙充華及賈謐母, 並勿令出入宮中. 又曰: ‘此皆亂汝事!’
后不能用, 終至誅夷」臣按: 傅暢此言, 則郭氏賢明婦人也. 向令賈后撫愛愍懷,
豈當縱其妬悍, 自斃其子? 然則物我不同, 或老壯情異乎!

단 여기서 臣按 이하는 劉孝標의 의견이 아니라, 후인의 增益으로 보고 있다
(楊勇). 假譎篇 9(1046(27~9))도 같음.

3.《晉書》賈充傳

槐謂充私乳母, 卽鞭殺之, 黎民戀念, 發病而死, 後又生男, 過朞後爲乳母所抱,
充以手摩其頭, 郭疑乳母, 又殺之. 兒亦思慕而死, 充遂無承胤嗣.

1123(35-4)

　손수孫秀가 진晉나라에 항복해오자 진晉 무제(武帝, 司馬炎)는 그를 심히
사랑하여 처제 괴씨蒯氏를 그에게 처로 주었다. 처음에 둘 사이는 아주
좋았으나 처가 질투심이 많아 남편을 ‘학자貉子’라고 부르며 멸시하였다.
손수는 화가 나서 다시는 아내의 방에 들어가지 않았다.

　괴씨는 크게 후회하고는 무제에게 도움을 청하였다. 무제는 이때 마침
대사면을 내리고 있어, 여러 신하들이 모두 모여 알현을 받고 있는 중이
었다. 모두 나가자 무제는 손수 혼자만 남게 하고는 조용히 이렇게
말하였다.

　"천하가 모두 대사면을 받을 텐데 괴蒯 부인도 그 줄에 끼워 줄 수
있을까?"

　이에 손수는 관을 벗고 사죄하면서 드디어 부부애가 처음과 같았다.

孫秀降晉, 晉武帝厚存寵之, 妻以姨妹蒯氏, 室家甚篤. 妻嘗妬, 乃罵秀爲「貉子」. 秀大不平, 遂不復入. 蒯氏大自悔責, 請救於帝.

時大赦, 群臣咸見; 旣出, 帝獨留秀, 從容謂曰:「天下曠蕩, 蒯夫人可得從其例不?」

秀免冠而謝, 遂爲夫婦如初.

【孫秀】자는 彦才. 吳의 孫晧를 섬겼다가 西晉에 항복하여 驃騎將軍과 交州牧을 지냈으며 會稽公에 봉해짐.

【晉武帝】司馬炎. 晉나라 첫 황제. 武帝. 재위 26년(265~290). 司馬昭의 長子. 자는 安世. 咸熙 2年(265)에 魏나라로부터 禪讓의 형식으로 나라를 이어 받아 洛陽에 晉나라를 세움. 묘호는 世祖. 《晉書》(3)에 紀가 있음.

【蒯氏】南陽太守 蒯均의 딸.

【貉子】오소리 새끼라는 뜻. 貉奴와 같음. 당시 북방 사람들이 남방 사람을 멸시하여 부르던 경멸어. 貉의 원음은 '맥.' 貉(학)과 통용하여 쓴 것임.

참고 및 관련 자료

1.《太原郭氏錄》

秀字彦才, 吳郡吳人. 爲下口督, 甚有威恩. 孫晧憚欲除之, 遣將軍何定遡江而上, 辭以捕鹿三千口供廚. 秀豫知謀, 遂來歸化. 世祖喜之, 以爲驃騎將軍, 交州牧.

2.《晉陽秋》

蒯氏, 襄陽人. 祖良, 吏部尙書. 父鈞, 南陽太守.

3.《晉書》陸機傳

初, 宦人孟玖弟超, 並爲穎所寵嬖, 超領萬人爲小都督. 未戰, 縱兵大掠, 機錄其主者. 超將鐵騎百餘人直入機麾下奪之, 顧謂機曰:「貉奴, 能作督不!」

1124(35-5)

한수韓壽는 아주 잘생긴 남자였다. 가충賈充은 그를 불러 연椽을 삼아 아꼈다. 가충이 매번 모임을 가질 때마다 가충의 딸賈午은 창문 장막 틈으로 몰래 한수를 훔쳐보고는 사모의 정에 사로잡혀 시를 읊조리기까지 하였다.

뒤에 시녀가 한수의 집에 가서 이 사실을 모두 얘기하고 가충의 딸이 매우 예쁘다고 하자 한수도 마음이 움직여 드디어 시녀에게 청하여 몰래 소식을 전하였고, 그 기약한 날에 들어가 밤을 보냈다.

한수가 그의 집에 가서 잘 때는 키가 크고 행동이 빠르기 때문에 담을 넘어 들어가도 집안에 누구 하나 눈치 채지 못하였다. 이때부터 가충의 딸은 화장을 하여 얼굴을 꾸미고 명랑하기가 옛날 같지가 않았다.

그런 뒤 어느 날 가충이 여러 관료들을 불러모았는데 한수의 몸에서 이상한 향기가 났다. 그 향로는 바로 외국에서 바쳐온 것으로 한 번 몸에 바르면 한 달이 가도록 향기가 남아 있는 것이었다.

가충은 속으로 무제(武帝, 司馬炎)가 이 향로를 다만 자기와 진건陳騫에게만 하사하여 다른 신하에게는 전혀 나누어주지 않은 것으로써, 한수가 분명 자기 딸과 사통하고 있다고 여겼다. 그러나 담이 높고 겹겹인 데다가 문은 엄중히 지키고 있어서 그런 일이 생길 수 없다고 스스로 생각하였다. 그래서 곧 거짓으로 도둑이 들었다고 하고 사람을 시켜 담을 모두 수리하도록 하였다. 그러자 하인이 돌아와서 이렇게 말하는 것이었다.

"다른 곳은 모두 이상이 없으나 동북쪽 구석에 사람이 넘나든 흔적이 있는데 담이 높아 사람이 넘을 정도는 아닙니다."

이에 가충은 딸의 시녀들을 불러 고문하였더니 모두 사실대로 대답하였다. 가충은 모두 비밀로 하고 그 딸을 한수와 결혼시켜 버렸다.

韓壽美姿容, 賈充辟以爲掾; 充每聚會, 其女於青璅中看, 見壽, 悅之; 內懷存想, 發於吟詠. 後婢往壽家, 具述如此, 幷言女色麗. 壽聞之心動, 遂請婢潛修音問, 及期往宿. 壽蹻捷絶人, 踰牆而入, 家中莫知. 自是充覺女盛自拂拭, 說暢有異於常. 後會諸吏, 聞壽有奇香之氣, 是外國所貢; 一箸人, 則歷月不歇. 充計武帝唯賜己及陳騫, 餘家無此香; 疑壽與女通, 而垣牆重密, 門閤急峻, 何由得爾? 乃託言有盜, 令人修牆.

使反曰:「其餘無異. 唯東北角有人跡, 而牆高, 非人所踰」充乃取女左右考問, 卽以狀對. 充祕之, 以女妻壽.

【韓壽】자는 德眞. 賈充이 발탁하여 掾으로 삼고 賈午의 딸을 주어 장가를 들일 정도로 아꼈음. 散騎常侍와 河南尹을 지냄.

【賈充】자는 公閭(217~282). 賈逵의 아들. 西晉 초에 司空, 侍中, 尙書令, 太尉 등을 지냄.《晉律》을 제정한 인물.《晉書》(40)에 전이 있음. 그의 딸은 賈午였음.

【靑璅】푸른 색의 옥돌에 連環 무늬를 넣어 만든 창문.

【晉武帝】司馬炎. 晉나라 첫 황제. 武帝. 재위 26년(265~290). 司馬昭의 長子. 자는 安世. 咸熙 2年(265)에 魏나라로부터 禪讓의 형식으로 나라를 이어받아 洛陽에 晉나라를 세움. 묘호는 世祖.《晉書》(3)에 紀가 있음.

【陳騫】자는 林淵(212~292). 陳本의 아우. 尙書郎, 中山太守, 安平太守 등을 역임하였으며 征南大將軍을 거쳐 郯侯에 봉해짐. 晉 武帝가 나라를 세우자 車騎將軍을 거쳐 高平郡公에 봉해졌으며 太尉, 大司馬를 역임함.《晉書》(35)에 전이 있음.

1.《晉諸公贊》및 劉孝標 注

『晉諸公贊曰:「壽字德眞, 南陽堵陽人. 曾祖暨, 魏司徒, 有高行.」壽敦家風,
性忠厚, 豈有若斯之事? 諸書無聞, 唯見世說, 自未可信.』

2.《十洲記》

漢武帝時, 西域月氏國王遣使獻香四兩, 大如雀卵, 黑如桑椹; 燒之, 芳氣經三月不歇.

3. 劉孝標 注

『敦子謂與韓壽通者, 乃是陳騫女, 卽以妻壽, 未婚而女亡,. 壽因取賈氏, 故世因
傳是充女.』

1125(35-6)

왕안풍(王安豐, 王戎)의 부인은 남편을 언제나 경卿이라 불렀다. 안풍은
이렇게 말하였다.

"부인이 남편을 경이라 부르는 것은 예로 보아 공경하는 뜻이 아니오.
이후로 그리 부르지 마오."

부인은 오히려 이렇게 말하는 것이었다.

"내가 아끼는 경, 사랑하는 경, 내가 경을 경이라 부르지 않으면 누가
경을 경이라 부르리까?"

이에 안풍은 계속 그 소리를 용납할 수밖에 없었다.

王安豐婦, 常卿安豐.

安豐曰:「婦人卿壻, 於禮爲不敬, 後勿復爾」

婦曰:「親卿愛卿, 是以卿卿; 我不卿卿, 誰當卿卿?」
遂恆聽之.

【王安豐】王戎. 자는 濬沖(234~305). 王綏의 아버지이며 安豐縣侯를 역임함.
성격이 인색하였으며 禮敎에 얽매이지 않았음. 阮籍, 山濤, 向秀, 阮咸, 嵇康,
劉伶과 더불어 '竹林七賢'으로 불렸음.《晉書》(43)에 전이 있음.
【卿】원래는 관직 이름이나 남북조 때 상대를 높여 부르는 호칭이 되었음.

1126(35-7)

왕승상(王丞相, 王導)에게 사랑하는 첩이 있었는데 성이 뇌씨雷氏였다.
자못 정사政事에 간여하여 뇌물을 받아들였다. 채공(蔡公, 蔡謨)은 그를
'뇌상서雷尙書'라 불렀다.

王丞相有幸妾, 姓雷, 頗預政事·納貨. 蔡公謂之「雷尙書」.

【王丞相】王導(276~339). 자는 茂弘. 어릴 때 자는 阿龍. 王敦의 從弟. 서진이
망하자 王敦과 함께 司馬睿를 황제로 추대하여 東晉을 세움. 그 공으로
丞相이 되었으며 號를 '仲父'라 하였음. 천하의 권세를 잡아 당시 "王與馬,
共天下"라 하였음. 元帝와 明帝, 成帝를 차례로 즉위시켰음. 아울러 남방
세족의 도움으로 강남에서의 동진 정권을 안정시킴.《晉書》(65)에 전이 있음.
【蔡公】蔡謨(281~356). 자는 道明. 蔡克의 아들. 侍中을 거쳐 康帝 때 侍中
司徒에 오름. 시호는 文穆.《晉書》(77)에 전이 있음. 濟陽男에 봉해짐.
【雷尙書】뇌씨에 의해 벼슬하는 상서라는 뜻.

36. 구극仇隙

총 8장 (1127-1134)

'구극仇隙'이란 서로 아끼던 사이가 원수처럼 틈이 생겨 원한과 분노를 갖게 됨을 말한다. 본 편은 이러한 이야기들을 모아 적은 것이다. 양용楊勇 〈교전校箋〉에 "仇隙, 謂怨憤嫌隙也"라 하였다.

총 8장이다.

"옛일을 기억하고 있는가?" 1127 참조.

손수孫秀는 석숭石崇이 자기에게 녹주綠珠라는 미녀를 주지 않은 것과, 반악潘岳이 옛날 자기에게 무례하게 굴었던 것에 대해 심히 원한을 가지고 있었다. 뒤에 손수가 중서령中書令이 되었을 때 반악이 중서성 안에서 손수를 만나 이렇게 불렀다.

"손령(孫令, 孫秀)! 그대는 옛날 서로 사귀었던 것을 기억하십니까?"

그러자 손수는 이렇게 대꾸하였다.

"깊이 간직하고 있소. 잊을 날이 있겠소?"

반악은 이에 비로소 헤어날 길이 없음을 알았다. 뒤에 결국 손수는 석숭과 구양견석(歐陽堅石, 歐陽建)을 잡아들였는데 같은 날에 반악도 잡혀왔다.

석숭은 먼저 형장에 이르도록 반악이 잡혀온 줄 몰랐다. 반악이 뒤에 형장에 이르자 석숭이 반악에게 물었다.

"안인(安仁, 潘岳), 그대도 역시 이 지경에 이르렀나?"

그러자 반악은 이렇게 대답하였다.

"'흰 머리로 함께 돌아간다白首同所歸'라고 하지 않았소?"

일찍이 반악이 석숭의 《금곡집시金谷集詩》에 "석숭 같은 친구에게 뜻을 합치니 흰머리가 되어 함께 돌아가리라"라는 글을 실었는데 그것이 결국 참讖이 되고 말았다.

孫秀旣恨石崇不與綠珠, 又憾潘岳昔遇之不以禮; 後秀 爲中書令, 岳省內見之, 因喚曰:「孫令, 憶疇昔周旋不?」

秀曰:「『中心藏之, 何日忘之?』」

岳於是始知必不免.

後收石崇·歐陽堅石, 同日收岳. 石先送市, 亦不相知.

潘後至, 石謂潘曰:「安仁, 卿亦復爾邪?」

潘曰:「可謂『白首同所歸』」

潘〈金谷集詩〉云:「投分寄石友, 白首同所歸」

乃成其讖.

【孫秀】자는 俊忠(?~301). 趙王 司馬倫에게 발탁되어 그를 도와 난을 일으켰
다가 참살당함.

【石崇】자는 季倫(249~300). 어릴 때의 자는 齊奴. 修武令, 城陽太守 등을
지냈으며 吳나라를 벌한 공으로 安陽鄕侯에 봉해짐. 뒤를 이어 散騎常侍,
侍中, 荊州刺史 등을 역임하였으며 당시 최고의 부자로 河南에 金谷園을
지어 온갖 사치와 부를 누렸던 인물. 특히 羊琇, 王愷 등과 사치를 다툰
일화로도 유명함. 潘岳 등과 賈后, 賈謐을 모함하였으며 다시 淮南王(司馬允),
齊王(司馬冏)과 결탁하였다가 趙王(司馬倫)에게 참살당함. 《晉書》(33)에 전이
있음.

【綠珠】石崇의 妓女 중에 미색이 뛰어난 여자.

【潘岳】자는 安仁(247~300). 文學에 뛰어났던 인물. 〈悼亡詩〉로 유명함. 《文選》
(23·57) 참조. 《晉書》(55)에 전이 있음. 潘岳의 아버지 文德이 琅邪太守였을
때 孫秀는 그의 小吏였는데 당시 潘岳은 그를 멸시하였음.

【歐陽堅石】歐陽建(?~304). 석숭의 外族으로 馮翊太守를 지냄.

【金谷集】石崇의 별장이 金谷園(洛陽 동북 교외)이었는데 이곳에서 잔치하며
지은 시들을 모은 문집. 潘岳의 시는 《文選》(20)에도 실려 있음.

【金谷集詩】《文選》·《太平御覽》(586) 등에도 실려 있음.

【讖】詩讖. 미리 읊었던 내용이 불행하게 현실로 나타남.

참고 및 관련 자료

1. 《晉紀》干寶

石崇有妓人綠珠, 美而工笛, 孫秀使人求之. 崇別館北邙下, 方登涼觀, 臨淸水,
使者以告; 崇出其婢妾數十人以示之, 曰:「任所以擇」使者曰:「本受命者, 指綠

珠也. 未識孰是?」崇勃然曰:「綠珠, 吾所愛. 不可得也!」使者曰:「君侯博古知今, 察遠照邇, 願加三思.」崇不然. 使者已出又反, 崇竟不許.

2.《晉書》王隱

岳父文德, 爲琅邪太守, 孫季爲小吏給使, 岳數蹴蹋秀, 而不以人遇之也.

3.《晉陽秋》

歐陽建字堅石, 渤海人. 有才藻, 時人爲之語曰:「渤海赫赫, 歐陽堅石」初, 建爲馮翊太守, 趙王倫爲征西將軍, 孫秀爲腹心, 撓亂關中, 建每匡正, 由是有隙.

4.《晉書》王隱

石崇·潘岳與賈謐相友善, 及謐廢, 懼終見危, 與淮南王謀誅倫, 事泄, 收崇及親昔以上皆斬之. 初, 岳母誡岳以止足之道, 及收, 與母別曰:「負阿母!」崇家河北, 收者至. 曰:「吾不過流, 徙交, 廣耳.」及車載東市, 始歎曰:「奴輩利吾家之財」收崇人曰:「知財爲害, 何不蚤散?」崇不能答.

5.《語林》

潘·石同刑東市, 石謂潘曰:「天下殺英雄, 卿復何爲?」潘曰:「俊士塡溝壑, 餘波來及人!」

1128(36-2)

유여劉璵 형제는 젊을 때 왕개王愷로부터 많은 미움을 샀다. 한번은 왕개가 이들 형제를 불러 밤을 새우자 하여 몰래 처치해버릴 생각이었다. 그래서 구덩이를 파도록 시켜 완성되자 집어넣고 곧 묻을 참이었다.

석숭石崇은 평소 유여·유곤劉琨 형제와 친하였는데 이들이 왕개의 집에 가서 잔다는 소식을 듣자 변고가 생길 것이라 예상하고 밤새도록 뛰어 달려와서 유여 형제가 있는 곳을 물었다.

왕개는 더 이상 숨길 수가 없음을 눈치 채고는 할 수 없이 이렇게 말하였다.

"뒤채에서 자고 있소."

석숭은 곧 달려 들어가 이들을 끌어내어 수레에 싣고 떠나면서 이렇게 나무랐다.

"젊은 나이에 어찌 경솔하게 남의 집에서 자는고?"

劉璵兄弟, 少時爲王愷所憎, 嘗召二人宿, 欲默除之;
令作阮, 阮畢, 垂加害矣. 石崇素與璵·琨善, 聞就愷宿,
知當有變, 便夜往詣愷. 問二劉所在? 愷卒迫不得諱,
答云:「在後齋中眠.」

石便徑入, 自牽出, 同車而去.

語曰:「少年, 何以輕就人宿?」

【劉璵】《晉書》에는 劉輿로 되어 있음. 字는 慶孫. 劉琨의 형. 한때 東海王
　　(司馬越)의 左長史를 지냄. 형제가 평소 孫秀를 경멸하였는데 趙王(司馬倫)이
　　찬위하여 손수가 득세하자 면직당함. 뒤에 齊王(司馬冏)을 보좌하여 中書
　　侍郎, 散騎常侍 등을 역임함. 《晉書》(62)에 전이 있음.
【劉琨】자는 越石(270?~318). 中山 사람으로 '文章二十四友'로 알려짐. 북방
　　출신으로 八王之亂 때 趙王倫·齊王冏·東海王越 을 섬겼으며, 懷帝 때
　　司空과 都督을 배수받음. 石勒에게 패하여 幽州刺史 鮮卑族 匹磾에게 투항,
　　함께 다시 晉室을 부흥시킬 것을 모의하였으나 그의 참언으로 王敦의 밀사
　　에게 죽음. 죽은 후 侍中·太尉를 추증받았으며 시호는 '愍'. 《晉書》(62)에
　　전이 있음.
【王愷】자는 君夫. 王肅의 아들이며 晉 武帝의 외삼촌. 晉 文王(司馬昭)의 처제.
　　왕족의 외척으로 부를 누렸으며 山都縣公, 龍驤將軍, 散騎常侍, 後軍將軍 등을
　　지냈으며 방자함과 사치를 일삼았다 함. 시호는 醜. 《晉書》(93)에 전이 있음.
【石崇】자는 季倫(249~300). 어릴 때의 자는 齊奴. 修武令, 城陽太守 등을
　　지냈으며 吳나라를 벌한 공으로 安陽鄕侯에 봉해짐. 뒤를 이어 散騎常侍,

侍中, 荊州刺史 등을 역임하였으며, 당시 최고의 부자로 河南에 金谷園을 지어 온갖 사치와 부를 누렸던 인물. 특히 羊琇, 王愷 등과 사치를 다툰 일화로도 유명함. 潘岳 등과 賈后, 賈謐을 모함하였으며 다시 淮南王(司馬允), 齊王(司馬冏)과 결탁하였다가 趙王(司馬倫)에게 참살당함. 《晉書》(33)에 전이 있음.

参考 및 관련 자료

1. 《晉紀》鄧粲
琨與兄璵俱知名, 遊權貴之門, 當世以爲豪傑.

1129(36-3)

왕대장군(王大將軍, 王敦)이 사마민왕(司馬愍王, 司馬承)을 잡아, 밤을 틈타 세장 (世將, 王廙)에게 시켜 수레에 싣고 가다가 죽여 버리도록 하였다.

당시 누구도 그 사실을 몰랐다. 민왕의 집안에서도 이를 알지 못하였고 당시 민왕의 아들 무기(無忌, 司馬無忌) 형제도 모두 어렸다.

뒤에 세장의 아들 왕호지王胡之와 무기가 서로 자라서 아주 친한 사이가 되었다. 왕호지가 일찍이 무기와 놀러 나가기로 하자, 무기는 어머니에게 고하여 좋은 음식을 많이 싸달라고 하였다. 이에 어머니는 울면서 이렇게 말하였다.

"옛날 왕돈王敦은 무참하게도 너의 아버지를 죽였단다. 그것은 곧 세장을 시켜서 하였던 짓이란다. 내가 오랫동안 너희에게 이 일을 알리지 않은 것은 왕씨의 집안은 호강豪彊하고 너희들은 아직 어려서 공연히 일을 들추어내어 화를 자초하면 어쩌나 해서였을 뿐이다!"

무기는 이 소리를 듣자 놀라서 소리를 지르며 칼을 뽑아 달려나갔지만 왕호지는 이미 멀리 떠난 후였다.

王大將軍執司馬愍王, 夜遣世將載王於車而殺之, 當時
不盡知也. 雖愍王家, 亦未之皆悉; 而無忌兄弟皆稚. 王胡
之與無忌, 長甚相暱, 胡之嘗共遊, 無忌入告母,請爲饌.

母流涕曰:「王敦昔肆酖汝父, 假手世將; 吾所以積年
不告汝者, 王氏門彊, 汝兄弟尙幼, 不欲使此聲箸, 蓋以
避禍耳!」

無忌驚號, 抽刃而出, 胡之去已遠.

【王大將軍】王敦(266~324). 자는 處仲. 어릴 때는 阿黑이라 부름. 王含의
아우이며 王導의 종제. 西晉 武帝의 딸 舞陽公主와 결혼함. 八王之亂 때
공을 세워 散騎常侍, 侍中, 靑州刺史, 鎭東大將軍 등을 지냄. 西晉이 망하자
司馬睿를 옹립하여 황제로 삼음. 뒤에 東晉 明帝 太寧 2年(324) 반란을 일으
켰다가 주살됨.《晉書》(98)에 전이 있음.
【司馬愍王】司馬承, 혹은 司馬丞이라고도 표기함(264~322). 자는 敬才, 혹은
元敬. 司馬懿의 동생인 司馬進의 손자. 東晉 元帝 때 譙王에 봉해졌다가
湘州刺史를 지냈으며, 王敦의 정권 농단을 규탄하다가 그에게 죽음. 시호는
愍王(閔王).
【世將】王廙. 자는 世將. 王敦의 從弟. 平南將軍과 荊州刺史를 지냄.
【無忌】司馬無忌. 愍王(司馬承)의 아들.
【王胡之】王胡之. 자는 脩齡(?~349, 혹 ?~364?). 낭야 王氏로 王廙의 둘째
아들이며, 王和之의 아버지. 吳興太守, 侍中, 司州刺史 등을 지냈으며, 石虎
(十六國 중의 後趙)가 죽자 西中郞將이 됨.《晉書》王廙傳 참조.

1.《晉陽秋》

司馬承字元敬, 譙王遜子也. 爲中宗湘州刺史, 路過武昌, 王敦與燕會, 酒酣,
謂承曰:「大王篤實佳士 非將御之才」對曰:「焉知鈆刀不能一割乎?」敦將謀逆,
召承爲軍司馬, 承歎曰:「吾其死矣! 地荒民鮮, 勢孤援絶. 赴君難, 忠也; 死王事,
義也; 死忠與義, 又何求焉?」乃馳檄諸郡赴義. 敦遣從母弟魏乂攻承; 王廙
使賊迎之, 薨於車. 敦旣滅, 追贈車騎將軍, 謚曰愍王.

2.《王廙別傳》

廙字世將. 祖覽·父正. 廙高朗豪率. 王導·庾亮遊于石頭, 會廙至, 爾日迅風飛驟,
廙倚船樓長嘯, 神氣甚逸. 導謂亮曰:「世將爲復識事」亮曰:「正是舒其逸耳.」
性倨傲, 不合己者面拒之, 故爲物所疾. 加平南將軍, 薨.

3.《無忌別傳》

無忌字公壽, 承子也. 才器兼濟, 有文武幹. 襲封譙王, 衛軍將軍.

4.《司馬氏譜》

承娶南陽趙氏女.

1130(36-4)

응진남(應鎭南, 應詹)이 형주荊州자사가 되어 부임하려 나섰다. 이때 왕세장
王世將의 아들 왕수재(王修載, 王耆之)와 초왕(譙王, 司馬承)의 아들 무기(無忌,
司馬無忌)도 신정新亭에 이르러 그를 송별해 주고자 함께 나타났다. 자리에
빈객이 매우 많았는데, 원수 사이인 이들 두 사람이 함께 와 있는 줄
모르고 어떤 자가 이렇게 말을 하였다.

"초왕 사마승司馬承이 화禍를 입은 것은 결코 대장군 왕돈王敦의 뜻이 아니었다. 이는 바로 왕평남(王平南, 王廙) 스스로 저지른 것이었다."

사마무기는 이 사실을 듣자 직병참군直兵參軍의 칼을 빼앗아 왕평남(世將)의 아들 왕수재를 찌르려 달려들었다. 왕수재는 급한 김에 물로 뛰어들었다가 배를 타고 지나가는 사람에게 구조되어 화를 면하였다.

應鎮南作荊州, 王修載·譙王子無忌同至新亭與別, 坐上
賓甚多, 不悟二人俱到.

有一客道:「譙王承致禍, 非大將軍意, 正是平南所爲耳」

無忌因奪直兵參軍刀, 便欲斫. 修載走投水, 舸上人接取,
得免.

【應詹】자는 思遠(274~326). 應璩의 손자로 趙王(司馬倫)과 成都王(司馬穎)의
掾이 王敦이 建康을 공격할 때 明帝가 그로 하여금 朱雀橋에서 방어토록
하였음. 그 공으로 觀陽縣侯에 봉해졌으며 江州刺史, 鎮南將軍 등을 지냄.
《晉書》(70)에 전이 있음.

【王修載】王世將(司馬丞을 죽임)의 아들.

【無忌】司馬無忌. 아버지인 司馬丞(承)을 이어 譙王을 습봉함.

【新亭】정자 이름. 地名.

【王敦】자는 處仲(266~324). 어릴 때는 阿黑이라 부름. 王舍의 아우이며
王導의 종제. 西晉 武帝의 딸 舞陽公主와 결혼함. 八王之亂 때 공을 세워
散騎常侍, 侍中, 靑州刺史, 鎮東大將軍 등을 지냄. 西晉이 망하자 司馬睿를
옹립하여 황제로 삼음. 뒤에 東晉 明帝 太寧 2年(324) 반란을 일으켰다가
주살됨. 《晉書》(98)에 전이 있음.

【王平南】王世將. 王廙. 王修載의 아버지. 平南將軍을 지냄.

【直兵參軍】당시 호위군. 경비 업무를 맡은 어떤 병사.

1.《晉書》王隱

應詹字思遠, 汝南南頓人, 璩孫也. 爲人弘長有淹度, 飾之以文才. 司徒何劭歎曰:
「所謂文質之士!」累遷江州刺史·鎭南將軍.

2. 이 일은 앞장(1129[36~3])과 내용이 연결되어 있다. 그러나 이미 어머니가
이 사실을 아들들에게 고하였는데, 똑같은 사실이 다시 알려져 싸움이 벌어진
것에 대해 劉孝標의 注에는 이렇게 의심을 표시하고, 褚裒와의 사건이 아닌가
여기고 있다.

『中興書曰:「褚裒爲江州, 無忌於坐拔刀斫耆之, 裒與桓景共免之. 御史奏無忌
欲專殺害, 認以贖論.」前章旣言無忌母告之, 而此章復云客敍其事; 且王廙子
害司馬承, 遠週共悉, 脩齡兄弟, 豈容不知? 法盛之言, 皆實錄也.』

3.《晉書》司馬無忌傳

江州刺史褚裒當之鎭, 無忌及丹陽尹桓景等餞於版橋, 時王廙子丹陽丞耆之在坐,
無忌志欲復讎. 拔刀將手刃之, 裒·景命左右救捍, 獲免; 御史中丞車灌奏無忌
欲專殺人, 成帝詔聽以贖論.

1131(36-5)

　　왕우군(王右軍, 王羲之)은 평소에 남전(藍田, 王述)을 경멸하였다. 남전이 만년에
명성을 얻게 되자 우군은 더욱 마음이 괴로웠다. 남전이 회계會稽에 있을
때 친상親喪을 당하였는데 산음山陰에서 치상을 하고 있었다.

　　왕우군이 남전의 뒤를 이어 회계내사가 되어 있었으므로 여러 차례
문상을 가겠노라 하면서도 끝내 가지를 않다가 나중에 그 문에 이르러
스스로 통보하고는 주인이 이미 곡을 마쳤는데도 그 앞에도 가보지 않고
떠나는 등 능욕이 심하였다.

이리하여 서로의 원한은 점점 심해졌다. 뒤에 남전이 양주자사揚州刺史가 되었고 왕우군은 그의 관할인 회계내사로 그대로 있었다. 왕우군은 이 소식을 듣고 참군參軍을 조정에 보내어 회계군을 나누어 월주越州를 설치해 달라고 요구하였다. 심부름하는 자가 그 뜻을 제대로 달성하지 못하여 그만 사람들에게 큰 웃음거리만 되고 말았다.

남전은 뒤에 몰래 종사從事를 왕우군이 있는 회계군에 보내어 그의 비리를 캐오게 하였다. 이전부터 왕우군에게 원한이 있었으므로 이에 스스로 갈 길을 알아서 결정하라는 압력이었다. 왕우군은 끝내 병을 핑계로 그 군을 떠나야 했으며 분함을 풀지 못한 채 죽었다.

王右軍素輕藍田, 藍田晚節論譽轉重, 右軍尤不平. 藍田
於會稽丁艱, 停山陰治喪; 右軍代爲郡, 屢言出弔, 連日不果.
後詣門自通, 主人旣哭, 不前而去, 以陵辱之. 於是彼此嫌
隙大構. 後藍田臨揚州, 右軍尙在郡; 初得消息, 遣一參軍
詣朝廷, 求分會稽爲越州; 使人受意失旨, 大爲時賢所笑.
藍田密令從事數其郡諸不法, 以先有隙, 令自爲其宜. 右軍
遂稱疾去郡, 以憤慨致終.

【王右軍】王羲之(303~361, 혹은 309~365, 321~379). 자는 逸少. 어릴 때 이름은
虎犢. 王曠의 조카. 어려서는 訥言하였으나 뒤에 정치와 예술에 큰 업적을
남김. 특히 글씨에 뛰어나 書聖으로 추앙받았음. 右軍將軍, 會稽內史, 臨川
太守 등을 지냈음. 山陰道士와 《道德經》 글씨를 거위와 바꾼 고사를 남겼
으며 그 외에 작품으로 〈蘭亭集序〉·〈樂毅論〉·〈黃庭經〉·〈東方朔畫讚〉·
〈姨母〉·〈初月〉·〈憂懸〉·〈喪亂〉 등을 남김. 《晉書》(80)에 전이 있음. 王右軍,
王逸少, 王羲之 등으로 불림. 그 아들 王獻之와 함께 글씨에 뛰어나 '二王'
이라 함.

【藍田】王述. 자는 懷祖(303~368). 王承의 아들이며 王坦之의 아버지. 고아가
되어 어머니를 극진히 모심. 아버지를 이어 藍田侯에 봉해졌으며 宛陵令,
臨海太守, 建威將軍, 會稽內史, 揚州刺史, 征虜將軍 등을 역임함. 청렴하기로
이름이 널리 알려졌음. 《晉書》(75)에 전이 있음.

참고 및 관련 자료

1.《中興書》

羲之與述志尙不同, 而兩不相能. 述爲會稽, 艱居郡境, 王羲之後爲郡, 申尉而已,
初不重詣, 述深以爲恨. 喪除, 徵拜揚州, 就徵, 周行郡境, 而不歷羲之. 臨發,
一別而去. 羲之初語其友曰:「王懷祖免喪, 正可當尙書, 投老可得爲僕射, 更望
會稽, 便自邈然?」述旣顯授, 又檢校會稽郡, 求其得失, 主者疲於課對. 羲之
恥慨, 遂稱疾去郡, 於父母墓前自誓不復仕. 朝廷以其誓苦, 不復徵也.

2.《晉書》王羲之傳

及述蒙顯授, 羲之恥爲之下. 旣而內懷愧歎, 謂其諸子曰:「吾不減懷祖, 而位
遇懸邈, 當由汝等不及坦之故邪!」

1132(36-6)

왕동정(王東亭, 王珣)과 왕효백(王孝伯, 王恭)이 서로 대화를 하면서 점점
의견이 엇갈렸다. 참다못한 왕효백이 왕동정에게 이렇게 비꼬았다.

"경의 뜻은 더 이상 어떻게 추측할 수도 없는 지경으로 가는군!"

그러자 왕동정은 이렇게 대꾸하였다.

"옛날 왕릉王陵과 여후呂后 사이에 조정에서 쟁론이 벌어지자 진평陳平은
끝내 침묵을 지키면서 다만 그 결과가 어떻게 될 것인가만 물었소."

王東亭與孝伯語, 後漸異.

孝伯謂東亭曰:「卿便不可復測!」

答曰:「王陵廷爭, 陳平從默, 但問克終云何耳.'

【王東亭】王珣(349~400). 자는 元琳. 어릴 때의 자는 法護, 혹은 阿瓜(阿爪). 王洽(敬和)의 아들이며 王導의 손자. 王珉(僧彌)의 형. 安帝 때 尙書令, 散騎常侍 등을 역임함. 東亭侯에 봉해짐. 《晉書》(65)에 전이 있음.

【王孝伯】王恭. 자는 孝伯(?~398). 王蘊의 아들이며 王爽의 형. 王濛의 손자. 安帝의 처남. 太原 王氏. 著作郞·祕書丞·吏部郞 등을 지냄. 뒤에 난을 일으켰다가 피살됨. 《晉書》(84)에 전이 있음.

【王陵】漢初의 인물(?~B.C.181). 劉邦을 도와 起兵하여 安國後에 봉해짐. 呂后가 呂氏를 왕으로 삼으려 하자 이에 반대하였다가 좌천됨.

【呂后】漢 高祖 劉邦의 아내. 惠帝가 죽자 呂后天下를 만든 인물.

【陳平】漢初의 인물(?~B.C.178). 처음 項羽를 따라 起兵하였으나 뒤에 劉邦에게 복속, 曲逆後에 봉해졌다가 左丞相에 오름. 뒤에 周勃 등과 呂后를 간하고 文帝를 세움. 《史記》(56)·《漢書》(40)에 傳이 있음. 이 사건은 《史記》呂太后紀를 볼 것.

참고 및 관련 자료

1. 《漢書》 卷40

呂后欲王諸呂, 問右相王陵, 以爲不可. 問左丞相陳平, 平曰:「可.」陵出讓平. 平曰:「面折廷事, 臣不如君; 全社稷, 定劉氏, 君不如臣.」

2. 《晉書》安帝紀

初, 王恭赴山陵, 欲斬國寶; 王珣固諫之, 乃止. 旣而恭謂珣曰:「比日視君, 一似胡廣.」珣曰:「王陵廷爭, 陳平從默, 但問克終如何也.」

1133(36-7)

왕효백(王孝伯, 王恭)이 사형을 당해 그 머리를 대항大桁의 거리에 걸어
놓았다. 사마태부(司馬太傅, 司馬道子)가 수레를 명하여 타고 나가 그 자리에
이르러 한참 노려보면서 이렇게 말하였다.
"그대는 왜 나를 노려보고 있어. 나를 죽이고 싶지?"

王孝伯死, 縣其首於大桁.
司馬太傅命駕出至標所, 熟視首, 曰:「卿何故趣, 欲殺
我邪?」

【王孝伯】王恭. 자는 孝伯(?~398). 王蘊의 아들이며 王爽의 형. 王濛의 손자.
安帝의 처남. 太原 王氏. 著作郎·祕書丞·吏部郎 등을 지냄. 뒤에 난을 일으
켰다가 피살됨.《晉書》(84)에 전이 있음. 그의 사형에 대해서는《晉陽秋》의
기록을 참조할 것.
【大桁】東晉의 서울 建康의 남쪽 큰 거리.
【司馬太傅】司馬道子. 자는 道子(364~402). 흔히 司馬孝文王으로 불림. 簡文帝
의 다섯째 아들. 文孝王으로도 불림. 10살에 琅琊王에 봉해졌다가 다시
會稽王에 봉해졌음. 孝武帝 때 司徒·揚州刺史·太子太傅를 역임하였으며,
安帝 때 侍中, 太傅, 丞相을 역임함. 그러나 그 아들과 정권을 농단하며
소인을 믿다가 王恭과 孫恩, 桓玄의 공격을 받아 주살 당함.《晉書》(64)에
전이 있음.
【標所】標木으로 梟首의 자리를 표시한 위치.
【卿何故趣, 欲殺我邪】〈三民本〉의 풀이를 따랐으며, 다른 해석본에는 대체로
'너는 어찌 그리 나를 급히 죽이려 했던가?'로 되어있음.

참고 및 관련 자료

1.《續晉陽秋》

王恭深懼禍難, 抗表起兵. 於是遣左將軍謝琰討恭; 恭敗, 走曲阿, 爲湖浦尉所擒. 初, 道子與恭善, 欲載出都, 面相折數. 聞西軍之逼, 乃令於兒瞱斬之, 梟首於東桁也.

2.《晉書》王恭傳

恭送京師, 道子聞其將至, 欲出與語, 面折之, 而未之殺也. 時桓玄等已至石頭, 懼其有變, 卽於建康之倪塘斬之.

3.《方輿紀要》(20)

倪塘在上元縣東南二十五里.

1134(36-8)

환현桓玄이 왕위 찬탈을 꿈꾸자 환수桓修는 환현이 자신의 어머니를 방문하러 온 틈을 타서 죽여 버릴 생각이었다. 이에 어머니 유부인庾夫人은 이렇게 말하였다.

"너희들은 가까이 지내거라. 그리하여 나의 남은 여생을 편하게 해다오. 환현은 내가 길렀다. 이런 일이 벌어지는 것은 차마 볼 수 없다."

桓玄將簒, 桓修欲因玄在修母許襲之.

庾夫人云:「汝等近, 過我餘年; 我養之, 不忍見行此事」

【桓玄】자는 敬道(369~404). 大司馬 桓溫의 막내아들. 南郡公에 봉해졌음. 劉裕의 기병에 맞섰다가 建康에서 참수당함.《晉書》(99)에 전이 있음. 譙國 龍亢人. 대사마 桓溫의 少子이며 아버지를 이어 남군공이 됨. 東晉 安帝 元興 2年(403) 황제를 칭하였음.

【桓修】桓脩로도 표기하며 桓沖의 아들. 桓玄의 從兄弟.

【庾夫人】桓沖의 처. 靈寶(桓玄의 어릴 때 字)를 자식처럼 키움. 庾蔑의 딸로 자는 姚.

참고 및 관련 자료

1.《桓氏譜》

桓沖後娶潁川庾蔑女, 字姚.

2.《晉書》安帝紀

修少爲玄所侮, 言論常鄙之, 修深憾焉, 密有圖玄之意. 修母曰:「靈寶視我如母, 汝等何忍骨肉相圖?」修乃止.

부록 I.

兩漢, 三國, 晉, 南朝 世系表

〈1〉 西漢世系圖(B.C.202-A.D.8年)

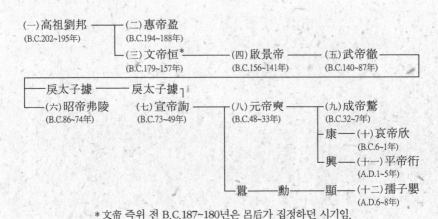

(一)高祖劉邦 ── (二)惠帝盈
(B.C.202~195年)　　(B.C.194~188年)

└ (三)文帝恒* ── (四)啟景帝 ── (五)武帝徹
(B.C.179~157年)　　(B.C.156~141年)　　(B.C.140~87年)

戾太子據 ── 戾太子據
└ (六)昭帝弗陵　　(七)宣帝詢 ── (八)元帝奭 ── (九)成帝鶩
(B.C.86~74年)　　(B.C.73~49年)　　(B.C.48~33年)　　(B.C.32~7年)

康 ── (十)哀帝欣
(B.C.6~1年)

興 ── (十一)平帝衎
(A.D.1~5年)

囂 ── 勳 ── 顯 ── (十二)孺子嬰
(A.D.6~8年)

* 文帝 즉위 전 B.C.187~180년은 呂后가 집정하던 시기임.

〈2〉 東漢世系圖(25-220年)

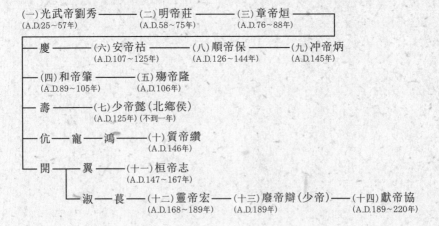

(一)光武帝劉秀 ── (二)明帝莊 ── (三)章帝炟
(A.D.25~57年)　　(A.D.58~75年)　　(A.D.76~88年)

慶 ── (六)安帝祐 ── (八)順帝保 ── (九)沖帝炳
(A.D.107~125年)　　(A.D.126~144年)　　(A.D.145年)

(四)和帝肇 ── (五)殤帝隆
(A.D.89~105年)　　(A.D.106年)

壽 ── (七)少帝懿(北鄉侯)
(A.D.125年) (不到一年)

伉 ── 寵 ── 鴻 ── (十)質帝纘
(A.D.146年)

開 ── 翼 ── (十一)桓帝志
(A.D.147~167年)

淑 ── 萇 ── (十二)靈帝宏 ── (十三)廢帝辯(少帝) ── (十四)獻帝協
(A.D.168~189年)　　(A.D.189年)　　(A.D.189~220年)

〈3〉 三國世系圖(220-265年)

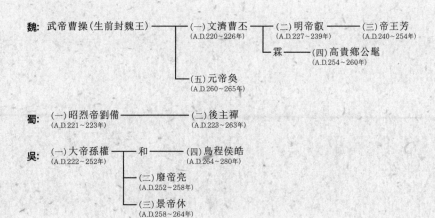

魏: 武帝曹操(生前封魏王) ─── (一)文濟曹丕 ─── (二)明帝叡 ─── (三)帝王芳
　　　　　　　　　　　　　　　(A.D.220~226年)　　　(A.D.227~239年)　　　(A.D.240~254年)
　　　　　　　　　　　　　　　　　　　　　　　　　霖 ─── (四)高貴鄉公髦
　　　　　　　　　　　　　　　　　　　　　　　　　　　　　(A.D.254~260年)
　　　　　　　　　　　　　　　(五)元帝奐
　　　　　　　　　　　　　　　(A.D.260~265年)

蜀: (一)昭烈帝劉備 ─── (二)後主禪
　　　　(A.D.221~223年)　　　(A.D.223~263年)

吳: (一)大帝孫權 ─── 和 ─── (四)烏程侯皓
　　　　(A.D.222~252年)　　　　　(A.D.264~280年)
　　　　　　　　　　(二)廢帝亮
　　　　　　　　　　(A.D.252~258年)
　　　　　　　　　　(三)景帝休
　　　　　　　　　　(A.D.258~264年)

三國興亡表

國名	建國年	國君	都　城	滅亡年	國君	滅　亡
魏	220年	曹丕	洛　陽	265年	曹奐	晉武帝司馬炎에게
蜀	221年	劉備	成　都	263年	劉禪	魏大將司馬昭에게
吳	229年	孫權	建業(今南京)	280年	孫皓	晉武帝司馬炎에게

〈4〉 西晉世系圖(265-317年)

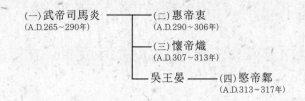

(一)武帝司馬炎 ─── (二)惠帝衷
(A.D.265~290年)　　　(A.D.290~306年)
　　　　　　　　　　(三)懷帝熾
　　　　　　　　　　(A.D.307~313年)
　　　　　　　　　　吳王晏 ─── (四)愍帝鄴
　　　　　　　　　　　　　　　　(A.D.313~317年)

〈5〉 東晉世系圖(317-420年)

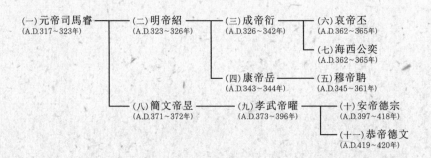

(一) 元帝司馬睿
(A.D.317~323年)

(二) 明帝紹
(A.D.323~326年)

(三) 成帝衍
(A.D.326~342年)

(六) 哀帝丕
(A.D.362~365年)

(七) 海西公奕
(A.D.362~365年)

(四) 康帝岳
(A.D.343~344年)

(五) 穆帝聃
(A.D.345~361年)

(八) 簡文帝昱
(A.D.371~372年)

(九) 孝武帝曜
(A.D.373~396年)

(十) 安帝德宗
(A.D.397~418年)

(十一) 恭帝德文
(A.D.419~420年)

〈6〉 南朝世系圖(420-589年)

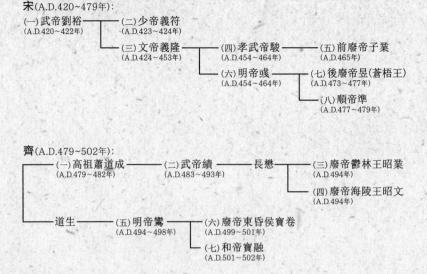

宋(A.D.420~479年):

(一) 武帝劉裕
(A.D.420~422年)

(二) 少帝義符
(A.D.423~424年)

(三) 文帝義隆
(A.D.424~453年)

(四) 孝武帝駿
(A.D.454~464年)

(五) 前廢帝子業
(A.D.465年)

(六) 明帝彧
(A.D.454~464年)

(七) 後廢帝昱(蒼梧王)
(A.D.473~477年)

(八) 順帝準
(A.D.477~479年)

齊(A.D.479~502年):

(一) 高祖蕭道成
(A.D.479~482年)

(二) 武帝績
(A.D.483~493年)

長懋

(三) 廢帝鬱林王昭業
(A.D.494年)

(四) 廢帝海陵王昭文
(A.D.494年)

道生

(五) 明帝鸞
(A.D.494~498年)

(六) 廢帝東昏侯寶卷
(A.D.499~501年)

(七) 和帝寶融
(A.D.501~502年)

梁(A.D.502~557年), 包括後梁(555~587年):

(一) 梁武帝蕭衍 ── 統 ── 後 梁 ── (一) 宣帝詧 ── (二) 明帝巋 ── (三) 琮(莒公)
(A.D.502~549年)　　　　　　　　　　　(A.D.555~562年)　　(A.D.562~585年)　　(A.D.586~587年)

　　　　　── (二) 簡文帝綱*
　　　　　　　(A.D.550~551年)

　　　　　── (三) 元帝繹** ──────── (四) 敬帝方智
　　　　　　　(A.D.552~555年)　　　　　　　　(A.D.555~557年)

　* 간문제 퇴위 다음 豫章王(蕭棟)이 551~552년 재위함.
　** 원제(소역)이 퇴위한 다음 貞陽侯(蕭淵明)이 1년 미만의 재위기간을 거침.

陳(A.D.557~589年):

(一) 武帝陳覇先
(A.D.557~559年)

　└─ 道譚 ──── (二) 文帝蒨 ──── (三) 廢帝伯宗(臨海王)
　　　　　　　　　(A.D.560~566年)　　(A.D.567~568年)

　　　　　── (四) 宣帝頊 ──── (五) 後主叔寶
　　　　　　　(A.D.569~582年)　　(A.D.583~589年)

〈7〉魏晉南北朝分合圖

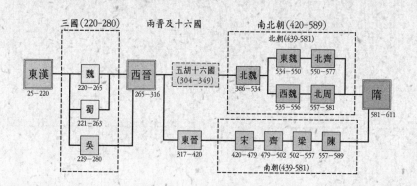

<8> 東漢末年羣雄割據圖

圖 例

──── 割據界

公孫度

幽州
公孫瓚(193-200)

袁 紹

青州
冀州

兗州

韓遂
宋建
楊秋·馬騰等

長安
洛陽
許昌
漢中
張
魯
荊州

益州
劉
璋
劉
表

曹 操
豫州
徐州

劉備(194-196)
呂布(196-198)

袁 術

孫 策

〈9〉三國形世圖

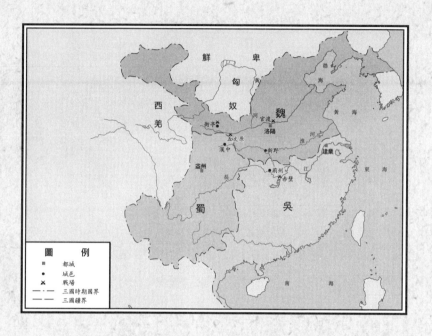

〈10〉東晉과 前秦 강역도

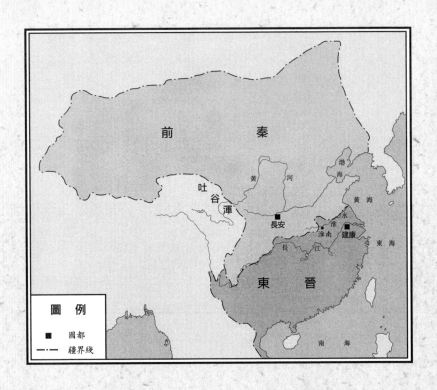

前　秦

吐
谷
渾

黃　河

渤
海

黃　海

長安

淮
水

淮南

建康

東
海

長　江

東　晉

圖　例

■　　國都

—·—　疆界線

南　海

부록 Ⅱ.

傳記類

1. 〈劉義慶傳〉 ·············《宋書》(51) 宗室列傳 臨川烈武王道規傳

　義慶幼爲高祖所知, 常曰:「此我家豐城也.」年十三, 襲封南郡公. 除給事,
不拜. 義熙十二年, 從伐長安, 還拜輔國將軍·北靑州刺史, 未之任, 徙督
豫州諸軍事·豫州刺史, 復督淮北諸軍事, 豫州刺史·將軍並如故. 永初元年,
襲封臨川王. 徵爲侍中. 元嘉元年, 轉散騎常侍, 秘書監, 徙度支尙書,
遷丹陽尹, 加輔國將軍·常侍並如故.

　時有民皇初妻趙殺子婦, 遇赦應徙送避孫讎, 義慶曰:「案周禮父母之仇,
避之海外, 雖遇市朝, 鬪不反兵. 蓋以莫大之冤, 理不可奪, 含戚枕戈,
義許必報. 至於親戚爲戮, 骨肉相殘, 故道乖常憲, 記無定准, 求之法外,
裁以人情. 且禮有過失之宥, 律無讎祖之文. 況趙之縱暴, 本由於酒, 論心
卽實, 事盡荒芼. 豈得以荒芼之王母, 等行路之深讎? 臣謂此孫忍愧銜悲,
不違子義, 共天同域, 無虧孝道.」

　六年, 加尙書左僕射. 八年, 太白星犯右執法, 義慶懼有災禍, 乞求外鎭.
太祖詔譬之曰:「玄象茫昧, 旣難可了. 且史家諸占, 各有異同, 兵星王時,
有所干犯, 乃主當誅. 以此言之, 益無懼也. 鄭僕射亡後, 左執法嘗有變,
王光祿至今平安, 日蝕三朝, 天下之至忌, 晉孝武初有此異, 彼庸主耳,
猶竟無他, 天道輔仁福善, 謂不足橫生憂懼. 兄與後軍, 各受內外之任,
本以維城, 表裏經之, 盛衰此懷, 實有由來之事. 設若天必降災, 寧可千里
逃避邪? 旣非遠者之事, 又不知吉凶定所, 若在都則有不測, 去此必保利
貞者, 豈敢苟違天邪?」義慶固求解僕射, 乃許之, 加中書令, 進號前將軍,
常侍·尹如故.

　在京尹九年, 出爲使持節·都督荊雍益寧梁南北秦七州諸軍事·平西將軍·
荊州刺史. 荊州居上流之重, 地廣兵强, 資實兵甲, 居朝廷之半, 故高祖

使諸子居之. 義慶以宗室令美, 故特有此授. 性謙虛, 始至及去鎭, 迎送物並不受.

十二年, 普使內外群官擧士, 義慶上表曰:「詔書疇咨群司, 延及連牧, 旌賢仄陋, 拔善幽遐. 伏惟陛下惠哲光宣, 經緯明遠, 皇階藻曜, 風猷日昇, 而猶詢衢室之令典, 遵明臺之叡訓, 降淵慮於管庫, 紆聖思乎版築, 故以道邈往載, 德高前王. 臣敢竭虛闇, 祗承明旨. 伏見前臨沮令新野庾寔, 秉眞履約, 愛敬淳深. 昔在母憂, 毀瘠過禮, 今罹父疚, 泣血有聞. 行成閨庭, 孝著隣黨, 足以敦化率民, 齊敎軌俗. 前徵奉朝請武陵龔祈, 恬和平簡, 貞潔純素, 潛居硏志, 耽情墳籍, 亦足鎭息頹競, 獎勗浮動. 處士南郡師覺, 才學明敏, 操介淸修, 業均井渫, 志固冰霜. 臣往年辟爲州祭主, 未汙其慮. 若朝命遠暨, 玉帛遐臻, 異人間出, 何遠之有?」義慶留心撫物, 州統內官長親老, 不隨在官舍者, 年聽遣五吏餉家. 先是, 王弘爲江州, 亦有此制. 在州八年, 爲西土所安. 撰《徐州先賢傳》十卷, 奏上之. 又擬班固《典引》爲《典敍》, 以述皇代之美. 十六年, 改授散騎常侍·都督江州豫州之西陽晉熙新蔡三郡諸軍事·衛將軍·江州刺史, 持節如故. 十七年, 卽本號都督南兗徐兗靑冀幽六州諸軍事·南兗州刺史. 尋加開府儀同三司.

爲性簡素, 寡嗜欲, 愛好文義, 才詞雖不多, 然足爲宗室之表. 受任歷藩, 無浮淫之過, 唯晚節奉養沙門, 頗致費損. 少善騎乘, 及長以世路艱難, 不復跨馬. 招聚文學之士, 近遠必至. 太尉袁淑, 文冠當時, 義慶在江州, 請爲衛軍諮議參軍; 其餘吳郡陸展·東海何長瑜·鮑照等, 並爲辭章之美, 引爲佐史國臣. 太祖與義慶書, 常加意斟酌. ……중략……

義慶在廣陵, 有疾, 而白虹貫城, 野麕入府, 心甚惡之, 固陳求還. 太祖許解州, 以本號還朝. 二十一年, 薨於京邑, 時年四十二. 追贈侍中·司空, 諡曰康王.

2. 〈劉義慶傳〉

義慶幼爲高祖所知, 年十三, 襲封南郡公. 永初元年, 襲封臨川王. 元嘉
中爲丹陽尹. 有百姓皇初妻趙殺子婦遇赦, 應避孫讎, 義慶議以爲「周禮
父母之仇, 避之海外, 蓋以莫大之寃, 理不可奪. 至於骨肉相殘, 當求之
法外. 禮有過失之宥, 律無讎祖之文. 況趙之縱暴, 本由於酒, 論心卽實,
事盡荒毛. 豈得以荒毛之王母, 等行路之深讎? 宜共天同域, 無虧孝道.」
　六年, 加尙書左僕射. 八年, 太白犯左執法, 義慶懼有災禍, 乞外鎭.
文帝詔諭之, 以爲「玄象茫昧, 左執法嘗有變, 王光祿至今平安, 日蝕三朝,
天下之至忌, 晉孝武初有此異, 彼庸主耳, 猶竟無他.」義慶固求解僕射,
乃許之.
　九年, 出爲平西將軍・荊州刺史, 加都督. 荊州居上流之重, 資實兵甲,
居朝廷之半, 故武帝諸子徧居之. 義慶以宗室令美, 故特有此授. 性謙虛,
始至及去鎭, 迎送物並不受.
　十二年, 普使內外群臣擧士, 義慶表擧前臨沮令新野庾實・前徵奉朝請
武陵龔祈・處士南郡師覺授. 義慶留心撫物, 州統內官長親老, 不隨在官
舍者, 一年聽三吏餉家. 先是, 王弘爲江州, 亦有此制. 在州八年, 爲西土
所安. 撰《徐州先賢傳》十卷, 奏上之. 又擬班固《典引》爲《典敍》, 以述
皇代之美.
　改授江州刺, 又遷南兗州刺史, 並帶都督. 尋卽本號加開府儀同三司.
　性簡素, 寡嗜慾, 愛好文義, 文辭雖不多, 足爲宗室之表. 歷任無浮淫
之過, 唯晩節奉沙門, 頗致費損. 少善騎乘, 及長, 不復跨馬. 招聚文學
之士, 遠近必至. 太尉袁淑, 文冠當時, 義慶在江州, 請爲衛軍諮議. 其餘
吳郡陸展・東海何長瑜・鮑照等, 並爲辭章之美, 引爲佐吏國臣. 所著《世說》

十卷, 撰《集林》二百卷, 並行於世. 文帝每與義慶書, 常加意斟酌.

......중략......

　義慶在廣陵, 有疾, 而白虹貫城, 野麕入府, 心甚惡之, 因陳求還. 文帝
太許解州, 以本號還朝. 二十一年, 薨于都下, 追贈司空, 諡曰康王.

3. 〈劉孝標傳〉 ························· 《梁書》(50) 文學列傳(下) 劉峻傳

劉峻字孝標, 平原平原人. 父珽, 宋始興內史.

峻生期月, 母攜還鄉里. 宋泰始初, 靑州陷魏, 峻年八歲, 爲人所略至
中山, 中山富人劉實愍峻, 以束帛贖之, 敎以書學. 魏人聞其江南有戚屬,
更徙之桑乾. 峻好學, 家貧, 寄人廡下, 自課讀書, 常燎麻炬, 從夕達旦,
時或昏睡, 蓺其髮, 旣覺復讀, 終夜不寐, 其精力如此. 齊永明中, 從桑
乾得還, 自謂所見不博, 更求異書, 聞京師有者, 必往祈借, 淸河崔慰祖
謂之「書淫」. 時竟陵王子良博招學士, 峻因人求爲子良國職, 吏部尙書徐
孝嗣抑而不許, 用爲南海王侍郎, 不就. 至明帝時, 蕭遙欣爲豫州, 爲府
刑獄, 禮遇甚厚. 遙欣尋卒, 久之不調. 天監初, 召入西省, 與學士賀蹤
典校秘書. 峻兄孝慶, 時爲靑州刺史, 峻請假省之, 坐私載禁物, 爲有司
所奏, 免官. 安成王秀好峻學, 及遷荊州, 引爲戶曹參軍, 給其書籍, 使抄
錄事類, 名曰《類苑》, 未及成, 復以疾去, 因遊東陽紫巖山, 築室居焉.
爲《山栖志》, 其文甚美.

高祖招文學之士, 有高才者, 多被引進, 擢以不次. 峻率性而動, 不能
隨衆沉浮, 高祖頗嫌之, 故不任用. 峻乃著〈辨命論〉以寄其懷曰:

······중략······

論成, 中山劉沼致書以難之, 凡再反, 峻秉爲申析以答之. 會沼卒, 不見
峻後報者, 峻乃爲書以序之曰: 「劉侯旣有斯難, 値余有天倫之感, 竟未之
致也. 尋而此君長逝, 化爲異物, 緒言餘論, 蘊而莫傳. 或有自其家得而
示余者, 悲其音徽未沫, 而其人已亡; 靑簡尙新, 而宿草將列, 泫然不知
涕之無從. 雖隙駟不留, 尺波電謝, 而秋菊春蘭, 英華靡絶, 故存其梗槪,
更酬其旨. 若使墨翟之言無爽, 宣室之談有徵. 冀東平之樹, 望咸陽而西靡;
蓋山之泉, 聞弦歌而赴節. 但懸劍空壟, 有恨如何!」

其論文多不載.

　峻又嘗爲〈自序〉, 其略曰:「余自比馮敬通, 而有同之者三, 異之者四.
何則? 敬通雄才冠世, 志剛金石; 余雖不及之, 而節亮慷慨, 此一同也.
敬通値中興明君, 而終不試用; 余逢命世英主, 亦擯斥當年, 此二同也.
敬通有忌妻, 至於身操井臼; 余有悍室, 亦令家道轗軻, 此三同也. 敬通
當更始之世, 手握兵符, 躍馬食肉; 余自少迄長, 戚戚無歡, 此一異也.
敬通有一子仲文, 官成名立; 余禍同伯道, 永無血胤, 此二異也. 敬通膂力
方剛, 老而益壯; 余有犬馬之疾, 溘死無時, 此三異也. 敬通雖芝殘蕙焚,
終塡溝壑, 而爲名賢所慕, 忌風流郁烈芬芳, 久而彌盛; 余聲塵寂漠, 世不
吾知, 魂魄一去, 將同秋草, 此四異也. 所以自力爲敍, 遺之好事云.」

　峻居東陽, 吳·會人士多從其學. 普通二年, 卒, 時年六十. 門人謚曰玄靖
先生.

부록Ⅲ.
각종 서발 등 자료

1. 《世說新語》原序 ························· 明, 袁褧 〈四庫全書〉

　　嘗考載記所述晉人話言, 簡約玄澹, 爾雅有韻. 世言江左善淸談. 今閱
《新語》, 信乎其言之也. 臨川撰爲此書, 採掇綜敍, 明暢不繁; 孝標所注,
能收錄諸家小史分釋其義. 訓詁之賞, 見於高似孫《緯略》. 余家藏宋本,
是放翁校刊本. 謝湖躬耕之暇, 手披心寄, 自謂可觀. 爰付梓人, 傳之同好.
因歎昔因論司馬氏之祚亡於淸談, 斯言也無乃過甚矣乎? 竹林之儔, 希慕
沂樂; 蘭亭之集, 詠歌堯風; 陶荊州之勤敏, 謝東山之恬鎭; 解《莊》·
《易》, 則輔嗣平叔擅其宗; 析梵言, 則道林法深領其乘. 或詞冷而趣遠,
或事瑣而意奧, 風旨各殊, 人有興託. 王茂弘·祖士稚之流, 才通氣峻, 心
翼王室, 又斑斑載諸冊簡. 是可非之者哉? 詩不云乎, 『濟濟多士, 文王
以寧』. 余以瑯琊王之渡江, 諸賢弘贊之力爲多, 非强說也. 夫諸晤言, 率遇
藻裁, 遂爲終身品目, 故類以標格相高. 玄虛成習, 一時雅尙, 有東京廚
俊之流風焉. 然曠達拓落, 濫觴莫拯, 取譏世敎, 撫卷惜之. 此於諸賢,
不無遺憾焉耳矣. 刻成, 序之. 嘉靖乙未歲(1535)立秋日也. 吳郡袁褧撰.

2. 題《世說新語》 ·· 宋, 高似孫

宋臨川王義慶采擷漢晉以來佳事佳話爲《世說新語》, 極爲精絶, 而猶未爲奇也. 梁劉孝標注此書, 引援詳確, 有不言之妙. 如引漢魏吳諸史及子傳地理之書皆不必言, 只如晉氏一朝史及晉諸公列傳譜錄文章, 凡一百六十六家, 皆出於正史之外. 記載特詳, 聞見未接, 寔爲注書之法. (高氏《緯略》)

3. 《世說敍錄》後 ························· 宋, 汪藻

(1) 《世說》: 《隋書》經籍志: 《世說》八卷, 宋臨川王義慶撰. 《世說》十卷, 梁劉孝標注. 梁有《俗說》一卷, 今亡.

(2) 劉義慶《世說》: 《唐書》藝文志: 劉義慶《世說》八卷, 《小說》一卷, 劉孝標《續世說》十卷.

(3) 《世說新書》: 李氏本《世說新書》上中下三卷, 三十六篇, 顧野王撰, 顏氏本跋云: 「諸卷中或曰《世說新書》, 凡號《世說新書》者, 諸十卷皆分門.」

(4) 《世說新語》: 晁公元‧錢文僖‧晏元獻‧王仲至‧黃魯直家本, 皆作《世說新語》.

按: 晁氏諸本, 皆作《世說新語》, 今以《世說新語》爲正.

(5) 兩卷: 章氏本跋云: 癸巳歲, 借舅氏本, 自〈德行〉至〈仇隙〉三十六門, 離爲上下兩篇.

(6) 三卷: 晁氏本以〈德行〉至〈文學〉爲上卷, 〈方正〉至〈豪爽〉爲中卷, 〈容止〉止〈仇隙〉爲下卷, 又李本云: 「凡稱《世說新書》者, 皆分卷爲三.」

(7) 八卷: 隋經籍志‧唐藝文志並八卷.

(8) 十卷: 《南史》劉義慶傳著《世說》十卷, 錢晏黃王本並十卷, 而篇第不同.

(9) 十一卷: 顏氏張氏本三十六篇外, 更收第十卷, 無名, 只標爲第十卷.

按: 王仲至《世說》手跋云: 「第十卷無門類, 事又多重出. 注稱敬胤, 審非義慶所爲, 當自它書附此. 《世說》其止於九篇乎? 《隋書》稱八卷, 似是. 然則九篇者或以文繁分之耳, 以余考之: 《隋唐志》皆云《世說》八卷, 劉孝標注, 續皆十卷, 而〈義慶傳〉稱十卷, 則《世說》本書卷第今莫得而考. 於孝標注中, 時有稱劉義慶《世說》云云

者, 則今十卷, 或二書合而爲一. 非義慶本書然也. 世傳第十卷重出者, 或存或否, 劉本載「祖士少道右軍」,「王大將軍初尙主」兩節跋云: 王厚叔家藏第十卷, 但重出前九卷所載, 共四十五事耳. 敬胤注糾繆, 右二章小異, 故出焉. 趙氏本亦以爲余始得宋人陳扶本, 繼得梁激東卿本, 參校第十卷, 事類雖同而次敍異, 又互有所無者, 仲至之言是也. 則此卷爲後人附益無疑, 今姑存之, 以爲考異, 載之敍錄, 而定以九卷爲正, 用錢文僖本, 分爲十卷.

(10) 三十六篇: 錢晁本並止三十六篇, 今所錄十卷是也. 諸本自〈容止〉至〈寵禮〉爲第七卷, 自〈任誕〉至〈輕詆〉爲第八卷, 自〈假譎〉至〈仇隙〉爲第九卷, 以重出四十九事, 錢晁所不錄者爲第十卷.

(11) 三十八篇: 邵本於諸本外, 別出一卷, 以〈直諫〉爲三十七,〈姦佞〉爲三十八, 唯黃本有之, 它本皆不錄.

(12) 三十九篇: 顏氏張氏又以〈邪諂〉爲三十八, 別出〈姦佞〉一門爲三十九.

按: 二本於十卷後復出一卷, 有〈直諫〉·〈姦佞〉·〈邪諂〉三門, 皆正史中事而無注. 顏本只載〈直諫〉, 而餘二門亡其事. 張本又升〈邪諂〉在〈姦佞〉上, 文皆舛誤, 不可讀, 故它本皆削而不取, 然所載亦有與正史小異者, 今亦去之, 而定以三十六篇爲正.

〈考異〉一卷

〈人名譜〉一卷:

(1) 有譜者二十六族:

兩王, 謝, 羊, 庾, 荀, 袁, 褚, 裴, 殷, 孔, 江, 陸, 楊, 蔡, 柏, 范, 何, 陳, 孫, 衛, 賀, 郗, 傅, 顧, 阮.

(2) 無譜者二十六族:

周, 劉, 張, 李, 陶, 嵇, 山, 祖, 諸葛, 鍾, 溫, 卞, 樂, 杜, 戴, 韓, 習, 許, 和, 吳, 伏, 高, 應, 馮, 滿, 蕭.

(3) 又僧十九人.

〈書名〉一卷.

4.《世說》舊題·舊跋 ························· 宋, 陸游(放翁)

郡中舊有《南史》賓客集版, 皆廢于火,《世說》亦不復在. 游到官, 始重刻之, 以存故事.《世說》最後成, 因幷識于卷末. 淳熙戊申(1188)重五日, 新定郡守笠澤陸游書.

5.《世說新語》跋 ·· 宋, 董弅

　　右《世說》三十六篇, 世所傳釐爲十卷. 或作四十五篇, 而末卷但重出前
九卷中所載. 余家舊藏, 蓋得之王原叔家. 後得晏元獻公手自校本, 盡去
重復, 其注亦小加翦截, 最爲善本. 晉人雅尙淸談, 唐初史臣修書, 率意
竄定, 多非舊語, 尙賴此書以傳後世. 然字有譌舛, 語有難解, 以它書證之,
間有可是正處, 而注亦比晏本時爲增損. 至於所疑, 則不敢妄下雌黃, 姑亦
傳疑, 以竢通博. 紹興八年(1138)夏四月癸亥, 廣川董弅題.

6. 《世說新語》序 ··· 宋, 劉應登

晉人樂曠多奇情, 故其言語文章別是一色,《世說》可觀已.《說》爲晉作,
及于漢魏者, 其餘耳. 雖典雅不如左氏《國語》, 馳騖不如諸《國策》, 而精
微簡遠, 居然玄勝. 櫐睪如衛虎渡江, 安石敎兒, 機鋒似沈, 滑稽又冷,
類人人夢思, 有味有情, 嚥之愈多, 嚼之不見. 蓋于時諸公剗以一言半句
爲終身之目, 未若後來人士俛焉下筆, 始定名價. 臨川善逑, 更自高簡有法.
反正之評, 戾實之載, 豈不或有? 亦當頌之, 使與諸書竝行也. 晚後淺俗,
奈解人正不可得. 嗚呼! 人言江左淸談遺事, 槃槃一老出其游戲餘力, 尙足
辦此百萬之敵, 玆非談之宗歟? 抑吾取其文, 而非論其人也. 丙戌長夏,
病思無聊, 因手校家本, 精劃其長註, 間疏其滯義. 明年以授梓, 迺五月
旣望梓成. 耘廬劉應登自書其端, 是爲序.

7.《世說新語》識語 ·· 淸, 周心如

宋劉義慶撰《世說新語》爲淸言淵藪, 梁劉孝標注尤稱該博, 明王元美
參合《何氏語林》, 並爲《新語補》, 張文柱爲之注, 原文舊注刪創頗多, 其書
盛行, 而《世說》原本傳者寢少. 曩與家弟篴雲搜訪不得, 每相歎悗. 壬午
歲偶得嘉靖中吳郡袁氏所刊原本, 如獲重寶, 因詳加讎校, 重付梓人, 以公
同好, 惜篴雲久歸道山, 不復同此欣賞, 爲可憾耳. 道光戊子(1828)七月望後,
浦江周心如又海識.

8.《世說新語》跋 ·· 清, 孫毓修

　　世說新語著錄家以明嘉靖中袁氏嘉趣堂本爲最善, 涵芬樓得一校本, 蓋雍正庚戌(1730)沈寶硯以傳是樓宋本校袁本, 而嘉慶甲戌(1814)吳春生過錄者也. 袁本有淳熙十五年(1188)甲申新定郡守陸游跋, 則重開放翁本也. 傳是本沈跋云:「此淳熙十六年刊於湘中, 有江原張繽跋.」兩本同出於宋, 玩其字句, 均以傳是本爲長, 袁刻遇宋諱多闕筆, 於明人翻刻本已爲謹嚴, 而不免貽誤, 是知書以舊本爲佳, 一經重刻, 遂不可恃, 錄其校語, 綴於卷末, 以爲讀是書者之助焉. 敬愼十月, 無錫孫毓修識.

　　臣等謹案《世說新語》三卷，宋臨川王劉義慶撰，梁劉孝標註．義慶事迹具《宋書》；孝標名峻以字行，事迹具《梁書》．黃伯思《東觀餘論》謂《世說》之名肇於劉向，其書已亡，故義慶所集名《世說新書》，段成式《酉陽雜俎》引王敦澡豆事，尚作《世說新書》可證，不知何人改爲《新語》．蓋近世所傳，然相沿已久，不能復正矣．所記分三十八門，上起後漢，下迄東晉，皆軼事瑣語，足爲談助．《唐書》藝文志稱劉義慶《世說》八卷，劉孝標續十卷．《崇文總目》惟載十卷．晁公武《讀書志》，謂當是孝標續義慶元本八卷通成十卷，又謂家有詳略二本，迥不相同，今其本皆不傳．惟陳振孫《書錄解題》作三卷，與今本合．其每卷析爲上下，則世傳陸游所刊本已．然蓋卽舊本至振孫載汪藻所云書錄二卷，首爲考異，繼別人物世譜，姓字異同，末記所引書目者，則佚之久矣．自明以來，世俗所行，凡二本：一爲王世貞所刊，註文多所刪節，殊乖其舊．一爲袁褧所刊，蓋卽從陸本翻雕者，雖板已刓敝，然猶屬完書義慶所述．劉知幾《史通》深以爲譏，然義慶本小說家言而知幾繩之以史法，儗不於倫．末爲通論孝標所注，特爲典贍，高似孫《緯略》極推之其糾正，義慶之紕繆，尤爲精核．所引諸書今已佚其十之九，惟賴是註以傳．故與裴松之《三國志》註・酈道元《水經註》・李善《文選》註，同爲考證家所引據焉．乾隆四十六年(1781)十月恭校上．總纂官臣紀昀，臣陸錫熊，臣孫士毅，總校官臣陸費墀．

10. 跋《世說新語》後語 ·· 宋, 黃伯思

　　《世說》之名肇於劉向, 六十七篇中已有此目, 其書今亡, 宋臨川王因錄漢末至江左名士佳語, 亦謂之《世說》, 梁豫州刑獄參軍劉峻註爲十卷, 採撫舛迕處, 大抵多就證之, 與裴啓《語林》近, 出人皆淸言林圍也. 本題爲《世說新書》, 段成式引王敦說澡豆事, 以證陸暢事爲虛, 亦云:「近覽世說新書.」而此本謂之《新語》, 不知孰更名之. 蓋近世所傳, 大觀己丑中夏七月, 從宗博張府美借觀兩月, 因讎正所畜本, 此本出宋宣獻家, 比世所行本殊爲詳備, 但累經傳寫, 頗有脫誤耳. 己丑中秋月, 借張府美本校竟, 庚寅五月二十九日, 又以宗正趙士暕明發本校竟. 八月晦, 又以西都監大內內省供養李義夫本校第十卷.

11. 《世說》舊注序 ·························· 明, 楊愼

　劉孝標注世說, 多引奇篇奧帙, 後劉須溪刪節之, 可惜! 孝標全本, 予猶
及見之, 今摘其一二, 以廣異聞.

12.《世說新語》跋 ························· 淸, 穎谷

　　袁本初印，訛字更多，後刷者得略修校十之三四耳．此亦仿宋本開雕，但宋槧已有訛字，必手勘數過，方稱善本也．穎谷．

13. 《世說新語》跋 ·· 淸, 沈巖

　　傳是樓宋槧本是淳熙十六年(1198)刊於湘中者, 有江原張續跋一篇, 舊爲
南園兪氏藏書, 有耕雲兪彥春跋, 上粘王履約還書簡帖, 書法極古雅, 紙墨
氣亦絶佳, 未知放翁所刊原本, 視此何如也. 吾友蔣篁亭幷有對校本, 考正
尤多. 雍正庚戌(1730)四月, 雨窗校畢, 時館南城王氏淸蔭堂之左廂, 巖識.

14.《世說新語》跋 ························· 清, 吳嘉泰

嘉慶甲戌(1814)二月, 得此本於五峰書肆, 閏月, 從黃蕘翁假得沈寶硯
校本, 用朱筆過校, 凡七日. 長洲吳嘉泰春生甫志於露凝書屋.

15.《世說新語》跋 ·· 清, 王士禎

《世說新語》·《侯鯖錄》及《白孔六帖》·《萬花谷》皆吾家舊書. 時在順治
戊子己丑間(1648~1649), 予尚童稚, 未爲諸生也. 予游宦三十年, 不能二簏
金遺子孫, 唯嗜書之癖, 老而不衰. 每聞士大夫家有一秘本, 輒借鈔其副,
市肆逢善本, 往往典衣購之. 今予池北書庫所藏, 雖不敢望四部七錄之萬一,
然亦可以娛吾之老而忘吾之貧. 康熙辛未(1691), 予官兵部侍郎, 居京師,
此二書適在笈中, 繙閱憮然, 如遇貧交於契濶死生之後, 其悲愉感慨有出
於尋常相者. 故劍之情, 詎可忘耶? 因重裝之, 而手記於卷首. 涑輩其珍
惜之. 中秋前四日書.

此本亦是吾小時故書, 中有朱筆點閱者, 乃順治癸巳年(1653)手迹, 即長
兒涑始生之歲, 爾時吾年二十; 今六十矣. 流光如馳, 不堪把玩, 撫此舊物,
如遇故人, 兒輩其寶之. 康熙癸酉暮秋十有七日, 阮亭書於京邸匏墨齋,
時在戶部.

傳是樓宋槧本是淳熙十六年(1198)刊於湘中者, 有江原張縯跋一篇, 舊爲
南園兪氏藏書, 有耕雲兪彥春跋, 上粘王履約還書簡帖, 書法極古雅, 紙墨
氣亦絶佳, 未知放翁所刊原本, 視此何如也. 吾友蔣篁亭幷有對校本, 考正
尤多. 雍正庚戌(1730)四月, 雨窗校畢, 時館南城王氏淸蔭堂之左廂, 嚴識.

　　宋臨川王劉義慶撰《世說新語》三卷, 梁劉孝標註. 段成式《酉陽雜俎》
作《世說新書》, 不知何時改作《新語》. 相沿至今, 不能復正.《唐》藝文志
作《世說》十卷, 有劉孝標續十卷, 今其本不傳.《書錄解題》作三卷, 與今同.
據載汪藻所云《書錄》二卷. 首爲考異, 別列人物世譜, 姓字異同, 未記所
引書目者, 則又佚之久矣. 孝標所注, 特爲詳贍, 故高似孫《緯略》亟稱之.
其糾正義慶之繆, 尤爲精核. 故與裴松之《三國志》註·酈道元《水經註》·
李善《文選》註, 皆考證家所引據不可少之書也. 但多爲宋須溪刪存之, 可惜!
升庵自序:「孝標全本, 予猶及見之.」故爲此書, 以補孝標之佚, 則意所
逸之續十卷內語乎? 雖篇頁無多, 至可寶也. 古書亡者多矣, 非有博覽
如升庵, 不幾佚而竟佚乎!

17. 唐寫本《世說新書》跋 ·· 楊守敬

　　《世說新語》古抄殘卷雖無年月, 以日本古寫佛經照之, 其爲李唐時人所書
無疑. 余從日下部東作借校之, 其卷首尾殘缺, 自〈規箴〉篇「孫休好射雉」起,
至「張闓毀門」止, 其正文異者數十字, 其注異文尤多, 所引《管輅別傳》
多出七十餘字. 竊謂此卷不過十一條, 而差異若此, 此書尙存二卷在西京,
安得盡以校錄, 以還臨川之舊, 則宋本不足貴矣. 宜都楊守敬.

18. 唐寫本《世說新書》跋 ························ 日本 神田醇

余家藏舊抄《世說》殘本, 劉孝標注〈豪爽〉篇第十三, 書法端勁秀潤,
爲李唐舊籍矣. 按《世說》一書, 屢經後人竄亂, 久失舊觀, 《隋志》曰:
「世說八卷, 宋臨川王劉義慶撰, 《世說》十卷, 劉孝標注.」新舊《唐志》並同.
日本見存書目, 亦載劉孝標十卷, 乃知唐代傳本一存其舊, 未經改易. 迨宋
時諸本紛出, 卷第遂有改易. 陳氏《書錄解題》·晁氏《讀書志》所云可以證焉.
有宋紹興八年(1138)董弅刻於嚴州者三卷, [此本淳熙戊申(1188)陸游重刊
於新定, 嘉靖乙未(1535)袁褧又重雕之, 道光(咸豐)戊午(1858)周氏紛欣閣
又翻刻袁本] 各卷分爲上下, 卷數與隋唐兩志夐異, 乃經晏元獻刪定, 已失
舊觀. 明王世貞兄弟又加增損, 而以何元郎語林羼入, 謂之《世說新語補》,
於是小說舊觀蕩然亡矣. 此書舊題云《世說新書》, 段成式《酉陽雜俎》尚云
《新書》, 管寧文草有「相府文亭〈始讀世說新書〉詩」, 黃伯思《東觀餘論》輒云
《新語》, 則其改稱當在五季宋初, 後來沿稱《新語》, 無知其初名者矣. 此卷
尾題《世說新書》殘卷六, 與今本異同甚多, 可補正奪誤者, 不勝枚舉, 實海
內孤本, 千載之後猶能存臨川之舊者, 獨有此卷耳. 紙背所寫《金剛頂蓮花
部心念誦儀軌》, 亦七八百年前舊鈔, 紙尾署呆寶, 此卷當是其舊藏, 呆寶
爲東寺觀督院開祖, 見本朝《高僧傳》. 憶三十餘年前, 與亡友山田永年等
四人獲一長卷, 截而爲五, 各取其一, 余得末段, 即此卷也. 他日倘得延津
之合, 不亦大快事乎! 姑記以俟之. 京都神田醇記.

19. 唐寫本《世說新書》跋

我國《世說》善本, 嘉靖袁氏覆宋本外, 未見更古者. 予所藏有康熙庚子 (1720)張孟公移錄蔣子遵校本, 所主之本, 爲傳是樓仝蔣淳熙刊本, 其書亦三卷, 每卷分上下, 宣統初元, 在日本東京, 見圖書寮所藏宋本亦三卷, 而每卷不分上下, 然均是宋渡南以後所刊, 皆出晏元獻改卷刪校之本, 其未改本以前本, 不可見也. 但聞東邦藏書家有唐寫殘卷, 已析爲四, 而無由得入吾目. 乙卯夏, 訪神田香巖翁, 始知香巖翁藏其末一截, 出其見示, 爲之驚喜. 已又知第一截爲小川簡齋翁所得, 其二截藏京都山田氏, 其三截藏于小西氏, 因請於神田·小川兩君, 欲合印之, 二君慨然許諾, 並由小川君爲介于小西君, 神田君爲介于山田君. 於是分者乃得復合. 神田翁復以所爲跋尾見示. 據段氏《酉陽雜俎》·管寧文草, 謂此書初名《世說新書》, 五季宋初始改稱《新語》, 其說至精確. 予考《唐志》載王方慶《續世說新書》, 則臨川之書, 唐時作《新書》之明證, 可補神田翁所擧之遺, 亡友楊星吾舍人曾見第一段, 載之《日本訪書志》, 尚未知古今稱名之異. 今影印旣竣, 爰錄神田翁及楊君之跋於後, 並記是卷已析而復合, 實得神田·小川兩君之助, 而山田·小西兩君之見許, 其惠亦不可忘也. 爰書之以告讀是書者. 丙辰十一月, 上虞羅振玉書于海東寓居之四時嘉至軒.

20. 重印《世說新語》序 ························· 殷韻初

《世說新語》, 南朝宋劉義慶撰, 兩劉孝標注, 它記錄了漢魏以至晉宋間人物的軼事和風尚, 反映了這個時代生活和思想的一個側面, 在語言風格上, 也有很大的特色, 簡約雋永, 片言數語, 就勾出一個人物的形象特徵和精神面貌, 因此, 它不僅是一部研究魏晉思想史的重要資料, 同時也是一部古典文學名著.

我國傳世的《世說新語》善本, 有明袁氏嘉趣堂刻本及清周氏紛欣閣刻本, 近代王先謙曾經根據袁周兩本加以校訂重刻, 這三種本子都是從南宋陸游校本一再傳刻, 現在我們影印的是宋紹興八年(1138)廣川董弅據晏殊校定本所刻, 比陸游校本約早五十年, 原書爲日本神田氏所藏, 日本有珂瓙版影印本, 我們卽據以覆印. 覆印這個本子, 不僅因爲它是目前所能見到的唯一宋本, 可資校勘工作的依據, 而且因爲它比較完整地保存了宋人汪藻所作的《敍錄》, 汪藻的《敍錄》, 首先考訂書名, 卷數, 篇數的不同, 繼列〈考異〉一卷, 〈人名譜〉一卷, 〈書名〉一卷, 均有相當的史料價值, 有汪氏《敍錄》的《世說新語》本子, 僅見於《宋史》藝文志和陳振孫《直齋書錄解題》, 國內久無傳本, 〈四庫提要〉就說: 「佚之久矣.」王先謙在校訂此書時也沒有見到《敍錄》, 這個本子, 《敍錄》部分〈人名譜〉缺尾段滿·蕭二族及僧十九人, 〈書名〉一卷則全缺. 《敍錄》本爲三卷, 但《直齋書錄解題》已作二卷, 疑〈書名〉一卷在當時就已經缺去了.

日本藏《世說新書》唐寫本殘卷, 爲未經晏殊校改以前的本子, 與今本差別更大. 此殘卷已截爲四段, 分歸四家收藏, 從由上虞羅氏借來合印. 現在用羅本覆印附後, 以供參考.

21. 《世說新語箋疏》前言 周祖謨

　　《世說新語》雖是古代的一部小說, 但一直爲研究漢末魏晉間的歷史·言語和文學的人所重視. 作者南朝宋臨川王劉義慶, 史稱「愛好文義, 文辭雖不多, 足爲宗室之表」. 此書採集前代遺聞軼事, 錯綜比類, 分〈德行〉·〈言語〉等三十六門, 所涉及到的重要人物不下五六百人, 上自帝王卿相, 下至士庶僧徒, 都有所記載. 從中我們可以觀察到當時人物的風貌·思想·言行和社會的風俗·習尚, 這確實是很好的歷史資料. 至於文辭之美, 簡樸雋永, 尤爲人所稱道. 其書又得梁劉孝標爲之注, 於人物事跡, 記述更加詳備.

　　孝標博綜羣書, 隨文施注, 所引經史雜著四百餘種, 詩賦雜文七十餘種, 可謂弘富; 而且所引的書籍後代大都亡佚無存, 所以淸代的輯佚家莫不視爲鴻寶. 因劉孝標注以前, 舊有敬胤注, 見日本影印的宋本《世說》汪藻所撰的《敍錄》〈考異〉. 汪藻在〈考異〉中所錄敬胤書共五十一條, 其中十三條無注. 案敬胤事跡無考, 據「王丞相云刁玄亮之察察」一條注文, 知與卞彬同時, 當爲南齊人. 敬胤注與劉孝標注全不相同, 雖採錄史書較詳, 而缺乏翦裁, 除雜引史書外, 間或對臨川原作有所駁正. 今本《世說》〈尤悔〉篇「劉琨善能招延」一條的注文中尚有敬胤注按語, 不曾被宋人刪去, 惟文句小有裁截. 敬胤原書早已亡佚, 而劉孝標注獨傳至今, 這或與孝標書晚出, 且引據該洽, 注釋詳密, 翦裁得當有關. 孝標的名聲又高於敬胤, 自不待言. 今本孝標注幾經傳寫, 宋刻本已與唐寫本不盡相同, 疑其中也不免有敬胤按語夾雜在內. 惟孝標所注, 雖說精密, 仍有疏漏紕繆, 直至近代始有人鉤深索隱, 爲之補正.

　　本書名爲《箋疏》, 是外舅余嘉錫(季豫)先生所著. 作者爲史學名家, 以精於考證古代文獻著稱, 歷任北京各大學教授, 講授目錄學·經學通論·騈體文等課程. 平生以著述爲事, 博覽羣書, 對子史雜著尤爲嫻熟, 著有《四庫提要辨證》,《目錄學發微》,《余嘉錫論學雜著》等書. 本書經始於一九三七年, 曾分用五色筆以唐宋類書和唐寫本《世說》殘卷校勘今本, 一九三八年五月又用日本影印宋本與明清刻本對校. 於時國難日深, 民族存亡, 危如累卵, 令人憤悶難平. 七月七日蘆溝橋事變作, 北平淪陷, 作者不得南旋, 書後有題記稱:「讀之一過, 深有感於永嘉之事, 後之視今, 亦有今之視昔. 他日重讀, 回思在莒, 不知其欣戚爲何如也.」自此以後, 作者一面筆錄李慈銘的批校‧程炎震的箋證‧李詳(審言)的箋釋(載一九三九年《制言》雜志第五十二期)以及近人談到的有關《世說》的解釋; 一面泛覽史傳羣書, 隨文疏解, 詳加考校, 分別用朱墨等色筆書寫在三部刻本中. 每條疏記, 動輒長達二三百字, 楷法精細不苟. 字大字如豆, 小字如粟, 甚且錯落於刻本字裡行間, 稠密無間. 用心之專, 殆非常人所能及. 平時夙興夜寐, 直至逝世前二年. 卽一九五三年, 十餘年間, 幾乎有一半時日用在這部《箋疏》上了. 惟平生寫作, 向無片楮箋記, 臨紙檢書, 全憑記憶, 隨筆而下. 自謂:「一生所著甚多, 尤此最爲勞瘁.」可惜晚年右臂麻痹, 精力就衰, 未能親自謄錄, 編次成書. 因而書中也有徵引別家之說, 而沒有能加案語的. 今承乏整理, 前後披尋, 屢經抄錄, 才轉成清本.

　　《箋疏》內容極爲廣泛, 但重點不在訓解文字, 而主要注重考案史實. 對《世說》原作和劉孝標注所說的人物事迹, 一一尋檢史籍. 考核異同; 對原書不備的, 略爲增補, 以廣異聞; 對事乖情理的, 則有所評論, 以明是非. 同時, 對《晉書》也多有駁正. 這種作法跟劉孝標注和裴松之《三國志》注的作法如出一轍. 裴松之〈上三國志注表〉說:「按三國雖歷年不遠, 而事關漢晉, 首尾所涉, 出入百載, 注記紛錯, 每多舛互. 其壽(陳壽)所不載, 事宜存錄者, 則罔不畢取, 以補其闕. 或同說一事, 以辭有乖雜, 或出事本異, 疑不能判, 並皆抄內, 以備異聞. 若乃紕繆顯然, 言不附理, 則隨違矯正, 以懲其妄.」這些話也恰恰可以說明本書作者意旨之所向. 古人說「君子多識前言往行以畜其德」, 研究前代歷史, 自當明鑒戒, 勵節概. 作者注此書時, 正當國家多難, 剝久未復之際, 旣「有感於永嘉之事」, 則於魏晉風習之澆薄, 賞譽之不當, 不能不有所議論, 用意在於砥礪士節, 明辨是非, 這又與史評相類.

這部書的原稿既然分寫在三部書中，要條分縷析，整理成書是極爲困難的．首先要綜合各本，移錄成編，然後依照原書每條正文和注文的先後序列《箋疏》，使與原文相對應．因此移錄費時．幸得友人相助，始錄成清稿二十六冊．於五十年代中曾遠寄滬濱，由中華書局上海編輯所請徐震諤先生覆檢所抄有無錯誤，以便定稿付印．然稽留三載，未能檢校，但別紙加己案若干條於《箋疏》之後，而與原來邀請覆查之旨不符．因索回與妻余淑宜和長子士琦就清稿檢核，並加標點．對於徐氏案語，一律不用，以免掠美之嫌．本書一九八三年由中華書局初版發行．此次對原表點疏誤處作了全面修訂，并調整了注碼體例．現將修訂本交由上海古籍出版社出版，特此說明．

一九九二年十二月一日于北京大學．

22.《世說新語箋疏》凡例

一.《世說新語》傳流較早的刻本是南宋刻本. 現在所知有三種:

(1) 日本尊經閣叢刊中所影印的宋高宗紹興八年(1138)董弅刻本. 書分爲三卷, 書後有汪藻所撰《敍錄》兩卷, 包括〈考異〉和〈人名譜〉各一卷.

(2) 宋孝宗淳熙十五年(1188)陸游刻本, 明嘉靖間吳郡袁褧(尙之)嘉趣堂有重雕本. 書分爲三卷, 每卷又分上下. 淸道光間浦江周心如紛欣閣又重雕袁本, 稍有刊正. 光緒間王先謙又據紛欣閣本傳刻.

(3) 淸初徐乾學傳是樓所藏本淳熙十六年湘中刻本, 與紹興八年本相近而與袁本頗有不同. 沈寶硯有校記, 見涵芬樓影印嘉趣堂本後.
三種宋刻本, 以第一種董弅本最佳.

二. 唐人稱《世說新語》爲《世說新書》. 日本舊家藏有唐寫本《世說新書》殘卷, 上虞羅氏曾影印行世. 全書當爲十卷本, 與《隋書》經籍志所著錄的《世說》劉孝標注卷數相同. 此本只存〈規箴〉,〈捷悟〉,〈夙慧〉,〈豪爽〉幾篇, 文字遠勝於宋本.

三. 本書所印《世說新語》採用王先謙重雕紛欣閣本, 以影宋本·沈寶硯本對校, 摘其重要者記於每條之後. 舉凡一般的異體字和各本的明顯譌誤, 皆不錄入. 所錄都略有斷制. 不以不備爲嫌. 董弅本和沈本都從晏殊本出, 所以遇'殊'字都改作'絕', 文義往往不通, 今一律不記.

四. 本書一依原書編次,《箋疏》列於原文每條之後, 用數字標志先後, 與原書正文或注文之下所加數字相對照, 讀者可以依次尋閱.

五.《箋疏》一條之內先舉前人已有的箋釋或按語, 後出作者已說. 前人所解, 凡有引用, 均標明姓氏. 如與作者所見不合, 則別加案語. 凡未舉前人姓氏的都是作者的箋注.

六. 王氏重刻紛欣閣本卷首有《世說新語》序跋, 今附印於書後, 以資參考.

七. 《世說》(包括劉注)所涉及人物共達一千五百餘人, 而名號及稱謂不一, 舊刻本雖附有「釋名」, 然極不完備, 又《世說》一書, 劉注徵引典籍達四百餘種, 今絕大部分已亡佚. 為便於讀者查索本書中的人名·書名, 特附印《世說新語》常見人名異稱表·《世說新語》人名索引·《世說新語》引書索引, 三者皆張忱石先生所編.

23.《世說新語校箋》饒序 ………………………………… 饒宗頤

《世說新語》者, 蓋人倫之淵鑒, 而言談之林藪也. 始自東京, 盛言品第. 或月旦於當朝, 亦甲乙於鄉黨. 辨汝潁之優劣, 何止孔陳; 述青楚之人物, 羣推伏習. 披何晏冀州之論, 猶諷尙賢; 稽盧毓九州之篇, 先擧性行. 魏文陳其《士品》, 姚信申以《士緯》; 輇才所趨, 魏吳靡間. 謝萬之區隱顯, 論標八賢; 戴勝之贊竹林, 作者七子. 臧否人物, 啓迪玄風, 喩太初以明月入懷, 稱文康如豐年積玉. 此則飮水知源, 撫柯求葉; 遠搜孫綽之佚篇, 信爲臨川之前導者也.《世說》之書, 首揭四科, 原本儒術. 中卷自〈方正〉至〈豪爽〉, 瑾瑜在握, 德音可懷. 下卷之上, 類指偏激者流; 下卷之下, 則陳險徵細行. 淸濁有體, 良莠盻分, 譬諸草木, 旣區以別. 迹其所述, 大抵參郭頒之《世語》, 効裴啓之《語林》. 雖撏撦乎多方, 惟藻鏡以爲準. 義慶他著, 贊則述徐州之先賢, 傳復志江左之名士. 十步芳草, 掞其芬芳;《世說》輔之, 誠如驂靳. 而論者輒謂淸談至于東晉, 僅具紙上之空文, 類繡名士之鞶帨; 衡以前軌, 未爲篤論. 自《晉書》粗加甄采, 俾作史材;《隋志》列于小說, 誤當談助. 乃校孝標之注, 用招子玄之譏, 遽以委巷瑣記目之, 於此書大旨, 失之遠矣. 宋氏以來, 疊有緝理: 元獻始爲翦截, 彦章考其《世譜》; 山谷摘鈔, 事同獺祭. 雖淺之以視此書, 亦得風行而寖廣焉. 門人楊君東波, 服膺二劉, 寢饋六代, 旁鳩衆本, 探賾甄微, 網羅古今, 數易寒暑, 義蘊究宣, 勒成三卷. 固已辨窮河豕, 察及泉魚.《史通》之贊劉注, 譽非過情; 施之于君, 抑何多讓. 曩於君篇, 謬尸指導, 殺靑甫就, 敢贅數言, 用彰深沈之思, 冀收攻錯之效. 斷鼇立極, 孰謂銳志於短書? 集腋成裘, 待昭剩義於它日云爾.

公元一九六九年五月, 饒宗頤識於新加坡大學中文系.

魏晉尚清談，漢之東都，喜評騭人物，流風所扇，斯道彌弘，諸學因是而大盛；儒學之外，史學・玄學・文學皆相與比隆，藝術・醫學・地理・律曆之業，亦繼而朋興．流衍至於劉宋，遂有四學館之設立．齊梁繼響，其道相隨；隋代一統天下，典籍之浩瀚，著述之寖衆，超邁前古．於是四部確定，學趣專精，而使百代相承，尊大經史子集之術者，其清談之功歟？

《世說》，談助之書也；故《隋志》收入子部小說家類，與《燕丹子》・《雜語》・《要用語對》・《辨林》同列．雖然，又不當以小道目之，尤非街談巷議道聽塗說者之所造也．書以孔門四科居首，而附以〈輕詆〉・〈排調〉之篇，獎善退惡，用旨分明．導揚諷喻，主文傳譎諫之辭；託意勸懲，南史凜風霜之筆．迹其所記，則采擷清談之餘韻，邈述雅士之容儀，品藻之精，足以通倫類，豈特資談助而已哉！書殆成於衆手，助之者，有袁淑・陸展・何長瑜・鮑照諸人，義慶出刺江州之時也．義慶生當清談鼎盛之世，沐文風熾烈之時，置身貴顯，英絕領袖，海內共仰，乃欲文致休明，美掩羣彥，苟不力研談功，用備文德，其可慰彼士庶，導揚仁風者乎？此義慶《世說》・《集林》二書之所由作也．

是書之行頗早，流布亦甚速；計當其末年，即有陳扶本面世．為之注，則有敬胤・劉峻及「一本注」者三家．敬胤者，齊梁間人；宋本《世說》附〈考異〉中有注二十餘頁，可推見用心之概．大抵蕪雜不治，儗非所倫，宜其不傳於後．「一本注」者，唯〈文學〉篇載魏朝封晉文王為公條見其端，不能詳其優劣；蓋亦孝標以前人也．劉孝標注，則徵引極廣博，審訂最詳明，法度謹嚴，貫穿有序，雖亦薈萃諸家，網羅衆說，而體局簡要，辭貴清新；尤能於訓詁・考據・義理文章三方兼顧，使讀者映帶潛發，情味醇醇，是為足貴．高似孫《緯略》稱為注書之法，非虛譽也．《世說》之書，若無孝標為之疏通

揄揚，則精光不洩，義慶之業，焉得與日月競明？孝標之注，非得《世說》
爲之憑藉，則才用不展，孝標造微之功，何由垂美來葉？故書當擇善而注；
注之者，尤宜存神遺貌，得其歸趨也。

　　隋唐以還，此書之用益閎，其道日廣，而訛誤相生，罅漏滋起，至於五季，
而脫壞極矣。趙宋之初，雖有晏殊・董弅爲之校理，而億度筆削，有損原
書勝情；文士瀏覽，意在博涉，鮮有專攻於此者。逮董弅紹興刻行，勒成
三卷，自後公私翻雕，篤守成規，未之或易。元明之世，好此書者，唯災諸
梨棗，廣其流傳而已；至若王世貞合何良俊《語林》以爲《世說新語補》，意在
別撰一書，實無補二劉於萬一。清人視《世說》爲小道，有讎正之者，仍局
限於考據之藩籬，未越審音義・定字形之窠臼。故千百年來，時人習情既晦，
六朝語義不明；他若評品題目，則索解尤難。浮光掠影，莫能窮其幽詰；
名物制度，往往鮮知其實。入民國來，風氣丕變，學術趨新，散文小品，
競爲時流所尚，箋此書者，已有余嘉錫・程炎震・劉盼遂・沈劍知四家；典要
倚佽，博騖精湛，不一而足；羽翼二劉，厥功不罕。其他札記・輯遺・考訂・
序跋之作，雖屬瑣語碎事，而尋幽鑿險，時逢勝義；然其間亦頗有繁雜不殺，
刻意自高者，則又無當於原書之規模矣。

　　余於此書，覃思有年；先則習其器貌，繼則探其神情。旁通八代之籍，
搜羅諸本之長，乃鉤其與《世說》之相關者，撰爲長編；卒依朱子《韓文考異》
之法，一以《世說》文章之平淡清遠，及他書之可證驗者決之。苟是矣，則雖
類書小本不敢遺；有所未安，則雖唐卷宋本不敢信。晦則明之，略則詳之；
或疏義慶之奧，或釋孝標之滯；集先賢之成說，申未竟之緒餘。采精汰僞，
冀存二劉之舊觀。凡校箋二千八百餘處，約念五萬言，爲世之好此書者，
導乎先路也。今合原書刊行，依宋本《世說》形制，都爲三卷，三十六篇，
一千一百三十四條，顏曰《世說新語校箋》。夫露鈔雪纂，豈同干寶之《搜神》？
月緯年經，敢擬世期之注史！深慚俊學，訛謬必多。嗟乎！顧瞻舊國，披荊
棘以無時；惆悵新亭，庶田廬之可復！用夷變夏，實抱餘恫；傳人藏山，
非敢望焉。

　　公元一九六九年七月一日，楊勇序於香港中文大學新亞書院中文系。

임동석(茁浦 林東錫)

慶北 榮州 上茁에서 출생. 忠北 丹陽 德尙골에서 성장. 丹陽初中 졸업. 京東高 서울
敎大 國際大 建國大 대학원 졸업. 雨田 辛鎬烈 선생에게 漢學 배움. 臺灣 國立臺灣師範
大學 國文硏究所(大學院) 博士班 졸업. 中華民國 國家文學博士(1983). 建國大學校
敎授. 文科大學長 역임. 成均館大 延世大 高麗大 外國語大 서울대 등 大學院 강의.
韓國中國言語學會 中國語文學硏究會 韓國中語中文學會 會長 역임. 저서에《朝鮮
譯學考》(中文)《中國學術槪論》《中韓對比語文論》. 편역서에《수레를 밀기 위해 내린
사람들》《栗谷先生詩文選》. 역서에《漢語音韻學講義》《廣開土王碑硏究》《東北
民族源流》《龍鳳文化源流》《論語心得》〈漢語雙聲疊韻硏究〉 등 학술 논문 50여 편.

임동석중국사상100

세설신어 世說新語

劉義慶 撰 / 林東錫 譯註
1판 1쇄 발행/2011년 5월 1일
2쇄 발행/2017년 11월 11일
발행인 고정일
발행처 동서문화사
창업 1956. 12. 12. 등록 16-3799
서울중구다산로12길6(신당동,4층) ☎546-0331~5 (FAX)545-0331
www.dongsuhbook.com
잘못 만들어진 책은 바꾸어 드립니다.

＊

＊

사업자등록번호 211-87-75330
ISBN 978-89-497-0693-1 04080
ISBN 978-89-497-0542-2 (세트)